幻想底尽头

The End of Fancy: A Biography of Mudan

穆 旦 传

易彬 著

上海文艺出版社

目 录

引言 沉默的诗人 / 001

一　有意的、无意的沉默　/ 001
二　历史的假设　/ 004
三　"档案"与"自述"　/ 005
四　传记之可能　/ 008

第一章 "破落户子弟" / 013

一　祖籍海宁，生于天津　/ 013
二　"破落户子弟"　/ 014
三　历史的分途　/ 018

第二章 南开校园诗人 / 023

一　南开教育环境　/ 023
二　南开社会环境　/ 026
三　教职员、同学与"文字"　/ 033
四　"早熟"的写作者　/ 038
五　现代语文教育及文学语境的视角　/ 047

第三章　清华校园内外 / 055

一　清华教育理念与课程设置 / 055
二　"华北之大，已经安放不得一张平静的书桌了" / 058
三　文学梦与人生的磨砺 / 061

第四章　北平、长沙、昆明 / 069

一　国民政府的战时教育政策 / 069
二　"灵魂记住了"——"南岳之秋" / 071
三　"救亡呢？还是上学呢？" / 078
四　"行年二十，步行三千" / 083
五　迁徙中的穆旦 / 088

第五章　昆明，蒙自，叙永 / 093

一　"蒙自"：持重与轻松 / 093
二　文学与现实 / 098
三　"查良铮"与自我形象 / 105
四　"穆旦"：作为翻译者的一面 / 110
五　生活的"还原作用"？ / 116

第六章　赞美：在"命运"和"历史"的慨叹中 / 123

一　"赞美"型诗歌，非歌颂型意象 / 123
二　"新的抒情"：评论与自况 / 125

三　从"合唱"到"具体个人的面孔" / 130
四　"赞美"："亮色"与"底色" / 135
五　"一个真正敏锐的、具有丰富情感的诗人" / 139

第七章　"坐在山岗上让我静静地哭泣" / 143

一　从军行 / 143
二　"光荣的远征" / 147
三　惨绝的"野人山经历" / 150
四　"苦难的旅程——遥寄生者和纪念死者" / 154
五　"坐在山岗上让我静静地哭泣" / 160
六　"没有人知道历史曾在此走过" / 168
七　"因为我们已是被围的一群" / 175
八　历史的吊诡 / 179
余论 / 184

第八章　大西南时期 / 187

一　书信中的信息 / 187
二　何以没有重回联大教席 / 191
三　部队的英文秘书、新闻学院学员与中国航空公司职员 / 194
四　国际时事新闻译员穆旦 / 200
五　交游、写作与发表 / 203
六　从云南到北平：地域与身份的转换 / 211

第九章 《新报》时期 / 221

一 关于《新报》的说法 / 222

二 《新报》之创办 / 226

三 总编辑查良铮的工作与写作 / 233

四 《新报》之周年纪念 / 239

五 《新报》之被封 / 244

余绪 / 252

第十章 沪宁线上 / 257

一 "饥饿的中国" / 257

二 四处奔走的小职员 / 262

三 "他非常渴望安定的生活" / 268

四 非职业化的写作者 / 272

五 被扼杀的文化可能性 / 275

六 "用极近口语的文字写出了庄严的诗" / 280

七 穆旦批评空间的生成与湮息 / 286

八 "我实在想写一些鲁迅杂文式的诗" / 292

余论 修改行为与自我形象 / 296

第十一章 "被点燃"的青春:"愤怒""孤独"与"安憩" / 301

一 "玫瑰的故事" / 301

二 "你们被点燃,却无处归依" / 305

三 "玛格丽就住在岸沿的高楼" /313
四 "让我在你底怀里得到安憩" /321

第十二章 "出走"与"归来" /329

小引 "我想要走"：现实与写作 /329
一 "懂得受难，却不知至善之乐" /331
二 国外的生活，俄文冠军，未及充分展现的诗人 /336
三 "感觉无法再在美国呆下去" /346
四 一个旁述："从来没有怀疑过我迟早要回国" /353
五 "出走"与"归来"：对照性的行为 /356

第十三章 最初的契约 /361

一 "献礼"的热情 /361
二 "在答应此事时心中有矛盾" /364
三 初到南开 /371
四 "文学原理"与"普希金" /377
五 看似平静的生活 /386

第十四章 "外文系事件"风潮 /393

一 挽留陈逵事件 /394
二 《红楼梦》座谈会 /398
三 提意见、检举、"谈心会"及总结 /404

四　事态进一步扩大　/ 410

五　穆旦的遭遇与反应　/ 414

余论　/ 420

第十五章　"穆旦"的短暂重现　/ 423

一　"肃清反革命，思想改造"　/ 423

二　"不应有的标准"　/ 426

三　多重"鼓励"　/ 430

四　"我的葬歌只算唱了一半"　/ 434

五　"有多少生之呼唤都被淹没！"　/ 439

六　"这个'时代'的夭亡和总结的宣告"　/ 443

第十六章　"穆旦"与"查良铮"　/ 447

一　"不能不令人怀疑作者的真实动机"　/ 447

二　局部性的自我检讨　/ 451

三　"大跃进"思潮下的穆旦批判　/ 454

四　艺术与政治的纠结　/ 459

五　译介文字中的复杂语调　/ 462

六　"查良铮"与"穆旦"的分离局面　/ 466

余论　历史的效力　/ 470

第十七章 "把自己整个交给人民去处理" / 473

- 一 被打成"历史反革命分子" / 473
- 二 "承受着极大的痛苦而不外露" / 475
- 三 图书馆编目股馆员的日常工作与美国史翻译 / 479
- 四 日记：另一种沉默的方式 / 486
- 五 交代、交代、再交代…… / 492
- 六 劳改、抄家、搬家…… / 500
- 七 "自己的历史问题在重新审查中" / 504
- 八 "查良铮平时不言不语，从不暴露自己的思想" / 512
- 九 1970 年 10 月的日记 / 517
- 余论 / 523

第十八章 "寿命之飘忽，人生之可畏" / 525

- 一 "其因在我，心中沉重" / 525
- 二 "少了这样一个友人，便是死了自己的一部分" / 533
- 三 "访旧半为鬼，惊呼热中肠" / 538
- 四 旅居国外的友人来访 / 541
- 五 年轻人来访 / 546
- 六 三个无法回答的问题 / 551
- 七 腿伤，地震…… / 559
- 八 "《唐璜》可能出版" / 565
- 九 "寿命之飘忽，人生之可畏" / 570
- 十 湮没于一片混沌之中…… / 574

第十九章　文艺复兴的梦想冲动　/ 579

- 一　"谈译诗问题"：翻译的再出发　/ 579
- 二　撞见了"丘特切夫"　/ 581
- 三　《唐璜》开始翻译　/ 586
- 四　三重动力　/ 590
- 五　"奥登"与"现代诗选"　/ 595
- 余论　新时期的到来与穆旦译著的境遇　/ 600

第二十章　"我已走到了幻想底尽头"　/ 607

- 一　秘密的写作　/ 607
- 二　书信、日记与"潜在写作"资源　/ 611
- 三　晚年写作的编年问题　/ 615
- 四　"我已走到了幻想底尽头"　/ 620
- 五　"停电之夜"："默念这可敬的小小坟场"　/ 625
- 六　"在芦苇的水边"　/ 630
- 七　"神的变形"与"人的苦果"　/ 634
- 八　《冬》：绝笔，"死的火"，被修改的乐观　/ 641
- 尾声　"未来对于他将永远是迷人的'黑暗'"　/ 650

后记　/ 653

引言

沉默的诗人

一　有意的、无意的沉默

穆旦是谁？

现今读者自然已不再陌生，他是一位诗人，本名查良铮，以"穆旦"名世，也有慕旦、莫扎等笔名，实存诗歌近160首，数量不算大，一册即可编定，实际跨度为1934—1948年、1951年、1957年、1975—1976年，相当多的年份为空白。同时，他又是一位操持俄语和英语的翻译家，以本名"查良铮"名世，也署穆旦、良铮、梁真等。早年所译较零散，1953年从美国留学归来之后，有大量的译著出版，日后足可编成皇皇十大卷。诗歌和翻译之外，穆旦还存有一定量的散文、书信和日记，早年散文略成规模（多为近年来新发掘出来的），日记比较零散，书信原本是较多的，但失之于佚散或毁弃，如今，这些文字合起来也不过一册而已。

与同时代的重要作家相比，穆旦的自我阐释类文字明显较少。看起来原本是有的，1942年参加中国远征军、1945年底从西南地区出发的北归之途，都即时性地写下了长篇散文，合计有十数篇，但基本上也止于此。日记、书信可归入自传类文献，从最为通行的穆旦作品集《穆旦诗文集》所录来看，日记自1959年1月1日始，所记断断续续，一半是思想总结式的写法，其中摘抄了不少领袖或社论的观点，一半纯粹是流水账式的记载，看不到内心（尽管也可以认为，记什么本身就是一种倾向）。而从相关信息来看，新中国成立前的穆旦与友人的通信数量并不少，但可能仅存3封，新中国成立之后的书信，存留下来多半是最后几年的。而且，仅在极少数情况下，来信才得以保存，如萧珊、巴金的来信，这使得我们在理解穆旦时缺少了一种更为丰富可感的交流语境。

即便有了这些残存的日记、书信，穆旦的若干具有重要转折意味的阶段，比如，1943—1945年间的大西南生活时期，1946—1947年间的《新报》时期，1949—1952年间的留学经历，1954—1955年间接连发生的外文系事件、肃反事件，1959年被宣布为"历史反革命分子"之后的经历，仍多有晦暗不清之处。

何以如此呢？从表象看，这与穆旦实际生活的年代直接有关：新中国成立前，穆旦大致属于那种为生活而四处奔波的小职员，缺乏必要的文化地位，自我阐释的机会较少；1953年回国之后，自然也没有类似的语境，实际上，因为声名较小等原因，穆旦公开发言的机会寥寥可数。再往下，1977年2月，穆旦即因心脏病突发而去世。其时，穆旦59岁，虽然"文化大革命"已经结束，"新时期"的曙光正微微透现，但他已无从领受。对于一位历经磨难的中国写作者而言，"新时期"意味着什么呢？

经历相异，情形自然也是复杂的，但有一点多半相通，那就是在"新时期"以来逐渐开明的文化语境中，一大批写作者通过各种文字完成了一种新的自我建构——甚至是重构。那些顺利进入"新时期"的诗人，比穆旦年长的，如艾青、冯至、卞之琳等，与他同时代的,如杜运燮、郑敏、王佐良、袁可嘉等,无一例外地写下了较多评论文字与自我阐释类文字,其中,也包括若干对于穆旦的追忆与阐释。

这自然并非一个简单的问题,考虑到20世纪中叶中国政治风云变幻对于作家所产生的难以估量的影响,在这种建构或重构之中,既会有真诚的回忆或悔悟,也难免刻意的伪饰与辩解,这对于作家形象的传播,对于文学史写作正面与负面的作用自然都可待进一步深究。这里仅略举卞之琳与穆旦相对照的一例,来看看其中可能产生的效应。

新时期之后,卞之琳的诗人身份基本上消隐了,作为历史当事人的身份则多有生长,他写作了一系列追忆文章,见于《新文学史料》等刊物,既追忆自我历史,也品评历史人物。这些文字日后成为卞之琳研究的重要参照,而其本身也是重要的"新文学史料"。所要说的"对照时刻"是1940年代末期。其时,卞之琳正从英国归来,其行为、动机日后得到了自我追认,包括受解放战争的感召而搁笔,也包括回国之后焚毁创作历时8年之久的《山山水水》等[1],其自我历史的发展线索——个人成长史附和着国家历史的发展潮流——借此建构而出,学界获得一个清晰的印象,相关讨论也显得从容。

同一时刻的穆旦"出走",因为在公开的文字层面,穆旦本人没有任何自我说明,学界多半置之不顾而不做任何解释(抑或无法给出一个有效的解释)。这对于作家个案的研究乃至文学史的

---

[1] 卞之琳:《山山水水·卷头赘语》,《卞之琳文集》(上卷),合肥:安徽教育出版社,2002年,第263—272页。按,实际上,由卞之琳本人生前编订的《卞之琳译文集》《卞之琳文集》也显示他对于作品(自我形象)的珍视。

写作会有怎样的影响呢？在一部讨论具有"转折"意味的1940—1950年代文学的著作里，作者强调了新中国成立之初穆旦"非常积极"地选择回国，并将这种选择与沈从文、萧乾等人在新中国成立前夕选择留下来的举措相比照，认为他们代表了当时知识分子在"去"与"留"（"归"）问题上做出选择的"三种类型"，即"非常积极"地回来（穆旦）、"被动的因素更多一些"（沈从文）、"完全主动"（萧乾），体现了一种"民族认同感"，但对穆旦"出走"事件，对"出走"与"归来"之间的内在关联却未置一言。[1] 似乎可以认为，正因为缺乏穆旦本人的解释，又缺乏相关的背景材料，以致在相关历史的认知中不得不以盲点状态出现。

二 历史的假设

再回到穆旦缺少自述的话题。从一个更长的历史视域来看，在新时期到来之前离世，确乎使得穆旦失去了一个塑造自我历史的机会。事实已然，但好事的读者难免会有所假设：如果穆旦活了下来，他是不是也会写下一些自我阐释或追忆文字？从穆旦早年即时性地书写从军、返乡经历以及晚年写下的较多书信看，这一假设有相当的可能性。书信写作本身即意味着心境的敞开，有话要说。顺着这样的思路，穆旦若活着进入"新时期"，多半也会像其他的历史亲历者一样，受一种回顾历史、重塑自我的环境的鼓舞而开口说话。

但这一切已被无情地中断。在那些书信之中，晚年穆旦的心

---

[1] 贺桂梅：《转折的时代——40—50年代作家研究》，济南：山东教育出版社，2003年，第29—34页。

境、写作与翻译行为、对于当时文艺的看法等方面情状得到了较多说明——最后几年的穆旦形象得到了较为清晰的呈现。其中，有对历史的整体式判断，如对白话诗和旧诗的态度；也有对过往历史的自我阐释，如多次谈及1940年代的《还原作用》一诗；也曾简略提及艾青、袁水拍等人。但总体上说来，所述均相当片断而零碎。可以说，正如书信本身是相对随意性的文体，晚年穆旦的自述，其笔调基本上是即时性的，仅在少数情况之下才是回忆性的，因此，既可以说，这些晚年自述基本上无从勾勒出穆旦的早年形象，也可以说，穆旦本无意于自身形象的建构。若此，则前者是结果，后者是原因所在。

倘作更细致的辩诘，又可发现穆旦晚年书信较多地透现了当时的心境和翻译活动，同时也在进行的诗歌写作却较少提及——即便提到，口气也不如谈及翻译时那么热烈或坦荡。这意味着，在更多的时候，穆旦有意将诗歌写作视为一种私人行为，而无意于泄露更多的写作秘密。由此，固然这些书信有助于理解穆旦的晚年写作，但其初意却并非以它们来阐释自己的写作。这样一来，大致上可以说，从1940年代到1970年代，穆旦是一以贯之的，对于自己的写作有意保持缄默，无意于通过诗歌之外的其他文字来完成自己。

三 "档案"与"自述"

当然，另一个事实也必须指出，那就是较多档案类文字的存在。先披露的是穆旦生前的工作单位南开大学档案馆馆藏个人档案和相关档案(见于本人所作《穆旦年谱》,2010年,2024年[1]),时间从1953年穆旦夫妇回国到1965年"文化大革命"前夕;近年来,坊间又有数批相关文献流现——与原有档案略有重叠,更多的是新见材料,多为1953年回国之初(到南开工作之前)和1966年1月至1973年间(以1968—1969年为主),在时间上与前者也可说是前后衔接。这些文献原本是应归入相关档案卷宗的,不知何故流散书肆之间。

这些档案文字为不同时期所写,尽管在一些日期上难免有细微的差异,但完全可以说,它们打开了穆旦生平经历中的很多死结(特别是穆旦从军归来之后在大西南时期的生活状况、"外文系事件"等),1970年代之前的穆旦各时期生平线索均可以得到更为清晰而深入的呈现。

但是,这与前述"自述类文字较少"并非同一层面的事实。穆旦的档案是在留美回国之后逐步建立起来的,也即,此类文字产生于1950—1970年代这样的时代语境之下,包含着强烈的政治文化信息,而穆旦本人又正在经历着种种磨难,比如,1955年10月在写《历史思想自传》时,穆旦正被列为"肃反对象",其间所谓思想"认识"或"总结"显然也包含着某种被裹挟的政治意识。简要地举1956年4月22日所写《我的历史问题的交代》为例。这是现存穆旦所有总结式材料中最长的一份,用方格稿纸竖行书写,共25页,约12500字,分10个时期对自己的过去进行了"交代"。如下为开头部分:

---

[1] 易彬:《穆旦年谱》,北京:中国社会科学出版社,2010年;杭州:浙江大学出版社,2024年。

这次肃反运动中，使自己得到教育，提高了认识，坚定了立场，在运动中，自己并且交待过自己的历史问题。不过，由于在小组上，感到群众的压力，并且由于自己的错觉（认为要说"实质"和"意义"，做了很多推论和假定），作了一些不附合事实的、不负责的交待，这是不应该的。这里，我要就自己过去的重点问题，作一个实事求是的、负责的叙述，同时指出曾经作过的不负责的交待。我想尽力作出客观的叙述，不加自己的批判，以便使组织对我的过去作出明断来。

且不说文字中穆旦为自己所做的诸种曲意辩护，单说一说当时所遗留下来的一个细节。在交代出国前的思想状况时，穆旦写下了这样的时局认识："我原已准备迎接解放，因为当时我认识到，共产党来了之后，中国会很快富强起来，我个人应该为百分之八九十的人民高兴，他们翻了身，个人所感到的不自由（文化上，思想上）算不了什么，可以牺牲。"这段文字被划线且一旁有四个字的批语："纯粹扯淡！"

这四个字，以一种粗鄙而又相当地道的语言涵括了那些深谙政治文化奥秘的交代材料审阅者对穆旦的"思想认识"的基本看法。

也正因为对于政治文化语境的体知，我将这些文字视为穆旦所承受的历史压力的一种最直接体现。它与一般意义上的所谓"自述材料"自然是不能同日而语的。如果说，一般性的自我陈述是通过描述、勾勒、解释，以确立某种形象，从而达到自我阐释的效果；那么，这些尘封在档案柜里的文字所透现的，则是一个在严酷的时代语境、强大的历史压力迫促之下的渺小的、惶恐的、向内收缩的个人形象。其中的复杂性后文将有专门的讨论。当然，读者也可以通过这些材料展开一些其他的认识，比如个人与时代的关系，写作者如何自处，等等。

历史已无从更变，能够看到的只能是目前这样的情形。综合来看，所谓"沉默"有着双重的含义："个人"的有意强化与"时代"的无意阻隔，共同造设了一个沉默内敛的诗人穆旦形象。

从传记角度看，相关文献较少且明显存在局限的情形实在可说是一种遗憾，但这也使得穆旦研究获具了一种特殊的魅力：一个缺少自我阐释的穆旦为世人留下了更多的空间，他通过较少的写作、较少的自我建构所树立起来的自身形象——一个穿行于黑暗之境的诗人，恰如一首兴味浓郁的诗，经得起反复研读。

四　传记之可能

对于一位沉默的诗人而言，传记何以可能呢？

本书尚未开始写作之时，作者曾与多位友人讨论过评传的写法，也大致谈了一些看似有所创新的念头，但最终还是选择了目前这样的一种传统型的写法，即以时间先后为序，逐一推进。

本书的写作，将尽力提供一种广阔的传记知识背景，即并不仅仅将事件或人物的讨论范围拘囿于传主穆旦本身，而是较多地摄取了各种外在的、相关的文献，希冀在穆旦——现已被公认为新诗史上最为重要的诗人和翻译家之一——的传记之中，也能较为清晰地看到时代的面影。

从时间段落看，本书关于穆旦的评述，新中国成立之前的部分虽然章节略多，但新中国成立之后的篇幅与其大致相当。这一方面是因为穆旦早年的形象已得到了较多的讨论；另一方面则是文献使然，即新中国成立后，不少穆旦的个人传记类文字（书信、日记等）与较多的档案文献得以存留，为传记的展开提供了更为厚实的文献基础。

但文献始终是一个问题。档案文献虽提供了生平与思想的线索，但终究面临着一个可信度的问题：生平线索大致可以得到多方材料的印证，所谓"思想"的表达则明显打上了时代的烙印。不过，为了更好地彰显穆旦与时代的关联，本书还是进行了不少引述，并有所分析。

而所见多种回忆性文字，有些为孤证式文献，有些则对穆旦当年的思想多所评判，如杨苡、江瑞熙等人关于穆旦1940年代后期的思想状况的分析，周良沛关于穆旦回国后的思想状况与实际境遇的断定，以及穆旦家属在追忆文章之中大量使用的评判语气，等等，它们强化了穆旦的形象，但其中的一些说法也可能会引起后世读者的质疑。从传记写作的角度看，这种因为个人身份、历史境遇等层面的差异而造成的认识歧异现象实在是太过常见，如何缝合这些差异，对传记作者是一个不小的考验。

在《穆旦年谱》的前言《呈现一个真实的、可能的穆旦形象》中，我曾谈到，所呈现的既是一个真实的，也是一个具有"可能性"的穆旦形象。"真实"自然是一个尽力去达到但显然无法完全实现的目标，即努力呈现一个"更为丰富真实复杂、也更富历史内涵的"穆旦形象。那何谓"可能性"呢？基本考虑是"某些文献——特别是那些近乎孤证的文献，所呈现的更类似于一种线索，一种可能性，它能不能进一步凝缩成穆旦的品质或者特点，还有待更多文献的支撑"[1]。

就本书对于实际材料的处理而言,这种"可能性"的考虑依然存在。撰谱或作传一类写作,归根结底是对过去历史的发掘,作者都免不了文献方面的纠结,只是处理方式不同而已。本书基本上是顺着"可能性"的思路,秉着呈现复杂的历史面目的考虑,在实际写作之中多有推测性的语气,即以穆旦本人的文字和相关信息为依据展开。

从另一个层面来说,本书对于材料的使用始终持一种谨慎的态度,秉持"有一分证据说一分话,有三分证据说三分话"的原则,不滥用材料。由此所展开的穆旦传记形象,可能少了几分演义式的活泼,但其形象的学术意味与历史内涵应该会得到大大的加强。

此外,也可说与历史的复杂性有关的是,由于穆旦本人对诗作多有修改,一首诗往往存在多个版本[2],因此,为了更好地把捉穆旦本人的创作意旨及其时代背景因素,本书所引穆旦诗歌,凡存在重要异文的,均将指明具体版本;而作家文献搜集与整理也是一个不断累积的过程,目前搜罗穆旦作品最为齐全的作品集为第3版《穆旦诗文集》和第2版《穆旦译文集》(人民文学出版社,2018年、2020年),两种作品集较之此前的版本均有不同程度的完善。除特别说明之外,所称《穆旦诗文集》《穆旦译文集》即这两种最新版本。

本书所引述的文献,早年书报刊文献或有排印错误,所见影印本、缩微胶卷或数据库文档,间有残破或字迹蔓延不清之处,

---

1 易彬:《穆旦年谱》,2024年,第24页。
2 详见易彬汇校:《穆旦诗编年汇校》,北京:北京大学出版社,2019年。

而档案文献均为手写体,字词方面也偶有明显错误,如"介绍"写为"借绍",凡此,均用[]来标识,即"借[介]绍"。又因所录部分文字中已有"……""×""□"之类符号,与此相应,凡引述时省略部分原文的情形,标记为"[……]",那些无法识别的字词则用"★"来代替,凡未说明的,均为原有。

　　此外,各类文献,特别是手写体文献,一些字词的写法与当下汉语规范有差异,如在思想检讨类文献中,"交代""交待"多混用,本书在引述时均保持原貌,在叙述时则尽可能遵照规范,统一用法(如此例,即统一为"交代")。

第一章

"破落户子弟"

一　祖籍海宁，生于天津

1918年4月5日，农历二月二十四日，查良铮生于天津西北角老城内北马路恒德里，其祖父或曾祖父遗留下来的几房共居的老屋里——日后在发表作品的时候，用本名查良铮或良铮，更主要的笔名是穆旦，偶用慕旦、莫扎、梁真等。

查良铮祖籍浙江省海宁县，为海宁袁花镇查氏南支廿二世"良"字辈。经济富庶的浙江历来为才子文人辈出之地。海宁就是其中一个重镇，查家是当地的名门望族。据考证，查姓为我国著姓之一。元代末期，其中一支为避战乱由安徽迁往浙江省海宁县（当时为盐官县）袁花镇，世代"以儒为业，耕读为务"，逐渐繁衍成海宁望族，明清两朝更是出现了大批以诗文书法著称的文人士子，如查培继、查继佐、查嗣庭、查慎行等，旧时海宁袁花镇查氏宗祠里，曾悬挂康熙皇帝亲笔题写的一副对联："唐宋以来巨族，江南有数人家。"

不过，这些对于查良铮来说可能都不过是一种虚名而已。他既沾染不到江浙一带的才子习气，而祖上的荣光实在又相隔太远——由于仕宦和经商等原因，清初即有海宁查氏后人迁往宛平（今北京丰台一带）、天津等地。约在清代晚期，查良铮的曾祖查光泰（1829—1894，海宁查氏第19世）因为仕宦也迁至天津，按族中惯例，仍称海宁南支。祖父查美荫（1860—1915）在北方任职的时间较长，"曾'署易州、直隶州知州，天津、河间等府盐捕同知，张家口厅围场厅抚民同知，兼理万全县知县'等职。不幸的是在50多岁时，因存款的银号突然倒闭，一生积蓄，尽付东流，他本人忧急而死，家道也因此骤然中落"。[1] 据此，查良铮可谓诞生在一个祖上曾经"阔过"、但已没落的封建大家庭之中，是一个"破落户子弟"。

有意味的是，尽管已是三代以上的天津人，但目前所见查良铮在成年之后所填写的多种材料，如中学毕业纪念册、西南联大时期的学生名册、新中国成立后所填诸种档案等，籍贯一栏均填为浙江海宁，可见从情感上看，从未到过海宁的查良铮对于海宁查家还是很看重的。

二 "破落户子弟"

考量现代中国作家的身世，有一层不可忽视的背景因素，即近代以来，中国社会发生了一系列重大变革，旧式封建家族的逐渐没落、解散即是其中之一种。这一蜕变可能会给现代中国的子民带来强烈的阵痛——关于这一阵痛的经典描述，可见于鲁迅的《呐喊·自序》。鲁迅是周家长房长子，家世破败的阵痛尤为剧烈。

---

1 以上部分参见陈伯良：《穆旦传》，北京：世界知识出版社，2006年，第3—9页。

《呐喊·自序》中那个"出入于质铺和药店里"的、"药店的柜台正和我一样高,质铺的是比我高一倍"的孩子形象得到了广泛流传;这个孩子的生命图景也同时被勾勒:"有谁从小康之家而坠入困顿的么,我以为在这途路中,大概可以看见世人的真面目"。[1] 在鲁迅的另一处谈论之中,人生"困顿"之感又潜移为对于"破落"的"感谢":

> 我的祖父是做官的,到父亲才穷下来,所以我其实是"破落户子弟",不过我很感谢我父亲的穷下来(他不会赚钱),使我因此明白了许多事情。因为我自己是这样的出身,明白底细,所以别的破落户子弟的装腔作势,和暴发户子弟自鸣风雅,给我一解剖,他们便弄得一败涂地,我好像一个"战士"了。使我自己说,我大约也还是一个破落户,不过思想较新,也时常想到别人和将来,因此也比较的不十分自私自利而已。[2]

感谢"破落",正如强调"苦难"所具有的特殊诗学意义,鲁迅为自己勾勒了这样的图景:困顿的人生、无能的父亲不仅使他"明白了许多事情",而且还给了他"解剖"人心的能力,使他成为一个"战士"。很显然,家族破败所带来的阵痛被鲁迅有意识地纳入现代社会进程的叙述当中——鲁迅把自己的形象深深地嵌进了历史的厚墙之中。

和鲁迅一样,查良铮的父亲查厚垿(1891—1977)也"不会

---

[1] 鲁迅:《鲁迅全集》(第1卷),北京:人民文学出版社,2005年,第437页。
[2] 鲁迅:《350824·致萧军》,《鲁迅全集》(第13卷),第528页。

赚钱"。不同的是，查老先生健康长寿，一直生活到1977年10月——儿子查良铮逝世半年之后。据考证，查厚垿，字燮和，号簦孙，行四，"由于不善于人际交往，不愿趋炎附势，吹吹拍拍，没有合适工作"，"曾给天津地方法院当过职员，干过抄写誊录的琐碎事务"，"青年时期，大多数日子失业在家"，三十多岁时，他父亲查美荫去世以后，"就很少出外工作，平时在困苦冷清的生活中只是读书、写字、作诗、看看报纸"；"晚年信佛吃素，生活更归于淡泊"。

查母李玉书（1892—1974），祖籍浙江余姚，1912年嫁到天津查家。她没有上过学，不识字，据称，当时查家"姑嫂妯娌大多是受过教育的大户人家的姑娘，在娘家时都有私塾老师或家庭教师教读，有些文化知识；独有这一房，男的没'本事'，女的也是穷苦出身"，因此，这位母亲"经常被自族中的人另眼相看"。但她自嫁过来之后，即随丈夫习字，几年下来，亦能看不少书籍，可说是一个奋发上进的女性。[1]

长大成人的查良铮几乎没有任何文字述及家世与童年——似乎仅在交代文字之中，方有这样的简短叙述：

> 我在1918年二月廿四日（阴历）出生在天津城内一个没落的封建家庭里，祖父（原籍浙江海宁）做过前清的县官，死后留下一所房子由各房儿子合住，还有一笔不大的财产。父亲在天津法政大学毕业，在天津地方法院作书记官有廿多年，收入微薄，以此养活自己一房人。母亲未受教育。我家

---

[1] 陈伯良：《穆旦传》，第7—8页。按，关于穆旦父亲的情况，还可参见穆旦胞妹查良铃之女刘慧所写的回忆文章《忠厚善良、俭朴为本的外公》（未刊稿，刘慧提供）。

共有父，母，一姐，一妹，和我自己。大家庭中有祖母，叔伯数人，姑姑，堂兄弟等人合住，经济各自独立。[……]大家庭的生活方式是封建式的，敬神，尊长，重男轻女，这一切都使我不满，但还有更深刻的原因使我不快乐。父母经常吵架，生活不宁，父亲的粗暴使我对他愤恨，母亲经常受压迫，啜泣度日。还有，在大家庭中，我们这一房经济最寒微，被人看不起，这给我留下深刻的印象。我当时即立志要强，好长大了养活母亲，为她增光吐气。我的向上爬，好与人竞争，对于权威、专制和暴虐的反抗，倔强的个人主义，悲观的性格，便都在这种环境中滋生起来。

这样一份被封存在档案里的文字题为《历史思想自传》，写于1955年10月。其中，多有时代的烙印，如自我贬低式写法等。所叙父亲的情况，与后来研究者的说法有出入，因暂时无法找到更确凿的文献，无从辨析。叙述中"立志要强"的细节可以得到胞妹查良铃回忆的印证：

老弟兄6人，我父亲排六，因记忆力差，一直没有很好的工作，在大家庭弟兄中是不受重视的。我母亲则是一位精明强干的家庭妇女，喜欢看各类闲书，对新事物理解快，明大理，对人热情。她常常对我们讲：要好好念书，明辨是非。人活着就要争口气，走自己选择的道路。不能一辈子受气，受压迫。处在旧封建大家庭中，父亲因没有本事，这一房就受气，哥哥从小就不服气。每天晚上是我们最愉快的时刻。母子们围坐在小煤油灯下，互相谈心、互相安慰。哥哥总是把一天学校（南开中学）的见闻当故事讲给母亲听，母亲也最感到安慰。[……]讲到孙悟空时，他说，他也会变，飞出去，为国家，为爸爸争口气，让母亲享福。他这样说的，也是这样做到的。我父母的晚年就依靠他，享受他的孝心，过着幸福愉快的生活，80多岁离开人间。[1]

在1950年代的"历史思想自传"之类的语境中，查良铮所述"破落"，更多是影响个人成长和心理发展的某种因素。

然而反观之，小小的查良铮在大家庭中受过冷嘲热讽，生命是一个残酷而不幸的事实，他或许从小就已领受——进一步设想，正如鲁迅所勾勒的那样，查良铮的家世变迁也带有某种现代性，这位"破落户子弟"也"可以看见世人的真面目"。

三　历史的分途

实际上，读者只能从家人简短的追忆文章中获得对于幼年查良铮的些许了解——断片勾勒，大致可浮现出一个好学、有才气、爱国甚至是有些反传统的孩子形象。比如，读小学的良铮哥哥就被认为已经很有文学知识，能给弟弟讲古代的故事，或读唐诗、宋词、《古文观止》中的文章。[2] 又如，"每逢过年（春节）大

1　查良铃：《怀念良铮哥哥》，杜运燮、袁可嘉、周与良编：《一个民族已经起来：怀念诗人、翻译家穆旦》，南京：江苏人民出版社，1987年，第145—146页。
2　查良锐：《忆铮兄》，杜运燮、周与良、李方、张同道、余世存编：《丰富和丰富的痛苦：穆旦逝世20周年纪念文集》，北京：北京师范大学出版社，1997年，第217—219页。又，据2006年4月14日，笔者与刘慧的谈话，查良锐舅舅曾给她讲过良铮舅舅"从小就十分好学，有书就看"的故事。

家庭中要祭祖先，摆供桌，子孙们要磕头"，轮到查良铮，"他就不磕头"。[1]

或可一提的是，1924年3月16日，年仅六岁的"城隍庙小学第二年级生查良铮"在天津本地的《妇女日报·儿童花园》发表过一篇习作《不是这样的讲》，全文仅一百多字，如下：

> 呜呜呜——呜呜呜——汽车来了。母亲挽着珍妹的手，急忙站在一边。见汽车很快的过去了。珍妹忽然向母亲说道："这车怎这样的臭呢？不要是车里的人。吃饭过多。放的屁吧！"母亲摇摇手。掩着嘴笑道："不是这样的讲。这汽车的臭味，正是他主人家内最喜爱的气味呢！"

将汽车排放的气味比为"屁"，并说"臭味，正是他主人家内最喜爱的气味呢！"，其中略略隐含着对能坐汽车的有钱人家的讥讽。从常理角度看，即使在一个物质水平相对贫乏的年代，有钱人家也不会无由来地成为讥讽的对象。这种心理的出现，可能和家世有些许关系。毕竟，设若家世并不曾没落，那么，到了1920年代，查良铮也可能是能坐汽车的有钱人家的公子哥了。若此，此文似乎可说是浮现了家世败落的阴影，"破落户子弟"查良铮对于自身处境也有某种反弹。

有意味的是，当版《妇女日报》还有查良铮的姐姐、城隍庙小学第三年级生查良镕的作品《一只高跟革履》，后来，查良铮的作品《管家的丈夫》（短故事）1933年2月16日在天津《益世

---

[1] 查良铃：《怀念良铮哥哥》，杜运燮等编：《一个民族已经起来》，第145页。

报·小朋友》发表的时候，同版也有署名"查良铃七岁"的漫画作品。这些作品虽不足以显示姐妹俩的才华，比照查良铮日后的成长，两人也皆是极普通的人物。姐姐查良铎（1914年生），后远嫁广西，所知信息极少，现仅可见1960年代之后姐姐带着孩子来天津、北京的信息，以及查良铮写给外甥白超圣、白兴圣的信。妹妹查良铃（1927年生），后为北京中国印刷科学技术研究所退休干部，曾撰文回忆哥哥，其女刘慧亦曾有文字忆及舅舅[1]，从中可勾连起查良铮早年直到晚年的线索，虽单薄，但终归不失完整。

再回到《不是这样的讲》，这仅仅是一个六岁的孩子的一篇幼稚习作，除了表明这个孩子较早就具备运用语言文字的能力外，其他的其实均不足为据。退一步说，就算"讥讽"意念真的存在，也只是偶有出现，幼小的心灵并没有偏执于先在的身世因素，没落颓废一类气质无从浸染他。

当然，查良铮比鲁迅晚出近40年，历史阶段不同，所承受的历史负压也大有差异，个人历史之局势也就多有复杂之处。借助一个小小的切面来看取：查良铮有一姐一妹，他是唯一的男性子嗣。据说1941年之后，家里变卖了天津的房子移居北平，生活逐渐拮据。此后，查良铮需要赚更多的钱以赡养家庭。比照"大哥"鲁迅对于家庭的态度，特别是对于原配夫人朱安以及弟弟周作人的情感，查良铮对于家庭的赡养（妹妹的回忆也谈到这一点）更多地乃是一个物质命题，而鲁迅的行为与情感却是深深地浸染了中国传统文化的血脉，其中的复杂性远非只言片语所能道明。

鲁迅和查良铮都承受了家世破败所带来的阵痛，程度不同，

1　除上述文字外，刘慧曾接受本书作者的访问，并有书信。

实际反应也很不一样。可以说，尽管两人的身世具有一定的相似性，最终却分途而行：《呐喊·自序》所描绘的家道中落的"孩子"最终成长为"毁坏""铁屋子"的启蒙者，同样"没落"的查良铮却并没有以类似方式"长大成人"——成年查良铮对于自我阐释的漠然，对于现代诗歌写作的多重尝试，表明他更自觉于"诗人"这一身份。也正是凭借诗歌，"穆旦"之名得以确立——余下除特别说明之处，也是均以"穆旦"代替"查良铮"来行文。

第二章

南开校园诗人

一 南开教育环境

1923年9月,穆旦入读离家不远的城隍庙小学(后改天津市立第十小学等校名,校址现已不存)。关于此一时期穆旦的文献极少,前述短文《不是这样的讲》可能是穆旦在这一阶段留下的唯一的直接文献。

据当时报纸所载信息,天津城隍庙小学于清光绪二十九年(1903年)开办,1923年夏至1924年间,时任监督为高恩荫。校中校长1人,职员1人,教员16人,都是师范毕业,其中有4位为女教师;学生共630人,分高级、初级,高级用文言,初级用白话。学生家庭,商界占78%,学界占20%。学费高级每年8元,初级6元。校址1亩多,有9个普通教室,"教室内多因陋就简,桌椅等不甚合适,光线亦不见好。学校园,图书馆既然无有,标本,挂图也是很少,器械操具尚有几种";"教授无一定方针,从外观言,初级似用启发,高级半用讲演"。[1]

---

[1] 于炳祥、寿昀、赵有义等:《最近之天津教育(十二年夏至十三年)》,《晨报副刊》,1924年7月8日。

1929年9月，穆旦考入天津南开学校，直到1935年高中毕业。相对而言，这一阶段的相关文献要充裕得多，穆旦本人作品发表的数量也明显增加。

南开中学建于1904年，是现代中国极负盛名的中学，其校训为"允公允能，日新月异"。据称，学校非常注重公民基本道德品质修养的培养，步入校门，即可见一帧如人高的整容镜上镌有："面必净、发必理、衣必整、纽必结。头容正、肩容平、胸容宽、背容直。气象：勿傲、勿暴、勿怠。颜色：宜和、宜静、宜庄。"[1]又据1929年印行的学校介绍，其"南开教育之要旨及实验之趋向"之中，学生"现代能力"的培养被放在突出的位置：

> 南开学校成立之日，正当甲午败衅之后，设学主旨，在"教育救国"。盖欲挽救中国民族之衰颓，国家之危亡，舍造成具有"现代能力"之青年，使负建设新中国之责任，其道未由。[……]
>
> 但欲达到此目的，其方法果何若乎？曰：实施，"开辟经验"的教育以促成中国"现代化"而已。易言之，在学校中造成环境，使学生多得"开辟经验"的锻炼，以养成其"现代能力"而已。

其学制采行"三三制"，"前三年为初级，后三年为高级，行分选科制"。课程设置原则有四："1.社会的需要；2.个人的需要；3.动作中所感到的需要；4.学科进程步骤的需要。"特别注意的有五点：

---

[1] 参见申泮文：《永志不忘的南开精神》，杨志行等主编：《解放前南开中学的教育》，天津：天津教育出版社，1989年，第117页。

1. 注重实地观察，使学生能自己求到活的智识，并以养成其科学的观念。

2. 注重动作。凡一切学科都是帮助动作，使所学得与实际生活发生关系。

3. 注重童子军训练，以养成其勇敢服务之精神。

4. 注重团体组织，以养成其民治的精神。

5. 注重生活技能。

"最要的主目标，则为培养学生使之有适应现代生活及解决实际问题之能力。"学科方面，"有国文，英文，算学，社会常识，自然现象等，每周共二十小时，时间均在上午"。动作方面，"时间均在下午，工作种类凡六，均使与学科发生联络"。六类即改编的童子军训练、体育、艺术的训练——图画乐歌等、职业的训练——金工木工等、观察——社会观察自然观察等、练习自治。[1]

具体到课程，穆旦所在阶段的相关教材也有存留，如《南开中学初三国文教本》（上下册，1930、1931）、《南开中学高一国文教本》（上册，1934）、《南开中学东北地理教本》（上下册，1931）等，从中可窥见当时的一般情形。

英文方面的训练也可一说，各年级课本的信息可见于南开中学的校史文献[2]，而据穆旦同学周珏良的回忆："当时南开中学使用的许多教科书是英文的"，"在初中三年级读的几何课本就是英文

---

[1] 南开中学校编辑：《私立天津南开中学一览》（1929年10月17日出版，未署出版机构），第30—34页、第39—42页。

[2] 天津市南开中学编：《天津市南开中学》，北京：人民教育出版社，1999年，第137—149页。

的，然后高中的数学、化学、物理等课本都用的英文教科书，特别是高中一年级读了美国海斯和慕恩（Hayes and Moon）著的现代史，对扩大词汇、提高阅读能力大有好处。当时的数学习题和物理化学的试验报告都用英文，考试答卷不要求但也可以用英文答"，"这样一来，英文就成了吸收知识和表达思想的工具"。[1] 有理由相信，在中学阶段，穆旦就打下了坚实的英文基础。

二　南开社会环境

再来看看南开当时所处社会环境。南开中学是百年名校，坊间关于南开的文献着实不少，比较全面的有《解放前南开中学的教育》[2]、被列入"中国名校丛书"的《天津市南开中学》[3]以及《南开新闻出版史料（1909—1999）》[4]等。不过，大多数都是后设视角，是距离当事时间较为久远的回溯或资料整理。为了更贴近历史现场，这里从当时存留下来的一份校园刊物和一本册子入手，结合若干后设材料做些讨论。

校园刊物指的是《南开高中学生》。刊物初名《南开高中半月刊》；1933 年 11 月 10 日，更名为《南开高中学生》出版第 1 卷第 1 期；1935 年更名为《南开高中》。因是中学生所办的校园刊物之故，受考试、人事变动等外在因素影响，刊物的出版时间并不

1　周珏良：《"却顾所来径，苍苍横翠微"——学习英语五十年》，《外语教育往事谈——教授们的回忆》，上海：上海外语教育出版社，1988 年，第 229—232 页。
2　杨志行等编：《解放前南开中学的教育》，天津：天津教育出版社，1989 年。
3　天津市南开中学编：《天津市南开中学》，北京：人民教育出版社，1999 年。
4　崔国良、张世甲主编：《南开新闻出版史料（1909—1999）》，天津：南开大学出版社，1999 年。

固定，基本上是每学期出三期；刊物页码也比较随意，到穆旦毕业时的1935年第6期止，页码最少只有46页，最多则有122页。穆旦在学期间，《南开高中学生》共出版13期。从《南开高中学生》登载的信息来看，每年南开高中部均会成立学生自治会，在高中各班设立干事会，设有健康、游艺、合作、平教、庶务、出版、纪律、学术干事，各班干事之上又有总干事会，《南开高中学生》就是由其中的出版干事会负责的。刊物栏目有论著、文艺、杂俎、校闻等。论著栏主要偏向于发表老师学生对于时局、学科、政治、文化等方面的评论；文艺栏设有小说、诗歌、散文，后添加了话剧；杂俎栏有短评、游记、轶闻等；校闻栏记载了学校发生的大小事情、校历、出校学生信息、新老师简介、课程安排、每年报到人数等零碎新闻。第1卷第3期（1933年12月11日）开始专设了学艺竞赛栏，刊有中英文翻译、算学问题、自然科学问题等方面内容。

册子则是指1935年，穆旦所在年级自印的《南开中学毕业纪念册》（以下简称《纪念册》）。相较而言，刊物上的信息比较零碎，《纪念册》则有一种整体效应。这是一本印制相当漂亮而考究的册子，其纸张类似于今天的铜版纸。纪念册先有老校长、著名教育家张伯苓先生的题名，下设目录22项：1.目录；2.校徽，校旗，校歌；3.校史；4.本校创办人及传略；5.校景；6.校长及主任；7.教职员；8.教职员通信处；9.本班师生全体合影；10.级史；11.本班级同学照像；12.本班级同学签字；13.本班级同学通信处；14.出校同学；15.团体；16.杂俎；17.本刊顾问先生；18.本刊职员；19.毕业筹备会职员；20.文字；21.编后；22.广告。以下择要介绍之。

《校史》所记载的是学校如何在严范孙、特别是张伯苓等人的经营下，由私塾、私立中学堂发展到南开学校的简略过程。《级史》由董庶撰写，声称其态度是"长短兼收，消长兼取"，而不仅仅是"颂扬公德"，其中有对各种运动、学潮的评价，可以见出当时的社会环境与政治时局：

一千九百三十一年九月十八日，空前的事件发生了。中国的民族迈上几乎绝亡的道途上；南开的命运，也如钻进蜗牛壳里似的，愈走愈狭小，愈黑暗，眼看着这系了千钧之发战兢兢地几次要中断了！现在想来，不禁心悸。然而现在，一九三五年的七月，情形却有加无减，益发变本加厉起来，[……]

跟着九一八之后发生的，是上海事变，榆关事件，热河再失，喜峰口血战，平津危急等等等等。[……]种种事件的发生，疯狂了全国的同胞。我们，一群坦白，纯一，热诚的青年学生们立于十字街头彷徨了。开会，贴标语，请愿，这却是学生们的最无效而可厌的伎俩！但假如要设身处地地想一想，除了这些之外，难道要责备他们赤手空拳，脚踢手打去收复失地不成！在这种混乱的状态之下，不幸得很，误会便在师生之间壁立了。并且，热热闹闹地也闹了一次所谓"学潮"。自然，这"学潮"的经过是极丑恶的。所幸，不管那时是采取了什么手段吧，总算很快地这"学潮"便结束了。[……]

最接近我们的是接连几次的天津变乱。在一次甚于一次的"津变"中，每一次学校都作了战场。我们决不能忘记，我们的墙脚下伏着那些躲在沙袋后面擎着枪保护我们的保安队,我们也忘不了罗布在我们校外球场上的战时电网。在枪林弹雨下守候了三五昼夜的情形有过,我们师生结队逃出学校的情形也有过。我们避难过广东小学,我们也避难过浙江小学。学校在这时中断了几次!最久的,有两月之多。[……]

目今,我们可以骄傲地唱一句,我们——南开——从来没有被环境征服过,我们只有因环境的恶劣而更进步;虽然被崎岖的山道上的石子偶尔绊住脚的时候也曾有过。

《级史》所提到的"学潮",在其他文献中也多有出现。大致情形是,"九一八"事变后,南开中学的局势一度紧张,曾发生学生运动。学校大事记如是描述:"11月,日本利用便衣队,煽动天津事变,南开一带尤为便衣队隐匿活动之渊薮,本校为避免危险计,乃将全体学生送往安全地带,学校并暂移法租界广东中学办公。未经旬,即迁回南开,照常上课。12月中旬,学生激于爱国热诚,发动救国工作,一度停课。"[1]

也有学子的回忆将矛头指向了校园。1931—1936年间就读于南开中学的王锡章即写道:事变发生后,"南中同学在《南开双周》上也著文评论时局,呼吁一致对外。南中当局不顾广大同学的正义呼声","竟然勒令《南开双周》停刊,并改组了它的编辑部,从学生会手中夺去了这个刊物的编辑和出版权,学校当局的这种倒行逆施,激起了同学们的无比义愤。加上学校庶务股与承包食堂的商人勾结,贪污受贿,降低了学生伙食的质量,也引起

---

[1] 《四十年大事记》,杨志行等主编:《解放前南开中学的教育》,第256页。

了同学们的不满。于是这次学潮很快爆发,不可遏止。高中部的进步同学具体领导了这次学潮。他们印刷了很多标语、传单,提出了停止内战,一致对外的口号。开始,这些传单是秘密地散在寝室和教室里。以后就公开地贴在了范孙楼前。同时,学生会不断在大礼堂开大会,发表演说,进行宣传"。"有一次,同学们曾包围校长室,砸碎了校长室的玻璃。玻璃的碎片划破了张伯苓的皮肤。后来全校罢了课。"当时学校"组织了一批'黄马褂'"("指拥护学校的人"),"脚穿足球鞋,身着运动衣,专门辱骂甚至殴打进步同学,冲击礼堂,使学生会无法开会",又搜查学生宿舍,并且开除了一部分同学。"这次学潮坚持了好多天。寒假期间,同学们分散回家,才算结束。""据说在这次学潮中被开除和勒令退学的,有100多人"[1]——日后成为著名历史学家的何炳棣(1917—2012)就是其中之一。[2]

很显然,校园之内并不平静。与穆旦同校六年、两次同班的赵清华回忆道:"学校迭次在瑞庭礼堂召开大会,一次又一次地纪念'九·一八''一·二八',纪念'热河事变',接着又出现了'塘沽协定''何梅协定',说明华北已处在风雨飘摇中了。每逢集会,师生同登讲台,或慷慨陈词,或长歌当哭,无不义愤填膺。每当这时,我们望着垂悬在礼堂舞台两侧的一幅'莫自馁、莫因循,多难可以兴邦,要沉着、要强毅,立志必复失土'的长联,思索着祖国和个人的命运,往往泣不能抑。"[3]

《南开高中学生》对于时局也是多有关注,如第1卷第1期

---

[1] 王锡章:《忆南开(1931—1936)》,《解放前南开中学的教育》,第132—134页。
[2] 何炳棣:《读史阅世六十年》,桂林:广西师范大学出版社,2005年,第45页。
[3] 赵清华:《忆良铮》,杜运燮等编:《丰富和丰富的痛苦》,第194页。

（1933年11月10日）有《中国农村经济的崩溃与复兴》《中日两国民族性的比较》、第1卷第2期（1933年11月27日）有《"伪国"与日本经济问题》、第1卷第3期（1933年12月11日）有《第二次世界大战与我们应有的准备》《豫省之浩劫》、第1卷第4、5期合刊（1934年1月5日）有《团结与民族存亡》等文章；"编后"一类编者语也多有针对时局的言论，强调爱国，抵制日货，号召大家有实际行动。如1934年春季第1期（1934年4月6日），董庶所写发刊辞之中有"外患紧迫，东北四省失掉了，说话的自由，呼声的微弱"等语句；1934年春季第2期（1934年5月4日）的《编后》针对同学来信提及的纸张问题解释道："因为这学期我们的经费的特别困难的缘故，所以第一期用了西洋报纸，并且这一期也因仓卒的关系，仍旧没改。如果可能的话，下期准备改用国货。"同时，该期还有对"五四"的纪念：

> 今天是"五四"纪念日，我诚恳地希望同学们都默默地想一想："五四"时候，中国是什么情形？列强对中国是采取什么手段？学生运动是什么情形？那时政府当局对付学生运动是抱着什么样的态度？然后再拿目前的各方面的情形来比较一下。"读书不忘救国"，我们极力赞同。"读书就是救国"，我们则至死反对。

《纪念册》所载穆旦《谈"读书"》一文的前半段，也对教育当局的"读书救国"论发表了看法。又，1934年秋第3期（1935年1月15日）有署名"学生主席委员会"的《中国人用中国货》一文，并有编后文章《也算送旧迎新》，其中写道：

第二章　南开校园诗人　　031

去年是妇女国货年,据海关报告,入口的花边和脂粉,价值三百万元。就这一点上看,实在是妇女界的耻辱。

今年是学生国货年,学生是年青人,有智识有生气有活力而愿为国家效力的份,让我们作一点真实的成绩给她们瞧瞧。

这样的声音与姿态,在穆旦当时的生活与写作中也多有反映。如《南开高中学生》1935年第3期(1935年6月21日)所载《哀国难》等诗所显示,穆旦对于"国难"现实是非常忧切的。日后也有交代,"初中三年级时,爆发了九一八事变,这激发了我的爱国心,曾告人别买日货,并在家中和兄弟姊妹等组织研究时事及买书等。次年校中发生风潮,校方令校刊停办改组(认为它左倾),同学反对,于是起了风潮";"但自己当时年级较低,未参加在风潮内"(《历史思想自传》,1955年10月)。胞妹查良铃也有回忆:抵制日货时,哥哥不允许母亲买日本进口的海带、海蜇皮,"要是买来,他不但一口不吃,后来还把它倒掉。家庭中伯父们就议论良铮是'赤色分子',都怕他一筹"。[1]

再往下,很显然也是和日趋紧张的时局有关,1934年7月,穆旦所在一级学生同高一学生一起到韩柳墅参加天津区学生暑假军训。《级史》中称"本校成绩颇佳"。而据赵清华回忆,军训期间,同学们(也包括穆旦在内)都"穿着草绿色军装,头剃得光光的","每晚同学们齐集操场,高歌岳飞《满江红》,人人憋着劲儿唱,脸都憋红了,一直唱出了我们最强音,最高音,悲凉激越,

---

1 查良铃:《怀念良铮哥哥》,杜运燮等编:《一个民族已经起来》,第146页。

响彻云霄"。[1]

《级史》谈到了这一级在运动上和学术上所做出的努力以及所取得的成绩,且提及由中学部主任、张伯苓之弟张彭春"欧游归来"后所实施的"新教育"试验,"在只重于读死书的目今中国教育情形之下当然是不容的,失败似乎并不惊奇";但"可惜的是:在失败之后,我们忽略了这次失败的价值",即这次失败了的教育试验并没有"得一个自身的经验去努力地发展","发动者早已把这些小事忘得片云不留了"。结果,除了造成学生的"功课的延搁"外,"新教育"试验没有别的价值意义。所称"新教育"指的是1932年9月,"自高中一年级起,设实验班两班,半工作,半读书,俾实现'心力同劳''手脑并用'之教育理想"。到1933年,张彭春转任南开大学教授,8月,"高中实验班取消,所有该班学生,均分别编入普通班肄业"。[2]

对于生活在不安定的时局之下的学生而言,学校内外的环境显然会对其年轻的心灵产生重要的影响。

三 教职员,同学与"文字"

《纪念册》上面的信息还可进一步梳理。该册存世量已极有限,穆旦同学申泮文(1916—2017)生前藏有一册,他非常看重,明确表示"要写好穆旦,就一定要了解产生他的背景,这个背景就是我们这个班,我们南开中学"。[3]

---

[1] 赵清华:《忆良铮》,杜运燮等编:《丰富和丰富的痛苦》,第194页。
[2] 《四十年大事记》,杨志行等主编:《解放前南开中学的教育》,第256—257页。
[3] 本节所引申泮文的观点,均据2006年4月11日,笔者与申泮文的谈话。

第二章 南开校园诗人

"教职员"栏，共列 46 位：社会教员韩叔信、唐炳亮、吕仰平，英文教员童仰之、李尧林、刘百高、夏乐真、何一桂、吴维中、戴圣谟、邱汉森，校长办公室秘书伉乃如[1]，国文教员叶石甫、赖天缦、关键南（兼教务课副主任）、孟志荪、高远公，算学教员朱旭光、姜子骥、张信鸿、李澹村、刘孚如、胡赞年，文牍课主任魏云庄，体育课主任韩辑五、教员赵文选，历史教员孙绍裘，校医景绍薪，生物教员尹商藩、张效曾、助教周有光，辅导先生曹京实（兼公民教员）、任启南、王九龄、丁辅仁，化学教员郑新亭、胡廷印、助教王佩实，会计课兼建筑课主任华午晴，社会作业委员会主任干事陆善忱，军乐会领导陈子诚，庶务课主任孟琴襄、课员韩质夫，物理教员赵松鹤、段绍先、助教郭育才。此外，根据《南开高中学生》等刊物来看，老师还有唐明善、张子圣、杨叙才等，其他还能查证的老师有顾子范、史丽源（英文教师）等。

诸位老师中，英文教员、巴金的三哥李尧林可能是后来的回忆文章中被提及次数最多、给学生的影响更为深远的一位。申泮文、赵清华等人的回忆显示，李尧林英语流利，他的课很受他们及穆旦、董言声等同学的喜爱，所授 MEETING AN OLD FRIEND——即由辜鸿铭译成英文的杜甫诗歌《赠卫八处士》——给学生的印象尤其深刻。申泮文日后称这首"脍炙人口的温馨友谊之歌""几乎成了一九三五班的班歌"[2]，在 2006 年 4 月 9 日"穆旦诗歌创作学术研讨会"的闭幕式上，也曾非常流利地用英文朗

---

1 在南开大学图书馆所藏《纪念册》上，有"乃如先生惠存并谢指导"字样。
2 申泮文：《深切怀念名师李尧林先生》，汪致正主编：《巴金的两个哥哥》，北京：人民文学出版社，2005 年，第 175—178 页。

诵了这首诗的前四句。1935 年 5 月 29 日出版的《南开高中》本年第 2 期，就有同年级的同学岳家翰所作文章《穷愁潦倒的诗人杜甫》，后附杜甫《赠卫八处士》原诗以及辜鸿铭的译文：

> 人生不相见。动如参与商。
> 今夕复何夕。共此灯烛光。

> In life, friends seldom are brought near;
> Like stars, each one shines in its sphere.
> To-night, –oh! What a happy night!
> We sit beneath the same candle light.[1]

岳家翰文末的"离校前"字眼，平添了某种青春的离绪，也算是申泮文所谓"友谊之歌"的一个注脚，但此诗在同学之间引起更多共鸣，应该是在"文革"后期，见于穆旦致同学的信，也因穆旦的离去而成为老同学"通讯的主题之一"（赵清华语）。这是后话，留待后文再说。

同学方面，"本班级同学通信处"共列 141 位，交谊最深的应该是后来的外国文学研究专家周珏良（1916—1992），两人后来是大学同学，且成为姻亲，周珏良对穆旦的写作和翻译多有推介；而除了前面多次提及的申泮文、赵清华外，还有后来一直保持了很好关系的董庶，一直到晚年仍有来往或通信的吕泳、李竹年、董言声、陆智常，后来的大学同学则有王乃梁、白祥麟、关士聪、

---

[1] 此处所引为《南开高中》所载译文。

叶笃正、刘金旭、蔡孝敏（也著文提及穆旦），等等。申泮文（化学家）、叶笃正（大气物理学家）和关士聪（石油地质学家）日后都是院士。对此，申先生以一种非常自豪的口气谈道："我们一级有三个院士呢。"

"同学"栏有很多照片，包括部分同学的个人照，其中有查良铮（穆旦）一张，中分头，着中山装。也有若干合影，其中的一张题为"硕果仅存　旧初一二组"，共 12 人，穆旦为中排左起第二人。所谓"硕果仅存"，是初中一年级的时候，所在班级有 30 人，最后剩下了 12 人。据说，这一级学生初入校的时候共约有 450 人[1]，到毕业的时候，"硕果仅存"的为 141 人。[2]个中原因，除了升学、从军外，也有经济等方面的原因，南开中学为私立学校，对家庭经济有较高要求。

"出校同学"指中途离校的同学，国事紧张，不少高二、三年级的同学放弃了学业，选择从军。"团体"指的是班级的各种团体，包括田径队、篮球队等，其中都没有穆旦的身影，对此，申泮文的说法是："查良铮不活动，他是个文弱书生"。

"文字"栏有四篇文章，均为学生习作，有葆楹的《四斋生活片断》、赵照（赵清华）的《南北极》、查良铮的《谈"读书"》以及璞君的《丽娜》。《四斋生活片断》所记为六年中学生涯最后一年的一些生活情形。四斋是学生宿舍，所记为三个非常轻松的生活片断：打球与观球；"抓大头"——一种变相的摊钱买东西吃的行为，有大头、小头、白吃、跑腿等名目，以抓阄的方法来决定，抓大头者出钱最多，小头最少；以及一个叫作"活宝"的人

1　赵清华：《忆良铮》，杜运燮等编：《丰富和丰富的痛苦》，第 192 页。
2　数据出自《纪念册》。在《忆良铮》里，赵清华记为 125 人。

玩双杠与"蝎子倒爬墙"的绝技。《南北极》所记也是生活情形,不过是校外生活。《丽娜》则以小说笔法描述了一个小人物家庭的悲惨故事。

这些基本上都是生活层面的记载,相比之下,《谈"读书"》要严肃得多。穆旦所谈为读书生活,着眼于个人的经验谈如何对读书发生兴趣。文章前半段为"宏论",谈到社会上读书风尚的改变:"士大夫那种闲趣"消失、"科举制"被"取消",那种"唯美式"的、"呆板式"、"盲目的"的读书被"换上一种新姿态","一种严悚的面孔",读书已必须考虑"对于社会国家的责任的重大"。读书"正确的作用",可用"学以致用"或"知行合一"来概括。但与"欧西各国"相比,中国少有"实用的科学书籍",且中国文人自认为"精神文明"比人家的"物质文明"要"高得多"。这样,所读之书并不能"致用"。那些把读书视为"升官进级"工具的人"最不忠实","他们没有真实地领略书中的价值"。至于教育当局的"读书救国"论,"又犯了'读书是法力无边'的毛病","读过书的人尚不能御外侮以救国",要求学生"一边拿六十分一边去抗敌",是"破天荒的笑话"。

文章后半段则谈到自己如何对读书发生兴趣——一种"硬性的,困难的"经验:最初是先生布置功课,读书是"还债似的";然后,"渐渐地才把'家里让我读书么'那种念头抛开";再往后,随着阅读一些小说并"扩展到一切软性的书籍"而产生了"更进一层的趣味","知道了自身以外的许多事情","渐渐欣赏起这些事物来了,脑中开始生出了各种幻想","各种幻想的综合"在心中"也曾起了很大的欲望",可是这反而使自己苦恼起来,"一切美丽的幻想都是不能兑现的东西,人生简直是个谜呀!"读书由此成为一种"追索","读书的确是可以解决自身一部分的问题的";而且,由于书籍是人家"对宇宙万物幻想的结果",也"使自己觉得详细观察每一件事物都是有意思的"。

四 "早熟"的写作者

社会时局之中的穆旦形象是模糊的,南开校园诗人的形象则是比较突出的。穆旦日后在交代中曾谈及董庶、董言声、李竹年、陆智常等中学友人,也谈到个人写作和阅读的情况:

> 董庶对我的影响最大,引起我对文学的爱好,他借给我书和文学杂志看,并鼓励我写作。我的家庭环境和性格原是沉郁的,看了文学作品后(如鲁迅的野草及小说,巴金,郁达夫,周作人,及旧俄作家如柴霍甫等作品)更觉人生灰色,对社会也益觉不满。在中学高二、三年级开始写诗及小说,全是个人情感的发泄,也有些对社会的不平之鸣。高三时也有社会教员借[介]绍我读社会学的书,曾买过波格达诺夫的一本书,没有读懂,但已倾向理解社会问题,并仔细阅读当时进行的大众文艺论战。(《历史思想自传》,1955年10月)

穆旦提到当时"写诗及小说",诗歌已为今日读者们所熟知,"小说"长期不闻,新近发现的一些用讲故事笔法写成的、篇幅短小的作品,如《笑话》《管家的丈夫》《傻女婿的故事》《童话》等,一律署本名"查良铮",刊载于天津版《大公报·儿童》(1930年6月7日)、天津《益世报·小朋友》(1933年2月16日、

3月12日)、沈阳《盛京时报·儿童周刊》(1933年6月7日)等处,不知是否即所谓"小说"?以《傻女婿的故事》为例,其中讲了四个"有趣味的故事",分别为"(一)学话""(二)不客气""(三)天生那个东西""(四)一大堆",讲法如下:

(一)学话

明天便是张翁的寿辰了,所以他的三女儿对她的丈夫说道:"傻子,明天就是我父亲的生日了,你这样的傻,怎么能去呢?——大姐夫和二姐夫说话都是很文雅的,惟有你,去到那里一定要被人家笑话!"

傻子坐在一旁气哼哼的道:"好,你以为我不会说文雅话妈[吗]?我这就出去学话,看我明天会说不会说!"

傻子正走出门去,只见河边站着一个人指着一根独木桥说:"唉!双桥好走,独木难行。"傻子便走向前去问道:"喂!朋友,你说的什么?"那人又重说了一遍。傻子牢牢的记住了,给那人二两银子道:"送给您喝茶吧!"

他又往前走着,前面有一个人正拿一把耙打狗,对狗嚷道:"你呲牙?呲牙我打你一头耙!"傻子听了,又问那人一遍,给了他二两银子,仍旧向前走,可巧又碰着一件事——一个老头子抱着一个小孩,那孩子哭着闹着的打他,老头儿只是哄着说:"孙儿孙儿别打爷爷嘴,爷爷给你买个油炸鬼。"(注一)傻子又走过去问道:"您说的什么?"老头儿又说了一遍,傻子照旧的给他二两银子,将这学来的三句话,重复的念着走回家中去了。

次日,张翁的家中热闹极了。大女婿二女婿相继的到了,及至吃饭的时候,这位傻的三姑爷才来到。他的丈母想道:"听说三姑爷有些傻气,何不试验他一下!"她于是告诉下人们给三姑爷的饭桌上摆一只筷子,等三姑爷坐在饭桌上一看:就是自己的面前摆着一只筷子,于是便想起他学的那句话来,说道:"双桥好走,独木难行。"大家一听都笑了,想不到三姑爷并不傻啊!这时他的丈母也是笑了。傻子心想我的话许是很文雅,于是又把第二句话说出来,冲着他的丈母道:"你呲牙?呲牙我给你一头耙!"这时,他丈人听着气急了,过去就打他一下,这傻姑爷又继续的说:"孙儿孙儿别打爷爷嘴,爷爷给你买个油炸鬼!"

(注一)北平人称果子为油炸鬼。

称之为"小说"或有些勉强,但大概还是儿童喜欢的"笑话"与"故事"。

相较而言,诗文的数量更多,不过目前所见都在南开校园之内的书刊,即《南开高中学生》和《纪念册》。在穆旦的高中阶段,《南开高中学生》共出版13期,穆旦发表8次,共有诗歌9首、文章3篇,具体信息如下:

期号	出版时间	穆旦作品(署名)
第1卷第1期	1933年11月10日	无
第1卷第2期	1933年11月27日	无
第1卷第3期	1933年12月11日	无
第1卷第4、5期合刊	1934年1月5日	《梦》(穆旦)
1934年春第1期	1934年4月6日	《事业与努力》(查良铮)

（续表）

期号	出版时间	穆旦作品（署名）
1934年春第2期	1934年5月4日	《流浪人》（良铮），《亚洲弱小民族及其独立运动——印度，朝鲜及安南——》（查良铮）
1934年春第3期	1934年6月15日	《诗三首》（《夏夜》《神秘》《两个世界》，查良铮）
南开高中三十周年纪念特刊	1934年10月17日	《一个老木匠》（良铮）
（1934年秋）[1]第2期	1934年11月23日	《前夕》《冬夜》（良铮）
（1934年秋）第3期	1935年1月15日	《诗经六十篇之文学评鉴》（查良铮）
（1935年）第1期	1935年4月21日	无
（1935年）第2期	1935年5月29日	无
（1935年）第3期	1935年6月21日	《哀国难》（良铮）

再加上《纪念册》所载《谈"读书"》，共计13篇，这些就是现今所能找到的穆旦当时的诗文了。

与穆旦同届但不同班的周珏良在回忆中谈到："穆旦的诗才从十几岁就显露出来，而且非常敏捷"，"当时他是写稿人的两大台柱之一，主要写诗，也写些散文"，"每到集稿时，篇幅不够"，"总是找他救急，而他总是热心帮助，如期拿出稿子来"。[2] 发表数量较多，"台柱子"的说法应该没错。而从作品所署日期来看，多是和刊物出版的时间很接近，如1935年第3期所载《哀国难》一诗，署1935年6月13日作，出版时间为6月21日，因此"救急"之说也可确定。

但另一位同学赵清华称，穆旦、周珏良以及他本人都曾担

---

[1] 《南开高中学生》作为中学校园刊物，并未如正式出版物那般每一期都明确标明年份，如1934年上半年所出各期，均标有"二十三年春"，下半年所出各期却又没有标注，1935年的各期亦未标年份，故加（）以说明。

[2] 转引自李方：《穆旦（查良铮）年谱》，《穆旦诗文集》（第2卷），第375页。

任刊物的总编辑，为期一个学期，穆旦担任主编是在高三的下学期[1]，此事则不确。《南开高中学生》每期都有出版干事职责分配表，包括干事长、书记、干事、编辑部、经理股以及前述各个栏目的负责人，穆旦并不在所列名单之中。赵清华本人曾参与刊物的文艺栏目[2]，以笔名"赵照"发表了不少作品；周珏良也是刊物的深度参与者，曾任出版干事长兼编辑股总编辑[3]，且发表了多篇作品。

对穆旦"影响最大"的董庶也曾出任出版干事长、编辑股总编辑。[4] 从第1卷第3期开始，董庶用本名或笔名丹东发表约为10次，很可能就是周珏良所称的另一位"台柱"，加之《纪念册》上的《级史》亦出自董庶之手，他在同学之中可能算是一个文字领袖式人物。1934年秋第2期的《编辑后记》，在对该期文章做了简短评论之后，最后写道："董庶君写的文章和良铮君的诗，是大家熟知的，用不着介绍了。"此一细节足可资证，诗人"查良铮"在南开中学校园之内已是小有名气，而其日后所谓董庶对其"影响最大"、引起其"对文学的爱好"、鼓励其写作等语，由此也有了切实的内涵，虽然董庶并没有成长为一个更有名的写作者。

综合来看，穆旦确是为刊物救了不少急，与同学们就刊物编辑之事可能也多有交流，但各期出版干事会未见其署名。不过，

1　赵清华：《忆良铮》，杜运燮等编：《丰富和丰富的痛苦》，第194页。
2　赵清华的名字出现在《南开高中半月刊》第1卷第1期（1933年6月5日）的文艺栏中。
3　其时为（1935年）第1期（1935年4月21日），也就是高三的下学期。
4　董庶的名字先是在《南开高中学生》第1卷第1期（1933年11月10日）的文艺栏中出现，及至1934年春第1期（1934年4月6日）时，董庶出任出版干事长、编辑股总编辑。

从"30周年纪念特刊"所列"二十三年秋　南开高中部学生自治会名单"来看，穆旦曾担任高三2组主席，赵清华可能是混淆了刊物"主编"和班级"主席"这两个职务。

在回顾穆旦创作历程时，后来交往颇深的同辈诗人杜运燮（1918—2002）曾指出"穆旦不但早慧，而且早熟"："他很早就在诗中表现出他的感情的含蓄节制和具有较多的理性成分。不像许多十几二十几岁的年轻人，写诗一般直抒胸臆，表现出更多的奔放或感伤，穆旦在写诗时则像一个中年人，有时甚至还像一个饱经沧桑的老年人"。这样一种品质的形成，被认为是源自查家深厚的文化底蕴。据称，到了穆旦的幼年时代，"在其大家庭中，查慎行的藏书""仍极受尊重"。[1] 可以想象，查氏家族丰富的藏书、深远的家族文化积淀以及较早的文学阅读，再加上南开中学的良好教育，对穆旦的成长发生了良性影响，共同促成了他的"早熟"。

从实际写作来看，所谓"早熟"倒不在于较早、较多地发表作品，而是如杜运燮所言，在于作品中所表现出来的那样一种少年持重的品质，如作于1935年的《哀国难》，在宣泄"哀悼"情绪的同时，也注意用旧的和谐景象进行反衬，对原本直露化的情感形成了节制效果，可见，充满青春热情的年轻诗人虽内心激愤，在处理过程中却相当冷静。

对于题材的敏感也可视作"早熟"的表征。穆旦早期写作之中，《哀国难》式表达时代主题的作品并不多见，更多地，是着眼于某种具体人生及其形态——在时代大命题之外，年轻的穆旦更着意于那些琐屑的个体命运。其笔下更多出现的是"小人

---

[1] 杜运燮：《穆旦著译的背后》，杜运燮等编：《一个民族已经起来》，第110—112页。

物"形象：流浪人、老木匠、更夫，以及以做工谋生的穷困母亲和她那三岁的孩子。总体上说来，这些诗篇在手法上并不算高明，题材本身也有某种因袭性，比如说，闻一多的《我是一个流囚》（1923）中的流浪汉形象可能启发了《流浪汉》，《两个世界》通过对照手法来表现所谓"高贵"与"穷困"的两重天，与刘半农的名作《相隔一层纸》（1918）也有相似。但《流浪人》《一个老木匠》等诗都包涵了静观或揣度意味，带有主观思索的品质，比如"老木匠"的形象：

>牛马般的饥劳与苦辛，
>像是没有教给他怎样去表情。[1]

诗歌并未止于对老木匠命运的感慨，而是继续描绘那在"微弱的烛影"下的"工作声音"：

>沉夜，摆出一条漆黑的街
>振出老人的工作声音更为洪响。
>从街头处吹过一阵严悚的夜风
>卷起沙土。但却不曾摇曳过
>那门板隙中透出来的微弱的烛影。

《夏夜》《冬夜》等诗也都出现了更夫或更声："狗，更夫，都在远处响了"；"更声仿佛带来了夜的严悚"。类似的声音与形象，

---

[1] 除特别说明外，本节所引穆旦诗歌均出自所提到的《南开高中学生》和《纪念册》。

在诗人内心纠缠成结，最终提升为主题，化为《更夫》(1936)。年龄增长，见识扩大，诗人的心智也更为成熟，更夫最终成为"寻梦者"：

> 怀着寂寞，像山野里的幽灵，
> 他默默地从大街步进小巷；
> 生命在每一击里消失了，
> 化成声音，向辽远的虚空飘荡；
> [……]
> 把无边的黑夜抛在身后，
> 一双脚步又走向幽暗的三更天
> 期望日出如同期望无尽的路，
> 鸡鸣时他才能找寻着梦。[1]

"更夫"是和时间作战的人，"更声"是和时间作战的声音，它们都负载着时间。由此可见诗人对于艺术题材的敏感：从渺小、细微之处（地方、事物、人物等）发掘诗意；因其渺小、细微，这种选择本身也就逐渐越过个人的身世体验或生存体验而形塑为一种诗学视野。也即，从《夏夜》到《更夫》，从意象累积到主题表达，穆旦逐渐把住了艺术表现的方向，做出了初步自觉的、个人化的艺术选择。

所谓"自觉性"，也可以透过散文诗章《梦》来看。这首诗蕴含了以"梦"来设喻人生的意图：

---

[1] 慕旦：《更夫》，《清华周刊》第45卷第4期，1936年11月22日。

人生本来是波折的,你若顺着那波折一曲一弯地走下去,才能领略到人生的趣味。[……]如果生活是需要些艺术化或兴趣的,那你最好便不要平凡地度过它。

若单独来看,这样一首诗不过是一种"青春写作",显示了一颗年少心灵的不安分性,未可深究。但若以穆旦后来的经历与写作反观之,则可以说是有某种诗谶的意味——乃是穆旦一生的"不安分性"及由此而来的种种"波折"的自我揭示。

当然,即便认为"不安分"的生活是选择性的——为了"艺术化或兴趣的"生活而有意识趋向于一种"不安分",但是,当一种艺术追求已经内化为一个人的内在性情或生命修为之后,有意识的人生道路的选择与艺术化人生观念之于现实处境的抵牾之间的界限就难以区分了——在更多的时候,后者显然是"不安分"更为内在的根源。

关于《梦》,署名也别有意味——"穆旦"之名首次出现,也是当时唯一的一次亮相。穆旦当时发表作品,要么署本名,要么署"良铮"。"穆旦"之名,看起来是将"查"字上下拆开为"木""旦","穆"与"木"谐音。这样一首以"梦"设喻人生、彰显对于人生"波折"以及由此而来的"趣味"的有意追求的诗篇,当这个少年写下它的时候,内心里或许隐隐地感到了一丝不安,而需要用旁的方式来抑制——取用笔名即成为自我抑制的方式。只是,他肯定无法预料,"穆旦"这样一个笔名最终会像根一样深深地扎进土里,替代他的本名而成为一个极富魅力的称谓。至于为什么接下来的写作又重新署回本名,这就只能说是一个谜了。

五　现代语文教育及文学语境的视角

不妨再结合 1920—1930 年代之交的现代语文教育及相关文学语境，来看看穆旦的写作行为。

与"五四"一代写作者不同的是，在穆旦这一代写作者这里，成长背景已逐渐被置换，"传统"教育开始成为一个日趋突出的问题。所谓"穆旦一代"，大致指 1910—1920 年代之交出生，1920 年代中段开始小学教育，1920 年代末期—1930 年代前期开始中学教育，1930 年代中后期开始进入大学。穆旦的成长经历可谓非常顺畅，小学（1924—1929）→中学（1929—1935）→大学（1935—1940），中间除了因为战争而出现的长途迁徙外，并没有其他的任何道坎。

与同代人相比，穆旦的家族虽已"没落"，但其实也不算差。所谓"不差"，首先是一个经济的概念，即有钱上学。南开学校的学费比一般学校更高[1]，一般家庭是负担不起的。那位被南开中学开除的何炳棣即对"南开学生的社会成分"有过较为详细的描述：

> 男中极大多数的学生源于当时的中产之家。我在校的四年半中根本没听说任何同学出于真正贫寒之家。相反的，由于南开创校即受天津巨绅的鼎力支助，学校很早就获得国际声誉，南中同学中的"贵族"成分远较他校为高。除了严、范、卢等校董巨绅的子弟姻戚外，举凡王、周、叶、卞、查等天津望族，住在英租界的安徽寿县孙家、福建海军名门王、

---

[1] 王锡章：《忆南开（1931—1936）》，杨志行等主编：《解放前南开中学的教育》，第 123 页。

刘两姓，以及驻津广东、宁波、山、陕诸帮富商巨贾子女，几无不以南开为上选。[1]

历史学家的追述当无多大偏差，尽管已是"破落户子弟"，但查家仍被视为"天津望族"，其家庭的实际经济状况仍然好过一般人家，唯其如此，上学——上更好的学校以谋求出路才成为可能。

"不差"同时也是一个文化的概念。如前述，在穆旦的幼年时代，先祖藏书在大家庭中仍极受尊重。可以设想，家族文化或显或隐地熏染了穆旦的成长。穆旦胞妹与堂弟对其了解"古典文学名著"、经常讲给弟妹听或引领弟弟阅读古诗文等行为的讲述[2]，大致也可见出"传统"的效应。

但前引诗歌已显示出"传统"并未在穆旦早期写作之中留下太多痕迹——穆旦早期写作鲜有旧诗词气息。借用《诗经六十篇之文学评鉴》中的语汇，评鉴《诗经》、拆解《清明》等行为自然表明了穆旦对于旧诗词的"兴趣"，但正如《谈"读书"》所谈的那样一种从被动阅读到主动抉择的过程，这种"兴趣"并非沉潜阅读，而是保持一种解剖式姿态，即按自己的兴趣去阅读领会"传统"，有时甚至做出合理的拆解。对于《诗经》这样的文学源头式作品，穆旦并没有拘泥于相关历史评价，而是取用了忠实于文本本身的历史态度，将"情感"与"兴趣"作为开门之匙，从而对历史做出了富于个人意味的理解。《事业与努力》所谈的虽非文学问题，

---

[1] 何炳棣：《读史阅世六十年》，第47页。
[2] 参见查良铃：《怀念良铮哥哥》，杜运燮等编：《一个民族已经起来》，第145—146页；查良锐：《忆铮兄》，杜运燮等编：《丰富和丰富的痛苦》，第217—219页。

但同样强调"经验"或"人生底体味"对于事业成功的重要性。

实际上,《事业与努力》对于欧美著名人士言行的引述,《亚洲弱小民族及其独立运动》对于世界性话题的讨论,都彰显了少年穆旦对于新兴的公共知识的兴趣。这些知识多半是家族文化教养之外的,由此可见校园文学教育——既包括课程设置,也包括当下读物的阅读——对穆旦的心智与成长所施与的重要影响。

前述"南开教育之要旨及实验之趋向"明确提到:"在学校中造成环境,使学生多得'开辟经验'的锻炼,以养成其'现代能力'"。南开中学自编的国文教材也选用了较多当时作家的作品,如《天津南开中学高二国文教本》(1929)、《天津南开中学高一国文教本》(1934)等教本,即选有梁启超、胡适、马君武、鲁迅、周作人、蔡元培、郭沫若、朱自清、郁达夫、冰心、俞平伯、朱光潜、戴季陶等人作品,编者显然希望借此来培养学生"明了历史背景,察识现代趋势"的能力,也即国文科教学纲要说明中的"教学旨趣"。[1]

放大到当时中学语文课程标准设置来看,这一状况的产生不仅并不突兀,实际上乃是时势使然。穆旦1929年秋进入中学,正值本年8月教育部颁布新的中小学课程《暂行标准》,"这是以政府教育部名义颁行的、具有教育法规性质的第一套课程标准"。前面提出"穆旦一代",教育背景即是重要的依据。

其中,语文科目标的培养与过去相比发生了重要的变化:

> 首先,它确认中学语文科无论初中还是高中,都以提高

---

[1] 南开中学校编辑:《私立天津南开中学一览》,第46页。

用语体文来叙事说理、表情达意的能力为主要目的；至于文言文作文的能力，不作普遍要求，只依学生的资性及兴趣，酌情予以培养。[……]其次，它把"语言"能力（即口语表达能力）的训练、培养和提高，首次明确列入了中学语文科的教学目的。[……]再次，它在阅读方面提出了"了解平易的文言书报"和"养成阅读书报的习惯"的要求，把范围从1923年《纲要》的拘囿于"古书"扩大到一般书报，重心移到了实用方面，而且把目标从过去局限于"能力"发展到"养成习惯"，注意了学生智能的培养。[1]

学生素质的"目标培养"既发生新变，成长背景即便并不必然立即发生置换，潜移却不可避免——随着"目标新变"与"背景置换"，"中学生的国文程度"很快就成了一个问题。也就是说，对穆旦这一代人而言，一种制度化的设计明确强化了"语体文"——而不仅仅是"文言文"在语文教育中的分量。国文问题在1930年代初期曾引起讨论。可以设想，在较短的时间内，问题尚不至于太过突出。更大范围、也更长时间跨度的讨论发生在1930年代末期到1940年代，历时近10年——"抢救国文"运动成为一个时代性的大命题。[2]

现在来看，并不难理解讨论背后隐藏着的一个具有时代意味的逻辑，即在一般的知识者的价值理念中，"国文"高于"白话文"（语体文）。但不成熟的、缺乏规范的"语体文"既日渐兴盛，

---

[1] 李杏保、顾黄初：《中国现代语文教育史》，成都：四川教育出版社，1997年，第161—163页。

[2] 李杏保、顾黄初：《中国现代语文教育史》，第238—252页。

那么，国文需要"抢救"一类问题就必然会发生：并不在于新兴的语文教育有没有产生积极效果，而在于一个有着漫长历史的语言传统势必会有意无意地压制一个新兴的语言形式。从这个意义上说，历史情势本身必然会将穆旦这一代人推向一种尴尬的境遇。

那么，穆旦的"国文程度"到底如何呢？这一点并不能确断，但从实存穆旦早期诗文来看，其语言运用能力当在一般水平线之上。

据赵清华回忆，初中时有一位教国文的张老师，20来岁，很喜欢穆旦的诗作，"每当上作文评选课时，他时时朗诵出来，读得抑扬顿挫，铿锵和谐，节奏感很强，诗意盎然"。[1] 到了高中阶段，国文分四科，分别是诸子百家、古代文学、现代文学和应用文。赵清华和穆旦等人所选为二、三两门，授课教师为孟志荪和赖天缦。

对于赖天缦的课，赵清华仅仅表示"新兴的一门课，并无现成课本，全靠学生笔记"。对于孟志荪的课，则多有着笔，表示"真是一种享受"："他对同学们的'佳作'或'警句'从高声朗诵到一一讲评，赞不绝口，仿佛这些才是当代'文选'、'诗经'似的。这样做的效果是大大地激发了同学们学习'国文'的热情"。[2] 韦君宜（1917—2002）的回忆也谈到，孟志荪先生的国文课"以讲中国诗史为线索，从诗经楚辞直讲到宋词，每一单元都选名作品来讲"，还教学生"买参考书"，让学生"去读顾颉刚先生在

---

[1] 赵清华表示，对这样一个细节"印象颇深，时隔半个多世纪，至今仍然历历在目"，见《忆良铮》，杜运燮等编：《丰富和丰富的痛苦》，第192—193页。

[2] 赵清华：《怀念南开（1929—1935）》，杨志行等主编：《解放前南开中学的教育》，第110页。

'古史辨'里发表的文章,力辟毛诗大序小序和朱注的荒唐",告诉学生"关雎、静女、……以至山鬼、湘君、湘夫人,其实都是情诗"。这些讲授"从又一方面打开了"学生的"眼界"。[1]韦君宜就读于南开女中,且比穆旦高一级,与穆旦所在男中的情况或并不尽相同,但孟志荪授课的情形当可类推。实际上,《南开高中学生》1934年秋第3期(1935年1月15日)所载穆旦的长文《诗经六十篇之文学评鉴》很可能就是孟志荪的某一次课堂作业[2],文章将"情感"作为理解《诗经》的开门之匙——开篇即提出"文学何以发生?"这样一个"很有趣味的问题",在综合了《毛诗大序》和朱熹观点后,提出"先是有感于中,而后发之于情,把这种感觉写成文字,表现出来,就是文学的起始了"。这类表述与孟志荪对于《诗经》之"情"的强调,显然有着某种关联——实际上,文中还引述了孟先生的观点:"诗经之伟大,全在它的真纯和朴素"。

可以想见,在"评选"中脱颖而出且在课堂上"范读",这会给少年穆旦以鼓励,使他产生进一步写作练笔的热情,而"当代'文选'、'诗经'似的"说法也会让学生们激动——进入高中之后,穆旦写了较多的诗文作品并在校刊发表即是合乎情理的结果。白话文的运用既已较为顺畅,对于"传统"又有较强的理解力,套用韦君宜的话:穆旦"读书的习惯,使用文字的基本功,可以说全是六年来南开教给"的[3]。

---

[1] 韦君宜:《南开教我学文学(1928—1934)》,《解放前南开中学的教育》,第107—108页。
[2] 同时刊出的董庶的同名文章,有"此文承孟志荪先生指正,特此志谢"的字样,穆旦的写作情形或相似。
[3] 韦君宜:《南开教我学文学(1928—1934)》,《解放前南开中学的教育》,第108页。

当然，正如"国文"对于"白话文"的潜在优势，"白话文"顺畅并不能如实地反映出"国文"的程度；而且，尽管手法并不多么高明，艺术上也并不多么醒目，但较多地写作并发表白话诗文也表明穆旦在主观意识上对"白话文"的更多认可。因此，还不能不回到前面的话题，即随着成长背景置换与潜移，传统的教育逐渐退居次要位置，以白话文为主要形式的新兴语文教育占据了更为重要的位置，"书报"之中所蕴含的新兴的公共知识更多地进入穆旦的视线之中。而这样一个穆旦的特殊性还在于，中学毕业之后，他进入了大学外文系，系统地接受了西方文学的熏染，这无疑从某一方面加固了中学阶段所接受的知识与教育。与此前的新诗人相比，这不能不说是一种新的"代际特征"。

第三章

清华校园内外

一 清华教育理念与课程设置

1935年8月下旬,北京高校发布录取新生信息。在清华大学和北京大学(理学院)的名单上,都有查良铮的名字。[1]他选择了以"自强不息,厚德载物"为校训的清华大学。同届新生共318人,查良铮(穆旦)进入的是外文系,同学有周珏良、王佐良等。还是在那份《历史思想自传》中,穆旦表示"要学文学,但中文系太古旧,要考据,不愿读古书,所以入外文系"。类似观点,稍晚进入西南联大外文系的杨苡(静如,1919—2023)也曾表达过。[2]这类选择可能和某种流行的文学观念有关,涉及"中外文系与新文学创造的关系"的讨论,即中文系被认为是和新文艺的创造没有多大关系,而外文系对新文学人才的养成更有助益。[3]

---

[1] 据李方记载,穆旦被三所大学同时录取,目前能查到北京大学的信息,另一所不详。见李方:《穆旦(查良铮)年谱》,《穆旦诗文集》(第2卷),第375页。
[2] 杨苡声称是在沈从文的建议下选择了外文系,见易彬:《"他非常渴望安定的生活"——同学四人谈穆旦》,《新诗评论》,2006年第2辑。
[3] 参见姚丹:《西南联大历史情境中的文学活动》,桂林:广西师范大学出版社,2000年,第126—133页。

或可一提的是，另一位稍晚进入西南联大外文系的杜运燮曾谈到穆旦是先入地质系后改入外文系[1]，后出的一些研究即受其影响[2]，对此，周珏良曾予以纠正。[3]而之所以出现这种情况，多半是对于清华大学当时的教育理念以及实际课程设置的一种误解。

时任清华大学校长为著名教育家梅贻琦先生（1889—1962）。1931年，梅贻琦所发表的清华大学就职演讲中有一个后来广为流传的观点：

> 一个大学之所以为大学，全在于有没有好教授。孟子说："所谓故国者，非谓有乔木之谓也，有世臣之谓也"，我现在可以仿照说："所谓大学者，非谓有大楼之谓也，有大师之谓也。"[4]

其基本教育理念可见于《大学一解》："大学期内，通专虽应兼顾，而重心所寄，应在通而不在专，换言之，即须一反目前重视专科之倾向，方足以语于新民之效。"[5]简言之，即应推行"通才教育"以"新民"。这一教育理念在当时清华大学"外国语文系学程"之"课程总则"中亦有明确体现：

1　杜运燮：《后记》，《穆旦诗选》，北京：人民文学出版社，1986年，第147页。
2　如日本学者、穆旦诗歌翻译者秋吉久纪夫即袭用这一说法，见《穆旦年表试稿》，荀春生译，《中国文化研究》，1994年夏之卷。
3　李方：《穆旦（查良铮）年谱》，《穆旦诗文集》（第2卷），第375页。
4　梅贻琦：《就职演说》，刘述礼、黄延复编：《梅贻琦教育论著选》，北京：人民教育出版社，1993年，第10页。
5　此文原载《清华学报》第13卷第1期，1941年4月；现据刘述礼、黄延复编：《梅贻琦教育论著选》，第105页。

一　本系课程之目的，为使学生得能：（甲）成为博雅之士，（乙）了解西洋文明之精神，（丙）造就国内所需要之精通外国语文之才，（丁）创造今世之中国文学，（戊）汇通东西之精神思想而互为介绍传布。

二　本系课程之编制，本于二种原则，同时并用：其一则研究西洋文学之全体，以求一贯之博通；其二则专治一国之语言文字及文学，而为局部之深造。课程表中，如西洋文学概要及各时代文学史，皆属全体之研究，包含所有西洋各国而为本系学生所必修者；但每一学生并须于英德法三国中（此外更设希腊拉丁及俄罗斯日本语文各班意大利西班牙等国语文俟后增入）择定一国语言文字及文学为精深之研究，庶同时可免狭隘及空泛之病。

[……]

四　本系课程，文学而外，语言文字之研究特为注意。普通功课皆以英文讲授 [……]

五　自二十四至二十五年度起，除大一英文以三小时授读本二小时授作文外，第二三四年英文亦均各以二小时专授作文，以达到使学生能用英文自由写作之目的。

课程方面亦有体现，外文系一年级新生共设五门课程：国文，第一年英文，中国通史与西洋通史择一，逻辑、高级算学与微积分择一，普通物理、普通化学、普通地质学与普通生物学择一，共 36 或 38 学分。二年级设六门课程：第二年英文，第二外国语（任择一种），西洋哲学史，西洋文学概要，英国浪漫诗人（专集研究一）、西洋小说（专集研究二），共36学分。[1]

在今日看来，类似的教育理念与课程设置近于通识教育，但当时的学生似乎并不认同。《清华周刊》第42卷第5期（1934年11月19日）、第7期（1934年12月1日）等处，都有关于"第一年不分院系"的讨论。及至穆旦入学，又可见《清华副刊》第44卷第6期载味竹的《谈谈大一文法学院课程》，对文法学生必须选修"自然科学的课程"提出了批评，认为这些课程"向不为文法学生感到兴趣，但却占了他们大部分的时间，成了苦的刑罚"，而且，还是生物学化学地质学这样"狭隘"的题材，而非"科学概论"一类"科学的常识和科学的治学方法"。很可能是受到这些讨论的启发，穆旦也作《这是合理的制度吗？》，认为文法学生必须选修"不相干的自然科学的学分"——"虚费精力在一些离我们需要很远的事物上"，不是"合理的制度"。此文见于《清华副刊》第44卷第8期（1936年5月30日），同期另有周英的《大一课程》，也认为这一做法不合理，结论是"学校的必选自然科学的计划，无论从那一方面来看，不能不说是整个的失败"。看起来，年轻的文科学子们对自然科学不感兴趣，一方面是认为其不相干、虚费精力，另一方面，也有课程设定本身的因素。

二 "华北之大，已经安放不得一张平静的书桌了"

政治时局却日趋紧张，民族危机日趋严重！

和众多被爱国热情所激发的学生一样，穆旦也参加了1935年

---

[1] 据《外国语文系学程一览（民国廿五年至廿六年度）》，《国立清华大学一览》，北平国立清华大学出版事务所，1937年，第129—130页。

末期发生的"一二·九"游行和"一二·一六"游行。游行事件，各种史书已有翔实的记载。大致而言，1935年11月—12月，北平学生运动进入高潮。11月1日，清华大学等十所学校发表《为抗日救国争取自由》宣言。12月3日，清华大学全校大会通过《通电全国，反对一切伪组织、伪自治，联合北平各大中学校进行游行请愿的决议》。9日，北平学生举行了抗日救国示威游行；16日，示威游行活动的规模进一步扩大，据称参加游行的人数总计约一万人。史称"一二·九"运动。

"清华大学救国会"散布了《清华大学救国会告全国民众书》——著名的口号，"华北之大，已经安放不得一张平静的书桌了！"即出于此。据称，清华的学生9日清晨7点在大操场集合出发，"队伍上午到达西直门，城门被军警紧闭，不得入城。领队决定留大部分人员在西直门城外墙边召开群众大会，向老百姓做抗日宣传，散发《清华大学救国会告全国民众书》"，"一部分同学则到阜成门，亦受阻，队伍转向了广安门，又受阻。再转向西便门，大门又是关着，城头上站着全副武装的军警，如临大敌。同学们含着热泪呼喊：'中国人的城门已经不准中国人进了！'"傍晚学生回校。随后，国民党冀察当局对平津学生进行了大规模的搜捕和镇压，有少数学生被捕。次年2月29日，军警冲进学校搜捕"黑名单"上的学生领袖，"从2月29日晚7点到3月1日晨5时，军警在清华园整整搜了一夜"。有不少学生躲到了老师家里。[1]

---

[1] 综合清华大学校史研究室编：《清华大学史料选编》（第2卷下），第906—907页；中共中央党校党史研究班：《一二九运动史要》，北京：中共中央党校出版社，1986年，第18—41页；方惠坚等编著：《蒋南翔传》，北京：清华大学出版社，2005年，第18—21页、第33—37页；清华大学校史编写组编著：《清华大学校史稿》，北京：中华书局，1981年，第255—272页。

对于此等事件，校方的反应是严肃的。1935年12月10日，清华大学校长办公处发布第207号通告，其中写道："在此时局多故之际，诸同学应努力于实力之培养，切不可荒废学业，作无代价之牺牲，望各安心上课，勿得有规外行动，是为至要。"13日、19日、21日，又接连发布了告诫学生的通告（署名均是"校长梅贻琦"），其中，21日的第210号通告写道——

> 查此次学生游行，虽属爱国表示，但爱国之道要在培植人才，做将来切实工作。诸君任重道远，来日方长，勿激于一时之气愤，忽视根本之训练，是本校师长切望诸同学注意者也。兹特再恳告诸君共喻此旨，即日复课，勿使学业久荒，是所至盼。[1]

穆旦的表现呢？上街游行之事，日后有过简略的交代：

> 在北平读了两年即发生七七事变。在这两年中受过校中的军事训练和暑期集中军训两个月（为当时廿九军旅长何基沣主持）。参加过一二·九和一二·一六爱国示威游行，受过大刀和水龙的驱逐，读了一些进步书籍如《大众哲学》等，也和左倾同学来往（如赵甡，现在山东大学任教；王瑶，现在北大任教），常向同学（如贺善徽，现在大公报馆）发左的论调，但自己并不能以行动追随思想[……]（《历史思想自传》，1955年10月）

---

[1] 清华大学校史研究室编：《清华大学史料选编》（第2卷·下），第908—912页。

而根据高中毕业即回浙江绍兴老家的赵清华回忆,在经历爱国示威游行等事件之后,穆旦曾热情洋溢地写信谈及——"信不断从北平雪片似的飞来":

> 良铮笔如游龙,绘声绘色地向我描述了这场运动的情景。[……]"一二·九"那天,清华、燕大的师生冒着严寒,高唱聂耳的《毕业歌》"同学们!大家起来,担负起天下的兴亡!"庄严地列着队向西直门走去,竟被紧闭着的城门阻于城外,当即惨遭军警驱赶和镇压。随后,国民党的冀察当局对平津学生运动开始了大规模的镇压和搜捕。我则回信对良铮的爱国行动表示钦敬,并对他的安全表示担心。良铮接着回信说,不怕,几乎所有教授,其中包括冯友兰、朱自清、闻一多和张申府等进步教授,都在支持他们,清华没有一个学生被捕。这些热情洋溢的信件,其中还夹有照片和即景抒情的诗歌。[1]

回忆之中的说法,如"清华没有一个学生被捕"等,与事实或有出入,但不难从中见出一个兴奋的、满是少年情怀的穆旦形象。

三 文学梦与人生的磨砺

进入清华大学外文系之后,穆旦的"文学梦"也在延续。据《历史思想自传》提到的赵甡(即赵俪生,1917—2007)回忆:

---

[1] 赵清华:《忆良铮》,杜运燮等编:《丰富和丰富的痛苦》,第195页。

1935年,"左翼作家联盟"成立了清华园小组,但"这是秘密组织,还需要有个公开的名目,于是又组织了'国防文艺社',又扩大改组成为'清华文学会'。这是一个以'左联'为核心的统一战线群众团体",赵俪生被推为主席,陈国良(陈落)为副主席,成员还有王瑶、郑庭祥(郑天翔)、冯宝麟(冯契)、邵森棣、王逊、李秉礼、蒋振东、张卓华以及杨戊生(笔名魏东明)、穆旦、张亚秀等人。对该组织一些成员的文学活动,赵俪生如是描述:

> 当时我们各发挥其所长。王瑶喜欢搞文艺理论,爱读普列汉诺夫和卢那卡尔斯基的书,爱写书评和文学评论与论战的文章,我们叫他"小胡风"。郑庭祥和我爱搞翻译,特别爱翻译苏联和俄罗斯的短、中篇小说。冯宝麟和邵森棣爱写诗。王逊是哲学系跟邓以蛰(叔存)搞美学的,有时写写散文和散文诗。此外还有一位叫杨戊生,笔名魏东明,原籍浙江,出生在东北,在组织上他是北平市"左联"的成员,在写作方面他已经在国内大杂志如《光明》、《中流》等上面发表文章,有一次他说"你们都是园内作家,我已经是园外作家了"。他的报告文学(当时报告文学这个品种才刚刚创立不久)《丰台的马》在当时挺出名。我们办过两期《国防文学》,两期《新地》。还邀请过朱光潜、沈从文等文学名人到工字厅做报告。总之,我们在清华园左翼运动中承担起了文艺的这一翼,倒也还弄得热热乎乎的。后来入校的新生中,有不少参加我们的会,如诗人查良铮(穆旦)就是一例。[1]

---

[1] 赵俪生:《篱槿堂自叙》,上海:上海古籍出版社,1999年,第40—41页。

这里提到的不少人物亦可见于穆旦本人的材料，因此，这些描述也透现了穆旦当时所经历的文学氛围。大约从1936年11月开始，二年级生穆旦成为魏东明所谓"园内作家"，此"园"即"清华园"，其作品陆续见于《清华副刊》《清华周刊》，用笔名"慕旦"——很显然，此一笔名也应是取"木""旦"之谐音。但比照"穆旦"，多少还是有些差异："慕"有仰慕、追求、期盼之意，"旦"指天亮，有光明之意，"慕旦"看起来很有文学兴味，却也可说是文学青年取笔名时的惯常做法。"穆"有严肃静穆之意，其色彩近于深色或黑色，与"旦"所呈现的光明色调正相对照，"穆旦"之名因此更近于某种严肃的人生义涵。不过，这位年轻写作者此时更常用的笔名是"慕旦"。这一笔名在1980年代就得到了同学王佐良的证实，[1]《穆旦诗全集》（1996）收录《更夫》《古墙》《玫瑰的故事》等作品的依据即在此，后出的《穆旦诗文集》也陆续增补了《我们肃立向国旗致敬》《山道上的夜——九月十日记游》《生活的一页》等篇目，新近发掘、尚未入集的作品，《两种人》《清华的电灯》也是署"慕旦"，仅《这是合理的进度吗？》一篇署"穆旦"。而更早的时候，在中学时期发表的十多篇作品，仅《梦》署"穆旦"，其他的均署本名"查良铮"或"良铮"，可见到清华初期的时候，"穆旦"之名尚未确立。

不仅"慕旦"较为频繁地在"园内"发表作品，"查良铮"还名列《清华周刊》第45卷78位"特约撰述人"之首。同列"特约撰述人"的还有赵德尊、赵文璧、王逊、何炳棣、周班侯、赵牲、蒋南翔、杨联陞等，编辑部由王瑶任总编辑，书评栏、哲学

---

[1] 1989年11月28日王佐良致李方信，转引自李方：《穆旦（查良铮）年谱简编》，穆旦著、李方编：《穆旦诗全集》，北京：中国文学出版社，1996年，第370—371页。

栏和文艺栏的负责人分别为郑庭祥、魏蓁一（韦君宜）和孔祥瑛，都是高年级的学长。以此来看，穆旦在"园内"已具有了一定的文学知名度。

实际上，在《清华副刊》发表作品之前，"慕旦"就已是"园外作家"——不是更早时候在报纸上发表的那些短小的"笑话"之类，而是1936年7月6日在天津版《益世报·语林》第1338号发表的《两种人》，署慕旦，文章因北平《绿洲》第1卷第3期所载孟实（朱光潜）的《谈戏的两种演法》而起，朱文谈到戏的"两种演法"，一种是"体验派"演法，一种保持"间离"态度。《两种人》由此引申到对于人生态度的思考——人生不同于演剧，"普通，我们最能看得起的，是这些看破人生不过是一幕剧，而却积极求全求美去表演的一类人"，"若不明白人生就是演戏，若不肯冲入舞台的前面，欣赏是不可能的啊。"俟后，本年11月10日，又以慕旦之名在《世界日报·学生生活》发表散文《清华的电灯》，以"时常的爱闭眼睛制电表会惹纠纷"的电灯为话题，摹写校园日常情态。

或可一提的是，《两种人》以艺术来设喻人生，与《梦》主旨写法相近，与此一时期在"园内"发表的散文作品《山道上的夜——九月十日记游》《生活的一页》也有对照的含义。

两篇散文，前者记录了某日与两位同学一起夜游某山的经历与感受，后者则是由几天前收到的一位"江南的朋友"来信所引发，都可说是纯粹的散文之作。检视穆旦的全部作品可以发现，散文文体的写作也不能说是很少——较早时候给读者的印象确是如此，新近发掘出关于"远征军经历"以及"回乡记"的写作，可说是已有一定的规模，但在穆旦的写作之中，始终少有一种闲适性的文体,《梦》《两种人》中"不要平凡地度过""冲入舞台的前面"此类意念,都有某种艺术化人生的考量,日后由诸种"不安分"的行为而引发的写作(所谓"内中有物,良心所迫,不得不写")更是占据了主导地位。以此来看,这样一种文体的放弃或许是有意而为之的。放弃此一种意味着选择别一种。

以诗歌亮相于"园外"的,是 1937 年 1 月刊载于(上海)《文学》月刊第 8 卷第 1 期("新年号"/"新诗专号")的《古墙》。不过,总体而言,穆旦这一时期的诗歌风格并不算太突出:有的可视为"南开阶段"的延续,如《更夫》对于《夏夜》《冬夜》的拓展;有的则如穆旦本人所称,是"一个大胆的尝试",如篇幅较长的叙事诗《玫瑰的故事》,取自英国现代散文家 L. P. Smith 的小品 The Rose。王佐良称此文是当时"大一英文教科书中的文章",而穆旦用的"那种叙事诗的写法上同他后来译《唐璜》的笔法差不多"。[1] 就现实层面而来,穆旦当时对于"玫瑰的故事"的着迷,在 1936 年忙于考试的"最后三天里,苦苦地改了又改",很可能还有一重隐秘的动机,那就是"当时和一个资产阶级的'小姐'在恋爱中,作着小资产阶级追求幸福的幻梦"(《历史思想自传》,1955 年 10 月)。女子叫万卫芳,富家女,当时是燕京大学的学生,关于他们那未及充分展开的恋爱故事,稍后再讲。

1937 年 7 月 7 日,"卢沟桥事变"发生,日本拉开了全面进攻中国的序幕。此一时刻,穆旦正在二十九军旅长何基沣的带领下参加北平大中学生的集中军训,主要内容为"军事训练,步兵操练"(据《履历表》,1955 年 10 月)。由于事变发生,"形势紧

---

[1] 转引自李方:《穆旦(查良铮)年谱》,《穆旦诗文集》(第 2 卷),第 376—377 页。

急,军训提前结束",清华大学当时的留校学生约 200 人。[1]

从中学时期的"九一八"运动,到进入大学前后的"华北事件"以及"一二·九"运动之下的若干次游行[2],再到"卢沟桥事变",当然,还可往下看,漫长而艰苦的迁徙经历、战火中的大学校园、惨绝人寰的远征军经历、接踵而至的战争局势,对于穆旦以及那个时代的年轻学子而言,实可谓残酷的人生磨砺。

落实到写作层面,在这样的时代背景之下成长起来的写作者的笔下,"现实"无疑将成为一个极富意味的对象。具体到穆旦,在较早的时候,一如在给友人信中"绘声绘色"的描述,其诗歌也采取了一种直陈的方式来表达对于现实问题的看法,如 1935 年 6 月的《哀国难》:

> 眼看祖先们的血汗化成了轻烟,
> 铁鸟击碎了故去英雄们的笑脸!
> 眼看四千年的光辉一旦塌沉,
> 铁蹄更翻起了敌人的凶焰;
> 坟墓里的人也许要急起高呼:
> "喂,我们的功绩怎么任人摧残?
> 你良善的子孙们哟,怎为后人做一个榜样!"[3]

---

[1] 西南联合大学北京校友会编:《国立西南联合大学校史》(修订版),北京:北京大学出版社,2006 年,第 12 页。
[2] 赵俪生回忆:当时参加了五次游行,"一二·九""一二·一六"游行之后,还有 1936 年 3 月 31 日的"三三一"抬棺游行、6 月 13 日的"六一三"游行和 12 月 12 日的"一二一二"游行,见《篱槿堂自叙》,第 42—47 页。按,穆旦参加了前两次游行,从常理推断,后三次游行也很可能参加,至少能直接感受到游行的气势与氛围。
[3] 刊《南开高中学生》,1935 年第 3 期,1935 年 6 月 21 日。

可惜黄土泥塞了他的嘴唇,
哭泣又吞咽了他们的声响。

新的血涂着新的裂纹,
广博的人群再受一次强暴的瓜分;
一样的生命一样的臂膊,
我洒着一腔热血对鸟默然。

不论诗题,还是具体的诗句,所透现的都是一个热血青年的形象,但诗歌情绪也呈现出一种内敛化的倾向。类似风格也可见于 1936 年 11 月所作《我们肃立,向国旗致敬》:

当军号叫出了悲壮的挽曲,
我们肃立,向国旗致敬;
这是光明最后的一瞥,
我们脚下已莅来敌人的阴影。

祖先的血汗任凭践踏,
死寂中充满了苦痛的呻吟,
平原上裂出新的血痕
一只铁手扑杀了光明。

庄严的国旗要随着祖国,
屈辱地,向别处爬行
我们咬着一千斤沉重,

对她最后敬礼,含着泪心。[1]

"我们脚下已踅来敌人的阴影",诗歌打上了日趋激越、悲壮的现实的投影。

---

[1] 刊《清华副刊》第 45 卷第 3 期,1936 年 11 月 16 日。

第四章

北平、长沙、昆明

一　国民政府的战时教育政策

　　国难当头，抗战成为第一要务。教育如何处置呢？1937年8月27日，教育部颁布《总动员时期督导教育工作办法纲领》，要求"战争发生时，全国各地各级学校暨其他文化机关，务力持镇静，以就地维持课务为原则"。及至"其后战区日益扩大，沿江沿海各省区，教育比较发达者，敌人之蹂躏亦较烈"，"时教育界一部分人士颇主张变更教育制度，以配合抗战需要"，特别是1937年12月，"南京撤守以后，战时教育议论，更甚嚣尘上，此实为我国教育存亡绝续之交。嗣经政府详加考虑，认为抗战既属长期，各方面人才，直接间接均为战时所需要"，而"我国大学，本不甚发达"，"为自力更生抗战建国之计，原有教育必得维持，否则后果，将更不堪"，"故决定以'战时须作平时看'为办理方针。适应抗战需要，固不能不有各种临时措施，但一切仍以维持正常教育，为其主旨"。[1]

---

[1] 教育部教育年鉴编纂委员会：《第二次中国教育年鉴·总述·抗战时期教育》，上海：商务印书馆，1948年，第8页。按，此处关于"国民政府的战时教育政策"的讨论最初受惠于姚丹所著《西南联大历史情境中的文学活动》（广西师范大学出版社，2000年），后方查到相关文献，特此说明。

1938年4月，中国国民党临时全国代表大会在武汉召开，会上确立了《中国国民党抗战建国纲领》，明确提出"抗战建国"同时并举的战时国策。大会宣言称："盖吾人此次抗战，固在救亡，尤在使建国大业，不致中断。且建国大业，必非俟抗战胜利之后，重行开始，乃在抗战之中，为不断的进行。吾人必须于抗战之中，集合全国之人力物力，以同赴一的，深植建国之基础，然后抗战胜利之日，即建国大业告成之日，亦即中国自由平等之日也。"[1]1939年3月，蒋介石在第三次全国教育大会上的致辞进一步阐释了"战时如平时"的战时教育方针，对教育界葆有热切的、坚定的期待：

> 我们这一战，一方面是争取民族生存，一方面就要于此时期中改造我们的民族，复兴我们的国家，所以我们教育上的着眼点，不仅在战时，还应当看到战后，我们要预计到我们国家要成为一个现代的国家，那么我们国民的知识能力，应该提高到怎样的水准。我们要建设我们的国家成为一个现代的国家，我们在各部门中需要有若干万的专门学者，几十万乃至数百万的技工和技师，更需要数百万的教师和民众训练的干部，这些都要由我们的教育界来供给的，这些问题，都要由我们教育界来解决的。[2]

不难看出，战争局势之下，国民政府对于教育的走向及其任

---

[1] 《中国国民党临时全国代表大会宣言》，包清岑编：《中国国民党临时全国代表大会辑要》，南京：拔提书店，1938年，第9页。
[2] 《认清当前责任为时代先趋——蒋委员长在全国教育会议训词》，《时事半月刊》，第2卷第9期，1939年3月20日。

务有着非常严肃的考虑。大批学校由平津及东南沿海内迁以继续维持正常的教学活动，即是在此一背景之下进行的。1937年9月10日，国民政府教育部发出第16696号令：宣布以北京大学、清华大学、南开大学及中央研究院设立国立长沙临时大学。不过中央研究院后来并未参与，长沙临时大学实由平津两地三所大学合并而成。9月13日，国立长沙临时大学筹备委员会举行第一次会议，确立了校舍、经费、组织分工等等事项，不设校长，设三位常委：即北京大学校长蒋梦麟、清华大学校长梅贻琦和南开大学校长张伯苓。

南迁长沙，而不是直接迁往离战争更远的大西南地区，可见当局并没有意识到战争局势的变化会那么迅疾。

二 "灵魂记住了"——"南岳之秋"

战争开始了，穆旦随着学校从北京（清华大学）到长沙（长沙临时大学），又从长沙到昆明（西南联合大学），在大半年的时间内，穿越了半个中国。

平津学子们的这两次随校迁徙的行动，前一次给人留下的印象并不是特别清晰，一则时间较短，二则人员分散，在联大校史资料以及个人的回忆录中多是一笔带过。后一次则是在学校统一组织之下进行的，也多有文字记载。或如当时参加了这两次迁徙的清华大学经济系学生、1938年毕业于文法学院的李为扬所称：前一次为"个人的行动"，后一次为"集体的行动"。[1]

---

[1] 李为扬：《流亡随校迁滇札记》，蒙自师范高等专科学校等编：《西南联大在蒙自》，昆明：云南民族出版社，1994年，第88页。

据称，在前一次迁徙中，穆旦是清华大学"护校队成员"之一[1]，具体事项、确切时间已无从查证。后来在《抗战以来的西南联大》中，穆旦写道：

> 北大、清华、南开、是战争开始后首遭蹂躏的三校。北大和清华的校舍被日人用为马厩和伤兵医院了，而南开大学则全部炸毁。[2] 所以在一九三七年秋季，大后方的许多学校仍在安然上课时，平津的学生们却挣扎在虎口里。他们有的留在平津，秘密地做救亡工作；有的，几乎是大部分，则丢下了自己的衣服和书籍，几经饥寒和日人的搜查、威吓、留难，终于流浪到青天白日的旗帜下来了。[3]

由于校舍不敷分配，长沙临时大学本部设在长沙浏阳门外韭菜园一号圣经学校，文学院则设立在湖南圣经学校南岳分校，称长沙临时大学南岳分校。1937年11月1日，1937—1938年第一学期开始上课——这一天后来被作为西南联合大学的校庆日。11月16日，学生从长沙出发前往南岳分校，当日开学，19日，开始上课。分校教务由文学院院务委员会主持，主席吴俊升，书记

---

[1] 李方：《穆旦（查良铮）年谱》，《穆旦诗文集》（第2卷），第377页。
[2] 三所学校，南开大学在战争中的损坏最为惨烈，据称，早在1927年，南开大学校长张伯苓到东北视察时，"深感日本觊觎东北日亟，故返校组织'东北研究会'，并派教授团赴东北调查实况，搜集资料"。南开大学教授吴大猷认为："此事深招日人仇视，故日人占据后，即图将他们视为'抗日中心'之'南开'，从地皮上完全的'灭迹'"。见闻黎明：《抗日战争与中国知识分子——西南联合大学的抗争轨迹》，北京：社会科学文献出版社，2009年，第15页。
[3] 查良铮：《抗战以来的西南联大》，《教育杂志》第31卷第1号，1941年1月。

朱自清，委员为冯友兰、叶公超和刘崇鋐，教师则还有吴宓、闻一多以及英籍教师燕卜荪（William Empson）等。分校最初有教师 19 人，学生 80 余人，后陆续增至教职员 30 余人，学生约 190 人，其中外文系学生有 40 余人，日后与穆旦有较多交往的有王佐良、周珏良、赵瑞蕻、李赋宁等人，穆旦所在宿舍共 4 人，可知其一为王逊，后来的美术史家。

南岳是风景优美之地，有白龙潭、水帘洞、祝融峰、王船山归隐处等名胜古迹；但可以设想的是，校址仓促选定，其生活、教学条件难免多有简陋之处，联大校史别有意味地表示：这里不像是现代大学，而"颇有古代书院的风味"——

> 分校教学条件极差，既无图书，也缺教材，开学之初，连小黑板也不能满足供应。教授随身带出的参考书不多，有时须到南岳图书馆去寻找必要的资料。讲课时只能凭借原有的讲稿，作些修订补充。[……]夜晚，菜油灯光线暗淡，无法在灯下看书（学生也无书可看），只好在宿舍议论战争局势。有的教授也常去学生宿舍参加讨论、漫谈。师生接触机会较多，关系融洽，在交谈中自然也涉及专业知识、治学方法，因此颇有古代书院的风味。[1]

但南岳也并非决然就是世外桃源，即便是在上课期间，寂静的山间也会传来日本飞机来空袭的警报声——这显然也会影响师生对于时局的判断。某天，冯友兰在参观二贤祠之后写下了《南

---

[1] 西南联合大学北京校友会编：《国立西南联合大学校史》（修订版），第 15 页。

渡》《题南岳二贤祠》等诗，前诗中有句："非只怀公伤往迹，亲知南渡事堪哀。""在有一次会上，朱自清朗诵了这两首诗，全体师生都感到凄怆。"[1] 外文系学生赵瑞蕻在回忆中有更生动的描述："朱自清先生朗诵了冯友兰先生写的两首诗"，"声音低沉颤动，一字一字地慢慢引长念出来，立刻使大家沉入哀伤里，非常感动，有好些人流泪了。"[2] 又有一次，有两个同学决定离校到延安去参加工作，学院举行了欢送会，冯友兰和钱穆都做了发言，冯友兰主张去，钱穆则主张安心读书。[3] 这些事件对学生们的人生抉择应是产生了重要的影响。

在南岳期间，此前已经离校从军的赵俪生、王修等人曾前来探望，"聚谈了大半夜"。[4] 而穆旦日后也曾交代："抗战初起时，在长沙曾有去陕北参加革命的意图，因为自己过去在北平清华大学期间，是比较左倾的，参加过一二九及一二一六学生运动，并读过进步书籍"，但并未付诸行动（《我的历史问题的交代》，1956年4月22日）。

从目前所见文献，在当时的南岳，来自英国的诗人、理论家燕卜荪带来了不一样的讯息。他写有长达234行的长诗《南岳之秋（同北平来的流亡大学在一起）》，其中有句：

"灵魂记住了"——这正是

1　冯友兰：《三松堂全集》（第1卷），郑州：河南人民出版社，2000年，第88页。
2　赵瑞蕻：《南岳山中，蒙自湖畔——怀念穆旦，纪念他逝世二十周年》，《离乱弦歌忆旧游》，上海：文汇出版社，2000年，第127页。
3　钱穆：《八十忆双亲·师友杂忆》，北京：生活·读书·新知三联书店，1998年，第201页。
4　赵俪生：《篱槿堂自叙》，第55页。

我们教授该做的事，
（灵魂倒不寂寞了，这间宿舍
　　有四张床，现住两位同事，
他们害怕冬天的进攻，
　　这个摇篮对感冒倒颇加鼓励。）
课堂上所讲一切题目的内容
　　都埋在丢在北方的图书馆里，
因此人们奇怪地迷惑了，
　　为找线索搜求着自己的记忆。
哪些珀伽索斯应该培养，
　　就看谁中你的心意。
版本的异同不妨讨论，
　　我们讲诗，诗随讲而长成整体。[1]

　　诗歌透现了师生们在南岳时期的生活背景和学习情形。"灵魂记住了"以及"寂寞""摇篮"等说法均出自这首长诗开篇所引爱尔兰著名诗人叶芝的诗歌（这些诗句多半是穆旦这些外文系学生所熟知的）。珀伽索斯是希腊神话中的双翼飞马，能腾空飞行，据说，其足蹄踩过的地方会有泉水奔涌而出，诗人饮了就能够获得灵感。燕卜荪用在这里，指的无疑就是这所流亡大学里有才华的青年学生。

　　燕卜荪现已是中国现代诗歌的传奇，这可能跟那部神奇的《朦胧的七种类型》有关，也更可能因为他的中国经历——在战

---

[1] 王佐良的译文，见杜运燮、张同道编：《西南联大现代诗钞》，北京：中国文学出版社，1997年，第84—85页。

乱年代来到中国教书[1]，会让中国人产生天然的亲近感。在赵瑞蕻、杨周翰、王佐良、周珏良等门徒的笔下，其嗜酒、不修边幅（头发乱蓬蓬的）、超强的记忆力（没有教材，他能整段整段地背出莎士比亚的《奥赛罗》以及乔叟、斯宾塞等人的诗篇），都成为津津乐道的事迹。燕卜荪离开中国后，赵瑞蕻、杨周翰等人都及时撰文评介其人其诗。[2] 而燕卜荪所讲解的现代诗歌以及阅读上的苛刻训练，更被认为直接开创了一个新的时代。不过，这样的视角并非当时产生的，而差不多是半个世纪之后的事情了，周珏良称，当时大家首先接触的是英国浪漫派诗人，后受燕卜荪的教导，"接触到现代派的诗人如叶芝、艾略特、奥登乃至更年轻的狄兰·托马斯等人的作品和近代西方的文论"。[3] 王佐良则在多处谈到：燕卜荪的讲课方式"只是阐释词句，就诗论诗，而很少像一些学院派大师那样溯源流，论影响，几乎完全不征引任何第二手的批评见解"，这迫使学生们"不得不集中精力阅读原诗。许多诗很不好懂，但是认真阅读原诗，而且是在那样一位知内情，有慧眼的向导的指引之下，总使我们对于英国现代派诗和现代派诗人所推崇的 17 世纪英国诗剧和玄学派诗等等有了新的认识"。虽然"对他所讲的不甚了然"，但"这对于沉浸于浪漫主义诗歌中的年轻人，倒是一副对症的良药"，燕卜荪让"正苦于缺乏学习的榜样"的学生们"慢慢学会了如何去体会当代敏感"。在王佐良的观点中，穆

1　参见［英］约翰·哈芬登：《威廉·燕卜荪传·第 1 卷：在名流中间》，张剑、王伟滨译，北京：外语教学与研究出版社，2016 年，第 507—624 页。
2　赵瑞蕻：《回忆剑桥诗人燕卜荪先生》，《时与潮文艺》第 1 卷第 2 期，1943 年 5 月 15 日；杨周翰：《现代的"玄学诗人"燕卜荪》，《明日文艺》，第 2 卷第 2 期，1943 年 11 月。
3　周珏良：《穆旦的诗和译诗》，杜运燮等编：《一个民族已经起来》，第 19—20 页。

旦正是这种转变的范例。穆旦诗歌如《五月》,"显出燕卜荪所教的英国现代派诗的影响,已经深入到中国青年诗人的技巧和语言中去了"。[1]

穆旦这一时期的写作量并不算大,但看起来正在发生转变,1937年11月,穆旦写下了《野兽》。这首诗后来被列为个人第一部诗集《探险队》的开篇之作,此前的作品全部都被排除在外;后来穆旦本人所编订的其他诗集也以同样的方式来对待更早期的作品。

> 黑夜是叫出了野性的呼喊,
> 是谁,谁噬咬它受了创伤?
> [……]
> 然而,那是一团猛烈的火焰,
> 是对死亡蕴积的野性的凶残,
> 在狂暴的原野和荆棘的山谷里,
> 像一阵怒涛绞着无边的海浪,
> 它挥起全身的力。
> 在黑暗中,随了一声凄厉的号叫,
> 它是以如星的锐利的眼睛,
> 射出那可怕的复仇的光芒。[2]

---

[1] 王佐良:《怀燕卜荪先生》,《语言之间的恩怨》,天津:天津人民出版社,1998年,第107页;《穆旦:由来与归宿》,杜运燮等编:《一个民族已经起来》,第2—3页;《论穆旦的诗》,李方编:《穆旦诗全集》,北京:中国文学出版社,1996年,第4页。
[2] 刊《甘肃民国日报·生路》第465号,1942年4月26日。

一首带有玄想意味的、非写实的诗篇，就这样成了一个新的开始。

三 "救亡呢？还是上学呢？"

不能确定是在《野兽》写作之前或之后，穆旦还写下了一首《在秋天》，1937年12月28日刊载于《火线下》第15号，一份在长沙印行的、实存时间仅两月有余的三日刊。其中写下了从平津等地流落到湖南的感伤："没有一个孩子，/ 不是在异乡的秋风里飘荡。"也写下了对于未来的严峻思考：

> 我们不能回到自己的家乡，
> 幸福在我们心那是块创伤，
> 我们，我们是群无家的孩子，
> 等待由秋天走进严冬和死亡。

至1937年12月，局势的恶化显然超出了人们的想象。本月13日，国民政府首都南京沦陷，武汉、长沙等中部地区也即将成为中日双方交锋之地。南岳分校不得不结束，穆旦也不得不再一次随学校经历集体式的迁徙：从长沙迁往昆明——朝离战争更远的内地迁徙。

前途漫漫，人心惶惶。时为长沙临时大学政治系二年级学生的钱能欣稍后在《西南三千五百里——从长沙到昆明》一书中写道："在长沙市上所发现的是无数的汽车，无数的避难者，各色各样，一批一批，从公路从铁道上退下来，他们带着新的感觉，新的知识，有强烈的刺激性，如急性流行症般的立刻在这个内地的重镇上展开了威力。""于是，长沙也振作起来了。装置高射炮，建筑防空壕；公共场所，十字路口，画起醒目的抗战图画；每天有名人讲演，电影院充作大讲堂，唯生也好，唯物也好，听众总是挤挤一堂。"[1]

临时大学校园之内，自然也是颇不宁静。有不少相关文字描述当时的景况，这里还是先从穆旦本人的《抗战以来的西南联大》一文来看取：

> 这一时期教授少，书籍仪器等几乎没有，个人生活也大多无办法，有些同学甚至每日吃一角钱的番薯度日！然而大家却一致地焦虑着时局。校中有时事座谈会、讲演会等，每次都有人满之患。南京陷落后，大局危在旦夕，长沙的情形也非常不安，即是肯用功的同学也觉无法安心读书了，又加以"投笔从戎"的浪潮蜂涌全国，于是长沙临大中乃有大批同学出走。其中有入交辎学校的，有入军校的，有的则结成小组，到山西陕西汉口等地参加各种工作团及军队，再没有人梦想着大学毕业了。这是学校进程中一个比较黯淡的时期；而就在这时期中，学校当局决定了迁往云南。
>
> 人们把工作和读书看为两回事。所以"救亡呢？还是上学呢？"的问题就成了"在长沙呢？还是到云南去？"当时在长沙是容易加入救亡工作的，所以学生自治会反对学校迁移，并派了代表到教部请愿；当地的报纸也都一致攻击，认为大

---

[1] 钱能欣：《西南三千五百里——从长沙到昆明》，商务印书馆，1939年，第2—3页。

学生不该逃避云云。是时有很多同学犹豫不决,恰好学校当局请了两位名人来讲演,一位是省主席张治中先生,他是反对迁移的;另一位是陈诚将军。他给同学们痛快淋漓地分析了当前的局势,同时征引了郭沫若周恩来陈独秀等对于青年责任的意见。而他的结论是:学校应当迁移。我这里得说,以后会有很多同学愿随学校赴云南者,陈诚将军是给了很大影响的。[1]

文中称"当地的报纸也都一致攻击",刊载《在秋天》的《火线下》在第20号——最后一期即有雨兹的《反对文化逃避政策——正告临大当局及同学》。所提到的两位名人,一位是时任湖南省主席的张治中,1938年1月18日上午来校,讲演题目为《我们究竟怎么样?》,时为化学系二年级学生董奋当日的日记有记[2]:张治中明确表明了不赞成搬迁的态度,"我们不否认战场上的失利,然而为了国家的荣存,我们应当死中求生。我们已经过了许多年的不生不死,以至国家成为如此。现在不容许我们再不生不死的下去了。"他还谈到"预备把高中以上的学校都停办",连教师带学生"可以招集五万人,然后全送到乡下,使这一般的知识分子领导起全湘的人民来"。[3]董奋接着写道:"张主席讲演完,接着是干事会来招集大会来讨论搬家问题",19日,则提到当局

---

1 查良铮:《抗战以来的西南联大》,《教育杂志》第31卷第1号,1941年1月。
2 本小节所引《董奋日记》,见张寄谦编:《中国教育史上的一次创举——西南联合大学湘黔滇旅行团记实》,北京:北京大学出版社,1999年,第356—360页。
3 张治中讲演全文为《我们究竟怎么样?——主席二十七年一月十八日对长沙临时大学学生演词》,见湖南省学生集中训练总队政训委员会编:《张主席言论选集》,1938年,第119—132页。

（陈诚、张治中）、舆论（《大公报》《中央日报》）、教师（蒋梦麟、高崇熙）在"读书"与"救国"这两条路上的不同观点，表示"彷徨派多极了"："我们现在都彷徨歧路。我们一点不知道我们该怎样走对。"

作为学生的董奋或许没有想到，次日，长沙临大常委会第43次会议即做出将学校迁往昆明的决议。饶是如此，学生还是多有反对。本月27日，董奋日记又有"同学数人出布告云：'凡愿学校停止迁滇或暂缓者，请签名开全体大会表决'"的内容，28日又有记："晚开全体大会，讨论搬家问题，人数不够改为座谈会"，讨论主题是"不赞成学校搬家"，理由多达七点，并表示将"签名且扩大之"。到31日，"扩大签名反对搬家的已超过二分之一"。不过，签名归签名，学校的迁徙工作也在有序地布置之中，董奋日记也多有这方面的记录。

董奋、穆旦都提到的陈诚将军，时任国民党军委会政治部部长，是原北大校长、联大三位常委之一的蒋梦麟先生邀来说服学生的。不过，其来校讲演的时间是一个问题。从穆旦的行文逻辑看，是张治中讲演在前，陈诚在后，这样方能展现时效性和说服力，但董奋在张治中讲演第二天（即1月19日）记有陈诚的话："你们应当好好读书，为未来的复兴。"看起来是陈诚在前，而所见陈诚讲演的文字稿，更是标记为《第一期抗战之检讨与对青年之企望——二十六年十二月对长沙临时大学讲词》[1]——时间标记无误，确是在1937年12月，文中所提到的"本月十七日，《告国民书》"及相关引文[2]可为佐证。

1　陈诚：《抗战建国与青年责任》，青年出版社，1938年，第115—130页。
2　即《蒋委员长告国民书》，可见于《群众》第3期，1937年12月25日。

在讲演中，陈诚先是"分析了当前的局势"，包括"东战场情势一瞥""关系抗战之诸问题""国际现势之分析"三点，其中谈到："教育是立国的根本，尤其当国家临到存亡绝续关头，成为绝对的需要，这是一个国家最强韧最可靠的生存力量。"针对"学界中有许多人，以为抗战形势这般吃紧"而"高喊'离开学校''抛开书本'的口号"，陈诚认为"教育是千年万年的国家大计，所谓'百年树人'，一个国家，要建国，要强盛，就要培植无量数的人才，以为领导、以为中坚"，"我们政府在整个战时教育方案之下，仍当设法予以读书的机会"。为此，他举出古希腊历史上的著名例子，即"纪元前三世纪罗马人攻入希腊城时，希腊的大科学家亚基美得，一面沉着的在实验室继续做'比重'的试验，一面愤怒的大骂罗马军的野蛮，我们就要有亚氏这一种死守不屈的精神。我认为教育在抗战期中有着很大的任务，尤其在安定后方一点，具有直接的效用"。最后，他对学生提出了四点期待，即"要认清责任，坚定意志，安心向学，安定后方"，"要潜心研究，精益求精，切实从事科学救国，在将来建国的工作中，必达成革命的任务"，"要励志修养，澄清社会，襄成抗战建国的伟业"，"要尽力后援工作，加强抗战力量"。

陈诚的观点与前述国民政府的战时教育政策总体上是相符的。尽管穆旦的行文逻辑有几分蹊跷[1]，但承认陈诚将军的讲演给了学生更大的影响，实际上也可以说热血沸腾的年轻学子们意识到了国民政府所坚持的"抗战建国"政策的意义。

---

[1] 据记载，长沙临大南岳分校结束、师生陆续返回长沙是在1938年1月，这意味着穆旦很可能并未听到1937年12月陈诚的现场讲演，其文也就带有后设视角。

四 "行年二十，步行三千"

很显然，较之于前一次近乎逃难式的迁徙，从长沙迁往昆明是有组织的集体行动，学校方面的布置更为细致，也相当严肃。1938年1月27日，联大常委会第47次会议决议：

> 1. 本校迁移昆明时规定学生步行沿途作调查、采集等工作，且借以多习各地风土民情，务使迁移之举本身即是教育。惟女生及体弱经医生证明不能步行者得乘车舟。
> 2. 步行学生其沿途食宿之费概由学校担任，其经学校允许乘舟车者学校仍予以川资津贴廿元。
> 3. 步行时概适用行军组织。
> 4. 步行学生到昆明后，所缴报告成绩特佳者，学校予以奖励。[1]

2月10日，学校公布"准予赴滇就学学生名单"，总计878人（当时学校的学生总数为1716人，赴滇人数约占51%），同时公布的还有"应行发给甲种赴滇就学许可证学生名单"，即从长沙步行至昆明的学生名单，全部为男生，共计284人，约占全部人数的三分之一。不过，具体数目是有所出入的。[2]

此次学校的大规模迁徙，大致有三条路线，即步行路线、海路和乘车路线。海道的大致路线为：长沙→广州→香港→河口→昆明，为师生合编，学生占绝大多数，实际人数有数百人。乘车路线也称陆路，大致路线为：长沙→桂林→南宁→越南→昆明，

1　北京大学等编：《国立西南联合大学史料·2·会议记录卷》，第37—38页。
2　张寄谦：《序》，《中国教育史上的一次创举》，第2—3页。

人员为 10 余名教师。

最受人注目的自然是步行团——有一个听起来很美妙的名字,"湘黔滇旅行团"。校史记载:"为照顾学生体力起见,学校决定凡是可以用车船代步的地段,尽量利用交通工具","为了保证步行途中的安全,有组织地实行军事管理,经学校向国民政府要求,由军事委员会指派中将参议黄师岳担任旅行团团长,指挥一切。参加步行的教师 11 人(闻一多、曾昭抡、黄钰生、李继侗、袁复礼、许维通、李嘉言、王钟山、毛应斗、郭海峰、吴征镒)组成辅导团","有两辆卡车运送行李,学生除带被褥及换洗衣服外,多余物品均于出发前交学校代运,抵昆后再领回。旅行团学生一律穿土黄色军装,裹绑腿,背干粮袋、水壶、黑棉大衣、还有一把雨伞。这些行军装备都是湖南省政府赠送的。"[1]旅行团按照军事化的组织形式,分两个大队,每个大队分三个中队,每个中队又分三个小队,共 18 个小队。穆旦被分入第二大队一中队一分队,该队共有 15 人,包括刘金旭(队长)、王乃樑(副队长)、王宗炯、陆智常、蔡孝敏等。

旅行团的大致路线为:长沙→益阳→常德→芷江→晃县(新晃)→贵阳→永宁→平彝→昆明。2 月 19 日晚 8 时,步行团出发,4 月 28 日抵达昆明,共计 68 天,除车船代步、旅途休整外,实际步行时间为 40 天;总共行进 1663.6 公里,实际步行 1300 多公里,平均每天行进 32.5 公里,最多的日子达到 40—50 公里。

如此长距离的迁徙,联大校歌以及当时的一些文章均称其为"长征",今人也喻其为"中国教育史上的一次创举"乃至"世界

---

[1] 西南联合大学北京校友会编:《国立西南联合大学校史(修订版)》,第 18—19 页。

教育史上的一次长征"——时为长沙临时大学电机系一年级学生高小文的说法则更有青春激情,那就是"行年二十,步行三千"。[1]

学生之中自然也有分歧,有人表示"但凡经济上有一点办法的同学都不愿意参加旅行团",不过很多学生从北方赶往长沙,已是身无分文,学校组织旅行团去昆明,"这对经济情况困难由战区来长沙的同学真是一件绝好的举措"。[2] 途中情形,向长清稍后有过非常生动的描述:

> 行军的开始的确我们全曾觉到旅行的困难。腿的酸痛,脚板上擦起的一个个鲜明的水泡诸如此类实在令人有"远莫致之"的感觉。而且那时候行军队伍是二行纵队,一个人须提防踩着前面那人的脚后跟,又须提防后面的人踩着自己,两只眼睛脱离不开那狭长的队伍,只好暗地叫苦而已。但后来,自从我们的团长宣布"只不准向前落伍者听[3]"的命令之后,好一些人都像是得到解脱似的一到大休息地之后。(大休息地是每天中餐打尖的地方,约为每日行程之三分之二)就懒散了下来,让一群"孔武有力"的朋友们尽管大踏步的先步走,而自己却邀了几个同伴在后面开始游击。(在我们的团体里落伍就叫做打游击)[……]
>
> 奇怪的是到了第十天之后,那怕是最差劲的一个也能够毫不费力的走十四五十公里[4],而且那怕一游击就成了零碎的

---

1 高小文:《行年二十步行三千》,张寄谦编:《中国教育史上的一次创举》,第233—250页。
2 综合杨启元:《湘黔滇旅行团杂忆》、余树声:《湘黔滇旅行花絮》,《中国教育史上的一次创举》,第339页,第323页。
3 此文排版有若干状况,标点多有不当,此处或有脱字,当作"听便"。
4 "十四五十公里"不通,或为"十四五公里"。

一群,而每天一到晚餐的菜蔬由厨房领了来的时候,不用清查,吃饭的始终少不了一个。脚板皮老了,即使赤着脚穿上粗糙的草鞋,担保不会再磨起水泡。腿也再不会感觉得疼痛,头和手添上一层黝黑的皮肤,加上微微的黑须显示出我们的壮健,的确我们全是年纪青青的。[1]

对于"年纪青青"的学子们而言,身体感受大致即如此,心理反应也别有意味。林蒲的旅行日记,开篇即写道:"帆行湘江上,若坠入梦中。"[2] 一句"若坠入梦中"涵括了踏入旅途的年轻学子最为直观的感受:就像坠入梦境一样,踏上的是一种与大学校园生活迥异的路途。从各时期遗留下来的文字看,沿途曾受到热情的接待[3],沿途美景如黄果树大瀑布等,也让大家赏心悦目。但看起来,差异是全方面的,在语言[4]、身份[5]、风俗[6]、性别[7]诸多层面

---

[1] 向长清:《横过湘黔滇的旅行》,《烽火》第 20 期,1938 年 10 月 11 日。
[2] 林蒲:《湘江上》,香港版《大公报·文艺》第 559 期,1939 年 3 月 22 日。
[3] 如在贵州玉屏县,县长专门出了欢迎旅行团的布告。其他的,有欢迎会、联欢会、列队欢送等形式。
[4] 对来自五湖四海的学子而言,湘方言殊难听懂;后又经过苗族地区,语言差异更为明显。不少文字有意模拟当地人说话。
[5] 旅行团采取军事组织形式,学生一律穿土黄色军服、裹绑腿,一度被视为吃粮当兵的"粮子",路上也的确遇到了中央军校的学生兵;旅行团团长、国民党中将黄师岳最初与外界接洽时,用'国立长沙临时大学湘黔滇旅行团团长'名义出面,效果不高,很多不予理睬,处理事务,极不顺利。其后干脆改用'陆军中将黄师岳'出面,竟然一呼百诺,有求必应",见蔡孝敏:《旧来行处好追寻——湘黔滇步行杂忆》,张寄谦编:《中国教育史上的一次创举》,第 215—216 页。
[6] 有很多地方风俗,特别是民间歌谣方面的记载,最集中的一种为刘兆吉编《西南采风录》,商务印书馆 1946 年版,闻一多、朱自清和黄钰生作序。
[7] 有不少关于女性悲惨故事的记载,同时,对贵州、云南等地现实生活之中妇女的苦境及卑微地位也多有着墨,男性则多被置于反面。

都有流现，也有不少自然或人为的险阻[1]。在心境单纯的年轻学子眼里，整段旅行直像是"经历了几个国度"：

>　　自从进了贵州我又像到了另一个国度。濛濛的雨，濯濯的岩山，红白的罂粟花，瘦弱的灵魂，是一切永远不会使你忘掉的特色。
>
>　　谁知道什么年代起这地方的人就变成了这样的苍白，孱弱和瘦削，我不信这全是由于他们自己的罪过！我仿佛觉得是一条蛇或者一只猛虎扼住了一个人的咽喉，谁知道什么是时候才到他解脱和忏悔？
>
>　　[……]
>
>　　三千多里是走完了，在我的心头留下了一些美丽或者惨痛的印象。恐怖的山谷，罂粟花，苗族的同胞和瘦弱的人们使我觉得如同经历了几个国度，此外我没有得到一些什么更多的东西。一路上简直就看不出什么战时的紧张状态，只不过大都市里多了几个穷的或者富的流浪汉！乡村中充满了抽丁的麻烦或者土匪的恐怖而已。[2]

同样经历了从东部内迁至西部的李广田曾将沿途所见所闻称之为一种处于现代文明之外的"圈外生活"，"完全是走在穷山荒水之中，贫穷，贫穷，也许贫穷二字可以代表一切吧，而毒害，匪患，以及政治、教育、一般文化之不合理现象，每走一步都有

1　包括地形地势方面的困难，也包括可能出现的匪情（虽然实际上并未发生）。
2　向长清：《横过湘黔滇的旅行》，《烽火》第 20 期，1938 年 10 月 11 日。

令人踏入'圈外'之感"。[1] 李广田后来也成为西南联大的教师，这里所谓"圈外生活"的发现，也可说是联大师生迁徙经验之一种。

五　迁徙中的穆旦

在这样一次长途迁徙过程中，穆旦看到了什么？现实又是如何在他的诗中呈现的呢？

没有确凿的证据表明穆旦即时地将迁徙见闻化为写作。如前述，学校鼓励学生"步行沿途作调查、采集等工作"，并表示将对"所缴报告成绩特佳者""予以奖励"，尽管实际奖励的情况不详，但年轻学子们确是写下了较多的旅行日记和见闻录，稍后即发表或出版的有向长清的《横过湘黔滇的旅行》(1938)、钱能欣的《西南三千五百里——从长沙到昆明》(1939)、林蒲的《湘江上》《下益阳》《桃源行》(1939)以及金五的《从长沙徒步到昆明的日记》、赵悦蔺的《自长沙到昆明》、德瞻的《贵州步行记》等[2]，日后整理出版的则还有董奋的《董奋日记》、余道南的《三校西迁日记》、杨式德的《湘黔滇旅行日记》[3]、马芳若的《马芳若日

---

[1] 李广田：《圈外》"序"，重庆：国民图书出版社，1942年，第2页。按，时为中学教员的李广田所走的路线虽然和联大师生所走的不同，但此一说法极为形象地概括出了沿途大众的实际生存境况。当然，与长沙临时大学严格的组织形式相比，李广田等人一行更像是逃难，所走路线显然更为艰难且恶劣。

[2] 参见龙美光编：《八千里路云和月——长沙临时大学播迁记》，昆明：云南人民出版社，2018年。

[3] 均收入张寄谦编：《中国教育史上的一次创举——西南联合大学湘黔滇旅行团记实》，北京：北京大学出版社，1999年。

记——西南联大私人纪事》[1]等。其中并没有穆旦（查良铮）的文字，实际上，目前所见穆旦关乎迁徙的作品，已是1940年10月重庆版《大公报》所发表的两首副题明确标为"三千里步行"的诗歌，《出发》和《原野上走路》。

穆旦的绝大部分诗歌均标注了写作时间，可以用来系年。系年是中国文学研究的一个重要的传统方法，它所强调的是作家写作与外在社会事件之间的内在关联，通过写作，既可见出作者的心志，也可见出时代的风貌。但这两首并没有标注时间，且不知何故没有收入穆旦自行编订的几本诗集。有不少观点认为它们是旅行途中所写，这自有其道理，不过，对1940年10月的穆旦而言，此前已在各版《大公报》发表过数首诗歌，已经具备了一定的发表渠道，推测两首诗歌为1940年（中段）所写也并非没有可能：

> 在清水潭，我看见一个老船夫撑过了急滩，笑……
> 在军山铺，孩子们坐在阴暗的高门槛上
> 晒着太阳，从来不想起他们的命运……
> 在太子庙，枯瘦的黄牛翻起泥土和粪香，
> 背上飞过双蝴蝶躲进了开花的菜田……
> 在石门桥，在桃源，在郑家驿，在毛家溪……
> 我们宿营地里住着广大的中国的人民，
> 在一个节日里，他们流汗，挣扎，繁殖！

---

[1] 蒋刘生、曹彬整理：《马芳若日记——西南联大私人纪事》，辛丑（2021）秋四礼堂刊。

我们有不同的梦,薄雾似地覆在沅江上,
而每日每夜,沅江是一条明亮的道路,
不尽的滔滔的感情,伸在土地里扎根!
噢,痛苦的黎明!让我们起来,让我们走过
丛密的桐树,马尾松,丰美的丘陵地带,
欢呼着又沉默着,奔跑在江水的两旁。
　　　　　　——《出发——三千里步行之一》

我们泳进了蓝色的海,橙黄的海,棕赤的海……
噢!我们看见透明的大海拥抱着中国,
一面玻璃圆镜对着鲜艳的水果;
一个半弧形的甘美的皮层上憩息着村庄,
转动在阳光里,转动在一队蚂蚁的脚下,
到处他们走着,倾听着春天激动的歌唱!
听!他们的血液在和原野的心胸交谈,
(这从未有过的清新的声音说些什么呢?)
噢!我们说不出是为什么(我们这样年青)
在我们的血里流泻着不尽的欢畅。
[……]
这不可测知的希望是多么固执而悠久,
中国的道路又是多么自由而辽远呵……
　　　　　　——《原野上走路——三千里步行之二》[1]

---

[1] 分别刊载于重庆版《大公报·战线》第664号、第666号,1940年10月21日、10月25日。

诗歌写下了一种欢快、悠远而又不乏滞重的感受——"在军山铺，孩子们坐在阴暗的高门槛上／晒着太阳，从来不想起他们的命运"，这种充满主观评判意味的写法在穆旦后来的写作中多有出现，但在这些载记"三千里步行"的诗篇里，还是让位于一种纯洁的青春激情，"听！他们的血液在和原野的心胸交谈"，何其"欢畅"啊！而诗歌中的沅江、军山铺、太子庙、石门桥、桃源、郑家驿、毛家溪等等，均为沿途所经过的湖南地名和河流之名，这样一个穆旦，被认为是"像古代的杜甫李白一样数述着中国的地名，入微地感受着中国每一个地点复杂而深厚的意义"。[1]

据说，在旅行途中，穆旦常与闻一多先生伴行，谈论诗歌。[2]不过，相较于这一充满文学意味的行为及具体的诗歌写作（目前尚无法确证为旅途中所写），同学们似乎更愿意提及他在迁徙途中的另一个"引人注目的"举措：查良铮"于参加旅行团之前，购买英文小字典一册，步行途中，边走边读，背熟后陆续撕去，抵达昆明，字典已完全撕光"。在蔡孝敏看来，"此种苦学精神，堪为青年楷模"。[3]此一故事或曾在校园内流传，1939年才进入西南联大外文系的杜运燮在回忆中也有类似的细节。[4]

与穆旦同在一个分队的洪朝生也有回忆："我们一般是早餐后列队出发，但走不多远队伍就散开了，三五成群各按自己的速度前进。如果中午有开水站，或遇到小河边，大家会自然地会聚一下，但也不再重新排队行进。腿快的，如蔡孝敏等，常常下午两

---

[1] 李书磊：《1942：走向民间》，济南：山东教育出版社，1998年，第113页。
[2] 刘兆吉：《穆旦其人其诗》，杜运燮等编：《丰富和丰富的痛苦》，第186页。
[3] 蔡孝敏：《旧来行处好追寻——湘黔滇步行杂忆》，张寄谦编：《中国教育史上的一次创举》，第222页。
[4] 杜运燮：《穆旦著译的背后》，杜运燮等编：《一个民族已经起来》，第112页。

三点钟就到了宿营地,其他人陆陆续续到达,查良铮则常要到大家晚飧时才独自一人来到"。[1]

"背字典"的举措固然生动,但它所昭示的不过是一个融合在集体洪流之中的好学的年轻学子而已。"独自一人来到"的形象或可彰显某种独特性,但其真正动因现已无从考证——在一定程度上,倒也不妨说它与此一时期穆旦的诗人形象正相符,据称,当时"绝大多数同学只知道他叫查良铮",而不知"穆旦"之名。[2]若此,那大致可以说,在一个隐秘的地方,诗人丰富的生命状态开始逐渐呈现——迁徙途中的那些见闻,也一直沉埋于穆旦的内心,等待着勃发的机会。

---

[1] 洪朝生:《洪朝生的来信》,张寄谦编:《中国教育史上的一次创举》,第303页。
[2] 杜运燮:《穆旦著译的背后》,杜运燮等编:《一个民族已经起来》,第112页。

第五章

昆明，蒙自，叙永

一 "蒙自"：持重与轻松

从北平赶往长沙之后，又匆忙辗转南岳；现在，跋山涉水终于抵达昆明，又一次因为校舍不敷应用，穆旦不得不随着联大文、法学院迁往约300公里之外的云南蒙自分校上课，为期一个学期，从1938年5月到8月。此事4月间即有布置，樊际昌教授被推为国立西南联合大学蒙自分校主席，并主持文法两院日常教务、总务工作。文法两院共有教师30余人，包括闻一多、朱自清、陈寅恪、郑天挺等知名教授，学生120余人。

出发的时间是在1938年5月3日，也就是长途跋涉到达昆明之后的第5天。这是一个晴天，时为经济系三年级学生的余道南在日记中如是描述：

> 早三时即起，捆好行李，等候学校雇用的汽车前来搬运。行李运走后，步行至火车站，学校已包好了四节车厢，我们文法两院同学整队上车，8时15分开动。滇越路原为法国修建，[……]该路依法制使用窄轨，路宽仅一公尺，车厢也较

小。开出昆明不远便进入山区，山高路险，曲折迂回，震动甚大。沿途凿山通道，大小隧道不可数计。煤烟为山洞所阻，尽入车内，以致车上烟尘扑面，空气污浊，令人不耐，有人便晕车呕吐起来。[……]因路险车行速度不大，且不开夜车。下午五时许抵开远站，乘客须在此度夜，可住旅店或宿车上。学校为我等先就找好了旅店，下车后就在住处就餐，饭菜颇可口。旅店为法国式建筑，小巧雅致，[……]但蚊虫特多，一夜难于安枕。

住宿是学校统一安排的，不过，行程依然有其艰苦的一面。4日也是凌晨起床，8 时开车，10 时抵达碧色寨，后转乘小客车到达蒙自。[1] 在很短的时间之内，师生们随着学校一再迁徙，这无疑会对其心灵产生不小的影响，进而影响到对于时局及前途的判断。

蒙自不过是云南的一个边陲小城，却也会令人触景生情——蒙自海关旧址"花木颇多，大门内松柏夹道，颇令清华师生想起工字厅一带的景物"。[2] 1938 年 6 月，著名的历史家陈寅恪即写下《蒙自南湖》，内有深重的历史忧虑：

> 景物居然似旧京，荷花海子忆升平。
> 桥头鬓影还明灭，楼外笙歌杂醉醒。
> 南渡自应思往事，北归端恐待来生。

1　余道南：《三校西迁日记》，张寄谦编：《中国教育史上的一次创举》，第 416—417 页；亦可参见蒋刘生、曹彬整理：《马芳若日记》，第 122—123 页。按，两者所记出发、抵达等时间均略有差异。
2　西南联合大学北京校友会编：《国立西南联合大学校史》（修订版），第 25 页。

黄河难塞黄金尽，日暮人间几万程。[1]

诗中所谓"南渡"并不仅仅是指学校从北方迁往南方这样一个简单的经历，而是基于"南渡"之后不能"北归"这一历史事实。抗战胜利后，1946年西南联大回迁北方的前夕，当初感慨"亲知南渡事堪哀"的冯友兰作《国立西南联合大学简史》，其中特别谈到值得纪念的第四次"南渡"：

> 稽之往史，我民族若不能立足于中原、偏安江表，称曰南渡。南渡之人，未有能北返者。晋人南渡，其一例也；宋人南渡，其例二也；明人南渡，其例三也。风景不殊，晋人之深悲；还我河山，宋人之虚愿。吾人为第四次之南渡，乃能于不十年间，竟收复之全功，庾信不哀江南，杜甫喜收蓟北，此其可纪念者四也。[2]

从事件的结果来看，胜利固然值得纪念，但是，对于从昔日皇都不断朝着内地迁徙的——那些精通中国历史的奥秘又尚处于类似的历史过程之中的——知识分子而言，当初的震撼则不能不说是相当强烈，是否会重蹈历史之覆辙而成为异族统治下的"遗民"，成为其一时之忧虑。由此，"南渡之后何以自处"成为一个重要的现实与文化命题。

---

1 据陈美延、陈流求编：《陈寅恪诗集（附唐篔诗存）》，北京：清华大学出版社，1993年，第22页。
2 西南联大《除夕周刊》主编：《联大八年》，1946年，第2页。按，原文未标点，且日后以《国立西南联合大学纪念碑碑文》之名传世。

持重的知识分子忧虑历史和现实,检视年轻学子们的诗文作品,则是少有这方面的记载。在蒙自,穆旦甚至可说是写出了可能是他的全部诗歌之中最为轻松的篇章,譬如《我看》和《园》——

我看一阵向晚的春风
悄悄揉过丰润的青草,
我看它们低首又低首,
也许远水荡起了一片绿潮;

我看飞鸟平展着翅翼
静静吸入深远的晴空里,
我看流云慢慢地红晕
无意沉醉了凝望它的大地。
[……]
去吧,去吧,O生命的飞奔,
叫天风挽你坦荡地漫游,
像鸟的歌唱,云的流盼,树的摇曳;
O,让我的呼吸与自然合流!
让欢笑和哀愁洒向我心里,
像季节燃起花朵又把它吹熄。

——《我看》

水彩未干的深蓝的天穹
紧接着蔓绿的低矮的石墙,
静静兜住了一个凉夏的清晨。

全都盛在这小小的方园中：
那沾有雨意的白色卷云，
远栖于西山下的烦嚣小城。

如同我匆匆地来又匆匆而去，
躲在密叶里的陌生的燕子
永远鸣啭着同样的歌声。

当我踏出这芜杂的门径，
关在里面的是过去的日子，
青草样的忧郁，红花样的青春。

——《园》[1]

同学赵瑞蕻后来曾专文回忆穆旦写《我看》时的背景："有多少次，在课余，在南湖边堤岸上，穆旦独自漫步，或者与同学们一起走走，边走边愉快地聊天，时不时地发出笑声；或者一天清早，某个傍晚，他拿着一本英文书——惠特曼《草叶集》或者欧文《见闻录》，或别的什么书到湖上静静地朗读……这些就是他写这首诗的背景。自然风光融入心灵，他那么巧妙地描绘了南湖景色"——"一个充满着希望的年轻诗人面对着大自然在放歌"。[2]

将"自然风光融入心灵"，也即，从美好的自然风光中获得生命的欢欣——"青草样的忧郁，红花样的青春"，这等充满曼妙的青春色彩的、质地单纯的诗篇，在穆旦的全部写作之中着实少见。

---
[1] 两首均据穆旦：《探险队》，昆明：文聚社，1945年，第3—7页。
[2] 赵瑞蕻：《南岳山中，蒙自湖畔》，《离乱弦歌忆旧游》，第130页。

二 文学与现实

从蒙自回到昆明之后,穆旦与赵瑞蕻等人同住在小西门内昆华师范学校原址的一间房间里,共用一张双层床,穆旦睡上铺,他睡下铺,直到毕业。这缔结了穆旦与赵瑞蕻及其妻子杨苡的情谊——较早的时候,读者除了能看到赵瑞蕻热情洋溢的回忆文字外,还能看到杨苡的口述和保存的若干物件,如穆旦题赠的《怀念》《智慧的来临》等诗。《怀念》即《童年》——该诗题只见于此次赠送的场合,题写在杨苡的一本英文书上,书现已遗失,仅留下一页 notes,诗末写道:"阿虹非要让我在这本给你的好书上写下这篇脸红的东西,我遵命,于是玷污了这本书。穆旦,1940年,1月。""阿虹"即赵瑞蕻。在最新的口述中,杨苡曾谈到在昆明和重庆期间与穆旦的交往。总的情况是,"在联大时期和穆旦接触并不多",而赵瑞蕻与穆旦"本来关系很好",在长沙临大时期"就认识了","在长沙、在蒙自,他们一起写诗,办诗社。在联大睡上下铺,好得跟兄弟似的,西装都会换着穿",但因为谈恋爱之事一度绝交,大致情况是穆旦知道杨苡"在等大李先生",即他的中学老师、巴金的三哥李尧林,"认为在这种情况下",赵瑞蕻追求她"就不对",为此,两人"到宿舍后面小山上大吵了一通,就绝交了"——"很长时间当真是'绝交'的,直到几年后在重庆相遇,才算是和解了"。[1] 据此,穆旦日后在交代与赵瑞蕻交往时,"一度有密切来往,以后彼此不适,离校后,一度中断来往(不是出于政治原因)"(《我的历史问题的交代》,1956 年 4 月

---

[1] 杨苡口述、余斌撰写:《一百年,许多人,许多事:杨苡口述自传》,南京:译林出版社,2023 年,第 277—278 页。

22日)的意思也就清楚了。不过,即便如此,再回过头去读赵瑞蕻的文字,依然看不到任何曾经不快的痕迹。

西南联大昆明时期的学习和生活情形,王佐良在那篇评介穆旦的长文《一个中国诗人》中有过非常形象的描绘:

> 联大的屋顶是低的,学者们的外表褴褛,有些人形同流民,然而却一直有着那点对于心智上事物的兴奋。在战争的初期,图书馆比后来的更小,然而仅有的几本书,尤其是从外国刚运来的珍宝似的新书,是用着一种无礼貌的饥饿吞下了的。[……]最后,纸边都卷如狗耳,到处都绉叠了,而且往往失去了封面。但是这些联大的年青诗人们并没有白读了他们的艾里奥脱(按,今通译为艾略特)与奥登。[……]在许多下午,饮着普通的中国茶,置身于乡下来的农民和小商人的嘈杂之中,这些年青作家迫切地热烈讨论着技术的细节。高声的辩论有时伸入夜晚:那时候,他们离开小茶馆,而围着校园一圈又一圈地激动地不知休止地走着。但是对于他们,生活并不容易。学生时代,他们活在微薄的政府公费上。毕了业,作为大学和中学的低级教员,银行小职员,科员,实习记者,或仅仅是一个游荡的闲人,他们同物价作着不断的,灰心的抗争。他们之中有人结婚,于是从头就负债度日。他们洗衣,买菜,烧饭,同人还价,吵嘴,在市场上和房东之前受辱。他们之间并未发展起一个排他的,贵族性的小团体。他们陷在污泥之中。但是,总有那么些次,当事情的重压比较松了一下,当一年又转到春天了,他们从日常琐碎的折磨

里偷出时间和心思来——来写。[1]

校园文艺活动方面，穆旦本人的文字略有谈及：在联大期间，除了写诗外，"并和同学组织文艺团体，先后组织了三个：青鸟社，高原社，南荒社。性质都类似，都不论政治，为文艺而文艺，反对标语口号的政治诗（成员有董庶，向长清，杜运燮等）。社中活动为在校中出壁报，在中央日报出过一次副刊，并经常茶会聊天。"当时学校已有"进步团体如群社"，但并未参加（《历史思想自传》，1955年10月）。又称，后两社主要成员有林振述、陈三苏、董庶、向长清、周定一、余瑾、杜运燮；青鸟社有赵瑞蕻、杨静如（杨苡）等；南荒社另有校外学生，如同济大学的庄瑞源、陆嘉等。"这些社的组织也很松散，例如南荒社，由于以后大家离开学校，逐渐就没有了"（《我的历史问题的交代》，1956年4月22日）。

穆旦在交代中强调社团组织"都不论政治"，"组织也很松散"，自是和当时的政治文化语境相关。今日读者对此似可不必过于较真，而可更多关注其中所提到的事实。这两份材料以及《干部履历表》（1959年4月19日）均提到了青鸟社，但此一社团并未见于其他资料。而据刘兆吉、杜运燮、贺祥麟、黄宏煦等人回忆，在蒙自期间，穆旦曾参与南湖诗社；到昆明后，曾参加冬青文艺社；在叙永分校期间，其时已是外文系助教的穆旦对于学生

---

[1] 穆旦：《穆旦诗集》（自印），1947年，附录第1—2页。

社团布谷文艺社的活动也有不少参与。[1] 综合视之，穆旦是一些校园文艺社团的（重要）参与者，但没有材料表明他是任何一个社团的主事者。

现实因素对于文学活动与写作的影响也是显而易见的。1939年4月，穆旦写下了一首奇特的诗歌，《防空洞里的抒情诗》。"防空洞"显然并非一处简单的地点标识，抗战爆发后，日机频频轰炸，"躲警报"——躲进防空洞的情形不在少数。放大到现代中国的文学语境之中，"防空洞"实在也可称得上是一处重要的文学表现场所。战争是当时中国民众面临的最大现实，而防空洞则成了战争的表征——它是安全的堡垒，但也发生过惨烈的事，最著名的莫过于1941年6月5日在重庆发生的"较场口大隧道窒息惨案"，死伤人员至少数以千计。[2] 昆明未发生如此惨烈之事，但联大校园之内也有建筑被毁、工友被炸死的事件，"跑警报"在一段时间之内非常普遍，不少联大的老师，如冯至、沈从文等，因空袭频频发生的缘故而迁至郊县——正是这一过程激发了特殊的创造力，冯至写出了名重史册的《十四行集》。

《防空洞里的抒情诗》的写作很可能也和现实经验有关。1937

---

[1] 参见刘兆吉：《穆旦其人其诗》，杜运燮等编：《丰富和丰富的痛苦》，第186页；杜运燮：《白发飘霜忆"冬青"》，西南联合大学北京校友会校史编辑委员会编：《笳吹弦诵在春城——回忆西南联大》，云南人民出版社、北京大学出版社，1986年，第324页；贺祥麟：《唱一支小小的赞歌》，张闻博、何宇主编：《西南联合大学叙永分校建校五十周年纪念集（1940—1990）》，1993年，第172页；黄宏煦、周锦荪、张信达等：《七月〈流火〉和〈布谷〉催春——小记叙永分校的两个壁报团体》，《笳吹弦诵在春城——回忆西南联大》，第363—364页。

[2] 据称，"死亡人数有三种说法：①死者近万人。②死伤约3万人。③重庆防空司令部公布的'死亡992人，伤数百人'。"见龙红、廖科编著：《抗战时期陪都重庆书画艺术年谱》，重庆：重庆大学出版社，2011年，第126页。

年 10 月，长沙临时大学即掘有 30 个防空洞"专备本校员生使用"。1938 年 9 月 13 日，昆明第一次发布空袭警报。10 月，西南联大颁布员生分组挖掘小型防空洞办法，共列五条，其中，第一条称"为避空袭计，本校员生，得自动组成六人乃至十人之小组，在本校各学院所在地之附近，挖掘一防空洞"，二至五条则列出了相关手续及操作过程。1939 年 2 月 17 日，联大颁布防空设备布告。1939 年 4 月 8 日，昆明发生空战，中国空军击落日机 2 架。[1]1939 年 5 月 4 日，联大学生参加云南省青年"五四"纪念活动，并举办救国献金，夜间举行火炬游行。大约据此经历，穆旦迅即写下了长诗《一九三九年火炬行列在昆明》：

> 这是正午！让我们打开报纸，
> 像低头祭扫远族的坟墓——
> 血债敌机狂炸重庆我攻城部队
> 全数壮烈牺牲难民扶老携幼
> 大别山脉洪大山脉歼敌血战即将
> 展开！……
> 让我们记住死伤的人数，
> 用一个惊叹号，做为谈话的资料；
> 让我们歌唱起来，不愿做奴隶的人们[2]

"起来，不愿做奴隶的人们"出自著名的《义勇军进行曲》，但这首长诗后来并不见于穆旦的各部诗集，或属于那种被穆旦有

---

[1] 北京大学等编：《国立西南联合大学史料》（第 6 卷），第 452—455 页。
[2] 刊昆明版《中央日报·平明》，1939 年 5 月 26 日。

意摈弃的作品。其原因，看起来也并不复杂，"此诗包蕴着的诸多主题、意象的萌蘖，后来通过变体，幻化成多首其他诗歌了"，如《从空虚到充实》《五月》《赞美》等；而且，此诗被认为是一首"失败之作"，诗中充斥着一种"泛滥虚幻的情绪"，包括"整体诗情的混乱芜杂，写作方式的简单直白，诗行的参差冗长，都使穆旦有权放弃此诗作为'诗的资格'"。[1]

列举这些，倒并非要将诗歌写作坐实到现实之中，以作某种社会学式分析，而是想突出现实经验在穆旦写作中的效应——实际上，《防空洞里的抒情诗》并没有朝这等"现实"的层面迈进，而是呈示着一幅奇异的景观：并没有用写实的笔调来描述民众拥簇在狭窄的、空气稀薄的防空洞里的情形，而是用一种戏谑的语调，融合了庸常化的生活对话场景与怪诞的感觉——身体变成"黑色"：

> 我正在高楼上睡觉，一个说，我在洗澡。
> 你想他会把我的孩子治好吗？府上是？
> 哦哦，改日一定拜访，我最近很忙。
> 寂静。他们像觉到了养气的缺乏，
> 虽然地下是安全的。互相观望着：
> 　黑色的脸孔，黑色的身子，黑色的手！
> 这时候我听见大风在阳光里
> 向着每个人的耳边吹出细细的呼唤，

---

[1] 姚丹：《"第三条抒情的路"——新发现的几篇穆旦诗文》，《中国现代文学研究丛刊》，1999年第3期。

从他的屋檐，从他的书页，从他的血里。[1]

这九行诗，由三个内在段落构成：前三行是日常性的谈话；中间三行写到了意识，与意识的跳跃——从庸常的现实跳到令人恐怖的黑色——人仿佛在一个缺乏养（氧）气的容器里发霉变质（变"黑"）——人渴望生命的蜕变；后三行随即写到变化，黑色→阳光，似乎进入一个明亮的世界，但"呼唤"有些游移不定，也难以捉摸——紧接而来的关于炼丹术士的诗段显示，这不过是一个诡异的声音在"呼唤"。由此，三个诗段，三种对峙性场景的构设，语气由慢到快，由一种无聊的松散逐渐生成为恐惧结成的紧凑，经由屋檐→书页→血（液）的深入，"大风"钻进血液而流淌于周身，暗寓着防空洞里的现实给予躲避的人们以深彻的压抑感，传达出生活在现实恐慌之中的人们的处境。

诗歌的结尾也别有意味：

谁胜利了，他说，□□□□□？
我笑，是我。
当那些人们回到家里，轻轻弹去青草和泥土，
从自己头上所编织的大网里，
我是独自走上了□□□□□□，
而发见我自己死在那儿
僵硬的，满脸上是欢笑，眼泪，和叹息。

---

[1] 刊香港版《大公报·文艺》第 755 期，1939 年 12 月 18 日。

在将现实场景与古旧的炼丹术士的鬼梦并置起来之后，诗歌最终通过一个不可靠的叙述，导向了对于现实的反讽。这样明显带有探索风格的诗歌，被后来的一些选家视为"中国现代诗"的重要表征。[1]

"□"显得别有意味。对照后出的版本，前一处作"打下几架敌机？"，后一处作"被炸毁的楼"。如此处理显然和新闻检查有关，大抵在新闻检查官眼里，"敌机""炸毁"都是些敏感的词汇与说法。同期《大公报》所载厂民的《龙游河之歌》有6处文字、曾迺敦的《送征人》有两处文字被"□"代替。这样的事实从另一个角度强化了穆旦写作与时代之间的关联。

三 "查良铮"与自我形象

1940年6月18日，西南联大常委会第146次会议决议："聘查良铮先生为本校外国语文系助教，月薪九十元，自下学年起"。[2]7月，穆旦正式毕业于西南联大外文系，也称清华大学"第十二级毕业生"。同年毕业的外文系学生总共17人，原清华籍8人，原北大籍5人，联大籍4人，其中有周珏良、赵瑞蕻、周班侯、陈祖文、黎锦扬等人。

1940年代的中国，战事频仍，社会动荡，稳定的工作极为难找，在国立大学任教大抵是一份令人羡慕的工作——穆旦的生活

1　参见叶维廉编选、翻译出版的 Lyrics from Shelters: Modern Chinese Poetry, 1930—1950（《防空洞里的抒情诗：1930—1950中国现代诗选》，纽约：加兰出版社，1992），其中选入穆旦诗7首，包括《防空洞里的抒情诗》《我》《控诉》《春》《裂纹》《诗八首》《旗》。
2　北京大学等编：《国立西南联合大学史料》（第2卷），第139页。

第五章　昆明，蒙自，叙永

道路原本是安稳的，随着年龄增长，将逐步晋级，逐步成为有社会威望的大学教授，如前辈朱自清那般。

成为联大教师之后的日常生活状况如何呢？穆旦本人在后来的思想总结或履历表中所交代的，多半是思想状况、社会关系等，少有生活细节。穆旦1935年进入清华大学，毕业后留校任助教至1942年初，无论作为学生还是老师，都参加了不少校园内的文学活动，且发表了若干作品；而1943年从军回来后，虽未再回校任教，但也在昆明多有滞留。按常理推断，与清华大学以及联大的老师相处有年，彼此之间应有较多交往，这些老师的日记、书信乃至评论文字等，可能包含着相关传记文献，从而为梳理穆旦形象提供若干线索。但是，检视冯至、卞之琳（外文系）、朱自清、闻一多、沈从文、李广田（中文系）等人当时的此类文字，仅闻一多在当时、沈从文在稍后有所提及；而唯有保守的外文系教授、"日记体作家"吴宓在日记中有较多记载，始于1937年底的南岳，当时止于1943年8月，1950年代又有出现，总共约有十二处——所记基本上全为日常事情，无一例外地，均以"查良铮"名之，新诗人"穆旦"从未进入其视野。[1]

工作方面的情况也没有很详细的文献，1940—1942年间的《国立西南联合大学各院系必修选修学程表》显示，前一年度未见有穆旦的课程；1941—1942年度则有两门："英文壹（作文）"，2学分；"英文壹Y（读本）"，4学分。这两门课都属于大一英文这一全校性课程，据校史记载，开设大一英文课是继承了清华的做法，即"主要为了训练学生的读、写能力，并通过范文学习提

---

[1] 参见易彬：《〈吴宓日记〉关于查良铮（穆旦）的记载》，《新文学史料》，2006年第1期。

高学生的文学修养，以实行'通才教育'"。课本"用打印讲义"，选文"以短篇现代散文作品为主"，"读本每周3学时；作文每周1学时（全年6学分），分小组教学，每组20人左右"；"读本由教授和专任讲师主讲，后来因为开课组数增多，教授和专任讲师不敷分配，才由有经验的教员和助教分担若干组的读本教学。每组读本和作文由两位教师分教，以便学生接触不同的语言风格"；"作文课要求学生每周写英文作文一篇，当堂完成，教师批改后，在下次上课时发还，对普遍性的问题略加评讲，以便提高学生的英文写作能力"。[1]

还是由于战争局势的变化，联大师生的正常生活、工作和学习受到严重干扰，学校一度在川、滇、黔三省交界处的小县城叙永成立分校。在穆旦大学读书及任教期间，四川小城叙永是继北平、长沙、南岳、昆明、蒙自之后的第六处居留时间较长的场所。叙永分校所录为一年级新生，由杨振声任主任；外文系教师由陈嘉教授领队，中文系教师包括李广田等人。1941年1月2日，叙永分校新生注册。共有学生600余人。1月6日，分校开学。因为这样一层缘故，也有穆旦去叙永分校"接收外文系入学新生"的说法。[2]

一般即认为，留校任助教的穆旦所从事的即这等日常性事务与公共基础课的教学。不过，有一则文献可以适当改变这样一个人微言轻的形象，即1940年10月16日所作、1941年1月刊载于《教育杂志》第31卷第1号上署名查良铮的《抗战以来的西南联大》。

---

[1] 西南联合大学北京校友会编：《国立西南联合大学校史》（修订版），第104—105页。
[2] 李方：《穆旦（查良铮）年谱》，《穆旦诗文集》（第2卷），第380页。

《教育杂志》被认为是由商务印书馆创办的持续时间最长、影响最大的教育专业刊物。当期刊物为"抗战以来的高等教育"专辑，很显然是经过有意策划，该专辑共谈及27所高校，文章基本上都是用"抗战以来的……"式标题，位列头条的即《抗战以来的西南联大》，之后则是中山大学、武汉大学、国立浙江大学、四川大学、暨南大学、国立厦门大学、广西大学、东北大学、大夏大学、复旦大学、私立光华大学、金陵大学、华中大学、华西大学、岭南大学、广州大学、中华大学、齐鲁大学、江苏医学院、广东省立文理学院、江苏省立教育学院、福建协和学院、南通学院、国立艺专、西北技专和上海美专等校的情况介绍，压轴的是著名文化人士王云五的《现代中国高等教育之演进》。

可以认为，这一专辑应和了社会上对于战时教育信息的需求，即在很短时间内，大西南、西北的内陆省份聚集了一大批高校，它们的发展及前途如何无疑受到了国人的密切关注。"抗战以来的西南联大"被列在本专辑之首，应该在于其集合了国立北京大学、清华大学和私立南开大学这三所著名大学的资源，尤为社会瞩目。文章前半段如前所引，写的是长沙临时大学时期，后半段则是西南联合大学时期：

> 两年来的西南联大，可以说是无日不在苦难中，折磨成长。总括起来说，它的第一个困难是"穷"。学校的设备经过一次摧毁，就更坏一次；图书和仪器固然是在增添了，然而和同学的需要仍不能按比例地提高。教职员方面，也是"穷"。他们的月薪顶高的不过能买昆明的三四石米，低的则一石米都不能买到，以此养家，当可想见。同学们除了少数

外，是更苦了，一般地说，都是"面有菜色"的。他们固然不再希冀以往的物质享受，然而万般困难足以摧毁他们的精神。其次，是校舍的困难。[……]

[……]然而就在这种种困苦中，西南联大滋长起来了。许多参加救亡工作的同学回来复学了，在沦陷区的许多中学毕业生，尤其是华北一带的，他们不辞艰苦纷纷来到昆明，希望考进西南联大。所以现在的西南联大，虽是大量地吸收了西南各省的青年，而仍不愧为北方青年的大本营者，其故就在于此。直至一九三九年始业，西南联大的学生总数竟有三千十九人之多，实不可不谓"漪与盛哉"了。

随着抗战局势的稳定，学校中课业的进行也积极起来。课室中同学们都专心听讲了，实验室就是在暑期中也都从早忙到晚，而图书馆，则是永远挤满了人。学校各处的墙壁上都贴满了壁报，讨论着有关政治、经济、法律、历史、社会、时事等等问题，不下二三十种。而课外活动方面，举凡各种社会事业，如演剧、下乡宣传、响应寒衣募捐、防空救护等，西南联大都是热心活动的一分子。然而你会想到吗？这一切都是正为饥寒所迫的同学们做出来的！

国难在激励着人们，我们对于日人最有效的答覆就是拿工作的成绩来给他们看。西南联大被轰炸已经两次了。一次是在一九三八年九月二十八日，西南联大所租用的昆华师范里落了十几枚杀伤弹，死了方由天津来的同学二人。第二次在一九三九年十月十三日，日人在西南联大一带投了不下百余枚轻重炸弹，意欲根本毁灭了这个学校。师范学院全部炸毁，同学财物损失一空；文化巷文林街一向是联大师生的住宅区，也全炸毁了；在物质方面，日人已经尽可能地给了打击。然而，就在轰炸的次日，联大上课了，教授们有的露宿了一夜后仍旧讲书，同学们在下课后才去找回压在颓垣下的什物，而联大各部的职员，就在露天积土的房子里办公，未有因轰炸而停止过一日。

这样一篇比较晚近时候才被发掘出来的文章，在说明穆旦留校任助教之后的境况方面——也可说是穆旦自我形象的展现方面，有着特别的效果。它固然不足以扭转穆旦那种人微言轻的形象，而且《教育杂志》策划约稿的情况早已无从察知，何以会选择刚刚留校任助教的查良铮也已是谜团（从文末所录1940年12月2日梅贻琦在联大国民月会上关于迁校情形的报告来看，编者与联大可能有比较好的关系），但可以说，"查良铮"在某种程度上充当了西南联大代言人的角色。这样一次具有代言色彩的写作显示了这位年轻助教对于学校公共事务的参与，也最终扩大了穆旦的历史形象。

四 "穆旦"：作为翻译者的一面

正如《抗战以来的西南联大》长期被湮没，在较长一段时间之内，学界对于联大时期穆旦写作的状况也没有特别清晰的认识。这并非对现有作品缺乏分析，而在于资料的拘囿，即当时署名"穆旦"的若干译作并不为今日读者知晓，至2010年后方才陆续被发掘整理出来。

先来看看"穆旦"作为翻译者的一面吧。如下所述多篇文学类译作表明，在1940年代，"穆旦"并非只是诗人之名，而是兼有诗人和翻译者两种身份。约在1939年，还在大学阶段的穆旦即有过翻译之举，曾向闻一多出示译诗[1]——这可能是当时的联大老师关于穆旦写作的唯一记载；之后两三年内也有译作发表，包括翻译路易·麦克尼斯的评论《诗的晦涩》[2]、麦可·罗勃兹的评论《一个古典主义的死去》[3]、台·路易士的长诗《对死的秘语》（有《译后记》）[4]、太戈尔的散文诗《献歌》[5]、爱略特的长诗《J. A. 普鲁佛洛的情歌》（有《译后记》）[6]等，署名都是"穆旦"。关于这些翻译，可提出一些要点：

其一，所译介的对象，路易·麦克尼斯（Louis MacNeice，1907—1963）和台·路易士（Cecil Day Lewis，1904—1972）被称作"奥登一代诗人"，麦可·罗勃兹（Michael Roberts，1902—1948）则是诗歌理论家和重要诗集的编选者，研究指出，学院讲授的近现代西洋文学对创作界产生了影响，推动了新文学发生变化，这一新文学发展过程中出现的新现象此前也有，但直到西南联大时期"才变得集中、突出、强烈"。[7] 穆旦这种近乎"同步翻

---

[1] 闻一多：《致赵俪生（1940年5月26日）》，《闻一多全集》（第12卷），武汉：湖北人民出版社，1993年，第361—362页。
[2] 分11次连载于香港版《大公报》"文艺""学生界"副刊，1941年2月8日、10—15日、17—20日。
[3] 刊香港版《大公报·文艺》第1230期、第1231期、第1233期，1941年11月20日、22日、24日；亦刊桂林版《大公报·文艺》第112—113期，1941年12月12日、15日。
[4] 刊《文学报》第3号，1942年7月5日。
[5] 刊《中南报·中南文艺》第2期，1943年5月14日。
[6] 刊《枫林文艺丛刊》第2辑《生活与苦杯》，1943年7月27日。
[7] 张新颖：《20世纪上半期中国文学的现代意识》，北京：生活·读书·新知三联书店，2001年，第194页。

第五章　昆明，蒙自，叙永

译"的行为,其所领受的教育以及其阅读、翻译与创作之间的互动关联,是此一新现象的重要内容。

其二,《诗的晦涩》分 11 次连载,《对死的秘语》长达 7 节 284 行,显示了穆旦的翻译能力。以他所接受的国立大学正规的英语训练、文学素养以及实际的翻译能力来看,进行更多的文学翻译乃至相关理论阐释与现实批评完全是可能的。比照多位大学同学如王佐良、杨周翰,或联大外文系后期学生袁可嘉,可发现一点:出于专业兴趣,受大学的研究氛围激发,或是为了晋级需要,这些年轻的大学讲师或助教往往有着强烈的理论冲动,对于文艺问题多有关切,零散的文艺论文、评论姑且不论,王佐良曾有作艾略特评传的意念(曾在《大公报·星期文艺》等报刊发表系列评介论文,不过最终并未完成);袁可嘉则对"新诗现代化"的命题进行了反复阐释。因此,1940 年代的穆旦未有更多的文学译作或文艺论文,可能和他实际的社会身份与文化位置有关,即大学氛围激发了穆旦的翻译冲动,而一旦离开了这一环境,则逐渐失去了文学翻译的源动力,因此,读者所看到的似乎是一幅未及全部展开的翻译图景。

其三,这些翻译与穆旦写作之间的内在关联。一般而言,选择某种翻译对象,和译者自身的诗歌经验及其对翻译对象的认同有关,即一种内在的契合。早年穆旦的文学翻译量不大,与翻译对象之间的契合程度应该是较高的。《诗的晦涩》《一个古典主义的死去》是诗歌理论的翻译,前者是路易·麦克尼斯的《近代诗》(*Modern Poetry*)一书中的第九章,穆旦在译前小序中谈到该书——

> 以近代诗人为例，对诗之晦涩的原因解释颇详。作者是英国社会主义的名诗人。在本书序中他说："今日之诗应该在纯欣赏（逃避之诗）和宣传中取一中路。宣传品是'批评的'诗的极端发展，也就是批评的失败。"

《诗的晦涩》既谈到了瑞鲁克（即里尔克）、庞德、艾略特、叶芝这些经典现代主义诗人的诗歌，也涉及新兴的诗人，如奥登、斯本特以及作者本人的诗，既对现代主义诗歌艺术进行辩护，也对现代诗艺展开解剖。

《一个古典主义的死去》中的论述或许会令读者想起艾略特的经典论文《传统和个人才能》：

> 古典的诗人接受一种最后的绝对的态度。他敬仰传统：那为世代的经验所形成的东西比一时的灵感，比一两年瞑想的产物大概可靠得多。他不讲求建立"情感的合谐"，他只管事实如何，至于情感的安排，上帝之存在已经是充分的解答了。他之为写实的，是在于他把全体经验都认为是艺术的合法材料这一点上；他没有规避或安排的必要；没有幽默的必要，他的喜剧是机智的，而不是幽默的；悲剧就是把别人认为不能忍受的东西正确地抄写下来的艺术，而抄写的谨严和简洁，他认为就是他经验中存在的一种秩序的反映。秩序和必然，这种认定是使他非常满意的，因为，秩序就是上帝。这种秩序的体验必须先接受一些评价的准则，而与这些准则一致的那一串令人满意的感情的体验，就给了他的作品中的想象的一致性。

实际上，文中也特别引述了艾略特的这篇论文以及《玄理诗派》(按，今一般译作《玄学派诗人》)，这种对于18世纪古典诗人的思想与艺术的溯源，在欧美现代主义诗人和诗歌批评那里，也是一种惯常的做法或理念，显示了他们的理论趣味与渊薮。而这同时也显示了尚处于"学院"之中的穆旦的诗学资源——1940年代后期的读者在讨论穆旦诗歌时，"晦涩"是一个高频词，现在看来，他所译两篇诗学论文也提供了某种参照。

《对死的秘语》是诗歌翻译，且有一则带评介意味的《译后记》，它概括性地介绍了这首长诗的内容，并且评价了台·路易士的艺术手法，其中，附带性地指出了当时某些抗战诗歌的"不合谐之感"。最末写道：

> 我们还可以看到台·路易士点化现代事物的魔力。如同"一个点向平静的圆周宣战""那抬棺人的帽子像黑色的菌放在草地上""他就拍卖了我们的荣誉"等等，新鲜如露珠，有一种力量使读者永远受着它们的折磨。这是用熟见的死的形象无论如何所不能达到的效果。

对于台·路易士诗歌的"点化现代事物的魔力"或"新鲜"品质的感知可能会令读者想到穆旦此前此后一段时间内的诗歌写法，以及晚年从奥登的写作引申出的"诗应该写出'发现底惊异'"的观点[1]，也包括他对于奥登的较多讨论。

对于爱略特（今通译为艾略特）的《J.A.普鲁佛洛的情歌》

---

1 穆旦：《致郭保卫》(1975年9月6日)，《穆旦诗文集》(第2卷)，第213页。

的翻译则可引发更多话题。周珏良有回忆，当时他和穆旦从燕卜荪那里借到了艾略特的文集《圣木》(*The Sacred Wood*) 以及威尔逊（Edmund Wilson）的《爱克斯尔的城堡》等书，"才知道什么叫现代派，大开眼界，时常一起讨论。他特别对艾略特著名文章《传统和个人才能》有兴趣，很推崇里面表现的思想"。[1] 上述《一个古典主义的死去》一文，涉及艾略特的诗学理论；在稍早的一则关于卞之琳的诗歌评论中，艾略特的诗学观念也作为理论资源被援引[2]，而《从空虚到充实》《蛇的诱惑》等诗的写作，被认为有艾略特的影子，由此，这首长诗的翻译及其阐释，构成了一个并不是很丰厚但终归完整的谱系，更清晰地显示了穆旦的写作与艾略特及西方现代诗学之间关联。至于穆旦后来在美国留学时研修艾略特课程，晚年翻译艾略特诗歌 11 首（除了重译的《阿尔弗瑞德·普鲁佛洛克的情歌》外，《荒原》等诗均为新译），则显示出"艾略特"不仅对穆旦的写作产生了不小的影响，对其人生也有着某种特别的含义。

印度诗人太戈尔（今通译泰戈尔）的《献歌》是一种散文诗体，它多半会让读者想到穆旦诗歌中的宗教情怀：

主呵，我不知道你怎样歌唱，我永在惊异中静听。
你底乐声普照全世。你底乐声底呼吸迅行在天空中，你底乐声底圣洁的急流穿过一切岩石的阻碍而前进。
我底心企望与你合唱，可是尽力用我底歌喉，枉然。我

---

[1] 周珏良：《穆旦的诗和译诗》，杜运燮等编：《一个民族已经起来》，第 70 页。
[2] 穆旦：《〈慰劳信集〉——从〈鱼目集〉说起》，香港版《大公报·文艺》第 826 号，1940 年 4 月 28 日。

要说话。可是话句流不进歌唱，于是我困惑地哭喊了。主呵，你已把我底心囚进你乐声底无尽的迷宫中。

"囚进"一词显得尤为醒目，作于1942年2月的《出发》中有：

> 就把我们囚进现在，呵上帝！

看起来，穆旦对于翻译对象是有选择的，而这样一个弄翻译的"穆旦"与写诗的"穆旦"，也可说是重合为同一个人。有理由相信，随着这些译作及译介文字的重新刊布，读者将看到"穆旦"这一名字在1940年代前期所具有的双重身份；进而更多了一份对于穆旦当时写作境况的理解。

五 生活的"还原作用"？

穆旦留校任教之后的直接材料着实不多，日常生活状况阙如。不过，有一首诗或许能有所揭示，即1940年11月，留校任助教几个月之后写下的《还原作用》：

> 泥沼里的猪梦见生了翅膀，
> 从天降生的渴望着飞扬，
> 当他醒来时悲痛地呼喊。
>
> 胸里燃烧了却不能起床，
> 跳蚤，耗子，在他的身上黏着

你爱我吗？我爱你，他说。

八小时工作。挖成一颗空壳，
浮在尘网里，害怕把丝弄断，
蜘蛛嗅过了，知道没有用处。

他的安慰是求学时的朋友，
三月的花园怎么样盛开，
通信联起了一大片荒原——

那里看出了变形的枉然，
开始学习着在地上走步，
一切是无边的，无边的迟缓。[1]

对于这首诗，穆旦本人显然有很深的印象，在晚年书信之中曾多次抄录，并有所感慨——大致可分为两个层面：一个是诗艺，一个是生活。1975年9月19日，穆旦在给年轻人郭保卫的信中写道：

> 在三十多年以前，我写过一首小诗，表现旧社会中，青年人如陷入泥坑中的猪（而又自认为天鹅），必须忍住厌恶之感来谋生活，处处忍耐，把自己的理想都磨完了，由幻想是花园而变为一片荒原。应该怎样表现这种思想呢？〔……〕

---

[1] 刊香港版《大公报·文艺》第1051期，1941年3月15日。

这首诗是仿外国现代派写成的,其中没有"风花雪月",不用陈旧的形象或浪漫而模糊的意境来写它,而是用了"非诗意的"辞句写成诗。这种诗的难处,就是它没有现成的材料使用,每一首诗的思想,都得要作者去现找一种形象来表达;这样表达出的思想,比较新鲜而刺人。因为你必得对这里一些乱七八糟的字的组合加以认真的思索,否则你不会懂它。因为我们平常读诗,比如一首旧诗吧,不太费思索,很光滑地就蹓过去了,从而得不到什么,或所得到的,总不外乎那么"一团诗意"而已。可是,现在我们要求诗要明白无误地表现较深的思想,而且还得用形象和感觉表现出来,使其不是论文,而是简短的诗,这就使现代派的诗技巧成为可贵的东西。我上面引的,不见得是好诗,但是它是一种冲破旧套的新表现方式,[……][1]

何谓"还原"?从这里不难看出,"还原"的是现实对于年轻生命的磨钝,不断地磨去年轻的"理想",令其在"忍耐"里"谋生活"——为了表现这样一种"较深的思想",穆旦有意用一种"非诗意"的方式。

微妙的是,在上信写后20天,1975年10月9日,穆旦又在给另两位年轻人刘承祺和孙志鸣信中再次谈到《还原作用》,内容大致相同,但有一个重要的差异,"青年人"移换成了"我":"那是写我于旧社会里,感到陷入旧社会的泥坑中的失望心情。"[2]而1976年4月29日在给老朋友董言声的信中,穆旦在抄录全诗之后,

---

1 穆旦:《穆旦诗文集》(第2卷),第218—219页。
2 穆旦:《穆旦诗文集》(第2卷),第261页。

谈到了与之相比照的一种"三月的花园"式生活：

> 卅年前我已在惋惜那"三月的花园"，你讲的那些在我脑中也活跃如昨日然。[……]那真是无忧无虑的日子。你，我，董庶和竹年，咱们一起坐船到八里台及黑龙潭，船上撑起白布篷，闻着芦苇的香味，躺在船上听着橹声，谈着未来，归来已万家灯火。这是多么清清楚楚印在脑中的事情！那个八里台多么美！[1]

既以"我"行文，又将"三月的花园"坐实为早年在天津八里台附近生活的那种"无忧无虑的日子"，这似乎揭示了一个事实：那就是刚参加工作不久的穆旦的工作境况并不算好。尽管从表象看，作为国立大学的教师，虽然薪资低工作压力倒不见得有多么大，实际工作时限又是那么短暂，对于现代文明之于个体自我的磨钝尚不至于生发如此强烈的感触。

检视穆旦这一时期的写作，"还原作用"式写法并不在少数，1941年12月所写的《黄昏》，看起来也是某种现实场景的拟画：

> 从西到东，我们一切影子就要告别了。
> 一天的侵蚀也停止了，像惊骇的鸟
> 欢笑从瓶口倒出来：从化学原料，
> 从电报条的紧张和它拼凑的意义，
> 从我们辩证的唯物的世界里，

---

[1] 穆旦：《穆旦诗文集》（第2卷），第195页。

> 欢笑疲倦地拖出在城市的路上
> 沿着时流吸饮。O 窒息它的主人，
> 来到神奇里歇一会吧永行的水手，
> 可以凝止了。我们的四周已是墙壁：
> [……][1]

也很难——实际上也无须——认定这里所拟画的就是穆旦本人的生活，诗中有"化学原料""电报条"一类现代文明之物，显示了一种生活认知的广度，即通过诗歌，对现实生活做出尽可能深广的涵括。同时期的《洗衣妇》《报贩》，写的是身边的人物与现象，看到的还是被"还原"的生活，用的也还是那种"新鲜而刺人"的词句：

> 这样的职务是应该颂扬的。
> 我们小小的乞丐：宣传家，信差，
> 一清早就学习翻跟斗，争吵，期待，
> 只为了把由昨天写成的公文
> 放在今天的生命里，燃烧，变灰。

《报贩》以"我们"行文，"我们"被现实重重地压住——甚至还不是"污泥里的猪梦见生了翅膀"，而是"我们"的"梦"不是出现在自己的梦境里，出现在清晨报贩的吆喝里——被报贩喊出而自己却浑然不知：

---

1 刊《贵州日报·革命军诗刊》第 10 期，1942 年 7 月 13 日。

一处又一处,我们的梦被记载着,
直到你们喊出来使我们吃惊。[1]

再往下,1945 年 2 月所作《线上》,写的也是"捞起一支笔或是电话机"工作的年轻人:

八小时离开了阳光和泥土,
十年二十年在一件事的末梢上,
在人间的沓沓里——他感到安全,

学会了被统治才可以统治,
前人的榜样:忍耐和爬行,
长期的茫然后他得到奖章,

那无神的眼!那陷落的两肩!
痛苦的头脑现在已经凝固!
那快要燃尽的蜡烛的火焰!

在摆着无数方向的原野上,
这时候,他一身担当的事情
辗过他,却只辗出了一条细线。[2]

用今天的话说,《线上》可谓《还原作用》的升级版,"污泥

---

[1] 刊《谁先看见太阳》(《集体创作》革新第 1 号·诗歌特辑),1942 年 9 月。
[2] 刊《文聚》第 2 卷 3 期,1945 年 6 月。

里的猪"已不再渴望幻梦,头脑已经不再"痛苦",那被"挖成一颗空壳"的生命,"十年二十年在一件事的末梢上",已经"陷落"(被耗尽),"已经凝固",就像那"要燃尽的蜡烛的火焰"。生命已变得无足轻重,即便是"一身担当的事情""辗过他",也不过是"辗出了一条细线"。

1943年穆旦从军回来至1945年下半年,一直是在云南、重庆、贵州等地谋生活,工作多有变动,且实际从事的多是文秘一类小职员式工作。因此,对于在现代化程度并不算高的地域生活的穆旦而言,这些诗歌应该是既内蕴着个人的境遇,也对那些在现实里谋生活的年轻人的境遇多有抽取;既可能是实写,也可能是对某种现代社会现象予以思辨的产物。

换个角度看,这些也可说是摹写青春生活的诗篇,似乎在摹写"三千里步行"的图景之后,穆旦就再也无意于刻画那壮阔的青春激情了。

第六章

赞美：在"命运"和"历史"的慨叹中

一 "赞美"型诗歌，非歌颂型意象

"还原生活"式的写法固然有特色，在穆旦诗歌之中也不能说是少见，但真正确立穆旦诗人形象的应该是1941年12月所写下的《赞美》。在日后那些选入穆旦诗歌的相关诗歌选本中，《赞美》的入选频次是最高的，已被视为穆旦诗歌风格的标志之一。[1]

诗题取名"赞美"，同时，每一节又均以"一个民族已经起来"收束（全诗四节），其情感的浓烈可谓达到了无以复加的程度。这样一种热烈颂词或许会令人想到美国诗人惠特曼，据称，当时穆旦"十分喜欢惠特曼，他爱《草叶集》到了一个发疯的地步，时常念，时常大声朗诵"[2]。借用穆旦本人当时评介艾青诗歌的

---

[1] 笔者曾经对1979—2007年间的数百种诗歌选本进行统计，发现在不同层面，《赞美》都占据着最高位置，选入各类选本的总次数也是最高的，参见《穆旦与中国新诗的历史建构》，北京：中国社会科学出版社，2010年，第391—416页。
[2] 赵瑞蕻认为，"这个大力鼓吹'自由土地，自由言论，自由劳动，自由人'，歌唱'哪里有泥土，哪里有水，哪里就长着青草'，赞美'带电的肉体'，一生憎恨黑暗，追求光明，反抗强暴，同情人民，为自由和民主斗争到底的美国浪漫主义大诗人，他的新内容，新形式，新的语言，对这时期的穆旦，甚至在以后的岁月中的影响是实实在在的，是深刻的"，见《离乱弦歌忆旧游》，第134—135页。

话说，即是"如同惠特曼歌颂着新兴的美国一样，他在歌颂着新生的中国"。[1]

从1939—1941年间的一批诗歌来看，穆旦加入民族大合唱行列的姿态是非常明显的。但是，细读《赞美》却可发现，即便是在引用频率极高的第一节里，在"一个民族已经起来"这一热切的呼告发出之前，诗人却也铺列了一长串的"灾难"和"耻辱"：

> 说不尽的故事是说不尽的灾难，沉默的
> 是爱情，是在天空飞翔的鹰群，
> 是干枯的眼睛期待着泉涌的热泪，
> 当不移的灰色的行列在遥远的天际爬行；
> 我有太多的话语，太悠久的感情，
> 我要以荒凉的沙漠，坎坷的小路，骡子车，
> 我要以槽子船漫山的野花，阴雨的天气，
> 我要以一切拥抱你，你，
> 我到处看见的人民呵，
> 在耻辱里生活的人民，佝偻的人民，
> 我要以带血的手和你们一一拥抱。
> 因为一个民族已经起来。[2]

"灾难""耻辱"等词汇以及一系列晦暗的意象诱发了一个无可回避的问题：诗人究竟是站在什么样的位置来发出赞美之辞的？与当时及后来很长一段时间内盛行的"赞美"型诗歌不同的

---

1 穆旦：《〈他死在第二次〉》，香港版《大公报·文艺》，1940年3月3日。
2 刊《文聚》第1卷第1期，1942年2月16日。

是，穆旦的抒情姿态似乎并不高扬，他所选用的词语和意象并不是明朗型或"赞美型"的，而基本上是与生命力的张扬相反的词语，如"荒凉""坎坷""枯槁""踟蹰""耻辱""忧郁""干枯""灰色""饥饿""呻吟""寒冷"等；其意象更是几乎无一例外的非歌颂型意象，如"沙漠""骡子车""槽子船""茅屋""沼泽"等。

这些词语和意象既高密度地出现，可说正彰显了"赞美"生成的基本背景。它们来自哪里呢？来自"荒凉"的、"耻辱"的生存底层。这倒并不突兀，年轻的诗人虽出身于城市但也不乏坚实的底层经验——来自1937年全面抗战之后的迁徙经历。在1940年发表两首勾描旅途见闻的《出发——三千里步行之一》《原野上走路——三千里步行之二》之后，至1941年——迁徙之后的第三年，终呈爆发的态势，在《在寒冷的腊月的夜里》《中国在哪里》《小镇一日》《赞美》等诗中，迁徙见闻与底层见闻赫然成为写作的重要资源，且写法相似，即多半有一种加入民族大合唱的姿态，却又取用一种非赞美形态的词汇。

这样一来，穆旦写作之中那样一种持重的品质得到了非常清晰的彰显——迁徙见闻一直沉积于诗人内心，经由现实的磨炼以及写作的反复呈现，终成一种风格。作为风格，它应包括这样一些要素：特定题材的选取，艺术手法和视角的施用，以及最为根本性的抒情姿态与诗歌观念的确立，等等。

二 "新的抒情"：评论与自况

先看看体现着穆旦这一时期诗歌观念的两则书评，即关于艾青和卞之琳的评论,《〈他死在第二次〉》和《〈慰劳信集〉——从〈鱼目集〉说起》,分别刊载于 1940 年 3 月 3 日和 4 月 28 日的香港版《大公报·文艺》。评论往往与创作有着或紧或松的关联,其中或多或少包含了作者个人的艺术经验,以及对于当时若干写作态势及诗歌观念的省察。穆旦所作文学评论类文字相当少,这两篇可能是穆旦全部写作之中仅有的对当时的诗歌创作展开评述的文章。

两则评论所针对的均是成名诗人刚出版(发表)不多久的作品(集),而且,写作和发表的时间也相近,具体行文的内在理路也别有用心地带有某种互补性,既有正面的阐释,也有反面的批评。在穆旦当时的视野中,业已成名的前辈诗人的写作既是"可以凭藉的路子",也可能是因抒情气质"贫乏"而可待批评的。

关于艾青诗歌的评论属"正题",带有强烈的肯定语气,认为这是"抗战以后新兴的诗坛上"的"珍贵的收获",这种"收获"不仅仅是"中国的"内容,还在于语言上"创试的成功":

> 做为一个土地的爱好者,诗人艾青所着意的,全是茁生于我们本土上的一切呻吟,痛苦,斗争,和希望。他的笔触范围很大,然而在他的任何一种生活的刻画里,我们都可以嗅到同一"土地的气息"。这一种气息正散发着香和温暖在他的每篇诗里。从这种气息当中我们可以毫不错误地认出来,这些诗行正是我们本土上的,而没有一个新诗人是比诗人艾青更"中国的"了。
>
> 读着艾青的诗有和读着惠特曼的诗一样的愉快。他的诗里充满着辽阔的阳光,和温暖,和生命的诱惑。如同惠特曼

歌颂着新兴的美国一样,他在歌颂新生的中国。[……]

[……]光就作者在诗里所采用的这种语言来说,他已经值得我们注意了。因为我们终于在枯涩呆板的标语口号,和贫血的堆砌的词藻当中,看到了第三条路创试的成功,而这是此后新诗唯一可以凭藉的路子。让我们像平日说话一样地念出他的诗来吧,有谁不感到那里面单纯的,生动的,自然的节奏美的么?

而这就比一切理论都更雄辩地说明了诗的语言所应采取的路线。

"路子""路线"一类词汇的施用,显示出这并非随性的、简单的文学评论,而是蕴含了穆旦当时对新诗发展道路的思考。关于卞之琳的评论既沿着前文的思路对"新的抒情"或者说"第三条路"做出了更明确的界定,也对《慰劳信集》提出了批评,所谓"反题"。

所谓"新的抒情"不是"'牧歌情绪'加'自然风景'",文中援引徐迟的《抒情的放逐》指出,这一情调,卞之琳在《鱼目集》里即已"放逐"。它是一种在抗战时代条件下所需要的"朝着光明面的转进"的"新的抒情":"为了表现社会或个人在历史一定发展下普遍地朝着光明面的转进,为了使诗和这时代成为一个感情的大谐和,我们需要'新的抒情'!"

一方面,抗战时代的到来使得"新的抒情"成为可能:"我们可以想见有许许多多疲弱的,病态的土地都随着抗战的到来而蓬勃起来了,它们正怎样拥挤着在诗人的头脑里,振奋他,推动他,使他不得不一次又一次地用粗大的线条把它们表现出来。"(《〈他

死在第二次〉》)另一方面,这"新的抒情"又需要一种"理性"来支撑:

> 这新的抒情应该是,有理性地鼓舞着人们去争取那个光明的一种东西。我着重在"有理性地"一词,因为在我们今日的诗坛上,有过多的热情的诗行,在理智深处没有任何基点,似乎只出于作者一时的歇斯底里,不但不能够在读者中间引起共鸣来,反而会使一般人觉得,诗人对事物的反应毕竟是合他们相左的。
>
> [……]"新的抒情"应该遵守的,不是几个意象的范围,而是诗人生活所给的范围。他可以应用任何他所熟习的事物、田野、码头、机器、或者花草;而着重点在:从这些意象中,是否他充足地表现出了战斗的中国,充足地表现出了她在新生中的蓬勃、痛苦、和欢快的激动来了呢?对于每一首刻画了光明面的诗,我们所希冀的,正是这样一种"新的抒情"。因为如果它不能带给我们以朝向光明的激动,它的价值是很容易趋向于相反一面去的。

卞之琳的新作即是"趋向于相反一面去的"的诗歌,"'新的抒情'成分太贫乏了";"这些诗行是太平静了,它们缺乏伴着那内容所应有的情绪的节奏"。需要提及的是,当穆旦这样指认卞之琳新作时,艾略特所带来的"以机智(wit)来写诗的风气"成了参照对象——"把同样的种子移植到中国来,第一个值得提起的"是卞之琳。但在这些新作里,"这些'机智'仅仅停留在'脑神经的运用'的范围里是不够的,它更应该跳出来,再指向一条感情的洪流里,激荡起人们的血液来"。

穆旦所称许的"新的抒情"并非泛滥无边,而是植根于"诗人生活所给的范围",纵观穆旦当时的写作,并不难看出其间的关联。某些细节也别有意味——在评价卞之琳的写作时,《给山西某一处煤窑工人》中的两行诗被引述:

> 黑夜如果是母亲,这里是子宫,
> 我也替早晨来体验投生的苦痛。

这些诗行被指认为"太平静"。几个月后,穆旦本人在《我》(1940年11月)的第一行就使用了"子宫"这个词:

> 从子宫割裂,失去了温暖……

据说,"子宫"这个词"在英文诗里虽然常见,在中文诗里却不大有人用过"。穆旦不满意卞之琳以一种"太平静"的用法,到自己写作,就赋予了它以强烈的主观兴味,"在一个诗人探问着子宫的秘密的时候,他实在是问着事物的黑暗的神秘。性同宗教在血统上是相联的"。[1] 循此,如下的说法或并不夸张,即这种"太平静"的诗行从反面激发了穆旦的写作——写作一种"不平静"的诗,如他所热切赞誉的那样。

在两篇评论文章之中,穆旦说话的口气坚定,充满热情,仿佛是一个历史的预言家。不妨将视线稍稍往下拉:艾青的写作,

---

1 王佐良:《一个中国诗人》,穆旦:《穆旦诗集》(自印),1947年,附录第10页。

第六章 赞美:在"命运"和"历史"的慨叹中

如所提及的《雪落在中国的土地上》《他死在第二次》《吹号者》等诗篇，确是超拔于"枯涩呆板的标语口号，和贫血的堆砌的词藻"；不过，艾青本人后来的写作却深深地陷入这样一种语言的牢笼之中，《吴满有》（1942）、《欢迎三位劳动英雄》（1944）等诗歌，所运用的语言变得更浅白、更易懂，"单纯的，生动的，自然的节奏美"却几乎消失殆尽。这样的蜕变，当是穆旦所没有预料到的吧。

在后来的某些私下场合里，穆旦也谈到过卞之琳，如1954年在给萧珊的信中谈到卞之琳发表在《译文》上的拜伦诗钞，"太没有感情，不流畅，不如他所译的莎氏十四行。大概是他的笔调不合之故"。[1]这里所谓"太没有感情"与"太平静"的说法大致上应该还是相通的。

三 从"合唱"到"具体个人的面孔"

"新的抒情"并非停留在抽象观念层面，而是在穆旦此前此后的写作中多有体现。

1939年初，尚是外文系三年级学生的穆旦就已加入民族"大合唱"的行列当中。年轻的诗人似乎按捺不住满怀的喜悦——"让我歌唱，以欢愉的心情"：

> 让我歌唱帕米尔的荒原
> 用它峰顶的静穆的声音，

---

[1] 穆旦：《致陈蕴珍（萧珊）》（1954/6/19），《穆旦诗文集》（第2卷），第160页。

混然的倾泻如远古的溶岩，
悄悄迸涌出坚强的骨干，
像钢铁编织起亚洲的海棠，
[……]

《Chorus 二章》（后改题《合唱》/《合唱二章》）并非经验型的诗篇，而是带有强烈的想象色彩，"并非牵强地说，'嫩绿的树根'乃是对民族新生的冀望。国族危难的历史势态将一位青年的生命情调引向一种青春期的民族情绪，这一情绪试图以对广袤地域上山林河海之交铸的赞美来体现某种自信。但在这里，构成每一民族之民族性的真正经验，亦即那些日常而细小的劳作与艰辛并没有进入诗歌之中。《合唱》没有出现任何一位具体个人的面孔"。[1]但敏感的读者或许已经发现，在发出"合唱"之辞时，"痛哭""死难"一类词汇也多有浮现：

O 热情的拥抱！让我歌唱，
让我扣着你们的节奏舞蹈，
当人们痛哭，死难，睡进你们的胸怀，
摇曳，摇曳，化入无穷的年代，
他们的精灵，O 你们坚贞的爱！[2]

看起来，穆旦既欲加入民族大合唱的行列，又让自己成为一个独声部，因而发出的音质也就显得有些卓尔不群。在《出发》

---

[1] 一行：《穆旦的"根"》，《词的伦理》，上海：上海书店出版社，2007 年，第 110 页。
[2] 刊香港版《大公报·文艺》第 724 期，1939 年 10 月 27 日。

《原野上行走》这两首明确标明为"三千里步行"的诗里,"广大的中国的人民"作为一个群体的实际生存境遇进入诗人的视野当中("他们流汗,挣扎,繁殖!"),但基调乃是年轻的欢欣。

这与其说是年轻的诗人忽视了"广大的中国的人民"的生存境遇,还不如说是有意张扬了"我们"身上的生命活力:迁徙之途不仅强壮了年轻学子们的身体,更赋予了他们某种不容抗拒的时代使命感。"等待着我们的野力来翻滚"所要表明的即是以年轻的"野力"来"翻滚""中国的道路",实现"无数代祖先心中燃烧着的"但未曾实现的民族新生的希望。

这种"使命感"在《中国在哪里》中被进一步强化,"我们必需扶助母亲的生长"的声音反复在回响:

> 希望,系住我们。希望
> 在没有希望,没有怀疑
> 的力量里,
>
> 在永远被蔑视的,沉冤的床上,
> 在隐藏了欲念的,干瘪的乳房里,
>
> 我们必需扶助母亲的生长
> 我们必需扶助母亲的生长
> 我们必需扶助母亲的生长
> 因为在史前,我们得不到永恒,
> 我们的痛苦永远地飞扬,
> 而我们的快乐

在她的腹里，是继续着……[1]

《中国在哪里》的写法，由具体的现实场景而上升到抽象抒情的高度，随后在《赞美》中也得以呈现。而在发出"扶助"之辞时，穆旦又一次施用了"被蔑视""沉冤""枯瘪"这样非赞美型的词汇，这显示了写法的延续性，后来《赞美》的写作并非陡然产生。同时，也不难看出，随着时间的演进——现实的不断磨炼，底层见闻也逐渐生长为诗人笔下一种重要的经验，《在寒冷的腊月的夜里》写下了乡村的沉静与衰败。《小镇一日》则真正出现了"具体个人的面孔"，一个男子——杂货铺老板——发出了自己的声音：

现在他笑着，他说，
（指着一个流鼻涕的孩子
一个煮饭的瘦小的姑娘，
和吊在背上啼哭的婴孩，）
[……][2]

在这个初刊本中，"他说"之后只有这三个孩子的描述，而后出版本则另有一行："咳，他们耗去了我整个的心！"[3] 看起来当非日后的修订（增补），而是漏排了这一行，对应于"他说"的内容，一句无奈的人生说辞。

---

1 刊香港版《大公报·文艺》第1070期，1941年4月10日。
2 刊《国民公报·文群》第354期，1941年10月23日。
3 穆旦：《探险队》，第76页。

第六章　赞美：在"命运"和"历史"的慨叹中

《小镇一日》极像是旅行途中的见闻。沿着一种拙朴的声音,诗行不断地朝着土地的深层掘进:

> 那里防护的,是微菌,
> 疾病,和生活的艰苦。
> 皱眉吗?他们更不幸吗,
> 比那些史前的穴居的人?
> 也许,因为正有歇晚的壮汉
> 是围在诅咒的话声中,
> 也许,一切的挣扎都休止了,
> 只有鸡,狗,和拱嘴的小猪,
> 从他们白日获得的印象,
> 迸出了一些零碎的
> 酣声和梦想。

初看之下,这几行诗非常轻松,恍若现实见闻描摹之外的插入语,实则是将"挣扎"的境况推向了更深渊。古人为了说明那些琐碎而卑微的现象,发明了"鸡零狗碎"一类词汇,"猪"也常常是贬称(何况是"拱嘴的"),这里却反过来写,赋予了它们以一种严肃的色彩,也会迸出"酣声和梦想"——将人、现实与这些卑微的俗物并置,俗物也有其"梦想"(一个反讽的说法),而"人"却没有(未置一词),最终,"人"被拉低到比俗物更为卑贱的位置。由此可见,在这些看似轻松明晰的诗句背后,隐藏着一个更大更深的世界。

四 "赞美":"亮色"与"底色"

和《小镇一日》一样,《赞美》里承载抒情角色的仍然是一个男子。这样一种角色的选择本极为自然,不过,放置到"三千里步行"这一背景之下,其实是颇有意味的一个细节。纵观年轻学子们关于迁徙的相关记载,妇女生活显然给了他们更深的印象:"街头肩挑肩负者尽系苗家妇女,她们负担之重,生活之苦,一般汉族妇女恐难想象",她们可肩负两大麻袋白米,"举重若轻,面不红,气不喘";或可用背篓背一百多斤重物。而其境况却多凄苦,如贵州某地,很多男人终日躺在床上吸食鸦片,地里干农活的、街上出卖劳动力的,大都是女人;而云南某地,因为缺碘,当地人多患瘿瘤(俗称大脖子病),而因为生理的原因,以妇女为多。此外,缠足这样一种严重伤害女子身心的陋习也时屡见不鲜。[1] 女子在这样一种"圈外生活"中的生存境况很可能是穆旦以一种强烈的口吻写下"我们必需扶助母亲的生长"这一诗句的隐秘根源。

《小镇一日》《赞美》等诗篇中的主人公都是男子,则可能意味着人物的互补设置:"扶助母亲"主题在一些诗篇里被着意强调,而苦难中国的"男子"形象则被移植到另一些诗篇,两者共同构成了穆旦对于苦难中国的现实人物的关注。

与《小镇一日》不同的是,《赞美》之中占据核心位置的已是农夫这样一个"具体个人的面孔":

---

[1] 参见张寄谦编《中国教育史上的一次创举——西南联合大学湘黔滇旅行团记实》的相关记载。

> 一个农人，他粗糙的身躯移动在田野中，
> 他是一个女人的孩子，许多孩子的父亲，
> 多少朝代在他的身边升起又降落了
> 而把希望和失望压在他身上
> 而他永远无言地跟在犁后旋转，
> 翻起同样的泥土溶解过他祖先的
> 是同样的受难的形象凝固在路旁。
>
> ——《赞美》（第二节）

一如《在原野上行走》里有"祖先"的称语，《中国在哪里》里有"在史前，我们得不到永恒"的诗句，这里出现的"多少朝代""祖先"等词汇，共同揭示了这批诗歌的基本写作视角：并没有仅仅停留于现实层面，或者说，落脚点固然在现实，但同时也置身一个更大的历史境遇之中。不妨说，在这里，农夫乃是中国大众的象征，诗中的农业型空间和物象也即几千年农耕社会的表征或缩影。大众的受难，不仅仅由现实苦难所造成，如辛劳、饥饿、战争、恐惧等，更源于传统中国的社会形态，数千年来这些苦难一直在延续。

当《赞美》中出现"而他永远无言地跟在犁后旋转"一类诗句的时候，《小镇一日》里那个笑着说话的男子无疑也会浮现而出：从生活的嗫叹到永远无言的"旋转"（这个词也出现在《小镇一日》《在寒冷的腊月的夜里》等诗之中），意味着诗人对于大众的基本形象，对于其命运——一种"可怜的渺小"——有着持续的省察。

关于"命运"的主题，《出发——三千里步行之一》就已触

及，所谓"从来不想起他们的命运"；而《小镇一日》里那个男子说话时指着的那个"煮饭的瘦小的姑娘"，也将"一如她未来啼哭的婴孩，/ 永远被围在百年前的 / 梦里，不能够出来！"对于命运状况的省察成为这批诗歌一个重要的生长点，混同着赞美之辞发出：

> 所有的市集的嘈杂，
> 流汗，笑脸，叫骂，骚动，
> 当公路渐渐地向远山爬行，
> 别了，我们快乐地逃开
> 这旋转在贫穷和无知中的人生。
>
> ——《小镇一日》

> 风向东吹，风向南吹，风在低矮的小街上旋转，
> 木格的窗纸堆着沙土，我们在泥草的屋顶下安眠，
> 谁家的儿郎吓哭了，哇——呜——哇——从屋顶传过
> 　　屋顶
> 他就要长大了，渐渐和我们一样地躺下，一样地打鼾，
> [……]
>
> ——《在寒冷的腊月的夜里》[1]

如果说，生命力张扬是这批诗歌浮出历史地表之后的亮色，那么，底色就是"命运"。诗人反复将这种命运状态指称为"无

---

[1] 刊香港版《大公报·文艺》第1036期，1941年2月22日。

知"或"愚昧""愚蠢"——在某些时候,类似指称也带有某种反讽色彩,即有意拟化所谓"历史"缔造者们对于大众的态度和看法。而这些也意味着一个更为根本的事实,即诗人在加入民族大合唱发出"赞美"的声音时并非无条件的,他发现了蕴藏在"耻辱"中的"滞重"的希望,同时又在"希望"面前保留着知识者的某种矜持:并非无条件地"拥抱大众",对于"旋转在贫穷和无知中的人生"也并非完全认同;而尽管《在寒冷的腊月的夜里》摹写了某种悠远的、古老的乡土中国图景("我们在泥草的屋顶下安眠",看起来就是像旅行途中某夜住宿的情形),但把"儿郎"的哭声放置在一种停滞衰败的生存背景之下,似乎又暗示了"儿郎"的命运不过就是"长大了"和他们的祖父一样,"一样地躺下,一样地打鼾"——一种庸碌的生命状态。

"永远无言地"所要揭寓的则是大众的命运以及这种命运所隶属的历史状态。声音的消逝——不仅仅是"笑"着说话的声音(《小镇一日》)的消逝,连"哭声"(《在寒冷的腊月的夜里》)也消逝了,"他是不能流泪的,/他没有流泪"(《赞美》)——根源于现实对于诗人的经验改变乃至重构,而诗人借此窥破了残酷的现实情形与历史机制:

> 在大路上人们演说,叫嚣,欢快,
> 然而他没有,他只放下古代的锄头,
> 再一次相信名辞,溶进大众的爱,
> 坚定地,他看着自己溶进死亡里
>
> ——《赞美》(第二节)

在历史长河之中,"大众"是无言的,没有自己的声音。一次又一次地"相信名词",意图揭示"大众"不过是被统治者所利用的对象,或者,被知识者所鼓动的对象。这样一种对于大众"历史地位"的警醒,改变了诗人的经验——这并非全然是旁观视角,也很可能是一种反躬内省:"在大路上人们演说,叫嚣,欢快"这样一种场景,未必不正是当初年轻学子们在迁徙途中所发生的情形,当初的诗人也未必不正是诸多"演说者"(知识者)中的一员,若此,诗歌就熔铸了诗人对于自身境遇的省察:

> 为了他我要拥抱每一个人,
> 为了他我失去了拥抱的安慰,
> 因为他,我们是不能给予幸福的,
> 痛哭吧,让我们在他的身上痛哭吧

——《赞美》(第三节)

循此,所谓"痛哭"也就带有某种原罪的色彩。随着时间的推进,知识者自身也彰显出某种"历史错误"——不仅不能给予大众以"幸福",相反,大众的不幸与知识者也并非全无关联。[1]

五 "一个真正敏锐的、具有丰富情感的诗人"

当年轻的诗人写下"坚定地,他看着自己溶进死亡里"这样的诗句时,其间可能内蕴了"看着"农夫"溶进死亡里"的视角。

---

[1] 推而广之,类似场景在现代中国其实屡屡出现,知识者与大众的关系显然值得深入探究。

统治阶级有用羊皮和纸张记载起来的、同时用比泥草筑成的"农舍"坚固一万倍的库房典藏起来的历史，底层大众所有的不过是"无言"的、由"贫困和无知"构筑起来的历史，有的是出生，受难（"流汗，挣扎，繁殖"），然后死亡。对于这样一种"历史的不公平"（语出《暴力》，1947年10月），穆旦保持着持续的警惕。以1942年缅甸战场经历为背景写下的《森林之魅》（1945年9月），有"没有人知道历史曾在此走过"的慨叹；而长期战乱之后，目睹农村的凋敝与都市的饥荒景状，更是写下了"历史已把他们用完"（《荒村》，1947年3月）以及"因为历史不肯饶恕他们"（《饥饿的中国》，1947年8月）一类诗句。

　　大致而言，穆旦诗中强烈的"历史愤慨"有着双重意蕴：既是对大众"无知"和"愚昧"的命运状态的痛感，即大众对于这种命运并不自知；更是对于"历史统治者"或者说"历史"本身的愤慨。后者毋庸多言，关于前者，这里想着意强调的是，当诗人施用"可怜的渺小"这一指称时，所要揭寓的不仅是大众"渺小"的命运，更是这一命运的"可怜"；而当诗人刻绘"愚昧"一类情境时，其实同时在一个更大的范围、更长的时间跨度中使用了一个富有悲悯意味的指称："不幸的人们"（诗题，1940年9月）。生活在愚昧而不自知的生命状态中的大众是"不幸"的，无从逃避历史的奴役、无从被历史所"饶恕"的大众是"不幸"的——诗篇中的"历史愤慨"愈是强烈，其悲悯情怀也就愈加深厚。

　　以这些后续性的写作反观赞美型诗歌，可以说，穆旦滞重的情感、卓异的心性得到了更为清晰的呈现，一再地将非赞美形态的词汇和场景纳入诗歌，最终传达出这样的艺术观念：现实苦难是深重的，时代命题是艰巨的，"不可测知的希望"是比轻易就能达到的希望更为滞重的(《原野上行走》),"隐藏了欲念的,枯瘪的乳房"是比年轻丰满的、没有岁月伤痕的"乳房"更为滞重的(《中国在哪里》),"佝偻"的、"在耻辱里生活的人民"是比欢唱歌舞升平的人民更为滞重的(《赞美》)。这种滞重的形象、意念与情感乃是民族苦难的表征,是那个时代里最为厚实的根基。

反观1940年所写的评论,"许许多多疲弱的,病态的土地都随着抗战的到来而蓬勃起来了,它们正怎样拥挤着在诗人的头脑里",这样的判断固然是针对艾青诗歌写的,却也可说是穆旦本人写作的一种自况。而经由诸种后续写作,书评所着意强调的"有理性地"一词也有了更为坚实的意义:"赞美"这样一种主观意蕴充沛的声音,更多的是基于一种热切而强大的"理性"而衍生的一种希望,一种"必需"的信念。诗歌以无以复加的肯定语气反复宣谕了苦难的战争年代里的人们所应具有的一种神圣的、不容置疑的职责:

> 我踟蹰着为了多年耻辱的历史
> 仍在这广大的山河中等待,
> 等待着,我们无言的痛苦是太多了,
> 然而一个民族已经起来,
> 然而一个民族已经起来。
>
> ——《赞美》(第四节)

《赞美》的抒情路数大致是抽象—具体—抽象,现实部分由一个具体的"农夫"来承担,首尾是颇有气势的抒情。诗歌前三节均以"因为一个民族已经起来"收束,第四节将"因为"变换为"然而"。因果句式变换为转折句式,且有了着意的重复,这与其说具有语法学的意义,倒不如说穆旦乃是试图通过宣谕和强调而给世人一种"朝向光明的激动"。与其说是在"歌颂着新生的中国",不如说是在表达一种对于"新生的中国"的强炽希望。唯有"我们"不断地"扶助"深陷苦难之中的民族,"耻辱的历史"局面才能改观,"无言的痛苦"才能获得解除,这一民族才能真正"起来",大众也才能真正从"不幸"的牢笼中解救出来。

"这种悲痛、幸福与自觉、负疚交织在一起的复杂心情,使穆旦的诗显出了深度和厚度。他对祖国的赞歌,不是轻飘飘的,而是伴随着深沉的痛苦的,是'带血'的歌。"[1] "悲痛、幸福与自觉、负疚"这样的评语正对应着穆旦本人所谓"在新生中的蓬勃、痛苦和欢快的激动"。"带血的歌"也对应了诗人以坚卓的"理性"写下的"赞美型诗歌"——这样一种"朝着光明面的转进"的"新的抒情",熔铸着清醒的感知、沉痛的愤慨、强烈的悲悯以及无比热切的民族情怀。

而一再地将非赞美型词汇和场景纳入诗歌的做法,套用穆旦本人后来对于俄罗斯象征主义诗人丘特切夫的评语,可说是着意将自己放置于"隐藏在生活表层之下"的位置:

> 他的隐藏在生活表层下的深沉的性格。[……]在那里,他仿佛摆脱了一切顾虑、一切束缚,走出狭小的牢笼,和广大的世界共生活,同呼吸,于是我们才看到了一个真正敏锐的、具有丰富情感的诗人。[2]

---

[1] 袁可嘉:《序》,《九叶集》,南京:江苏人民出版社,1981年,第6页。
[2] 查良铮:《译后记》,《丘特切夫诗选》,北京:外国文学出版社,1985年,第172页。

第七章

"坐在山岗上让我静静地哭泣"

一　从军行

对穆旦来说，1942年无疑是至关重要的一年，直可说是其人生具有决定意味的转折点。这一年3月，留校任教不久的他放弃了教席，参加中国远征军，任随军翻译，出征缅甸抗日战场。

促成这一转折的，自然还是战争时局。1941年底，中国抗战的形势发生新的变化。12月7日，日本军队偷袭珍珠港，太平洋战争爆发。12月23日，中国和英国签订"中英共同防御滇缅路协定"，成立军事同盟。在此前后，中国远征军第5军、第6军陆续进入缅甸。1942年1月，日军相继占领香港、菲律宾、印尼、马来亚、新加坡等地，并分三路入侵缅甸。1月1日，中苏美英等26国发表华盛顿宣言，世界反法西斯统一战线形成。2月11日，美国推举中国战区盟军统帅部参谋长，美驻华代表史迪威赴任。3月7日，缅甸首都仰光失陷。3月12日，中国远征军第一路司令长官司令部成立，任命卫立煌为司令长官，杜聿明为副司令长官。

因卫立煌未到任，曾由杜聿明代理，后由罗卓英任司令长官。[1]

战时大学的学子们从军应征翻译官主要是基于联合抗战的背景。稍早的时候，1941年初，美国向中国派遣空军担负空防和运输任务，来华美军日益增多，对于军事翻译人员的需求量就大批增加。1941年9月，教育部下令内迁各大学外文系三、四年级男生应征参加翻译工作一年，1942年回校。再往后，随着战争局势的发展，1943年10月，教育部下令，1943—44年度春季，将征调几所大学所有应届四年级身体合格的男生为美军翻译。1943年12月3日，西南联大颁布学生征调充任译员办法，其中附抄教育部征调条例第三条原文："各大学学生均有被征调之义务，一经征调来班，即作服兵役论，原校须留其学籍。其有规避不来者，作逃避兵役论，由校开除其学籍，并送交兵役机关办理。"[2]

西南联大校史关于学生从军有详细记载，包括相关条文、应征入伍名单等，人数超过1100人，约占全校总人数的14%。关于老师从军的纪录就不甚详细。1944年从军高潮时刻，有记载：助教2人，职员13人[3]，之前则没有发现相关记载。但由此不难看出，学生与教职员从军数量的差别非常之大，而穆旦是为数不多的教职员从军队伍中的一员。

---

1 戴孝庆、罗洪彰主编：《中国远征军入缅抗战大事记》，《中国远征军入缅抗战纪实》，重庆：西南师范大学出版社，1990年，第435—439页。并参见方知今：《血战滇缅印：中国远征军抗战纪实》（北京：解放军出版社，2005）一书所列《中国远征军第一路指挥系统表（1942.3—1942.8）》。

2 《西南联大学生征调充任译员办法》，北京大学等编：《国立西南联合大学史料》（第5卷），第669页。

3 西南联合大学北京校友会编：《国立西南联合大学校史》（修订版），第61页、第412页。

穆旦从军的确切时间是在 1942 年 3 月初。3 月 2 日，外文系教授吴宓在日记中写道：下午 2—5 时，"偕查良铮至第五军办公处翠湖南路 50 号。见曾医官，商定查君赴缅从军事。同谒梅校长午寝，坐待约两小时。报告第五军函征外文系教授、学生随军赴缅事。即与查君同访诸生，征询从军意向"。"梅校长"即时任西南联大三位校委之一的梅贻琦先生，谒见他，可能涉及教职一类事宜。3 日，吴宓日记又有记载："请查良铮文林午饭（＄18）。饯其从军赴缅，并与介函。"[1]

吴宓教授为从军一事帮忙奔走的信息，也可见于穆旦本人日后的交代：

> 1942 年 2 月，由于杜聿明入缅甸作战，向西南联大致函征求会英文的教师从军，我从系中教授吴宓得知此事，便志愿参加了远征军。当时动机为：校中教英文无成绩，感觉不宜教书；想作诗人，学校生活太沉寂，没有刺激，不如去军队中体验生活；想抗日。于是我便和反动军队结了缘。在杜军中被派为军部少校翻译官，给参谋长罗又伦任翻译。当时和英军及美军官常有联系，他们要了解远征军作战情形，我即为之翻译。(《历史思想自传》，1955 年 10 月)

"1942 年 2 月"当是军队函件送达联大的时间，"征求会英文的教师从军"或即吴宓日记所载"第五军函征外文系教授、学生随军赴缅事"的简化，而"和反动军队结了缘"，则是历史语境之

---

1 吴宓著、吴学昭整理注释：《吴宓日记（第 8 册：1941—1942）》，北京：生活·读书·新知三联书店，1998 年，第 257 页。

第七章 "坐在山岗上让我静静地哭泣"

下的说辞。至于所谈从军动机究竟有多大的可信度，看起来已难以断定。所提到的罗又伦（1912—1994，后亦名罗友伦）当时为少将参谋长，1942年12月回国任第五汽车兵团少将团长，1945年1月，接掌49师师长，随后，3、4月间，接任青年军207师师长。[1]从当时直到1940年代后期，对穆旦的工作乃至人生，都有重要的影响，穆旦的交代材料中多出现他的名字。

有意味的是，穆旦稍后在交代中，也表示"要写诗必须多体验生活，对教书工作也感到不满和厌倦"，翻译的内容也是"和当时作战有关"，但多了一个细节：

> 去军队前，是不认识其中任何一个人的。潘仲鲁曾因我是他亲戚之故，似曾写信介绍我给杜聿明的参谋长罗又伦认识，只是请他私人关照之意，因他和罗又伦在昆明曾见一面。但绝非他派遣我去的，我去从军前也没有号召别人从军。我从军是为了抗战，而不是为了帮助蒋介石。（小组会上曾作了非事实的交代）。（《我的历史问题的交代》，1956年4月22日）

其他部分写道："潘仲鲁是姑丈（一个本家姑姑的丈夫），他任中央社昆明分社主任"，"把我当作自己家人看待"。潘仲鲁固然实有其人，姑姑查荷生也能证实，但何以在相隔半年的材料里冒出这么一个亲戚，后人是难以理清了。

---

[1] 朱浤源等访问、记录：《罗友伦先生访问纪录》，台北：中央研究院近代史研究所，1994年，第33页、第45—48页。按，因穆旦本人的材料一律写作"罗又伦"之故，本书亦从其写法。

二　"光荣的远征"

穆旦从军初期的文献，现可见两则，一私一公。1942 年 3 月 26 日，吴宓日记有查良铮"自缅甸军中来信"的记载，且有"亦言英军腐败"之语。所谓"亦言"，是因为该日先有记载："闻客陈昭钜述入缅我军由英军不力。失利，及畹町汉奸纵火案。甚忧。"[1] 英军"腐败"且"不力"，勾描了盟军不堪的面目。与此同时，穆旦将《光荣的远征》发给昆明版《中央日报》——此文 4 月 6 日发表的时候，有"三月廿五日自缅甸远征军"之语，以此来看，书信和文章很可能是穆旦同一时间从缅甸寄回到国内的。

书信已不存，吴宓日记所记寥寥数字自不足以涵括其主要内容，但对照公开发表的《光荣的远征》，似可说其中有某种公私之别。不同于私下对军队的非议，公开发表的文字的用意全在"光荣"二字。

《光荣的远征》分八个部分，对初入中国远征军的各方面情形有详细的介绍。"（一）前进"，交代基本情况。第一句话，"记者于三月初参加了这百年来第一次出国的远征军"，再次确认了穆旦的从军时间是在 3 月初，且有"记者"的身份。第二句话，"这是一枝常胜的钢铁军，它不但自身欢快，而且接受着沿途的欢快"，奠定了全文的基调。不过，随后即表示，"不便多谈本军"，而是谈及"在缅境内所见所闻"。

"（二）森林区中的行进"，所写为"群山的林荫中一辆一九四二别克式小包车在柏油路上驰着"的情形。"（三）腊

---

[1] 吴宓著、吴学昭整理注释：《吴宓日记 第 8 册：1941—1942》，第 271 页。

戍——最后的投机市场"谈到,腊戍为"混乱和安逸的集合体","各式各样的大卡车在滇缅路上跑着","所有的车子都贴着一大面青天白日旗,写着'大中华民国援缅远征军'";晨八时起"饭店就坐满了客人",但是,"一到日落,腊戍的繁华便完全死去。所有的商店关闭了,全城在灯火管制中,街上漆黑无人。到这时候,人们才会感到了这原是在战云密布下的一个城"。"(四)如鱼得水的远征军",记载的是衣食住行的情况,"一路上,大多远征军住在英国兵房中,洁净,整齐,风景优美,而且,我们又有电灯自来水可用了。米饭不再那么粗糙","肉量多于菜蔬",百货便宜。"每个兵士都领到了一件很好的橡皮雨衣,一套新制服,两双胶底鞋一个毛毯。这在国内是不会有的,他们都不再穿草鞋了。"

说到"草鞋兵",这一度是"入缅国军"的代称,其来源或已难确定,《中央周刊》当时曾以"伟大的草鞋兵"为题进行报道,表示国军在军服方面"未免寒酸了些":"人家的服装是哔叽毛呢料子,而我们的服装则是国产的'老粗布';人家穿的是乌亮的皮鞋,而我们战士穿的是稻秆和大麻打的草鞋"。[1]《士兵月刊》的专题文字中,也用了"草鞋兵"之名[2],稍后,杜运燮的诗歌《草鞋兵》更是使之作为一种文学形象得到了更广泛的传播。[3] 反观《光荣的远征》的描述,至少表明了入缅初期中国士兵的待遇,也能

---

1 见《中央周刊》第 4 卷第 34 期,1942 年 4 月 9 日。
2 见《士兵月刊》,第 1—3 期合订本,1942 年。
3 《草鞋兵》列为杜运燮诗集《诗四十首》(文化生活出版社,1946 年版)的第一篇。

为历史认知提供注脚。[1]

"（五）覆车的军官和华侨"，所写为在医院看望由西南联大被征调来的关姓少校翻译官（即关品枢）的情形。"（六）受难的一群"，所写为侨居缅甸、"在经济上与势力仅次于华侨"的印人群体（称为"加腊"），因为下午四五点钟与一位高级将领"在梅苗城的一个咖腊的百货公司中购货"，受到五十多岁的店主款待而进行交流。"（七）礼尚往来"，谈到了与英军的交往，"我们住在一栋最华丽的楼房里，每一个屋子都有电风扇和洗澡间，饭厅里装饰着鹿角，地板上涂着蜡，厨房中且可以自己制冰。我们和史蒂莱将军的两位代表住在一起"，"每天的情报我都讲给他们听"。"（八）到前线去"，所谈为"赴中路前线视察"的经历：

> 在前线会见了×师长，他的精神饱满，态度从容。微笑着和我们一一握手。这时候敌机正在头上盘旋。我们都坐树荫下，一边吃着西瓜，一边谈话。我看见远远近近的兵士，也都是从容地，机警地做着各自的事情。而数里以外，就进行着中日第一次在缅境内正式的交锋。这结果是一次胜利，我们毙敌上尉以下三百余，并获地图日记战利品等。这也是敌人在缅境内得到的第一个教训。[……]
>
> 在深夜里我们坐着汽车驶回。车中一位美国军官重覆了一位英军司令告诉他们的话，"此次的中国军队是比我所见到的任何英军打得都更好"。

---

[1] 章东磐关于"草鞋兵"曾与《1944：松山战役笔记》（生活·读书·新知三联书店，2009年版）的作者余戈有过笔战，参见易彬：《战争、历史与记忆——兼谈中国现代文学与现代历史互动的新动向》，《创作与评论》，2016年第22期。

因为文献查阅的限制，《光荣的远征》（以及其他的文章，见后叙）长期不闻[1]，以致今日读者一直以为穆旦对战争有意保持着沉默，直到晚近才知晓事实并非如此：不仅有多篇即时性的写作，文风还有重要的变化。

有意味的是，对于当时的读者而言，这并不是什么秘密。1942年4月26日，《光荣的远征》刊出一二十天之后，《甘肃民国日报·生路》第465号"诗歌专页"刊载了穆旦的《野兽》，"诗坛消息"栏目则另有讯息："诗人穆旦，近随国军入缅，写通讯颇多"。不知所谓"颇多"，是就《光荣的远征》一文较大的篇幅而言，还是当时另有写作？

三 惨绝的"野人山经历"

满腔热情很快就遭遇了惨烈的现实。

由于战略部署、指挥失当等多方面原因，中国远征军虽然取得了一些局部性的胜利，但基本上是溃败之势。4月29日，日军占领了《光荣的远征》中提到的腊戌，"在战略上切断了中国远征军回国的主要通道。从此，中国远征军无可挽回地走上了总溃败的道路"。杜聿明所统帅的第5军被称为中路远征军，是日军打击的重点，当时"陷入空前的困难之中"。腊戌失守后，杜聿明并未执行第5军撤往印度的命令，而是"命令第96师占领孟拱，在右

---

1 参见李煜哲：《从"苦难"到"祭歌"：穆旦的缅战经历叙述之变——从穆旦集外文〈苦难的旅程——遥寄生者和纪念死者〉说起》，《现代中文学刊》，2019年第3期；凌孟华：《填补穆旦缅印从军经历空白的集外文两篇（附录：光荣的远征、国军在印度）》，《中国现代文学研究丛刊》，2020年第4期。

翼掩护主力部队进入国境",自己则"亲率新编第 22 师辗转在滇缅印边境的野人山区,曾一度迷失方向",后来借由中方派飞机空投地图、来电指示路线,并派飞机空投食物,方才走出雨季丛林,于 7 月 25 日抵达印度东部的阿萨姆省的雷多附近。"新编第 22 师到达印度时,全师由 9000 人减少到 3000 余人,饿死病死过半,杜聿明本人也几乎染病而死。"而统观全局,"中国远征军第 5 军入缅作战近半年,南征北战,转战 1000 多公里",其作战环境可谓"十分恶劣","在撤退过程中,正值南亚雨季来临,致使远征军给养难继,饥疲交困,疫病流行,终日在丛山峻岭中行军,又不断遭到日军的袭击,因此撤退途中的损失比战场上的伤亡大得多。第 5 军全军 4.2 万余人,在缅甸损失了一半,仅剩 2 万余人,撤退时的伤亡达 1.4 万多人,比战斗伤亡高出一倍多"。[1]

战斗的惨烈性不仅仅在于与准备充分、训练有素的日本军队交锋,更是与异常艰苦的自然环境作战。今人对于"野人山""胡康河谷"等地名已是相当陌生,难以想象其艰苦程度。据称,"胡康河谷,缅甸语意为'魔鬼居住的地方'。它位于缅甸最北方,再北是冰雪皑皑的喜马拉雅山,东西皆为高耸入云的横断山脉所夹峙","远远望去,只见北方山峦重叠,林莽如海,绵延不断的沼泽为高山大壑平添几分险象。由于胡康河谷山大林密,瘴疠横行,据说原来曾有野人出没,因此当地人将这片方圆数百里的无人区笼统称为'野人山'"。野人山的自然条件极其恶劣,雨季长达五

---

[1] 戴孝庆、罗洪彰主编:《中国远征军入缅抗战纪实》,重庆:西南师范大学出版社,1990 年,第 106—118 页。亦可参见杜聿明:《中国远征军入缅对日作战述略》,中国人民政治协商会议全国委员会文史资料研究委员会编:《文史资料选辑》第 8 辑,北京:中华书局,1960 年,第 1—42 页。

个月之久（从 5 月下旬到 10 月间），令人"谈虎色变"："滂沱大雨使天地改变了模样，到处山洪暴发，道路断绝"，"雨季不仅使森林里的蚊蚋和蚂蟥异常活跃，而且使得各种森林疾病：回归热、疟疾、破伤风、败血病等等迅猛传播开来。"[1] 伴随着雨季、疾病的是难以忍受的、漫长的饥饿——在罗又伦的回忆中，"最大的困难还是饥饿"，"有一次饿了是七天"，另一次"饥饿时间更长，有十四天没东西吃"。[2]

肉身既抵挡不住恶劣的自然环境，幸存者的记忆由此成为一种无比切身的经验。罗又伦的回忆称是"进入了人间地狱"。[3] 在撤退途中曾经"昏迷两天，不省人事"的指挥官杜聿明的回忆中也有"官兵死亡累累，前后相继，沿途尸骨遍野，惨绝人寰"的内容。[4]

较早时候，所见只有缅甸抗日战场以及战事失利的撤退途中中国军队的群像记忆，少校翻译官查良铮自然也是无从避逃这种惨烈的，但其中并没有他的身影。今日读者关于穆旦的此一经历，最初是从友人王佐良的生动描述中获知的：

> 但是最痛苦的经验却只属于一个人，那是一九四二年的缅甸撤退，他从事自杀性的殿后战。日本人穷追，他的马倒了地，传令兵死了，不知多少天，他给死去战友的直瞪的眼睛追赶着，在热带的毒雨里，他的腿肿了。疲倦得从来没有

---

[1] 邓贤：《大国之魂》，北京：国防大学出版社，1996 年，第 137—143 页。
[2] 朱浤源等访问、记录：《罗友伦先生访问纪录》，第 37—39 页。
[3] 朱浤源等访问、记录：《罗友伦先生访问纪录》，第 37 页。
[4] 杜聿明：《中国远征军入缅对日作战述略》，中国人民政治协商会议全国委员会文史资料研究委员会编：《文史资料选辑》第 8 辑，北京：中华书局，1960 年第 37 页。

想到人能够这样疲倦，放逐在时间——几乎还在空间——之外，胡康河谷的森林的阴暗和寂静一天比一天沉重了，更不能支持了，带着一种致命性的痈疾，让蚂蟥和大得可怕的蚊子咬着。而在这一切之上，是叫人发疯的饥饿。他曾经一次断粮到八日之久。但是这个二十四岁的年青人，在五个月的失踪之后，结果是拖了他的身体到达印度。虽然他从此变了一个人，以后在印度三个月的休养里又几乎因为饥饿之后的过饱而死去，[……]

"断粮到八日之久"的说法跟前述回忆大致相符。由于经历之惨烈，不妨称之为"野人山经历"。熟知穆旦的王佐良在叙说"惨烈"的同时，也说出了穆旦的性格：

> 这个瘦长的，外表脆弱的诗人却有意想不到的坚韧，他活了下来，来说他的故事。
> 但是不！他并没有说。因为如果我的叙述泄露了一种虚假的英雄主义的坏趣味，他本人对于这一切淡漠而又随便，或者便连这样也觉得不好意思。只有一次，被朋友们逼得没有办法了，他才说了一点，而就是那次，他也只说到他对于大地的惧怕，原始的雨，森林里奇异的，看了使人害病的草木怒长，而在繁茂的绿叶之间却是那些走在他前面的人的腐烂的尸身，也许就是他的朋友们的。[1]

---

[1] 此二段文字均据王佐良《一个中国诗人》，穆旦：《穆旦诗集》（自印），附录第2—3页。

第七章　"坐在山岗上让我静静地哭泣"

性格描述中有两点是醒目的:"坚韧"、内敛。这样的性格遭遇了死亡时刻就要来临的"惧怕",情形绝不简单。

四 "苦难的旅程——遥寄生者和纪念死者"

战斗失败一事,穆旦后来在交代中不过是几笔带过:"至同年五月,作战失败,退入野人山大森林中,又逢雨季,山洪暴发;在森林中步行四月余始抵印度,曾有一次七八日未食,又一次五日未食,死人很多。困难时曾以买来之牛脚让罗又伦吃"(《历史思想自传》,1955年10月)。文字简略、平实,想来也是语境使然——到1955年穆旦参加"肃反运动"的时候,作为英文翻译参加中国远征军一事已是历史之罪状,自是渲染不得。

原本以为穆旦所述即如此,但新近发掘的材料表明,1943年的时候,穆旦曾撰长文谈及从1942年5月至撤退到"地图上所称世界雨量最多之地"、在战友们的"死亡中等候希望"的情形。这即1943年5月30日,6月5日、10日、26日,7月10日、17日《春秋导报》所载《苦难的旅程——遥寄生者和纪念死者》,署查良铮。[1]

可能是被当初报纸所载信息触动——翻阅当时的报纸,穆旦发现4月和5月"还能看到用大字登载着的,我们的节节失利和终于被围的消息。我们被包围了,敌人从瓦城,八莫,密支那三个方向,逐步向我们逼紧来。那时候,敌人的电台,通讯社,大本营,不是都在声言我们指日就可全部消灭了么?所有友邦政府的关怀,我国统帅的指示,以及远处亲朋的焦虑,都枉然

---

[1] 此文的初刊本排印错误较多,下面的引述参考了李煜哲的整理重刊本(2019年)。

了。""再翻过九天的报纸，就没有我们的消息了。另外一些地方的事情变成了大字标题，代替了我们的。我们那里去了呢？文明的世界看不到我们了。事实上，我们走出了文明的世界。""五月十四日，在我们眼前展开的，是一片无涯的山林，寂静，幽暗，神秘，再没有战事，也没有人烟，只听见到处的虫鸣和鸟鸣了。我们还不知道，这就是地球上现存的最原始地带，它正等待我们长期的痛苦的跋涉。"这里标记了一个时间节点：1942 年 5 月 14 日。全文分九节，第一节为上述总体情况的交代，之后所述即此后一段时间内"文明的世界看不到"的诸种情景。

第二节写道："每当我独自坐久了，沉入于回忆时，我就想起那些替我死去的，和援救我的人，他们的面孔都一一地浮现在我眼前。还有我的那离奇的遭遇"——

> 我们的心却都异常沉重。远远近近全是鸟鸣，虫鸣，和猿鸣。坐下来休息时，我们却听不见它们了，更清晰的是蜜蜂果蝇的嗡嗡声，和美丽的蝴蝶在腐木上飞舞。肥大而油绿的灌木叶子垂下来，散发着涩鼻的香气。我们这样多人却造不成一个人的世界。这里是植物的世界，昆虫的乐园。
>
> 从飞机上看，这一片起伏的树顶，该是绿色的海那样无边吧，我们就闷在这海底下，醒来就走，走完了一天又睡下。我们回国的希望还渺茫得很，我们没有什么话可说。可是渐渐地我才知道，已经有些人，不知为些什么病，是绝望地倒在我走过的路上了。还有些作战受伤的，也多已自戕途中。

第三节写的是一个受大家喜欢的、"忠实和勤谨"的、"不明

第七章 "坐在山岗上让我静静地哭泣" 155

白战争怎样进行着"的"死在树林里"的传令兵。第四节写的是"魔咒"与"绝望":

> 仿佛是在一个魔咒下,我们都渐渐失去了正常状态,而且我们自知这种变化,我们知道自己已被变成了原始的野兽,必需要在这原始的森林里面走。我们的地图没有用了,我们用理智去推算何时可以饮到水,何时可以取到米,可是没有用。我们常常得不到水,得不到米,我们甚至不知道走到了什么地方。[……]
>
> 我们绝望了。我们走的是什么地方呢?我们的食粮在哪里呢?退后是不可能的,前进却又是一个神秘的不可知。

接下来,第五节写了死在路上的一个胡姓工程师和一个家乡人、会开火车的胖子,也写到对于"每个人都开始有了一个阴谋"的"觉察":

> 我们都异常地渴念母亲,家乡,和友人。若是再不讲一讲过去的回忆,仿佛就要没有时间说了。所以有些天我们用讲话来安慰自己。[……]
>
> 渐渐地,我觉察出每个人都开始有了一个阴谋。我们都在暗暗地彼此倾覆。就是最密切的同伴都不可靠了。我的精神更深陷于痛苦中。

第六节写了"在密密的树林中走了十多天,竟出乎意料地遇到敌人了"的情形。晚上在"湿冷而刺鼻的"空气里穿行,"渡过河,我们就又穿进迷乱而黑暗的树林里,这一条小路引我们所去的,不是可爱的祖国,竟是西游记上前赴印度的地方了"。第七节进一步描述西行的情形,不遇人烟,"只剩一天的米",又有"一条大水阻止了去路","河床宽深,不见舟楫","只听两岸猿鸣,若断若续,仿佛在嘲笑我们这些疲倦的人,何苦走到这里来呢?""一天,两天,桥还没有搭成。一天的米改成两天的稀饭吃了。"

第八节是"更切实说一下雨的可怕":

> 全是起伏的小山,一上一下,在密林里盖着,这就是地图上所称世界雨量最多之地。[……]雨,雨害死了多少人!饿死病死都因了它。自杀者的厌世如绝望也为了它。因为下雨,我一直不曾睡过。因为下雨,蚂蟥群出。因为下雨,很多病人肿胀而死。我们近七八百匹如[马],都死光了。米都发酵了,火柴无用了,背包都加重了十倍压在身上。没有火,没有光,天天阴暗。没有吃的,没有喝的,没有歇的,而且没有温暖。每日以泥足陷于水中,滑于泥中,看着同[伴]依次倒毙,走过的全是骷髅和骷髅,不由得会想,自己的那一天不会到来吗?病好了,紧跟着的却是饥饿!饥饿还是得走,走吗,大河又阻于前,集体哭了,焦急,绝望,挣扎,我们简直成了野兽。在河边的雨下,潮湿加上潮湿,病愈的会再病重些,死亡散播开,谁都不再希望了。东西都扒得光光的,钞票用来卷成了纸烟,抢劫和杀害在人稀的地方进行着。人的精神通通变态了,这是只有在集体屈死前才会观察到的狂乱。

第九节是要"纪念几个在雨中死去的伴侣"。"人对于生的固

第七章 "坐在山岗上让我静静地哭泣"

着力这时才真正见到,有些五十岁以上的和十五岁以下的,居然带着生命走过去了。可是有些壮年却自杀在路上。"一个山西同伴,得了疟疾,自己"吊死在一株树上"了。友人朱星杰"倒在山坡上的树下,写过三次纸条,托来人带到我们这里的刘营长求救。过了十多天我们才晓得这事情,可是他早已死了。他的枪据说已被人摸走,他成了白骨了"。而"希望离我们还远":

> 我们在河边饿了八天工兵每日在河里用竹子搭桥,每日都连人连竹子一齐被水冲走。"救命!救命!"于是旋到河里去了我们就在他们的死亡中等候希望。桥是搭成了,我们走过去,以为是获到了希望,其实希望离我们还远:从此,村庄里再没有米粮供给我们了。我们就摸到村庄也是枉然。

文章止于此——止于一种"枉然"。再往下如何走出丛林、重新进入"文明的世界"的情形,不知是否另有文章记述。

抵达印度之后的情形,当时也写入了文章,即1943年3月1日昆明版《中央日报》第3版(国际新闻版)所载《国军在印度》,亦署查良铮。和前面两篇文章一样,此文也是长期不闻,新近才被发掘出来。所谈为驻扎在印度恒河平原西边、"距加尔各答约有十二小时的火车路程"的"一片较干燥的红色丘陵地带"的中国军队,"他们是由缅甸苦战中挣扎出来的。他们是踏着死去者的尸身,忍着疾病,饥饿,和大雨,一步步地走到了印度。有的已经没有希望了,倒在野人山中的葡萄[1],却又为飞机带到印度来。

---

1 据凌孟华(2020)注释说明:"葡萄"为野人山中之地名。本书的引述参考了其整理重刊本。

有的为大水困住两三个月,在森林中吃一点包谷度日。""他们做这样的事情,没有报酬。当笔者离开他们时,他们有些甚至还没有领到过几个卢比的饷。"

接下来分四部分描述在印度的诸种情形:"衣、食、住、行"部分指出,"凡由缅甸步行到印的,常有一句口头禅是:'大难不死,必有后福'",现在的士兵们"精神愉快得多"。"工作,娱乐,学习"部分谈到,远征军大本营中有汽车学校、战术训练班、炮科和射击方面的训练、英文班,"除了正式练兵而外,这些班就整日使人忙个不了。"但远征军也有"最感苦闷"的事,那就是"他们怀念祖国可是得不到消息。全印度只有一份中文报纸,即印度日报,出版于加尔各答",国内消息"为量很少,且不能详尽。""中英。中美。中印"部分指出,"在驻印军的大本营中,简直见不到英国人。我军的需要,诸如军火,给养,服装等,全由美军 SOS 供给";"我们的士兵在印人脑中留了很好的印象","他们愿意和中国合作"。"新中国人"部分则谈到,"印度看见了新中国人",改变了"旧中国人"给人的那种"做生意,聚赌,私卖烟土的印象"。文章最末谈到:看到中国的军官受到"看重","想起了那些死去的,和那些因报效国家而受苦的烈士同胞,他们换来的光荣,落在我们身上。""我们应该记挂他们,前线后方,国内国外,新中国人。"

通览之,文章的中间段落,笔触近于《光荣的远征》,但语调更显平实,多是情况通报,也有弘扬士气之效,而开头与结尾段落,语气则比较低沉,情绪上更近于稍后所作《苦难的旅程》。

还可一提的是,1943 年 1 月 25 日,吴宓日记有记载:"晚6—12 偕宁赴吕泳、张允宜夫妇请宴于其寓,陪查良铮。铮述从军所

第七章 "坐在山岗上让我静静地哭泣"

见闻经历之详情，惊心动魄，可泣可歌。不及论述……"[1]"宁"即穆旦的外文系同学、先其一年留校任教、当初陪同去报名参军的李赋宁，吕泳是穆旦的中学同学，他和张允宜也都在西南联大读过书。宴会主题是"陪查良铮"，且从6点持续到12点，可见刚回国的穆旦对师友们讲了很多"从军见闻"。不过，吴宓的记载仅止于此。吴宓可谓最富文学精神的日记体作家，其日记所记素来是事无巨细，却放过了这等"惊心动魄，可泣可歌"的细节，令人略有意外。

尽管如此，这一片段还是显示了一点：从跟师友们分享，到较短时间之内《国军在印度》《苦难的旅程》等文的写作，从军归来初期的穆旦在不同场合讲述过"野人山经历"故事。此前，关于穆旦此一阶段的行事，多依据王佐良的观点，所描述的是一个沉默者形象。但这可能也并不矛盾，王佐良很可能是基于某个特定的情境或场合，其中谈到的"就是那次，他也只说到他对于大地的惧怕"，而这与《苦难的旅程》的描述也正相符，也是全无"虚假的英雄主义的坏趣味"。

五 "坐在山岗上让我静静地哭泣"

统观"野人山经历"之后穆旦的诗歌写作，有两个现象非常突出：一是，《阻滞的路》（1942年8月）、《祈神二章》（1943年3月）、《活下去》（1944年9月）这些流现了"野人山经历"背景的诗歌，均充满了强大的精神张力，《阻滞的路》写作的时候，穆

---

1 吴宓著、吴学昭编：《吴宓日记（第9册：1943—1945）》，北京：生活·读书·新知三联书店，1999年，第16页。

且应该是已随战败的军队撤至印度,诗中有"即使你们歧视我来自一个陌生的远方",还有:

> 我要回去,回到我已失迷的故乡,
> 趁这次绝望给我引路,在泥淖里,
> 摸索那为时间遗落的一块精美的糖,
> [……]¹

"迷失的故乡"应是对已离别数月的故土的暗示——然却是以"绝望"引路。《活下去》中也有类似的诗句:

> 屈辱,忧患,破灭,再活下去
> 在无尽的波涛的淹没中,
> 迅速的,时间的长久的呻吟就要堕落在
> 由诅咒里成形的
> 日光闪耀的岸沿上,
> 孩子们啊,请看我们在怎样地孕育
> 难产的圣洁的感情。²

在稍后的版本中,"屈辱,忧患,破灭"作"希望,幻灭,希望","迅速的,时间的长久的呻吟就要堕落在"作"谁知道时间的沉重的呻吟就要堕落在","孩子们,请看我们在怎样地孕育"

---

1 刊重庆版《大公报·战线》第936号,1942年8月23日。
2 刊《文哨》第1卷第1期,1945年5月4日。

作"孩子们呀,请看黑夜中的我们正怎样孕育"[1]。这些诗句,连同它们的修改彰显着诗人是在一种强大的内心压力下进行写作的;唯其有着强大的压力,才会诞生"趁这次绝望给我引路"这样异常艰涩奇崛的信念。

内心既有如此波澜,那穆旦当时是否有直接关乎"野人山经历"的诗篇呢?较早时候,学界均将穆旦三年之后所作长诗《森林之魅——祭胡康河上的白骨》视作唯一以此一经历为背景的作品。现在看来,这一说法有待修正:《森林之魅》确是直接以野人山经历为主旨的诗篇,但早在回国之初——1943年3月穆旦即已写下长诗《隐现》,其中也融入了"野人山经历"。

《隐现》的写作时间,一般都是据《文学杂志》版及《穆旦诗文集》版所署时间,认为是在1947年8月,但这其实是穆旦重订该诗的时间,晚近时候才被发现的《华声》杂志第1卷第5—6期(1945年1月)的发表本显示,其写作时间是在1943年3月,也即前述《国军在印度》写作之后。

解志熙教授曾对《隐现》的初刊本有过出色的解读。在他看来,先前,读者显然"过于老实地以为《隐现》作于1947年因而与穆旦1942年的痛苦经验无关",而一旦得知《隐现》的创作时间是在1943年3月,事情就很了然:"'我终于从战争归来'之'战争',应即是令穆旦'最痛苦'的1942年缅甸之战,而《隐现》乃正是穆旦战场归来后痛定思痛的长吟":

    那一切都在战争,亲爱的,

---

[1] 穆旦:《穆旦诗集》,1947年(自印),第117页。

> 那以真换来的假，以假换来的真，
> 我和无我，那一切血液的流注
> 都已和时间同归消隐。
> 那每一仵足的胜利的光辉
> 虽然照耀，当我终于从战争归来，
> 当我把心的深处呈献你，亲爱的，
> 为什么那一切发光的领我来到绝顶的黑暗，
> 坐在山岗上让我静静地哭泣。[1]

如果说，向吴宓、李赋宁、吕泳等师友讲述故事的穆旦是一位刚从战场上历险归来的、尚带有某种兴奋情绪的叙说者，那么，写作《隐现》的穆旦"显然已无复'英雄主义的坏（？）趣味'，也不再是一个单纯站在国族立场上讴歌民族抗战、欢呼民族复兴的诗人，而已成长为一个超越了民族国家界限、能够站在全人类的立场上来质疑战争的诗人"。"我们拥护战争与和平，为了固守我们的生活原则和美德，/ 可是在战争与和平中，它们就把它们的清白卖给我们的敌人"一类诗句清晰显示了穆旦的"质疑"，而且，"穆旦在沉痛的反思中也没有回避自我的反省"——诗歌以"我"为主词，对虽处于正义的战争之中，但"其实也并非问心无愧、清白无辜"的"我"的行为提出了省思：

> 我曾经生活过，我曾经燃烧过，
> 我曾经被割裂

---

[1] 刊《华声》第 1 卷第 5—6 期，1945 年 1 月。

在愤怒，悔恨，和间歇的冷热里。
我曾经憎恶一个人，把他推去，
他有高颧骨，小眼睛，枯干的耳朵，
他用嘶哑的声音喝喊他的同族，
他用辛劳，鞭子，苦笑，来增加自己的一点积蓄。
　　他在黄金里看见什么呢？他的一切为了什么呢？
　　宽恕他，为了追寻他所认为最美的，
　　他已变得那样可厌，和憔悴。

　　这些诗句与稍后写就的《苦难的旅程——遥寄生者和纪念死者》第五节中的"渐渐地，我觉察出每个人都开始有了一个阴谋""我们都在暗暗地彼此倾覆"之类刻绘正相通。再扩大来看，这样的省思姿态或许还会令读者想起《赞美》一诗第三节中那样一个"演说者"形象，那样的带有某种原罪色彩的"痛哭"，那种知识者意识到的不仅不能给予大众以"幸福"，相反还可能为他们带来某种"不幸"的"历史错误"。一如《赞美》借助一种省思姿态而超越了简单的讴歌式写法，《隐现》也是借此超越了对于战争的具体层面，而提升到"对人类文明尤其是现代文明的深入反思"，"于是，就像经历了第一次世界大战的 T. S. 艾略特发出'荒原'的悲叹一样，身经第二次世界大战的中国诗人穆旦也发出了'我们像荒原一样'的悲鸣"。[1]

　　放到穆旦创作的谱系来看，读者对"我们像荒原一样"一类吁求应该并不陌生，宗教性的题材在穆旦的写作中并不少见，较

---

[1] 上述相关引文，均据解志熙：《一首不寻常的长诗之短长——〈隐现〉的版本与穆旦的寄托》，《新诗评论》，2010 年第 2 辑。

早的时候,有一类篇幅较大的诗篇,内蕴着对于西方充满宗教意味的故事原型的演绎,《从空虚到充实》一类诗篇浮泛着普鲁弗洛克式腔调或影子,《蛇的诱惑》演绎的是宗教的命题,《神魔之争》更是借助神魔一类宗教故事、并直接取用诗剧的形式[1]来隐喻中国乃至人类不和谐的现实状态。也有一类写作时间稍晚、篇幅也较小的诗歌,如1942年2月的《诗》(后改题为《出发》),由充满杀戮与死亡的现实,被蔑视、被否定、被僵化的人生(个人)入手,最终描画出了一种"丰富的痛苦":

> 就把我们囚进现在。上帝!
> 在犬牙底甬道中让我们反覆
> 行进,让我们相信你句句的紊乱
> 是一个真理。而我们是皈依的,
> 你给我们丰富,和丰富底痛苦。[2]

相比之下,后一类诗篇来得更为真切。《隐现》的效果亦是如此——如《苦难的旅程——遥寄生者和纪念死者》所示,《隐现》中"坐在山岗上让我静静地哭泣"这一行全无渲染之处,也绝非故作冷静之语,而是在目睹太多的死亡之后,内心悲恸景状的一种直接呈现。可以设想,坐在山岗上"静静地哭泣"的那样一个

---

[1] 穆旦对该诗有重要修改,其初刊本(重庆版在《大公报》,1941年8月2日至5日)上的初版本诗剧意味相当明确,不仅明确标明为"诗剧体",还着意凸显了表演性质,设定了"神""魔""林妖(男女各六)"、东风四个角色,并有"幕""(下)""(幕落)"等标识,而如今所看到的定稿,仅保留了几个角色,其他诗剧标记均被删除,形式的意味已大大降低。
[2] 刊重庆版《大公报·战线》,第919号,1942年5月4日。

形象，其内心或曾涌动过关于生与死、有限与终极、此岸与彼岸一类思绪，也或者，只剩下那样一个最简单的问题：希望到底在哪里？到底能不能走出那令人恐怖的丛林？[1]

熟悉这一重景状之后，"出发"与"隐现"，这两个充满隐喻意味的说辞[2]，也就具有了某种连贯性。《隐现》式写作路数并非陡然产生的，而是《出发》一类诗篇的延续，即从自我境遇出发，以自我来拷问那些逼仄、僵硬的"现实"，这样一来，关于现代文明的思考与惨烈的战争记忆也就融合在一起了。如果说，写作《出发》的时刻，身为联大教师的穆旦尚处于某种思辨或观望的状态，那么，惨烈战争、生死经历直接启示了穆旦："亲历了现代战争的残酷，目睹了现代文明的荒凉，洞察到人类行为的愚妄，穆旦的确满怀着深刻的痛苦和绝望的情绪，这促使他去寻求精神的寄托和神性的救赎。由此，痛苦的穆旦找到了'主'或者说'上帝'，一个形而上的超越性存在"：

> 如果我们像荒原一样，不得到你的雨露的降临；
> 如果我们仍在聪明的愚昧里，不再苏醒；
> 主呵，因为我们看见了，我们已经有太多的战争，
> 太多的不满足，太多的生中之死，死中之生
> 我们有太多的分裂，阴谋，冷酷，陷害，报复，
> 这一切把我们推到相反的极端，我们应该

---

[1] 亲历者的故事，亦可参见朱锡纯：《野人山转战记：一位远征军幸存老兵的战地日记》，北京：新世界出版社，2010年。
[2]《出发》原题为《诗》，同样包含了某种隐喻语调：以"诗"命名，内含了对于"诗"这一文学体式的看法。

忽然转身，看见你

这是时候了，这里是我们被曲解的生命
请你引导，这里是我们碎裂的众心
请你揉合，
主呵，你来到最低把我们提到最高的……

至此，《隐现》的题旨就已基本浮现出来了：

贯穿于全诗的咏思有两条线索，一是人类世界之显然的表象及隐蔽其后的真相，二是超验的神性之对人类的隐藏与显现。这两条线索是交织在一起的——芸芸众生总是执迷于世界的表象和世俗的价值，不论是群体还是个人，是在战争中还是和平中，都自以为是在追求真善美的永恒价值，往往盲目不知其存在的历史性、有限性及其行为的愚昧和价值的虚无，而亲身体验了战争之浩劫、亲眼见证了人类之愚行的诗人，则在痛定思痛的反思之后幡然觉悟，"发现"了超越性的存在之全与美、神性的真理之普遍与永恒，于是"忽然转身"祈求神的显现和引导。这或许就是穆旦把这首长诗命名为《隐现》的初衷吧。[1]

《隐现》的相当篇幅是一种宗教情怀的强烈流现，第三部分甚至直名为"祈神"。第二部分中的两章"合唱队"也曾以《合唱

---

[1] 解志熙：《一首不寻常的长诗之短长——〈隐现〉的版本与穆旦的寄托》。

二章》为题[1]，与《隐现》差不多在同一时间段发表。而经由上面的勾勒，已不难发现穆旦诗中的宗教情怀是基于切身的现实经验，是以怀疑、否定为基本特征的，而非抽象的思辨。

王佐良指出，"穆旦对于新写作的最大贡献"是"创造了一个上帝。他自然并不为任何普通的宗教或教会而打神学上的仗，但诗人的皮肉和精神有着那样的一种饥饿，以至喊叫着要求一点人身以外的东西来支持和安慰"。[2] 诚如其言，《出发》由"皈依"而终获得"丰富，和丰富的痛苦"，《隐现》也可视为穆旦自身境遇的深化。

六 "没有人知道历史曾在此走过"

祈求一个"上帝"来解除内心的"惧怕"，1942年的生死经历在穆旦内心所形成的巨大的死亡阴影毋庸置疑。实际上，若比照《华声》这一初刊本，《文学杂志》以及《穆旦诗文集》版均有大幅修改，诗学效果上的差异可堪讨论，这一修改行为本身也显示了此一事件在穆旦内心的纠结。

这种阴影与纠结也体现在"野人山经历"之后，穆旦写作上的另一个重要现象，即写作量上的明显变化。1942年之前，1940年15首、1941年16首，这均是穆旦年度写作中较多的，但1942年陡然下降为8首，随后两年更少，1943年3首、1944年4首。以1945年的写作爆发来衡量，此前写作量的一再减少，相关诗歌

---

1 刊载于《文聚》，（复刊）第2卷第2期，1945年1月1日。按，此诗后收入《穆旦诗集》时，改名《祈神二章》。
2 王佐良：《一个中国诗人》，穆旦：《穆旦诗集》，附录第8页。

又无不充满了强大的精神压力,可以推断一点:穆旦一直在酝酿到底如何来释放内心强大的压力,如何书写因大地和死亡而生出的"惧怕",如何以"良心"来见证自身和时代。正如 1944 年 11 月 16 日,穆旦在致唐振湘的信中所写:所谓"不是先有文学兴趣而写作,而是内中有物,良心所迫,不得不写"。

《隐现》由战争这一直接体验而提升到人类文明的命题,对于战争的直接指涉并不多,诗行本身却多有精神负压的痕迹。种种迹象表明,一直到 1945 年中段之后,穆旦内心的积压才终于有了直接而集中的宣泄机缘——诗人感同身受了 1945 年这样一个伟大时代的气息。

在现代中国历史上,1945 年无疑是非常显赫的一个年份:抗战多年,终获胜利!这一胜利带给穆旦更多的应是振奋:"漫长的"民族战争终于胜利,先前热切希冀的"民族起来"的意念终于得到某种程度的实现;那份由日本人入侵导致的惨烈而隐秘的"野人山经历"也终于到了可以归结的时候;1945 年 7 月所作《轰炸东京》,开篇即写道:

> 我们漫长的梦魇,我们的混乱,
> 我们有毒的日子早已该流去,
> [……][1]

"漫长的梦魇"是民族性的,是"我们"的,据说,抗战胜利之后,"轰炸东京"一度成为一道菜名,民众以一种形而下的方式

---

1 穆旦:《旗》,上海:文化生活出版社,1948 年,第 67 页。

传达了他们对于入侵者的强烈痛恨[1];这种梦魇更是穆旦这个曾经亲历并饱受战争之苦的"我"的——强烈的民族情绪中也融合了深切的个人创伤记忆。

由此,不难理解这样的事实:1945年中期的短短几个月里,穆旦一连写下了《给战士》《野外演习》《七七》《农民兵》《先导》《轰炸东京》等十数首锋芒直指战争的诗歌;最终则在9月写下了直面野人山生死经历的篇章:《森林之魅——祭胡康河上的白骨》。写作又一次揭示了穆旦的内心:在一次伟大的民族战争的胜利面前,穆旦被压抑的内心终于像决堤之水一样敞开了,他抵达了写作的高峰。这一年,穆旦存诗25首,属前期年度写作量之最,数量仅次于1976年的27首。这对写作量一直不大的穆旦来说可谓诗情勃发。

敞开了内心的穆旦,对战争本身以及战争之中的个体都发表充满主观兴味的看法:所谓"战争"是"一次人类的错误";"退伍"是从"没有个性的兵,重新恢复了一个人"(《退伍》);印度民族英雄甘地是一个"唯有勇敢地和上帝同行,使众人忏悔"的人(《甘地》);"农民兵"是"最可爱的人"(《农民兵》)。对"先导"的态度则是:"你们唯一的遗嘱是我们,这醒来的一群,/穿着你们燃烧的衣服,向着地面降临。"(《先导》)《轰炸东京》的态度更为鲜明:

---

1 据说,1945年8月15日,日本天皇正式宣布无条件投降。"消息传到重庆,饱受日本大轰炸践踏的山城市民,纷纷涌向街头,彻夜欢腾。在纵情欢庆日本败降之际,重庆市民发明了一道大菜,名字叫'轰炸东京':先在炒好的肉片下面,摆上炸脆的锅巴,然后兜头淋下一碗油汤,顿时引来噼哩叭啦的炸响,热气翻滚烟雾升腾。一时间,'轰炸东京'的吆喝声响彻大街小巷。"见李金荣、杨筱:《烽火岁月——重庆大轰炸》,重庆:重庆出版社,2005年,第158页。

因为一个合理的世界就要投下来，
我们要把你们长期的罪恶提醒，

凡此种种，穆旦的观察视域显示出了相当程度的个人性或主观性。这种视域或许会引起合理与否的争议，但真正的问题应不在此，因为不管在当时或事后，人们（包括民众、作家、史学家等）对于战争总会有不同的态度，对战争意义本身也总会有不同的认识。由此，更可堪探讨的问题其实在于：战争到底给个体留下了怎样的感受？甚至，为什么同一个战争会给亲身经历过或并没有亲身经历过的个体带来反差那么明显的感受，有的"惧怕"，而有的欢呼凯旋呢？

战争留给穆旦最强烈的感受无疑是"惧怕"。《森林之魅——祭胡康河上的白骨》即印证了王佐良所谓"被朋友们逼得没办法了"才说出的那种"对于大地的惧怕"。关于这首诗，还有两个背景性的因素值得注意。一是诗题，《森林之魅——祭胡康河上的白骨》出自1947年5月穆旦自印诗集《穆旦诗集》，初刊本题作《森林之歌——祭野人山死难的兵士》（《文艺复兴》第1卷第6期，1946年7月1日）。"歌"和"兵士"均是一般意义上的称语，"魅"和"白骨"则不然："魅"是传说中的鬼怪，"白骨"是死亡的具象，是作战及撤退途中生命消亡最为切实的图景——一个鲜活的生命在短时间内即被蚁虫噬去皮肉，白骨也是生命消亡最为迅速的图景。从"歌"到"魅"，从"兵士"到"白骨"，措辞的深沉意蕴大大加强，可见，"野人山经历"一直像影子一样紧紧地缠绕着诗人——修改本身无疑也附证了这一点。另一个，诗人所说的"惧怕"源自"大地"，而非战争。这两者也有着程度级差:"战争"本已失利,而在"大地"(丛林)穿行过程中更是目睹无数的死亡,且一度面临前途无路的绝境。战争是直接的、具体的"惧怕"之源,而既能催生万事万物同时又能毁灭万事万物的胡康河谷的"大地"则是更为本体化的、更具形而上意义上的"惧怕"源头。将"大地"置于更高的等级,凸显的乃是"野人山经历"带给诗人那样一种深至骨髓的"惧怕"。

再来看看诗作本身。全诗以"森林"与"人"的对话开始,以"葬歌"收束。"森林"以无形的手掌握一切,森林代表着"死亡"说话:

> 这不过是我,设法朝你走近,
> 我要把你领过黑暗的门径;
> 美丽的一切,由我无形的掌握,
> 全在这一边,等你枯萎后来临。
> 美丽的将是你无目的眼,
> 一个梦去了,另一个梦来代替,
> 无言的牙齿,它有更好听的声音。
> 从此我们一起,在空幻的世界游走,
> 空幻的是所有你血液里的纷争;
> 一个长久的生命就要拥有你,
> 你的花,你的叶,你的幼虫。[1]

诗人将"原是痛苦的死亡说为掌握美丽的一切;死是代替生

---

[1] 所引《森林之魅》,见穆旦:《穆旦诗集》,第 172—177 页。

的另一个梦；死不是一切的完结而是一个长久的生命的开始；把人对死的反应进一步来写，翻过来写，因其不同一般而更加有力"。也就有了英国诗人济慈所谓"比起此时，死再也不能如此丰硕"的震撼效果。[1] 在这样的"森林"面前，"人"是异常渺小的：

> 是什么声音呼唤？有什么东西
> 忽然躲避我？在绿叶后面
> 它露出眼睛，向我注视，我移动
> 它轻轻跟随。黑夜带来它嫉妒的沉默
> 贴近我全身。而树和树织成的网
> 压住我的呼吸，隔去我享有的天空！
> 是饥饿的空间，低语又飞旋，
> 像多智的灵魅，使我渐渐明白
> 它的要求温柔而邪恶，它散布
> 疾病和绝望，和憩静，要我依从。
> 在横倒的大树旁，在腐烂的叶上，
> 绿色的毒，你瘫患了我的血肉和深心！

《森林之魅》之中看似多有夸张、奇异的描绘，多有超常规的表述，如"无言的牙齿""绿色的毒"等，但实际上乃是作战及撤退途中残酷的自然场景的实写。前述《苦难的旅程——遥寄生者和纪念死者》中即有闷在"绿色的海那样无边"的丛林底下、"醒来就走，走完了一天又睡下""回国的希望还渺茫得很"的段落。

---

[1] 周珏良：《穆旦的诗和译诗》，杜运燮等编：《一个民族已经起来》，第22—23页。

诗歌所写的乃是那样一张在死亡线上穿行的魅影,一个被窒息、饥饿、毒、黑暗、枯萎、痛楚、死亡等自然强力紧紧逼压着的生命,"祭歌"最终成为人的"祭歌";在战争中死去的个体生命也不过是一个终将被湮没、被摧毁、被历史所"遗忘"的渺小生物:

> 静静的,在那被遗忘的山坡上,
> 还下着密雨,还吹着细风,
> 没有人知道历史曾在此走过,
> 留下了英灵化入树干而滋生。

"幸存者"内心所存留的全无英雄主义的慨叹,而是一个充满"惧怕"的自我。就这样,战争本身的残酷性,以及它对个体生命的深刻戕害,在一首艺术兴味充沛的诗中有效地传达开来。而这样一种异常深挚的"惧怕",足以说明为什么穆旦最终由兴奋而转向了沉默。

同样是指涉"野人山经历",《隐现》与《森林之魅》的经验范围还是大有差别:战争之中深切的"痛苦经验"为《隐现》提供了反思现代文明的契机,《森林之魅》则与《苦难的旅程》相似,主旨更为单纯,可用"遥寄生者和纪念死者"涵括之,而如"绿色的毒,你瘫患了我的血肉和深心!"一类诗句所示,穆旦显然是又一次将自己写了进去。

七　"因为我们已是被围的一群"

附证《森林之魅》的，是穆旦这一时期的写作。1945年，穆旦所写下的一批"抗战诗录"，虽以"战争"为对象，实则多有生长。即便是"胜利"，穆旦也没有将个体看作廉价歌颂的对象；当他把那些兵"还原"为人的时候，同时把一个非战争的环境给了他们。

如同战争一样，非战争环境的可怕之处也值得省察。不妨说，在穆旦此一时刻的视域之中，战争与否已经不是环境优劣的标识，他试图通过"现代社会"这一语境来呈示人物的生存命运，展现现实环境对于个体的"摧毁"（借用《防空洞里的抒情诗》中的"炸毁"一词），同时，又多书写个体命运的"不幸"（《不幸的人们》，1940）。这种"摧毁"和"不幸"构成了穆旦写作的一个重要主题。

1942年之前的诗歌，如《给后方的朋友》——后改题为《控诉》，所欲"控诉"的更多的是"智慧"（"而智慧使我们懦弱无能。"），即历史文化对于个体的戕害：

> 我们做什么？我们做什么？
> 谁该负责这样的罪行：
> 一个平凡的人，里面蕴藏着
> 无数的暗杀，无数的诞生。[1]

1　刊《自由中国》，第2卷第1、2合期，1942年5月1日。

"野人山经历"之后，诗人笔下的现实环境变得更为严峻。像同一首《退伍》里同样也蕴藏了这样的诗句："你未来的好日子隐藏着敌人"。"敌人"是什么？结合诗人这一时期的写作来看，是现代社会对于个体的无形的压制。这一扩展使得"控诉"有了更为现实也更为切身的内涵，诗歌也就包含了对于现代社会的更多省察——"敌人"对于个体的压制是多层面的，表层的或现实层面的因素，如战争、物质贫困等，是能够直接感知的；而"隐藏着"的"敌人"因其隐秘性，会有着强大、猛烈而持续的"摧毁力"——在1947—1948年间的写作中，"敌人"屡屡现身，即所谓"历史不肯饶恕他们"（《饥饿的中国》，1947），所谓现代社会的"欺骗""罪恶"本性，等等。凡此种种，指涉的是现代社会诸多机制对于个体的压制。

而这还不是问题的全部，在《农民兵》里还有"他们被谋害从未曾控诉"：个体的命运遭到了明确审判。从"控诉"到"未曾控诉"，是一个"把自我扩充到时代那么大"[1]的过程，是写作者（知识者）对于更为严峻的社会现实和个体处境的强烈感知：现代社会具有强大摧毁力，生活在这种摧毁之中的个体是不幸的；更不幸的是，他们对于这种不幸全无认识。

这样一个穆旦，其内心显然已发生一种重要的变化。这或许会让人想起俄国作家陀思妥耶夫斯基的绞刑架经历。和"野人山经历"一样，"绞刑架经历"所直面的也是死亡。据列夫·舍斯托夫的观察：陀氏在那之后变了一个人。之前，他虽然过着苦役犯

---

[1] 1975年9月9日，穆旦在给郭保卫的信中写道："我是特别主张要写出有时代意义的内容。问题是，首先要把自我扩充到时代那么大，然后再写自我，这样写出的作品就成了时代的作品。"

生活,"但是他始终记得,在这所监狱的墙外是另一种生活。从监狱高墙也能看得见的天堂,引起他对未来、已非遥远未来的向往"。《死屋手记》就是在这种"向往"中产生的。赦免之后,他自由了,但是"他开始发觉,自由的生活越来越像苦役生活","自由人如同死屋囚犯,像这样的生,毋宁说是死";他最终改变了对于世界的浪漫看法,开始像审视囚犯一样审视着世界。[1]

这样一个"置死地而后生"的陀氏或许也可视作穆旦的精神知己。"野人山经历"之后,穆旦从死亡线上活了下来,"自由了",但也"从此变了一个人",他不再怀有"雪莱式的浪漫派"[2]梦想,不再像《赞美》那样热切呼唤"一个民族已经起来",不再单一地从文化层面提出"控诉"。他最终着眼的,是对那种牢牢地控制着自身命运的外在强力的感知。由此而来的,是对于个体命运的强烈审视——"不幸"最终成为诗人对个体命运的终极指认;而作为"不幸"的诱因的现代社会同时遭到严厉地"控诉"。

由此,尽管这样一批诗歌产生于抗战胜利的大背景之中,但却非陡然产生,而是深深地浸染了野人山生死经历以来对事物的看法——生死经历本身乃是根本性的,正是它不断地促成穆旦对自我生存境遇的思考,而抗战胜利的事实,则是一个非常重要的表达诱因。

抗战诗歌的较多出现,首先不妨看作一种政治态度。身处战争年代的写作者必然会具备某种政治态度,穆旦的态度是:不站在任何先验的政治立场上,而是站在"人"的立场上。进而,以

---

1 [俄]列夫·舍斯托夫:《在约伯的天平上》,董友等译,北京:生活·读书·新知三联书店,1989年,第2—3页。
2 王佐良:《论穆旦的诗》,李方编选:《穆旦诗全集》,第1页。

个人的生存感觉和体验来认识事物，并进行写作，而拒绝来自书本或先验价值体系的判断。这样一种写作，是个人"良心"的逼迫所然，所谓"内中有物，良心所迫，不得不写"——诗人试图以个体之良心见证时代。其根本旨趣在于：努力打破种种外在因素对于个体生命的规约，以不断地冲破现实个体严峻的生存境遇，"突围"（《被围者》，1945）这一无比强烈的意念由此成为此一时期写作的核心：

> 一个圆，多少年的人工，
> 我们的绝望将使它完整！
> 毁坏它，朋友！让我们自己
> 就是它的残缺，比平庸更坏：
> 闪电和雨，新的气温和泥土
> 才会来骚扰，也许更寒冷，
> 因为我们已是被围的一群，
> 我们消失，乃有一片"无人地带"。[1]

在穆旦同一时期反复使用的诗歌语言中，"圆"是"平庸"的另一种说法。它紧紧地束缚着个体，给予个体的是沉积了不知"多少年"的"绝望"。而个体能够寻求到自身存在价值的唯一途径就是突围而出："毁坏它"——从表面上看，《控诉》式写法重又出现，实际上，有同时期诸多指涉严峻的生存现实的诗作为参照，"突围"已超越文化批判（"控诉"）层面而具有了生存哲学

---

[1] 刊《诗文学》丛刊第 2 辑《为了面包与自由》，1945 年 5 月。

的意味，如同先行者们奋力打破"铁屋子"而孑然前行一样，感受到现实之严峻的诗人宁愿承受一种"残缺"生活，宁愿将自我放逐到"寒冷"里，也不要"平庸"。宁愿以绝望为希望，作"绝望的抗战"——"希望"也有了"复仇"般的艰涩的快慰：

> 我们希望我们能有一个希望，
> 然后再受辱，痛苦，挣扎，死亡，
> [……]
> 还要在无名的黑暗里开辟起点，
> 而在这起点却积压着多年的耻辱：
> 冷刺着死人的骨头，就要毁灭我们一生，
> 我们只希望有一个希望当做报复。[1]

唯有如此，生存现实才能有一个转折。而新文学的精神传统，由此也有了切实的延续和发展。

八 历史的吊诡

历史的讽喻或吊诡却往往在最富有个人兴味的地方呈现。

从军任翻译，艰苦卓绝，看似庄严，富于爱国意义，在某些时候却是荒诞不经的——前文提到，穆旦从军之初，给吴宓的信中有"言英军腐败"之语。1942年9月9日，吴宓日记又记载过担任过翻译的学生甄露茜的谈话："入缅军皆以发洋财为志。第六

---

[1] 穆旦：《饥饿的中国》，《文学杂志》第2卷第8期，1948年1月1日。

军尤腐败。军官专务享乐。美衣服,盛容饰。乘汽车后军行。载咖啡可可西餐用品,网球拍、留声机片等以随。途中每日寻乐。至一城,则必欲入居最富丽之宅第,且搜求当地美妇女以自娱。甄之翻译工作,大半为此类人事。"[1]

若此,"英军"和"入缅军"均在不同程度上存在腐败现象。中国远征军分第五军、第六军和第六十六军,尽管穆旦本人及女学生甄露茜所接触到的只是其中的一部分,并不能据此认定整个军队必然普遍存在类似的问题,实际上,吴宓9月9日日记中亦有"第五军纪律较佳"之语,但类似的丑陋细节或许会消解年轻学子身上那种报效祖国的神圣感,在实际征兵中,尽管教育部有强硬的征调条例,但视从军为"畏途"者并不少。[2]

以当时的政治历史观之,另一层吊诡也是可能存在的:这场战争,对国民党政府而言,"从某种意义上说,这是中国领袖一种压抑已久的大国冲动,它表明中国人不仅渴望获得更多的援助,而且更渴望恢复昔日在世界上的盟主地位"[3];但在某些作战时段,盟友英国人更在意的可能不是保卫乃至收复战略要地仰光(缅甸首都),而是想"利用中国军队来掩护它的安全撤退",故在实际作战途中,屡屡无视中方高级将领合理的作战策略,甚至,在危急情况之下,还出现过撇下中国"友军"而自行逃亡的情形。这也是为什么现今所看到的一般叙述之中,在战争的最初阶段,"盟

---

[1] 吴宓著、吴学昭整理注释:《吴宓日记(第8册:1941—1942)》,第380页。按,甄露茜,女,1939年入联大外文系,因参军故,1946年毕业。
[2] 1942年9月9日的吴宓日记中亦有记载。另,在西南联大常务委员会的会议记录中,也多有惩罚学生不服兵役的记载,见《国立西南联合大学史料》(二,会议记录卷),昆明:云南教育出版社,1998年。
[3] 邓贤:《大国之魂》,第151页。

军"（特别是英军）的形象基本上是负面的。[1]

实力上的差距以及指挥失误等原因使得中国军队在战争中死伤惨重。死亡之切近激起了某些官兵的同情心"生的欲望"。罗又伦在回忆最终导致向缅北撤退的同古大战时指出："那时最高统帅的命令是该师死守同古，牺牲到最后，以表示国军的精神。因为救援部相隔百里远，所以我们只能在撤退与死守之间做选择，假如死守，就会眼睁睁的看着被敌人包围、歼灭。""最高统帅"既除"坚守"之外对战术意义未有指明，战士死亡又如此惨重，罗又伦"力主撤退"，最终不顾将遭"军法审判"的危险拟好撤退命令，"先签名以示负责"，并说服军长杜聿明"也签了字"。[2] 在著名的200师戴安澜师部，其骑兵团先遣营营副甚至不惜以开枪自杀的方式向师长表明"广大官兵的怨愤与抗议"——师长则最终向杜聿明将军发出了"援兵不至，我虽欲与同古城共存亡，然难遏倭寇之凶焰……何益之有？"的电报[3]——惨烈的死亡复苏了官兵的生命"理性"。这应看作《森林之魅》的同类，只是表达方式有所不同而已。

统治者的历史逻辑却在于"胜利"：据说战事失败了，但是，"由于中国军事当局严密封锁了缅甸战败的消息，因此国内民众

---

1 无论是中国军队的高级将领（如杜聿明、郑洞国），还是一般士兵的回忆之中，多有对盟军此类形象的描述。部分参见杜聿明的《中国远征军入缅对日作战述略》，郑洞国、覃异之的《中国驻印军始末》，载中国人民政治协商会议全国委员会文史资料研究委员会编：《文史资料选辑》第8辑，北京：中华书局，1960年，第1—42页，第78—92页。按，也值得注意的是，部分材料为国民党高级将领在新中国成立之后所写，其中也可能有某种自我辩解或伪饰的成分。
2 朱浤源等访问、记录：《罗友伦先生访问纪录》，第33—34页。
3 邓贤：《大国之魂》，第49页。

第七章　"坐在山岗上让我静静地哭泣"

仍然被蒙在鼓里。报纸天天都在报道记者发自前线的胜利消息"。[1]与诗人所慨叹的"遗忘"相似,兵士们惨烈的死亡事实不仅无从进入民众的眼界,相反,还被统治阶级欺骗民众的"胜利逻辑"再一次谋杀。

更富有吊诡意味的是,所谓"胜利逻辑"不仅来自统治阶级的意识形态,也来自某些同样经历了战争的写作者——在同一个"野人山"还有遗留了不少诗篇,比如《给永远被遗留在野人山的战士》,作者杜运燮为穆旦诗友、外文系学弟。杜运燮从军的时间较穆旦晚,穆旦随军撤退到印度的养伤期间曾经遇到过他。可以设想,杜运燮从穆旦以及其他幸运地撤退到印度的将士们那里获知了不少信息。"战士"和"兵士"没有什么差异,但诗中更为醒目的是"英勇""正义""凯旋"等词。诗歌最后写道:

  艰苦的季节已经过去,阳光
  把新路渲染成像一条河流:
  它驮负一切向东冲刷,歌唱,
  越过四岛,与更多的力量拉手。

  但它不会忘记你们的脚步,
  怎样沉重地在林中拖曳前进,
  给所有的正义战士以无上鼓舞,
  引来新世界渐渐加强的凯旋歌声。[2]

---

[1] 邓贤:《大国之魂》,第89页。
[2] 杜运燮:《给永远被遗留在野人山的战士》,桂林版《大公报·文艺》第27号,1944年5月7日。按,因所见材料不够清晰,最末一行"新世界"三字存疑。

诗末署"二月印度",当是指 1944 年 2 月——当战火炮声还在燃响的时候,当死亡还在不断延续的时候,当穆旦在书写"苦难的旅程"并在漫长的时间隧道里异常艰涩地表达"惧怕"情感的时候,杜运燮却在宣称"艰苦的季节已经过去";当穆旦对充盈着"遗忘"本性的"历史"提出了强烈质疑的时候,杜运燮却强调"野人山,在白纸上写没有过的/历史",可见同一座"野人山",被赋予了不同的情感内涵与价值归宿——穆诗与杜诗分别着眼于"白骨"和"战士",不妨视作"人"的立场和"战士"立场的差异:"人"的立场以"人"为本,强调个体对于生存现实的真实感受,为数巨众的死亡既是最为切身的现实,关于它的表达也就近乎必然地充满了强烈的精神起伏与悲剧意识;"战士"立场则以"凯旋的歌声"取代个体源自肉体的切身感受,个体的死亡让位于更为崇高、更为本质的"胜利"目标——如同某些报纸所报道的那样。

作为代偿的是,这个崇高的目标宣称历史"不会忘记你们的脚步"。放眼现代中国,尤其是 1930 年代后期以来的文化语境,后者可以找到相当多的同类,可谓代表了文学意识形态化的趋向。而前者,由此成为逆历史潮流而动的写作,打上了强烈的历史悲观主义烙印,"没有人知道历史曾在此走过",其孤独的历史命运是宿命性的,那些"白骨""骷髅"的历史,不过是一块"无字碑"[1]而已。

当然,或许有人会提出,杜运燮并未如穆旦那般有过惨烈的"野人山经历",杜诗浮于表层也就在所难免。这看似有理,不同

---

[1] "无字碑"语出邓贤《大国之魂》,该书第三部分即以"无字碑"为题。

的现实经验区分了不同的写作形态，但在惨烈的战争屡屡发生的现代中国，又出现了多少像《森林之魅》这样的诗篇呢？

而实际上，杜运燮是一位艺术修为很不错的诗人，放诸整个新诗发展进程，他同期的较多诗歌，有着卓绝的察物方式与切入方式，有着反讽与幽默夹杂的语调，生动地摹写了那个时代的现实，具有充沛的诗学品质，足可以使他成为超于时代之上的优秀诗人。但正因为其间的某种匮乏，对写作行为及其理念做出苛责有时候是必要的。[1]

余论

1945年11月，即将北归——或许已在北归途中的穆旦写下了《云》。与此前几个月的写作截然不同的是，这首诗更接近于一种随想——

> 凝结在天边，在山顶，在草原，
> 幻想的船，西风说你来自远方，
> 一团一团像我们的心绪，你载去
> 在无岸的海空，触没于柔和的太阳。
> 是暴风雨的种子，自由的家乡，
> 低视一切你就失去了好脾气，

---

[1] 与这里不尽相关的一个话题是，杜运燮日后对写作多有修改，《给永远被遗留在野人山的战士》即曾改作《给永远留在野人山的战士》，诗句也多有改动，如"在白纸上写没有过的／历史"作"书写从没有人写过的／历史"等。相关情形的讨论亦可参见笔者所作《滇缅公路及其文学想象》，《中国现代文学研究丛刊》，2007年第4期。

然而常常向着更高处飞扬，

随着风，不留一点湿润的痕迹。[1]

尽管诗中也有不少主观性的词汇，但看起来全无外在现实的烙印。进一步考察则可发现，1945 年 9 月到 1947 年 1 月——《森林之魅》之后的 16 个月里，除了一首《云》之外，穆旦可能再也没有别的诗作问世。1945 年写作高潮来临前是两三年写作量的锐减，此后则是一种不算短暂的停顿。从重新写下的诗歌来看，现实的严峻性更为加剧，可见现实生活又一次给穆旦的写作带来了某种强烈的冲击。

"野人山经历"给予个体的，是深至骨髓的惨烈，《苦难的旅程——遥寄生者和纪念死者》是未尽的哀挽，《森林之魅》更是生命与死亡之歌，它不仅仅是诗人内心"惧怕"的展示，更是一次真正意义上的收束。反观《云》，与其说这是诗人生活闲适的表现，不如说是诗人内心对于闲适的渴求。

生活本身却屡屡吝惜于将"闲适"给予这位诗人，1946—1947 年间的《新报》实存时间较短，1948 年间在上海、南京等地讨生活，1949 年 8 月，穆旦到美国留学，1953 年初满怀热情地回到祖国，任南开大学外文系副教授；之后的生活也是多有不顺，虽以极大的热情翻译了数部著作，但没过几年，1958 年，政治风云突变，诗人就被打为"历史反革命分子"。诸多"罪状"中，有一条就是 1942 年任国民党入缅远征军英文翻译的经历。这些都是后话，后文将逐一缕析。

---

[1] 刊《民歌》（诗音丛刊第一辑），1947 年 2 月 1 日。

第八章

大西南时期

一　书信中的信息

1944年11月16日，穆旦给友人唐振湘写了一封信。信不长，但信息量比较大，且穆旦早年书信几无存留，兹录如下：

振湘：

你的信今日收到，真是意料之外的，你竟在贵阳了。你自到零陵，就不自主的来了个长途旅行，看你的信非常有现实性和戏剧性，一方面觉得有趣，一方面羡慕你的机遇，在这些被征同学中，你的变动该算最大，见闻最新。只要不死，（好在你还能逃难）我想一得休息，你会写下点什么来的。现在是，不是先有文学兴趣而写作，而是心中有物，良心所迫，不得不写一点东西的局势。

我们这边都谈论，关心，而且呈现动摇。很大的苦闷压在人的心上。前后左右都悲观，有了别国的光荣，更显得自己的不成。这一些，还是不去提它罢。

我还清楚记得那晚送别你在小馆和你吃水饺喝酒的情形。

每次读你信，都和那情景一比，觉得真是差远了。你这一年真不算白过。你要去昆明，不知是否官派，如无必要，何不到渝一行？昆明和贵阳一样，有点紧张，你若到那里，又是掉在老生活圈子了。自然，你很怀念，我知道。

江瑞熙仍在金碧路426号德华行里住，他在机场作事。你以前来信，我都给他看过了。我曾给你往柳州寄一信，不知你看到否？

我的生活如常，每日工作不多，看看书，玩玩，很应了人们劝我"安定一下"的话。这里有《华声》半月刊是清华同学办的，你如有稿，可寄我转去。

李金锡辞去了公务员，拟去航委会工作，不过他又想去昆明。

望你多来信，写多点，我也好知道些外间变动。再谈了。祝好！

良铮
十一月十六日

这里从军很热烈，街上每日鞭炮游行，为从军者送行。

信中透露的信息可分几个层面来看：

其一，收信人及信中人物。收信人唐振湘及文中提到的江瑞熙和李金锡，均是在1940年进入西南联大法商学院。其中，江瑞熙为转学录取新生，时为二年级学生，1943年毕业；唐振湘和李金锡二人为统考录取新生，1944年毕业。

唐振湘，又名唐怀，笔名白炼，湖南武冈人，当时为联大校园社团冬青文艺社成员。据其回忆，1942—1946年自己"在课余和业余写了一些诗、散文和小说，其中大部分已发表。1946年以后，由于环境的改变，放弃了文艺写作。晚年移居加拿大温哥华，自费出版小说集《山谷》（2001年9月）。"据小说集《自序》，当年李广田老师和学长穆旦对其写作"给予热情的鼓励"，《山谷》即是在上述穆旦鼓励他"写出新的东西"一信之后写成的。[1] 前文曾谈到穆旦参与一些校园社团的活动，这里显示了穆旦与更年轻的写作者之间的关联。

三人之中，江瑞熙是较早进入人们视野的。当时，他以"罗寄一"的笔名写下了不少新诗，现行文学史著对此已有过专门讨论[2]；可算是穆旦的私交，联大及以后各阶段都有往来，晚年有书信，穆旦逝世10周年之际，有纪念文章[3]，还曾接受采访专门谈论过穆旦。[4] 李金锡的材料不多，仅知他当时亦为冬青文艺社成员，在当时一些报刊上曾发表不少作品。

其二，关于当时的生活及思想状况。据唐振湘回忆，1944年春，他被派往湖南零陵美空军基地任译员，期间曾上衡阳前线，并差一点死去。衡阳沦陷后，先撤退至桂林，后又向贵阳逃亡，"在火车上经历了两个月的饥饿、寒冷、痢疾与撞车的袭击到达贵

---

[1] 唐振湘、易彬：《由穆旦的一封信想起的……》，《新文学史料》，2005年第2期。按，下文所引唐振湘回忆文字亦见于此，不另说明。

[2] 如姚丹：《西南联大历史情境中的文学活动》，桂林：广西师范大学出版社，2000年；张松建：《现代诗的再出发——中国四十年代现代主义诗潮新探》，北京：北京大学出版社，2009年，等等。

[3] 江瑞熙：《诗情常在，余韵绵绵》，杜运燮等编：《一个民族已经起来》，第158—164页。

[4] 易彬：《"他非常渴望安定的生活"——同学四人谈穆旦》。

州省独山"。这些经历,他都曾函告穆旦。针对穆旦信中"又是掉在老生活圈子了"的说法,唐振湘的解释是:"自1941年国民党攻袭新四军的皖南事变以后,国民党控制区的知识分子受到更大的压抑,在昆明西南联大的学生中有部分暴露身份的共产党员和进步学生离开了学校,留在学校的大多数处于彷徨、苦闷压抑的气氛中。进步的学生团体停止了活动。同学之间的交往与议论只限于小圈子。有学生自嘲为'死读书,读书死'。穆旦对这种生活显然是不满意的。"基于这种"不满意"以及对于自己丰富经历的羡慕,唐振湘认为穆旦"不安于大后方大学的相对安定的环境"。

其三,穆旦个人的生活状况。信中写道:"我的生活如常,每日工作不多,看看书,玩玩,很应了人们劝我'安定一下'的话。"1944年11月16日的时候,穆旦在重庆中国航空公司任职,暂时"安定",但纵观从军回来之后的生活,可能并不"安定",且这种"不安定"的状态似乎是他自找的,所以有了朋友们劝他"安定一下"的说法。而从"我们这边都谈论,关心,而且呈现动摇。很大的苦闷压在人的心上"一类谈论又可看出穆旦对于时局的判断,在轻松的语气背后,其内心应该是严峻的。

其四,关于此一时的写作理念。信中写道:"不是先有文学兴趣而写作,而是心中有物,良心所迫,不得不写一点东西的局势。"从行文看,此一观点也并非仅仅针对个人的写作状况,而同时也是针对像他这样身陷时局之中的年轻人的。

唐振湘的回忆谈到了穆旦的《森林之魅——祭胡康河上的白骨》,称其为"如实的哀挽"。这是一个同样经历了惨绝战争的当事人的看法。如前述,野人山生死经历之后,穆旦的内心始终有着相当大的压力,如何表达,如何释放内心强大的压力成为一个艰涩的问题，这些景状可谓具象化了"心中有物，良心所迫，不得不写"的说法。而以《森林之魅》为代表的此一时期写作来看，穆旦确是将自己的"良心"寄寓其中。

其五，信中提及的《华声》杂志也可一说。现今读者已不太熟悉这份综合性刊物，此刊原为半月刊，1944年11月创刊于重庆，由华声半月刊社出版发行，地址在重庆民族路保安路第11号，发行为王书林、翟桓，经理为赵文璧，编辑为顾梁。出至第1卷第5、6合期的时候——也就是刊载《隐现》的那一期，"因印刷困难"，改为月刊。看起来，《华声》和穆旦及西南联大有着很好的关系，穆旦长诗《隐现》初刊于此，刊物且有穆旦诗集《探险队》的出版信息以及《文聚》杂志的广告等，穆旦称《华声》是由清华同学办的，所称同学应是1936年毕业于清华大学社会学系的赵文璧等人，刊物所载相关讯息是否由穆旦牵线亦不可知。

看起来，刊物虽然不太为人所熟知，但有个刊物可以发表作品，终究可算是一种微渺的文化身份的表征。

二　何以没有重回联大教席

致唐振湘的信写于1944年11月，所涵盖的信息却可说是与穆旦的"大西南时期"都有关联。为了叙述方便，这里以此来指称1943年初从军回来到1945年底穆旦在云南、贵州、四川、重庆等地生活的时期。宽泛地讲，1938年4月底穆旦抵达昆明即进入大西南地区，但从那时起直到1942年3月从军止，穆旦的身份是学生和教师，与此一时期的身份还是有着重要的差别的。

1943年1月，穆旦从印度回到昆明，短期闲居之后，辗转昆明、重庆、曲靖、贵阳等地，工作多有变动。令人疑惑之处即在于：何以穆旦从军归来后，没有重新回到联大教席？三年间，穆旦的生活状况到底怎样？这种生活又对穆旦的写作产生怎样的影响？

没有重新回到西南联大，如下因素可以考虑：一是，学校是否有工作岗位。曾在联大外文系就读的杨苡认为，学生从军回来按规定可以复学，老师情形不一样，不一定还有工作岗位。有的话，是可以回去的。没有的话，就要重新找工作。穆旦可能属于这一类。[1] 一是时局方面的因素。如唐振湘的回忆所示，穆旦可能并不喜欢当时昆明的所谓"老生活圈子"，即反感于当时昆明的政治空气。一是物质条件。西南联大在社会上虽有盛名，助教一类教师的物质待遇却并不尽如人意，所谓"生活迫人"。由于通货膨胀、昆明物价上涨等因素影响，即便是知名教授如闻一多等人也不得不通过兼职以赚取足够的生活费，这方面的故事太多，但凡讲到联大掌故时必有这类故事。生活压力对于薪酬较低的年轻教师来说可能更为严峻，1941年1月初，初任联大助教并到联大叙永分校教书的穆旦和分校的39位低薪教职员工（月薪约在200元以下）一道，集体签名呈函请增生活津贴，实际要求增薪每人每月60元，函称："叙永物价飞涨出人意表"，"生活迫人，告贷无门，枵腹从公，势所难能"，"此后薪津增减，尚请比照昆明叙永物价之高低平允办理"。但校方并未允诺，并复函称："诸同人献身教育，体念时艰，夙所仰佩。务望一秉素志，以卧尝之志，维

---

[1] 据2004年10月17日，笔者与杨苡的谈话。按，1940年之后，杨苡由联大转学到中央大学，她是以中央大学的情况来说明的。

我校于不隳；艰苦卓绝，期抗战胜利后，再共享升平也"。[1] 这里的论调和穆旦本人在《抗战以来的西南联大》里的说辞其实很相似，属于精神鼓励，但看起来无法消抵物质生活的巨大压力，1942年4月，穆旦从军之初，外文系助教为争取提高生活费甚至进行了为期一周的罢教。[2] 比穆旦早一年毕业留校任助教的王佐良在《一个中国诗人》中曾有过形象的说法：作为大学的低级教员，"同物价作着不断的、灰心的抗争"，"在市场上和房东之前受辱"。[3] 当时的助教鲁溪在《联大八年》中也有相当实际的记载：

> 说到生活上的压迫，那是这几年来为每个教书人所熟悉的，不管物价涨了多少倍，薪金的增加总不出百之几，几倍和万分之几相比，生活就自然愈来愈困难了，同事们除了少数几个有办法的以外，多数的人每月拿到的新金，只能用到月中，下半月如有什么用项，就只能等到月底发了薪时再说了。领到的薪水虽逐月增加，但一看到那些全新的，连号码都连着的钞票时，马上就又想到这一月内通货的膨胀，又不知到了怎样的程度，那末物价又不知要涨到什么地步了。到了收入不足以维持最低的生活时，那末在校外兼差就成了唯一自救的办法。[4]

大学任教期间的情况如此，穆旦本人后来也曾谈到，1944年

---

1 北京大学等编：《国立西南联合大学史料》（第4卷），第537—539页。
2 西南联合大学北京校友会编：《国立西南联合大学校史（修订本）》，第397页。
3 穆旦：《穆旦诗集》（自印），附录第2页。
4 鲁溪：《我的教书生活——助教生涯》，西南联大《除夕副刊》主编：《联大八年》，1946年，第62页。

前后换工作岗位，也确有物质方面的考虑（详见后述），因此，综合来看，物质条件也很可能是影响穆旦抉择的重要原因之一。

至于穆旦三年间的生活经历，主要分为三类：一是在部队任英文秘书，一是任新闻学院学员，一是在中国航空公司任职员。如下将一一述及。需说明的是，穆旦此一时段的经历，主要是借助日后的相关档案勾描出来的，这些写于不同时期的文字在时间记载方面往往存在细小的差异，为叙述方便，这里不得不使用若干约数，并用（）来表示有差异的时间记载。

三 部队的英文秘书、新闻学院学员与中国航空公司职员

约在 1943 年 2 月—4 月（3 月—5 月），穆旦在云南曲靖第 5 军汽车兵团，任少校英文秘书，教团长罗又伦英文。穆旦日后如是交代："回昆明后住一短时期，无适当事作，又遇罗又伦邀我去曲靖教他英文（他当时为第五军汽车兵团团长，驻曲靖），我因旧关系便去了[……]"

在曲靖并没有多少事情可做，约在 4 月—5 月（6—7 月），穆旦又转任国民政府军事委员会驻滇干部训练团第一大队中校英文秘书，该团设在昆明，团长为杜聿明。交代材料接着写道：去曲靖不久，"因无何事情，闲得无聊，他（按，即罗又伦）又给安插在杜聿明处，杜即派我在军委会驻滇干训团第一大队（队长陈明仁）任中校英文秘书，那里有美军训练蒋军官兵使用美式武器。但那里有外事处许多翻译员工作，我感觉自己不被需要，待遇又不好，待了十多日便请病假退出。在该团时，曾参加一次射击练习，放射过步枪，机关枪和打坦克车的枪"（《历史思想自传》，

1955年10月）。

仅待了十多日便因感到"不被需要"而"退出"，再次找到工作的时间却要长得多。5月—9月（7月—9月或10月），穆旦即在昆明闲居及找工作。期间，经西南联大教授、翻译官的主任陈福田介绍给一位美国军官——

> （该军官）拟赴滇南半年，拟短期雇用一英文较好的人为翻译，因待遇好，我已答应和他同去，但两星期后又拒绝了，因为此时见报，重庆的新闻学院招考学员，我决定去投考该处。在该美军官任用的两星期内，没有作任何事情，只是等待和他出发，每星期找他一次，看看有无事情可作。而在第二个星期去找他时，便告他不能和他去滇南，向他辞职，便这样离开。

何以要去报考新闻学院？据日后交代，主要是出于寻找一个"较好的前途"的考虑：

> 总结这一阶段，就是为了生活，到处找事作，希望有一个较好的前途，同时逐渐抱着出国留学的期望。因为自己学英文系，觉得只有留学后才有较好的个人前途，否则只有到处碰壁。（《我的历史问题的交代》，1956年4月22日）

但考试并不顺利。穆旦所称"重庆的新闻学院"，指国际宣传处主办的中央政治学校新闻学院，所称报载公告，现可见1943年8月23日、24日《中央日报》发布的公告《中宣部国际宣传处招

第八章　大西南时期　　195

考国际宣传高级新闻学员》，其中宣布将在重庆、成都、昆明、桂林四地招考国际宣传高级新闻学员。待遇为："受训期间一年期内每月暂支给薪金一千二百元并得按年龄分领六斗八斗一石平价米或代金受训期满经考试及格者分发本处及新闻机构任职届满半年得经考选后派送国外大学深造毕业后保送到国外国际宣传及新闻机构任高级宣传及通讯工作人员"。9月8日截止报名，9月10日考试，10月2日重庆版《中央日报》公布录取名单共32名，其中昆明区3名学员，为欧阳采薇、谈金裕、李炳泰，穆旦并不在此列，但昆明国际宣传处负责人周帆萍[1]认为穆旦的成绩好，要替他争取。争取的时间约一个月，期间（9月—10月），穆旦在周帆萍的办事处中等待，临时性地任国际宣传处昆明办事处职员，主要工作为"坐办公室，司电话，信件"。

1943年10月或11月至1944年1月或2月，穆旦进入重庆的新闻学院，学习英文新闻。新闻学院由时任中宣部副部长的董显光任院长，同学之中，穆旦后来的交代材料提到了张鸿增、李炳泰。当时亦为新闻学院学员的马大任后来曾有回忆：抗战时期，国际宣传人才非常缺乏。负责国民党的国际宣传的董显光与美国哥伦比亚大学新闻学院合作成立重庆新闻学院，马大任当时即争取到了前十名，得以出国留学。[2]

穆旦并不在其列——成绩如何已无从查知，但可以肯定的是，他中途退出了学习。日后如是交代学习及退学的情况：

1　周帆萍的名字或不确，穆旦其他交代材料中，有周萍帆、邹萍帆、邹海萍等不同写法，王岫庐指出，其英文名为 Fabian Chow，见《穆旦时论翻译佚作钩沉（1943—1944）》，《中国现代文学研究丛刊》，2019年第4期。
2　李怀宇：《马大任：任何人有充分的自由看任何书》，《南方都市报》，2008年10月8日。

讲授有党义（潘公展讲），政治制度（甘乃光讲），美国新闻史（美籍老教授），英文新闻写作（三个美籍教师），每日上午听课，下午写英文新闻及到重庆各机关采访新闻，由全班学员编英文《重庆新闻》周报，每星期出版一次。该学院每星期有纪念周一次，由董显光或曾虚白作时事报告或训话。这些课程中给我印象最深刻的是美国新闻史，该老教授讲到美国如何有"新闻自由"，如何有一两人办的报纸和多数人的意见相违反，但仍旧有它存在的权利，他的讲课引起班上很大的兴趣。他给我灌输了这样的思想，即以少数人的意见抗拒多数人，这才表示有自由。[……]在新闻学院不及四个月，我便脱离了。原因是：感觉自己对学新闻在能力和兴趣上都很勉强；生活苦，身体支持不住；不喜欢党化教育；想到家庭也须要接济。因此决意中途退出。适逢中航公司招考职员，待遇很高，我幻想去搞航空业务也不错，因此投考并被录取，我于是向董显光声请退学，以需供养家庭为理由，但董和我大吵起来，不准我退学，经力争后才得退出。（《历史思想自传》，1955 年 10 月）

从被中航公司录取之后方才退出新闻学院的叙述也可看出，在找工作一事上，穆旦有着务实的考虑：先找到下一个落脚点，方才退出。而"供养家庭"一类观点大抵也是实情，日后的交代多次谈及：在日军占领北平期间，穆旦父母将天津的房子出售，迁往北平租房子居住，"家中也须要接济"（《我的历史问题的交代》，1956 年 4 月 22 日）；"无房地产，无佣人，靠工资及少许积蓄生活，生活相当拮据，常有忧虑"（《履历表》，1955 年 10 月）。

穆旦在中国航空公司任职员的时间为1944年2月至次年5月。这是当时中美合办的航空运输机构，总部设在重庆，穆旦在营业组及人事科，负责客运工作和人事工作。进入中航公司后，"实习约半月，便派昆明办事处工作，管理客运及英文电报起草工作。在昆明约一月，发现该处人员联合售卖黑票，便将此事写信报告给总经理（李吉辰），不意此信为秘书拆阅，即密告昆明办事处的人们，因此十分被他们歧视，便想辞职，并将此意函告重庆办事处一女友（曾淑昭），她当即去见总经理面述此事"，于是，被总经理"调到重庆总公司，在人事科工作"。"人事科长为李希贤，科员有二人"，穆旦负责"管理公司新添职员的表格及人事科内的英文电报，内容为人员转动、请假，及例行的一般琐事"（综合《历史思想自传》，1955年10月；《我的历史问题的交代》，1956年4月22日）。这里所提到的"女友"曾淑昭，是穆旦在实习期间认识的，关于两人的故事，留待后面再说。

除了昆明和重庆两地外，穆旦还曾调往中国航空公司贵阳办事处，其时为1945年2月或3月—5月。当时贵阳新开辟了航线，每两星期一次班机，穆旦的工作是管理写电报及客运，工作量很少。这一调派，穆旦自认为是自己人事上处理不好，受营业主任排挤的结果。

1945年5月，穆旦从中国航空公司辞职。其原因，大抵关乎前途、人事：

在中航公司工作，待遇虽似不错，但感觉它是商业机关，没有"前途"，人多陈腐，我和一年青同事有时看新华日报，亦为公司中人所歧视，人事上处不好，营业主任高大经要排挤我，因此调我去贵阳，我则早想另找事作。适自堂兄查良钊得知杜聿明仍欢迎我去参军，看着欧战已胜利，抗日胜利也不远了，因此便又动意去军队，乃辞中航职务，去到昆明。(《我的思想自传》，1955年10月)

再次因为杜聿明和罗又伦的关系而重回云南曲靖青年军207师的穆旦，一直待到1945年底。在罗又伦那里，穆旦似乎能得到更多的自由，未来似乎也是光明的："由重庆到昆明，未去杜聿明处，因见到罗又伦，他邀我到他那里（曲靖二〇七师），于是我到他那里任中校英文秘书，当时觉得和罗熟识，他又答应有机会和我去美国，在他那里也可以自如地读书和写诗。""作这个事已谈不到什么积极的动机，只是因为必须作事才得以谋生，而这个事是没有谋求就得到的。""工作为：口头翻译及教罗又伦英文。二〇七师当时有美军小组训练二〇七师官兵，有很多外事局译员担任翻译，我在美军官来找罗又伦时，才口译一下。这工作是很少的。内容是关于训练上的技术问题及一般事务，没有政治内容。"（综合《历史思想自传》，1955年10月；《我的历史问题的交代》，1956年4月22日）

不过，在更早时候的交代中，明确提到当时曾在昆明有短暂的停留，在"杜聿明军部任翻译，中校秘书衔"(《回国留学生工作分配登记表》，1953年2月21日)。时间误记自属难免，但何以在较短的时间内有这类明显的差异，正如前文提到的"潘仲鲁"突然冒出来一样，其间当有某种现实因素的触动，如口头谈话中涉及某人，因时间变化，某人不便再列出等，而今人大概是难以理得清的。

四 国际时事新闻译员穆旦

在新闻学院学习前后，穆旦发表了一些国际时事新闻的翻译，这些文字长期湮没无闻，都是新近才被发掘出来的，目前所见有 9 篇：

报刊	地点	篇名	时间、署名
《联合画报》	重庆	《大使从军记》	1943 年 8 月 27 日，沙农斯基记、穆旦译
		《战争和儿童》	1943 年 9 月 17 日，穆旦译
		《日本北部门户洞开》	1943 年 10 月 22 日，穆旦译
		《武器可以决胜吗？》	1944 年 3 月 17 日，穆旦译
		《格陵兰鸟瞰》	1944 年 3 月 24 日，穆旦译
		《美国人眼中的战时德国》	1944 年 5 月 19 日，穆旦译
		《MAQUIS——法国的地下武力》	1944 年 6 月 2 日，H.G. 拉沙里夫作、穆旦/穆旦译
《扫荡报》	桂林	《大使与一等兵》	1943 年 9 月 23 日；沙农斯基记、穆旦译
《武汉日报》	恩施	《大使与一等兵》	1943 年 10 月 31 日；沙农斯基记、穆旦译
《南华报》	台山	《日本北部门户洞开》	1943 年 11 月 22 日，穆旦译
《皖报》	合肥	《大使从军记》	1943 年 12 月 10 日、11 日，穆旦译
《扫荡报》	昆明	《"次要"战场在意大利》	1944 年 5 月 8 日，良铮
《南宁民国日报》	南宁	《格陵兰鸟瞰》	1944 年 5 月 13 日，未署译者
《国风日报》	西安	《武器可以决胜吗？》	1944 年 7 月 9 日，穆旦译

主要的发表阵地是重庆《联合画报》，共 7 篇，桂林版和昆明版《扫荡报》各 1 篇，《武汉日报》《南华报》《皖报》《南宁民国日报》《国风日报》属转载。穆旦的较多译文得以在重庆《联合画报》（*United Pictorial*）刊发，倒很可能不是因为在新闻学院学习的缘故。《联合画报》创刊于 1942 年 9 月 25 日。当时，"为了战

时宣传需要，中、美、英三国在重庆的宣传机构决定联合成立幻灯电影供应社，为了扩大宣传并有利于幻灯电影的推广，再办一个画报相配合"，美国人温福立任社长，舒宗侨任主编，"许多具体事务"都由他操办。"1943年初《联合画报》社脱离幻灯电影社，由美国战时情报局主管，该局后改名为美国新闻处，直到抗日战争胜利。"其主要任务"是用生动的图片，配以通俗、简练的文字向广大民众报道世界各国抗击法西斯的情形，鼓舞民众的信心"。《联合画报》初创时为半月刊，每期四开一张，1943年元旦改为周刊，后增加为四开两张。[1] 穆旦的译文即刊登在第六版或第五版。

研究指出，美国新闻处（OWI）当时"先后在成都、重庆、昆明、桂林、延安等地设立办事处。根据美方相关文献记载，这些办事处的重要工作之一，便是在中美之间建立一个直接信息通道（direct information pipeline），意在保持中国战斗士气。重庆办事处负责人费希尔（F. McCracken Fisher）的工作之一，便是接收旧金山战争信息署太平洋局（OWI Pacific Bureau）的每日新闻报告，并将这些材料分发给重庆的报纸和广播。美国新闻处属下既有英语报刊，也有《联合画报》这样的中文刊物，这些稿件在分发之前，往往需要经过翻译编辑"。而1943年前后，"美国新闻处、英国新闻处等机构和西南联大学生服务处一直保持着紧密的联系，重要原因之一应该是联大师生的外语能力为美国新闻处的工作开展带来极大便利。美国新闻处昆明办事处设立于1943年8月，恰好是穆旦开始在《联合画报》上发表第一批时论

---

[1] 马光仁：《舒宗侨与〈联合画报〉》，《马光仁文集》，上海：上海社会科学院出版社，2013年，第366—367页。

翻译(《大使从军记》《战争与儿童》《日本北部门户洞开》)的时间,这一点应该并非巧合"。也即,"考虑到穆旦在昆明期间与联大师友接触较多,他完全有可能接触到美国新闻处的人员,并因此有机会翻译了一些时论稿件"。若此,则译稿来源为美国新闻处所提供——由此也不难理解何以这批译文的主题都跟二战密切相关,且都有剖析对手或正面宣扬、鼓舞人心的效果,"《日本北部门户洞开》《武器可以决胜吗?》《美国人眼中的战时德国》等文章,解释了日本、德国的弱点和内部问题;《大使从军记》《MAQUIS——法国的地下武力》《格陵兰鸟瞰》等文章,讲述了同盟国各国人民英勇坚持反抗法西斯的斗争";《战争和儿童》则是译自"一个荷兰孩子日记的一段",以小男孩为视角,讲述了一次空袭灾难,"原文选自'二战'期间相当出名的一本书《我和妹妹:一个荷兰难民男孩的日记》(*My Sister and I: The Diary of a Dutch Boy Refugee*),作者是 Dirk van der Heide。尽管人们对该书是否确实出于一个十二岁的小男孩之手有所怀疑,但这个故事却无疑是极其动人的"。[1]

这批译文的署名也值得注意。首先需说明的是"穆旦""移旦"这类误署的现象。《联合画报》所载译文,有署"穆旦"的,也有署"穆旦"的,但篇幅较大的《MAQUIS——法国的地下武力》在《联合画报》的两个版面刊发时,分别署为"穆旦译"和"穆旦译",可确证"穆旦"为误署。而其他报纸在转载时,也延续了这个错误,《南华报》则进一步误排为"移旦"。而既确证为署名"穆旦",则一个事实再次显现:穆旦早期的译作,不管是文

---

[1] 参考王岫庐:《穆旦时论翻译佚作钩沉(1943—1944)》,《中国现代文学研究丛刊》,2019年第4期。

学类还是国际时事类,均署"穆旦",这意味"穆旦"之名当时是兼有诗人和翻译者这两个身份的。

五 交游、写作与发表

总体而言,在大西南时期,穆旦生活的困难程度未必有多高,但波折程度却是较高的——其基本身份是职员,实际工作平淡而乏味,谋生的依靠基本上都是英文知识。如致唐振湘的信所示,于此种缺乏文化气息且并不安定的生活,穆旦本人多半是不满意的:军队里虽有罗又伦这样的熟人,但并没有合适的岗位;军队以及后来的各项工作,多是技术化的、乏味的,看不到"前途";而从新闻学院被中断的学习经历来看,物质生活(赡养父母的需要)和政治生活("党化教育")对于穆旦择业也有影响。

以身份视之,大西南时期穆旦的所谓文化身份无疑是微渺的。检视各类公开发表的文献,关于穆旦的记载实在是非常之少。较早时候,诗人方敬曾追忆贵阳时期的交往情形:穆旦当时的工作"似乎不很重,而诗兴却很浓,勤于写诗读诗,也喜欢谈诗,正要出第一本诗集。每每周末,他忍耐着坐他不乐意坐的落后的旧式马车到花溪","边玩边谈诗"。[1] 因为方敬的关系,穆旦在其主编的《大刚报·阵地》发表过《甘地》《春天和蜜蜂》《被围者》等诗歌以及《奥登论诗语萃》《莎士比亚诗一首》等译作等作品。新近出版的杨苡口述也谈到重庆时期的穆旦,主要是她本人与穆旦的交往,一种"More than friendship, less than love"的关系,同

---

[1] 方敬:《回忆〈阵地〉》,《新文学史料》,1992 年第 4 期。

时，也谈及萧珊、陆智常等人。[1] 1940年8月，杨苡与赵瑞蕻结婚。稍后，夫妇俩从昆明到重庆，赵瑞蕻在中央大学教书，杨苡则在1942年进入中央大学外文系继续学习。

其他交游情况基本上只能见于穆旦本人的交代材料了。据其所述，联大期间的主要社会关系为：董庶（中文系同学）、王佐良、李赋宁、周珏良（英文系同学）、杜运燮、江瑞熙（写诗的朋友）等，"与联大教师沈从文、卞之琳、李广田等也来往"，以及赵瑞蕻（"一度有密切往来"）、查良钊、潘仲鲁、吕泳等。从军回来之后在昆明继续生活期间，"大半住在联大附近，起初和吴讷荪、陆智周同住，以后和江瑞熙同住。[2] 所接触的人仍是联大的师友"。重庆时期经常来往的朋友则有：查良鉴（按，当时任重庆地方法院院长）、贺叔琥、何怀德（按，中航同事）、陆智常（按，在南开中学教书）、杨刚（按，"杨刚在赴美前，曾劝我去延安，但自己未予严肃考虑"）、巴金与陈蕴珍、杨静如（按，在中央大学读书）、曾淑昭（按，中航同事）等。其他"社会关系"则有：袁水拍（按，通过杨刚认识，"因为都写诗，来往也较亲切"）、吕泳（按，当时在重庆中国银行工作，期间，吕泳曾找穆旦"替他父亲改稿子[他父亲写的自传，拟付印出版]"，并到他的山上银行宿舍去住了一两天，"因为那里清静，便于改稿工作"），等等。[3]

这些交游当中，巴金无疑是最具影响力的，杨刚曾主持香港版《大公报》"文艺"副刊，一时之间也是受到文化界人士拥戴。

---

1 杨苡口述、余斌撰写：《一百年，许多人，许多事：杨苡口述自传》，第339—342页。
2 江瑞熙的回忆与此有所出入，他称在西南联大期间，"和穆旦并不熟，关系一般。熟起来是出了学校进入社会后，特别是1947—48年间"，见易彬：《"他非常渴望安定的生活"》。
3 综合《我的历史问题的交代》，1956年4月22日；《历史思想自传》，1955年10月。

袁水拍因为个人性情以及日后政治意识等方面原因,学界对其似乎厌弃多于好感,但在穆旦的交往个案中,却是少有的能从1940年代前期贯联到最后阶段的几个人物之一(巴金当然也是一个)。其他的,穆旦的同学、西南联大时期的一些文学人物,在西南联大文学圈以及日后的研究界有其知名度,至于吕泳、陆智常、曾淑昭,大概只有非常熟知穆旦的才知其为何人了。

总体来看,穆旦这一时期与文艺界人士的交往经历湮没无闻,不见闻于一般追忆文字,若非借助档案文献,断无从知晓。那么,职员化的生活、微渺的文化身份对于穆旦的写作、发表与出版,有着怎样的影响呢?

先来看看发表的景状。发表是一种带有周期性的行为,为了更好地说明情况,这里将视域拉宽至1938年穆旦开始在大西南生活期间以来,此前,尽管穆旦已在《清华周刊》等处发表过一些作品,并已写下《野兽》这一后来广被赞誉的作品,但穆旦写作局势的确立至少是1938年之后的事情了。

从1938年至1945年底穆旦的发表情况,若以1943年为界大致区格,可发现其中的一些重要变化。1943—1945年间,主要发表情况为:昆明版《中央日报》(1次1篇)、《青年文艺》(1次1首)、《文聚》(3次5首)、《春秋导报》(7次两篇)、《文哨》(1次1首)、《诗文学》(1次1首)、《大公报》(重庆版、桂林版同日发表同1首)、《联合画报》(7次7篇)、《扫荡报》(桂林版、昆明版,各1次1篇)、《华声》(1次1首)、《独立周报》(1次1篇)、《大刚报》(4次6篇)等,发表量不足,除了连续发表的译文和一篇关于远征军的长文连载外,发表频次也有限。

相比之下,1938—1942年间,身为联大学生和助教的穆旦,发表更为广泛，相关报刊有《益世周报》、昆明版《中央日报》、《大公报》(香港版、重庆版、桂林版)、《今日评论》《教育杂志》《贵州日报》《柳州日报》《国民公报》《文聚》《甘肃民国日报》《新民日报》《集体创作》《文学报》《改进》《自由中国》《中南报》《枫林文艺》丛刊等。其中，各版《大公报》发表较多，香港版《大公报》共约29次，为诗歌15首，评论2篇，译作2篇，译作均为连载，所译路易·麦克尼斯的《诗的晦涩》曾连载11次，在所有报刊中，此一副刊发表次数与数量最多。穆旦与相关编者的关系应是很密切的。穆旦自称在重庆期间与杨刚经常来往，实际交往则可能更早。《文聚》《贵州日报·革命军诗刊》也发表较多——前者是联大学生办的，后者也标明为"西南联大冬青文艺社集稿"。《今日评论》为联大教授主编的刊物，《柳州日报》《甘肃民国日报》的相关副刊也跟联大诗人群体有着密切的关联。由此来看，大学时期的穆旦发表量要更大，且在各版《大公报》副刊这等在文化界有着广泛影响的媒介以及西南联大相关报刊频频露面，可见身为西南联大人士（学生或教师）的实际文化位置或文化身份对于发表起到了良好的促进作用。当然，多数刊物只是零散刊登，发表并不稳定，但换个角度看，对于成长期的穆旦而言，这种状况也可见出当时的发表空间相对复杂，不仅刊物风格相异，而且与同期作者的身份往往也各不相同。这也意味着当时不同群体的诗人共同分享了某些发表空间，分享了某些共通的诗学冲动与经验。

从穆旦此一时期诗歌写作情况也可发现一些重要的表征：1940—1942年，年度写作量分别为15首、16首和8首，但1943—1944年分别仅有3首和4首，看起来，不安定的职员化生活影响到了穆旦的写作。不过,《活下去》以及与 1942 年穆旦在缅甸战场的生死经历有直接关联的《隐现》等诗都透现出一股强大的精神压力,印证了穆旦致唐振湘信中所言:"现在是,不是先有文学兴趣而写作,而是心中有物,良心所迫,不得不写一点东西的局势。"1945 年,穆旦的诗歌写作呈爆发之势爆发来衡量,达 25 首,其中,相当部分均是 1945 年中期的短短几个月里受抗战胜利气氛的鼓舞而写成的,如《给战士》《野外演习》《七七》《农民兵》《先导》《轰炸东京》以及直面野人山生死经历的《森林之魅——祭胡康河上的白骨》。这些诗歌前文已有过专门讨论,这里换作发表的角度来看,1943—1945 年间所写的 30 余首诗歌,大部分都未即时发表,而是延迟到 1947 年之后方才面世。按照穆旦的交代,正是在 1946—1947 年间,才与沈从文、冯至这些联大当年的教师有较多往来。而检视其作品,作品也多发表在他们(也包括朱光潜、李健吾等)主持的《大公报·星期文艺》《益世报·文学周刊》《文学杂志》《文艺复兴》等报刊,并得到这些同道中人的较多赞誉。这种情状可谓是文化圈效应的显现:穆旦加入了这个文化圈,且地位有提升之势(后文将述及)。

对穆旦的写作而言,此一阶段还有非常重要的一件事,那就是 1945 年 1 月第一部诗集《探险队》由昆明文聚社出版,编辑人为林元、马尔俄,发行人为祁仲安,发行者、印刷者为昆明崇文印书馆,总经售为昆明金马书店。看起来,都是今日读者感到陌生的名字。

诗集扉页题有"献给友人董庶",这再次印证了两人的情谊。诗集目录共列 25 首,不过《神魔之争》一诗空缺,实为 24 首。大致按写作时间的先后顺序编排,打头的是 1937 年所作的风格突出的《野兽》，压轴的却是风格一般的《哀悼》，其写作时间为1941年7月。据此，《探险队》应该较早就已编定，迟至1945年方才出版，可能跟穆旦的从军、且未复校这类颠沛的生活状况有关，也可能意味着诗集出版存在着不小的困难。

诗集所列入的"文聚丛书"，原定预备出10种，诗集版权页以及《文聚》杂志等处都有丛书的10种目录，但后仅出版3种，另两种为沈从文的《长河》（小说）、卞之琳的《〈亨利第三〉与〈旗手〉》（叙事散文译诗）。同月出版的《文聚》杂志（复刊）第2卷第2期封底为"最近出版文聚丛书"广告，包括沈从文的《长河》、穆旦诗集的《探险队》。《探险队》广告跟穆旦的文风很近，且从第一人称"我"行文，很早就被认为是穆旦本人自撰[1]：

> 最大的悲哀在于无悲哀。以今视昔，我倒要庆幸那一点虚妄的自信。使我写下过去这些东西，使我能保留一点过去生命的痕迹的，还不是那颗不甘变冷的心么？所以，当我翻阅这本书时，我仿佛看见了那尚未灰的火焰，斑斑点点的灼炭，闪闪的、散播在吞蚀成切的黑暗中。我不能不感到一点喜。

"火焰"照亮"黑暗"，对于内在的精神自我，穆旦显然有着强烈的体认：在一定程度上，这也可说是其早年写作景象的呈现：诗中确实有一股"火"，但却往往是在内里燃烧，表面上却呈现出

---

[1] 姚丹观点，见《西南联大历史情境中的文学活动》，第428页。按，《文聚》第2卷第3期封底亦有此广告，内容相同。但其中的文字，如"成切的黑暗"或有误，"成切"或为"一切"。

"冷"的态势。唐振湘所谓"外冷内热"的说法[1]正可从这个层面来理解。

从另一个角度看,作为校园文学社的文聚社出版能力有限,实际出版物的流传面也可能很有限。王佐良在《一个中国诗人》中曾如是描述联大的诗人群:

> 这一群毫不有名。他们的文章出现在很快就夭折的杂志上,有二三个人出了他们的第一个集子。但是那些印在薄薄土纸上的小书从来就无法走远,一直到今天,还是有运输困难和邮局的限制。只有朋友们才承认它们的好处,在朋友们之间,偶然还可以看见一卷文稿在传阅。

二三人应该包括穆旦在内,但实际上,王佐良在此文的稍后部分虽然提到了穆旦曾出版诗集,却连诗集名字都不曾提起,一般的读者自然是无从知晓。而缕析1946年之后出现的各种批评穆旦的文字,均未出现对《探险队》的引述,这无疑也是缺乏反响的一种表征。

王佐良所谓"只有朋友们才承认它们的好处"还有一个别有意味的例证,现存中国现代文学馆的《探险队》由薛汕捐赠,其封面有"文学竞赛刘善继同学荣获诗歌冠军纪念 林元编赠 卅四年★月"字样[2]。林元(林抡元,1916—1988)即《文聚》的主要编辑、《探险队》的编辑人,稍后还创办《独立周报》,继续刊载穆旦的作品。诸种情况都表明,穆旦的首部诗集得到了林元等

1　唐振湘、易彬:《由穆旦的一封信想起的……》,《新文学史料》,2005年第2期。
2　看起来很可能是"一月",但无法准确辨认。

人的更多看重——将这部新鲜出炉的诗集作为奖品赠送给文学竞赛的诗歌冠军获得者，亦可视作对于穆旦诗歌的肯定。日后，林元在回忆文之中亦对穆旦多有赞誉。[1] 遗憾的是，查阅林元的叙述以及西南联大文学活动的相关研究资料，并无 1945 年文学竞赛的记载，也无从获得刘善继的有效信息，此次竞赛、此获奖者是否跟西南联大直接相关，亦无法断定。穆旦稍后曾在薛汕编辑的《新诗歌》（《现代文摘》副刊）发表作品[2]，但目前也未见两人交往的信息，这册作为奖品的诗集如何到了他手里也无从察知。也即，此次行为原本显示了穆旦诗歌传播的别一种路径，但路径本身似已湮没于历史的丛林之中。

综合视之，到 1945 年底为止，穆旦还只能说是一位文化身份微渺、诗歌名声微薄的诗人。比照此前和此后的景状，1938—1942 年间，身为联大学生和助教的穆旦，这一实际文化位置显然有助于他文化身份的提升，且一度对发表产生了良好的促进作用；而 1947 年之后，随着穆旦本人逐渐融入主流文化圈之中，其作品的发表状况明显得到改善，文化地位也有所提升。可见，文化位置或文化身份之于写作的效应。以此观之，1943—1945 年这三年大西南时期的小职员生活经历，在相当程度上湮息了这一文化可能性。

1　林元：《一枝四十年代文学之花——回忆昆明〈文聚〉杂志》，《新文学史料》，1986 年第 3 期。
2　穆旦：《农民兵》，《新诗歌》第 4 号，1947 年 5 月 15 日。

六　从云南到北平：地域与身份的转换

在大西南地区的这种不安定的生活要到 1945 年 11 月 21 日左右才告结束。是日，穆旦与 207 师师长罗又伦同坐一辆吉普车开始了为期 40 多天的北上之旅，旅途从昆明出发，途经普安、贵阳、芷江、安江、宝庆、湘潭、长沙、武汉等地，其中，在接受日军投降的小城芷江逗留了两天，在长沙、武汉两地逗留的时间更长。1946 年 1 月 6 日，穆旦乘飞机抵达北平。

较早时候，刘希武谈到：穆旦在随军北上的路上，"写了《还乡记》杂文约 10 篇"，1947 年，穆旦和他"去北平访问沈从文和冯至两位先生时，他们都称赞这些文章"。[1] 刘希武曾与穆旦一起参加中国远征军，入缅任翻译官，稍后为《新报》同事，且曾为其妹夫，其说法自然是可信的，但相关文章近期才陆续找出[2]：

报刊名	地点	篇名	时间、署名
《独立周报》	昆明	《从昆明到长沙——还乡记》	1945 年 12 月 24 日，本报特派记者查良铮
		《岁暮的武汉》	1946 年 1 月 24 日，本报特约记者查良铮
		《从汉口到北平》	
		《回到北平，正是"冒险家的乐园"》	1946 年 2 月 1 日，本报特约记者查良铮

---

[1] 刘希武观点，转引自李方：《穆旦（查良铮）年谱》，《穆旦诗文集》（第 2 卷），第 390 页。
[2] 主要讨论参见陈越：《再从军路上的〈还乡记〉——查良铮（穆旦）佚文四篇》《〈还乡记〉——查良铮（穆旦）佚文四篇》，《新诗评论》，2010 年第 2 辑；杨新宇：《穆旦佚文〈从长沙到武汉〉》，《文汇读书周报》，2018 年 5 月 21 日；司真真的《穆旦佚文七篇辑校》，《新文学史料》，2018 年第 4 期；陈琳、杨新宇：《穆旦的集外文〈怀念昆明〉》，《现代中文学刊》，2018 年第 6 期。

（续表）

报刊名	地点	篇名	时间、署名
《大公晚报》	重庆	《从昆明到长沙——未完的还乡记》	1946年1月9日，查良铮
		《从长沙到武汉——还乡记之二》	1946年1月21日，查良铮
		《回到北平》	1946年2月12日，查良铮
《世界晨报》	上海	《北京城垃圾堆》	1946年3月2日，查良铮
		《"蝗灾"》	1946年3月9日，查良铮
		《初看沈阳》	1946年4月7日，查良铮
《中央日报》	昆明	《重来清华园》	1946年3月3日、4日，良铮
		《北京城和垃圾堆》	1946年6月9日，查良铮
		《怀念昆明》	1946年7月14日，良铮
《成都晚报》	成都	《北京城垃圾堆》	1946年3月13日，查良铮
《侨声报》	上海	《重来清华园》	1946年5月23日—27日，良铮

所谓"还乡记"，如果只是狭义地指认为从云南到北平的还乡历程见闻的话，那也就是5篇，即《从昆明到长沙——还乡记》《从长沙到武汉——还乡记之二》《岁暮的武汉》《从汉口到北平》《回到北平，正是"冒险家的乐园"》；但对照刘希武所谈到的"约10篇"，那应该是涵括了回到北平之后的多篇见闻录与现实感慨，即《北京城垃圾堆》《蝗灾》《重来清华园》《初看沈阳》《怀念昆明》，如是，总数正好10篇。文章在《独立周报》发表时，有"本报特派记者查良铮"的字样，在《世界晨报》上，则有"北平通讯""本报特约东北通信"一类标记，看起来都赋予了某种文化身份，但这批文章长期湮没无闻，终究还是身份微渺的一种表征。

1945年12月4日，身在长沙的穆旦开始写作"还乡记"系列文章，基本写法是叙议结合的体式，所叙是途中所见的各种战争遗景，议论与感慨则是据这些见闻而生发的。所谓归途，实际上是如赴战地,如《从昆明到长沙——还乡记》所写:"我们一共有五部车子,后两部是卫护车,有冲锋枪十多枝,前后接应而行,一如前赴战地然。"

沿途所见,也有"很活泼的印象"令穆旦感到鼓舞,比如在受降的小城芷江居住期间,去后方医院看望从华西大学和同济大学征调出来的女医生的时候,感觉她们是"怀着理想"的,"记得有一个记者曾说芷江象征着新中国的诞生。我可惜来迟了,没有赶上窥其全,但是见了尾巴,已可想见其生气勃勃之概。"但各种战争遗景——破烂的街景,街上、酒馆里那些穿着破旧衣服的、无所归依的、失去了人的体面的日本兵,"荒凉"的文化局势,疯长的物价显然给穆旦留下了更为深刻的印象,"厌弃战争"情绪显得尤为突出,"战争有什么意义"被强烈质疑。

在武汉的时候,穆旦原本打算先坐船至上海——和罗又伦及207师一起"由汉口分乘轮船至上海"[1],再由上海到北平,但一个偶然的遭遇改变了这种将要耗费许多时日的行程安排。其时,汉口的旅馆里住满了等船的接收及公差人员,最快的行期至少要在半个月以后。但某日早晨,穆旦在路上遇到的中国航空公司的一位旧友开玩笑说,"有一架飞机去北平,你坐不坐?"实际上呢,当时旅客们都已到机场了。不想说话之间,一辆卡车开了过来,去北平的飞机走不成了,改为第二天早晨出发。飞机是行政院长来电包用的,还有几个空位子可以售票,穆旦赶紧去办手续。最初,所有谦恭和恳切都没有用。"等两天来看吧,"办事人员回答说。正要走了,某所长忽然走了进来,又是一个老朋友,五分钟

---

[1] 朱浤源等访问、记录:《罗友伦先生访问纪录》,第60页。

后，穆旦拿着批准的申请书，订到了中国航空公司的座位。看起来，穆旦在中国航空公司的工作虽然乏味，却也并非无一用处，这不，在无意之中就解决了一个世俗生活层面的难题。

更引人注目的是这批文章所流现的情绪和思想。厌战情绪是经历了战争之后很多知识分子共通的感受，但其中还有一些更为深入的观察，如《从昆明到长沙——还乡记》中，从厌战心理出发，却又由街上的日本俘虏而想到"个人所受的迫害"，最终引申开来：

> 我不知道战争有什么意义。自然，战争的意义很多，可是等你看到人们不言不语的回来在废墟上盖着芽草房子，而日本兵穿着破旧的衣服，也在街上拉着破碎砖瓦，扫清街道，修桥铺路；等你看到仇敌和朋友都一起来收拾这一场破烂，而大家的情形都更穷，更苦，更可怜，你就会想到既有今日，何必当初？何必大家要把好的破坏，而后再来共享坏的？为什么非要这样才能解决问题？其结果岂不是问题更多？今日的国事，是不是又要依赖在这一个老方法上？难道目前的教训还不够使人作痛吗？
>
> 我在长沙的街上走，在沿湘江岸上所见的一切，使我不由得厌弃战争，厌弃战争期间双方都有的那种 Bravado 那种故意暴涨的精神。
>
> 我们都嚷着对待日本俘虏太嫌宽大了，到现在我还这么感觉。战争方结束时，我想，既然不能杀了，我一定要踢打几个日本军人。想想我个人所受的迫害，已就是十足的仇恨了！我要报复，即使是一点点泄愤。可是，在长沙，你看见

这些日本人，这些矮鬼，有的皮鞋坏了，脚上是用他自己军装缝起的鞋子，全身脏污，有的站在小摊旁吃东西，有的在街上推着大车，在人群中走过，无所表情，有的蹲在墙下晒太阳，和中国士兵谈天，那种无所归依的样子，那种失去了人的体面的样子，你就希望"赶快走吧"，最好别再看见他，你希望他们赶快回国去，你不由得可怜，这种感情又似乎不对。因为我们自己的同胞就在沿江搭盖草屋，拼［胼］手胝足，准备忍受过这个严冬。于是你想，那么多不可一世的刽子手，全是日本军阀造出来的。现在你看见他们，你真愿意他们是无辜的。

所谓"个人所受的迫害"无疑是指 1942 年缅甸战场的生死经历，"还乡"见闻就这样夹杂着个人记忆，一如那些明显带有外向性的诗歌里夹杂着个人省思。而"失去了人的体面""真愿意他们是无辜的"这样的看法，则和 1945 年中段穆旦的不少诗歌一样，包含了一种对于"人"的境遇的理解。

令穆旦感到痛心还有"在那旧的轨道上转"的汉口人的生活状态：

这地方还是老样子，尽管旧日租界是全部炸毁了，沿江码头，旧英租界，也炸坏很多，可是汉口还是老汉口，还是高楼大厦，还是带铃的包月车在柏油路上飞驰，弄堂里二房东三房东的生活还是在那旧的轨道上转，他们七八年就始终没有离开过抽水马桶和后门的楼梯。我们去了又来了，日本人来了又去了，这在他们也许像是"出将""入相"似的看了一出戏。这其间的血泪、痛苦、斗争、绝望和新生，在他们竟隔了一层，因为他们在"自私"的围墙里始终可以过得"很好"的缘故。

作于 1945 年 12 月底的《岁暮的武汉》，不止描摹了中国人的生活状态，还刻画了在一家小饭馆碰到三个日本俘虏的情形：

> 我穿着军装，走进汉口郊外的一家小饭馆里，我对面的桌子有三个俘虏在饮酒吃饭。他们一见我来，立刻起立敬礼，有一个端了一杯酒非要我饮下不可。我饮过后，其余的两个也围过来，又是酒又是香烟，热烈的要我到他们桌上去吃。推让了一下，他们见我不肯，便把酒菜通通搬到我的桌上来，一个年青的笑着说，"你是中国人，我是日本人，没有关系！"一路见到日俘时，总是他们退缩，我们严肃，中间有一种冰冷未曾溶化。现在，这三个日俘出乎意外的热烈，倒使我发生了兴趣。

最末则写到了自己的一种隐忧，以及对于民族图强的希冀：

> 武汉的岁末，隐藏着这些下台的侵略者的悲哀。在中国人民一方面，我们虽然还有着国内的纷争，阴霾四伏，可是我们新来的这个全民族的喜悦，在这个新年中，是没有什么可以遮掩得住的。看看日本人，他们是忽然间遗落在我们后面了，我们还不该赶快图强吗？

生活状态方面的景状，同样见于描述北平、沈阳的文章——到北平，见到父母自然是倍感欣慰的，但是，令他没有想到的是，故都北平已经成了"冒险家的乐园"：

> 宽宽的柏油路，矮矮旧旧的平房向后退去。迟缓的，冬日街上的行人向后退去。风吹沙土，长长的旧红墙和红墙里的大院落向后退去。北平仍是以前的北平，不过更旧了一点，更散漫了一点。北平的严寒是依旧的，雪和尘土一样的堆积不肯离开，寒风刺骨，使在南方住久的人感觉真有点"吃不消"……
>
> 可是有谁想到这严寒的北平正是冒险家的乐园吗？投机商不再住在昆明，昆明的时代已经过去；他们去到长沙，摇摇头，没有什么"活头"；他们又来到汉口，汉口也场面太小；他们来到北平，北平正是怨声载道，洪水，猛兽得意的地方，这正是他们的温床！
>
> 对于北平人民，和平不是自由，而是加速死亡。在敌人的统治下，一个小公务员可以养活一家五六口人，虽然他们必须吃混合面，买配给煤。可是八年来他们"过得去"，没有日本人使他们面临如今他们面临的这种饥寒的深渊。三个月来的中央统治，已使物价升高了廿倍，而且还在继续飞跳中，北平人每日见面的谈资，不再是"今天天气……"，也不再是中央的消息，而是柴米油盐的价格。可怜的北平人，八年来习于安定的生活和正常谋生之道，只知道观望物价上升，怨声不止，由吃配给面而吃棒子面窝头，由吃肉而吃素菜而吃咸菜而吃盐巴。三个月的和平日子对他们是一个不可相信的

恶梦，是给他们八年坚强信念的一纪［记］耳光。

文章用了对照性的视角，北平人民在八年日据时期，怀着"坚强信念"、苟于"安定的生活"，而三个月来的中央统治却使得他们面临着"饥寒的深渊"，愤慨之情溢于言表。感怀"个人所受的迫害"的诗人显然无意美化日军的侵略统治，话语指向乃是政府接收人员的管理无能以及投机商们的势利。

《蝗灾》则指向"接收人员的虐政"，北平的小公务员、小市民、青年人都受其苦；同时，对"维系着封建余风"的老年人，也有批判之意。《重来清华园》描述了重回已"离别了八年的水木清华"的情形，其间既有因重见当年宿舍的老工友而引发"有着多少时间的流逝"的感慨，也因"校警知道是从南来的先生，回来看看的"而"特别表示亲热"，以至"几乎感觉自己是悲剧主角的程度"，"日本人破坏了学校，却更破坏了我们黄金时代的联想物，而这是无法恢复的"。《北京城垃圾堆》引鲁迅的"我的周身全是灰土，灰土，灰土……"为题词，兼有实指与隐喻的双重含义：沦陷八年的北京城内不仅"垃圾堆积了一百五十万吨，始终没有运出过"，而且"还有人心里的垃圾需要扫除"，那就是打躬作揖的"顺民的态度""主奴的现象"。《初看沈阳》记录了"沈阳的灵魂正从死里复活"的景象："东北人已受够了亡国的痛苦，他们在光复后情绪特别高昂。一般人都见人便讲外国驻军对他们的迫害，和目前变乱的损失"；"沈阳充满了痛苦的故事，而痛苦的后面，又全是罪恶。这使你想到人类的愚蠢，和愚蠢的枉然"。《怀念昆明》则表示："在过去三四个月的旅途中，每到一个新地方，就不由得要把它来和旧识的昆明作比"。文章用以比照的还是沈阳，除了天气、街道、生活的舒适度之外，也还有战争的印痕："在沈阳，你领受到的却是不快意的战争的尾巴。在这里你看到十四年的积弊和一旦亡国的惨状。最大的幻灭应该属于日本人。"最末则表达了对于"昆明的那'独处世外'似的平静的感怀"，和"向担了八年抗战的责的昆明（现在已经退伍了的）祝福"。

　　基于远征军经历，穆旦写过至少三篇文章，而在从云南到北平再到沈阳的这数月间，写下了更多的时感类文章。就文体而言，在穆旦写作之中，散文此前一直被认为是较小的写作类型，如今看来，局势已有较大的改变。而观其主旨，《苦难的旅程——遥寄生者和纪念死者》是对绝境的哀挽，"还乡记"系列文章则是直面"光复"后遭遇的诸种现实问题——纷乱的时局引发了诸种感慨，其中，多见人生与现实的纠结，也多有矛盾困惑之处。对照稍早写作的"抗战诗录"，精神关联不难察知，但也可以看到话题有了比较明显的扩大，这自然可归因于经历、见闻的差异，也可说是地域的转换带来了身份和视野的变化，穆旦随后前往东北办报，诸种原因之中，"现实"和对"现实"的认知就是很突出的一种。

第九章

《新报》时期

1946 年 1 月 6 日，结束了在大西南数年的生活经历，从云南出发，经长沙、武汉等地，穆旦终于返回北平家中。重回北平，时节已是严冬，穆旦终于见到了离别八年的父母——在日本军队占领北平期间，他们已将天津的房子出售，迁往北平租房子居住。

但见到父母的欣慰大概只是短暂的，故都北平已成为"冒险家的乐园"，这是不得不直面的残酷现实。物价上升，"租房子居住"意味着生活压力增大——现实容不得穆旦闲居下去，他可能去找过一些"文字工作"，也可能北京大学外文系曾邀请担任讲师[1]，但这些方面都没有确凿的讯息，目前只能看到最终的结果：穆旦又一次离开北平，这次是去往更北的地方，到东北办报。报纸名《新报》，从开始前往筹备到报纸被封离开，大致时间为 1946 年 2 月中旬至 1947 年 9 月，本书以"《新报》时期"称之。

---

[1] 刘希武观点，转引自李方：《穆旦（查良铮）年谱》，《穆旦诗文集》（第 2 卷），第 390 页。

一　关于《新报》的说法

较长一段时间之内,《新报》的面目并不清晰,相关记载也有不同的说法。

先看辽沈地方志文献的记载。较早时候,有介绍称:《新报》"社长徐露放,主笔唐舒。初期为邝安庸负责。改组后,实际由一个东北人孙某负责,主笔是天津人、中统沈阳区文化组组长邵寄萍";[1]后又有关于《新报》创刊、停刊及复刊过程的简略介绍,称其"系国民党二〇七师的军报","二〇七师校官徐露放为发行人(社长)","向以'青年勇敢奋斗之精神,建设东北新文化'作为自己办报的主旨"。[2]此后的一些介绍大致相通,但关于《新报》的主事者,说法也有变化,诸如《新报》的主办人徐露放,主笔吴廷贤[3];发行人徐露放,主要编辑为唐舒、邵寄萍[4];社长徐露放,主笔先后为唐舒、邵寄萍(中统特务)[5],等等。其中都没有出现查良铮(穆旦)的名字,但晚近出版的报业通史,则以"穆旦与《新报》"展开专题叙述。[6]

1　郁其文:《近、现代沈阳报纸简介》,中国人民政治协商会议沈阳市委员会文史资料研究委员会编辑:《沈阳文史资料·第4辑》,1983年(未署出版机构),第180页。
2　沈阳市人民政府地方志编纂办公室编:《沈阳市志》(第十三卷),沈阳:沈阳出版社,1990年,第130页。
3　辽宁省地方志办公室编:《辽宁省地方志资料丛刊·第12辑》,1990年(未署出版机构),第60页。
4　辽宁省地方志编纂委员会办公室编:《辽宁省志·军事志》,沈阳:辽宁科学技术出版社,1999年,第481页。
5　沈阳市文史研究馆:《沈阳历史大事本末》(下),沈阳:辽宁人民出版社,2002年,第979页。
6　《辽宁报业通史》编纂委员会编:《辽宁报业通史(1899—1978)》(上),沈阳:辽宁人民出版社,2016年,第335—337页。

一些当事人和研究者也提供了观点。刘希武称穆旦"太重友谊",罗又伦"再三请他,盛情难却",并推却了北京大学外文系的邀请,前往东北。[1] 曾在《新报》编辑部任穆旦副手的邵寄平(不同材料中亦写作邵寄萍、邵季平)提到,穆旦这一时期"很少写诗。《新报》副刊上甚至没发表过他的文章";《新报》栏目如《日日谈》,"大部由穆旦执笔,不署名,发表过不少犀利的时事评论";还提到了《新报》最后被查封的原因。[2] 此外,邵寄平还谈到一些细节,如因为俄语讲得很好,并与俄中友协人士有所接触,不少人认为穆旦有左倾倾向,或是"民盟"成员。[3] 李方在穆旦作品的整理方面做了大量工作,在《新报》一事上,不仅采访包括上述两位在内的当事人,还到沈阳实地查阅了原始的报刊资料,并撰专文梳理。[4] 陈伯良的《穆旦传》则以"一位读者日记中的报纸主编"为题介绍了穆旦当时与一位读者的交往情况。

统合来看,辽沈地方志文献的记载,看起来像是一个谜局,先是一直没有"查良铮"的名字,再出现就已是专题钩沉了。而相关研究,多偏重于史料的钩沉,对于穆旦的内心世界缺乏足够深入的体察——或者说,对于《新报》之于穆旦的意义,缺乏有效的探究。因此,诸种材料之中,这里想特别提及《穆旦传》中那位"读者"朱磊当年的一篇文章,《送穆旦离沈》。

1946年底,《新报》发布了1947年元旦以"东北一年来……"为主题的征文消息,年轻的朱磊(有笔名朱珍妮、亚珍等)和丈

---

[1] 转引自李方:《穆旦(查良铮)年谱》,《穆旦诗文集》(第2卷),第390页。
[2] 邵寄平:《穆旦二三事》,杜运燮等编:《丰富和丰富的痛苦》,第203页。按,此文对《新报》创刊和停刊的时间都有误记。
[3] 转引自李方:《穆旦(查良铮)年谱》,《穆旦诗文集》(第2卷),第391页。
[4] 李方:《穆旦主编〈新报〉始末》,《新文学史料》,2007年第2期。

夫卢逊生（又名苏宾）正流落沈阳，找不到工作，生活非常困顿。看到消息后，朱磊将《一年来做妻的生活》寄给了《新报》。不想获得第一名。一天，穆旦带着流通券一万元奖金去了一个像"冰雪荒原"般寒冷的家里看望她。

这一故事或许会让人想起当年名作家郁达夫去看望刚刚开始写作、生活相当困窘的沈从文的情形。当然，其时穆旦远没有郁达夫那样大的名声，而获奖的年轻作者后来虽也从事文艺事业但并没有成为沈从文那样的大作家。郁达夫在随后写下的"公开状"中愤慨地谈到文人"去势"的现象：即便是大学生啊，博士啊，都找不到工作，更不用说像沈从文这样连国立大学之门还没有跨入的人了。当时的亚珍夫妇、此前及稍后的穆旦，也可以说是找不到工作的"大学生"——但穆旦并没有如郁达夫那般愤慨地发出生活不下去就去当土匪或拉洋车的慨叹[1]，而是说，"没有想到这次元旦征文中出现了你的《婚后一年》（按，应该就是指《一年来做妻的生活》）这么好的作品。我喜欢它的朴实、纯净……写出了你们洁身自爱的美好心灵，精神境界"。换言之，穆旦并没有将怒火洒向无法让有理想的年轻人生存下去的社会，而是赞扬了那种能够给困窘生活以慰藉的"美好心灵"。

因为这一事件，彼此有了交往，年轻的作者受到鼓舞，将穆旦给她的一本美国作家萨洛扬短篇小说集《四十六篇故事集》陆续译出，译文经过穆旦校正之后，在《新报》刊出了数篇。期间，穆旦曾表示《新报》可以聘朱磊为特邀记者，不过没有薪水，稿费也"只够买高粱米"，但被朱磊夫妇拒绝。1947年8月，《新报》

---

[1] 郁达夫：《给一位文学青年的公开状》，《晨报副刊》，1924年11月16日，第3—4版。

遭查封；之后穆旦来和朱磊夫妇告别，将新近在沈阳自印的、"纸张粗糙"的《穆旦诗集》送给了他们。[1] 不多久，朱磊（亚珍）作《送穆旦离沈》，并刊载于 11 月 22 日天津《益世报·文学周刊》第 67 期。其中写道：

> 两年来，东北不知有多少来的人，有多少走的人，算不了什么，你无非是这万万千千中的一个。两年之前和两年后的现在，你来，你走，这中间，你经历着兴衰样的变化，是你个人的，也是整个东北的，张大的说一说：也是中国的，也是世界的。你办成的报纸，它出现，它蓬勃，它消失，在人们的眼前，更在个人的生命上。

不熟悉《新报》，不熟悉无名的作者与穆旦交往的读者，初看之下或许会觉得文章夸饰成分较多，或视此文的发表拜赐于穆旦的《益世报·文学周刊》的老作者身份——此前，1947 年 2 月 8 日、1947 年 6 月 7 日、1947 年 8 月 16 日，《益世报·文学周刊》都曾大幅刊出穆旦诗歌，而与《送穆旦离沈》同期，更是刊发了包括《我想要走》《暴力》《胜利》《牺牲》《手》《发现》《我歌颂肉体》在内的 7 首诗歌。但放置到穆旦个人经历之中，这一事实却是别有深意：无名的作者发现了《新报》这样一个小小的岗位之于穆旦生存境遇的某种特殊意义。《新报》不过是现代中国一份短命的、地方性小报，并非声名显赫的《大公报》或《益世报》，无名的诗人和无名的作者也更不是郁达夫和沈从文，但在这位读

---

[1] 据《时光倒流在我们心上——朱磊日记》（1999），转引自陈伯良：《穆旦传》，第 99—104 页。

者眼里，这一切之于穆旦却有着无可替代的切身意义，"更在个人的生命上"，这一评价在当时是独特的。相当长的一段时间之内，穆旦评论界依然极少对此作回应。

为了更好地体察所谓"更在个人的生命上"的意义，如下将对《新报》的发展状况做一番梳理。

二 《新报》之创办

刘希武称穆旦"太重"与207师师长罗又伦将军的"友谊"，这一说法基本不错。穆旦与罗又伦将军的交道始于中国远征军时期，此后一直多有交道。但是，穆旦去文化并不发达的沈阳办《新报》，在相当程度上也可说是无奈之举，或如日后的交代所称："抗战胜利后，自己绝不想在军队里了，只想过平安生活，找一个文字工作"，但是，"在北平，当时情况是难以找事的。自己不能闲居太久，必须养家"。又称，"在家中住一月余，原拟离开军队，另觅文职，但在北平只见军人'有办法'"，而罗又伦约去东北，便和207师政工队员徐露敀"请求以207师复员青年军名义办一民间报纸，得罗同意"，就一起"到锦州筹备报馆"（综合《我的历史问题的交代》，1956年4月22日；《历史思想自传》1955年10月）。对照《回到北平，正是"冒险家的乐园"》《蝗灾》等文章，这里的说法应无多少疑义。与之相应，李方认为穆旦的办报之举蕴含了生计的考虑，即谋求相对稳定的职业以赡养居住在北平的父母和妹妹[1]，也是合乎情理的。

---

1 李方：《穆旦主持〈新报〉始末》，《新文学史料》，2007年第2期。

最初，报纸拟在锦州开办。1946年2月16日，穆旦与徐露放、王先河、朱叔和、成经远等人到锦州着手筹备，预备以《东北日报》为名，一个月后，当局通知《东北日报》应由政府机构来办，遂改名为《新报》。个中情形，徐露放在《回顾与前瞻 本报周年纪念感怀》中有记录："我和我的好友查良铮兄等四人在冰天雪地里奔跑为了房屋跑遍锦州，到处碰壁。为了人才，煞费物色的苦心；为了经济我们夜不能安枕，昼不得进食，为了印刷，向印刷商低头而不可得，半个多月的筹划工作，费尽了心血伤透了脑筋。不久，沈阳突告接收，随军事政治中心的转移，本报为适应需要来沈阳筹办。"

记者刘兰溪在《〈新报〉的今昔》中也有记载[1]，起初，房屋、印刷厂、人才、经费诸方面都困难，"最要紧的还是人才问题"，查良铮、王先河二位托天津《大公报》征聘人才，共招收7人，由王先河于4月初将其领到沈阳，包括一直留下来的邵寄平、徐维华等人。当时，关外天寒地冻，"他们正是为了热心文化工作的毅力所驱使而出来的"，"毅力是新报雄厚的资本"。

所称"征聘"一事，可见于1946年3月17、18两日天津版《大公报》第一版所刊登的广告《东北某大日报征求工作人员》。至于征聘标准，穆旦日后交代表示：已全权委托给他的同学赵清华，"他认可后即派到沈阳来。他录取的唯一标准就是文字能力，并没有说明报纸有什么政治宗旨"（《我的历史问题的交代》，1956年4月22日）。此时又与赵清华联系上，是因为在北平居住期间，见《大公报》发表的一篇翻译小说用的是笔名"赵照"，顺着这个

---

[1] 徐露放、刘兰溪的文章均刊载于《新报》，1947年4月22日。

线索，通过报社转信找到了老同学，邀请其任预备创办的报纸的编辑部主任，并且印好了名片，给他看了组来的马凡陀（袁水拍）《山歌》等稿件。赵也"试译了几篇欧·亨利的短篇小说"以示支援，且跟着去了沈阳，但"盘桓了几周时间"之后，最终谢绝了邀请。[1]

3月22日，穆旦率领一批人抵达沈阳，与20日先期来到沈阳的徐露放会合。"以复员青年军名义接收了一批机器及房子"，稍后发表的通讯《初看沈阳》如是写道：

这一天正是阴雨，走出车站就见满街泥水，脏污不堪，难以下足。两边商店林立，却没有一条人行道。载客的马车从街中颠簸而过，泥水就向两边溅开。记得曾见美新闻处展览的东北各大城市照片，都是堂皇整洁，为什么现在和印象这么不同呢？原来那些漂亮的街道房屋，全是日本人为自己建设的。沈阳城里，既然是中国人区域，那街道简直一塌糊涂，十四年来更加毁损，到处凹凸不平。而这种地方，就住了我们一百七十万同胞。

至4月18日，《新报》印刷厂在一间破烂的空屋子里建立起来。4月19日，《新报》试排了第一张报纸，连续试版三天。22日，《新报》正式创刊。

《新报》的营业部设在沈阳市和平区中华大路21号，编辑部和印刷厂设在沈阳市和平区胜利街13号，其机构大致如此：徐露

1　赵清华：《忆良铮》，杜运燮等编：《丰富和丰富的痛苦》，第195—196页。

放任总经理兼社长,报纸发行人,主要负责报社的行政事务;穆旦任总编辑,"主持编辑部,负责编辑方针、社务、人事及资金等事,一度还兼为207师翻译电文。栏目大多由他指示,责成其他人执笔";主笔为王先河,但并未承担报社的具体工作。至于允诺穆旦等人来办报的207师师长罗又伦将军,挂名"董事长",为报纸找房、筹款、供应纸张(这在当时面临着很大的困难,"纸张奇缺,新闻纸依赖进口且运到关外极为困难")等,却不干涉报务。[1]

《新报》创刊初期,印刷条件差,工作经验又普遍缺乏,困难很不小。徐露放在《回顾与前瞻 本报周年纪念感怀》中写道:"这座好像遭了战乱甫告平靖的城市,一切皆显得十分肮脏和破碎";"经过两三天的接洽,得到朋友的割爱,借用到了三台可以印报而实逾龄了的机器和四百斤铅字,少数材料";后"向商人借一套五号字模子和一台手摇铸字机,费了九牛二虎之力,请几个木工作一副字架子字骰子",以及"一具打版机和一把打板刷子"。印刷的时候,由于缺少各种字体太多,不得不与益顺兴等三家铅字局商妥,"拿钱去请求帮忙"。而"从发行到广告,从编辑部到排字房",工作人员普遍缺乏经验,"只得采用一面作,一面学,一面教的办法";后高价买了一套六号字字模,自己铸字,直到1947年3月,才换上新字。"报纸是在这样苦难的情形下成长,虽然距离理想还远,但困难终可以慢慢减少的"。

至于报社的工作人员,坊间没有确切的统计。据1947年4月22日"《新报》周年纪念特刊"所载《一年来本报主要工作人员题名录》,分经理部和编辑部,经理部包括总经理徐露放,经理朱

---

[1] 部分参考李方的《穆旦主持〈新报〉始末》一文。

叔和，总务李振铎，发行成经远、浦文显，广告周国钧，出纳伍翠娟，会计吴久选，庶务裘海亭、王振山、赵之汉、庄汉，工厂李同水、王树丰；编辑部包括总编辑查良铮，主编邵季平，二版编辑徐维华，三版编辑王宜生，副刊编辑张纪元，记者刘兰溪、邝安庸、刘兴武、汪命亥，资料陈祖文、金成铠，电台张仲英，校对张兴。据常理推断，既标明为"主要工作人员"，也就并非成员的全部。日后，穆旦在接受《新报》的外调时，还提到了印刷部，而被确认的人员则还有廖祖述、陈祖文、陈鋆、傅琴、张纪元、张金钢、苗茁、姜玉信、李光尧（长春《新报》）等；但对于所问及的李德怀、褚世昌、陈达夫、林开鑑、林宴明、王敬宇等人的情况，穆旦则表示不知情（相关外调情况，后文将涉及）。此外，于衡回忆称，曾接替刘兴武任"采访主任"。[1] 李德纯也自称是"同查良铮先生邂逅于1946年从锦州开往沈阳的军车上，其后又在他领导下编：《新报》副刊，有所接触，有所感"。[2]

《新报》初为四开小报，看起来发展态势不错，5月6日，即改版为对开大报，期间一度还曾扩版为对开一张半的版面，发行量由三千多份增至一万余份；11月1日，《新报》在长春设立分社，出版四开小报。主要栏目有第2版的社论（也包括部分来论、专论和星期文论），第2、3版的国内外及东北的新闻，其中第3版有时事短评栏目"日日谈""读者来函"栏目，第4版为副刊（按，扩充为6版之后，版式有所不同），副刊先后出版了10余

---

1 于衡：《烽火十五年》，台北：皇冠出版社，1984年，第75—76页。
2 据李德纯致陈伯良的信（2005年3月12日）、陈伯良先生致笔者的信（2007年7月5日）。又，笔者的《穆旦年谱》（2010）出版之后，李德纯先生亦曾来电，简要地说明了当时的情况。

种，包括"新地""语林""医药""欧美风""各地通讯""各地风光""时代妇女""社会服务""边防""文学""星期文艺"等，还出版了多种纪念专刊。

《新报》发展形势一度非常之好，当时有统计讯息："辽省有报纸二十余家，销数较多者有中央·和平·前进·东北前锋·东北民报·商业日报·中苏日报·新报·沈阳日报·正义报等，日销均在一万份以上"[1]；日后也有研究指出，《新报》为当时东北的四大报纸之一，另三种亦在上述之列，即《前进报》《中苏日报》和《东北民报》。[2]

"社论"栏目主要针对国内外重要的政治事件以及东北本地政治、军事、社会、经济、文化方面的事件，前者如《从外长会议看世界前途》（1946年5月14日）、《我们需要党政革新》（1946年9月13日）、《论我国的政党政治》（1946年9月22日）、《美国意欲何为？——我们亲美外交不当之评议》（1947年2月8日）、《从美苏关系说到我们对策》（1947年2月11日）；后者如《论东北生产经济建设》（1946年7月2日）、《论今日之东北新闻事业》（来论，高嵩，1946年8月10日）、《当前东北工业复员之应有措置》（1946年9月4日）、《应速确立东北粮食政策》（1947年1月5日）、《为阵亡将士家属请命》（1947年1月10日）、《人民需要民主市长》（1947年5月16日）等。

"日日谈"栏目主要为东北特别是沈阳新闻时事的短评，篇幅短小，一事一议，一般仅一二百字，长也不超过三四百字，除

---

[1] 据上海版《申报》，1947年4月7日，第2版。
[2] 据李方《穆旦主持〈新报〉始末》。按，该文未标明此说法的出处，在其他论及沈阳《新报》的材料中也未见类似说法。

了偶有中断外，每天一则，偶尔两则，如《救济失业工人》(1946年5月28日)、《严惩接收贪污》(1946年8月29日)、《何谓言论自由》(1946年9月1日)、《应速平抑物价》(1946年10月9日)、《尊重司法独立与尊严》(1946年12月20日)、《物价指数与调整待遇》(1947年1月5日)等。"读者来函"也是以暴露沈阳以及东北地区的不公平现象为主。

先后刊行的十余种副刊，"新地"基本上贯穿始终，总体而言，可算是偏重于文化类副刊，刊载有诗歌、散文以及各种文化类文字，有马凡陀《上海选举参议员趣闻》(1946年6月14日)，杜聿明《悼抗战接收死难将士忠魂》(连载，1946年7月10日开始)、《九一八的意义及其影响》(1946年9月18日)，叶圣陶《为己（给青年学生）》(1947年2月4日)，《俞平伯释杜诗〈月夜〉》(1947年2月7日)，《茅盾对于文坛的又一风气的看法》、叶圣陶《为什么弄文艺？》(1947年2月12日)；也有不少译文，如高尔基的《少女》(阿呆译，1946年8月31日)、法国台斯加华的《纪德的生活》(黄绍连译，1946年9月7日)、托尔斯泰的《三隐士》(刘希武译，1946年9月20日)、《莎士比亚十四行诗》(第109首，真勤译，1947年5月7日)等；发表较多的作者有张朝、路青、王文、冯冷等，并有连载文章，如王尔晋《万里从军的一个二等兵日记》(1946年5月6日开始)、包天《春风秋雨》(1947年5月21日开始)等。此外，"新地"还发表了不少旧体诗词，作者包括陈次超、庄周、林公度等。

"星期文艺"于1947年2月23日创刊，有《发刊词》，表示"希望能把水准提得较高"。有君培（冯至）《关于诗的几条随想》(1947年3月9日)、《山村的墓碣》(1947年3月23日)，方敬《春歌》(1947年4月13日)、《金钱颂》(1947年5月4日),袁可嘉《诗三章》(1947年5月11日),吕德申《山羊胡子的公公》(1947年3月16日)等。穆旦本人也发表了1941年创作的《报贩》(第2期,1947年3月2日)。看起来,"新地""星期文艺"这两个副刊名字或有某种依存性,当年的"清华文学会"办过《新地》杂志,而在"星期文艺"之前,《大公报》已经开设同名副刊。

其他副刊,一度坚持较好,具有一定的连续性。"纪念专刊"则包括"庆祝第七届空军节特刊"(1946年8月14日)、"九一记者节纪念特刊"(1946年9月1日)、"慰劳伤病兵大会特刊"(1946年10月22日)、"新生活运动十三周年纪念特刊"(1947年2月19日)等。

三 总编辑查良铮的工作与写作

查良铮(穆旦)是《新报》的总编辑,在日后的交代材料,《新报》是被反复谈及的。较早时候,《新报》倒并非需要单独交代的事实,而是穿插在其他的谈论之中:

> 罗又伦当时战事匆忙,只简略告诉我们要办一个老百姓的报纸。我和徐露放也是这个意思,不愿意把它办成军报或党报,只要使它成一个社会型的报纸。我觉得在当时东北,关于国家大事的言论自然是不自由的,无宁多在社会新闻及读者来函上着重发展。
>
> [……]我和徐露放把它看作是私人报纸,因为在经济上,它是自立的。我和徐及其他自二〇七师来的几个人仍领

第九章 《新报》时期

二〇七师（当时改为第七军）的月薪，但报馆其他（大部分）人都是由报纸维持，报纸开办由军中借钱，以后又都偿还。它不受军中政治部或任何其他机关的领导。[……]

我名为总编辑，实则不作夜晚编报工作。第一二版的消息取舍由编辑主任负责。社论经常也不看，只有由我拉来的稿子，我才看。更多时候是徐露放拉来的。[……]我有时也出去采访，但很少次，有鸡尾酒会及记者招待会时则出席。[……]

我和徐露放的职责并没有很清楚地划分。他起初作夜晚编辑工作，而我反未作过。遇有经济困难时，我因和罗又伦的私人关系，又和军需处长赵培尧有来往，往往代为解决。报纸是赔钱的，不易维持，必须兼作生意才行。徐露放曾赴上海作大豆生意，我曾赴天津去买报纸，因所买数量颇大，又须与军中借款，所以就由我去。"（《我的历史问题的交代》，1956 年 4 月 22 日）

我任总编辑，徐为总经理兼社长，除我两人仍在军中领薪，其余皆报纸自己维持。我愿将这报编为社会性报纸，第一版仍登国内新闻，但坚持把"共匪"名辞改为"共军"，并使社论多讨论社会问题，藉以少鼓吹内战，特别注意社会新闻，发展"读者来函"，揭露黑暗现象，我则根据地方新闻写"日日谈"，（约二三百字），自觉颇受读者欢迎。在新报期间，共写社论两三篇，有一篇是说不要跟美国跑的，大受当局（杜聿明）斥责。又曾登载中长路副局长贪污，并为文攻击。副刊中也曾有反内战的讽刺文字，惹起罗又伦等的制止。

(《历史思想自传》，1955 年 10 月）

穆旦一再指出，身为总编辑，自己"不作夜晚编报工作"，而除了编稿、写稿以及少量的采访和应酬之外，还有筹款、购买纸张（"买报纸"）等事宜。

当时的写作和发表情况呢？先前，被确证的发表只有两篇：一是为《新报》创刊一周年所作《撰稿和报人的良心——为本报一年言论年总答复》，署"查良铮"；一是诗歌《报贩》（"星期文艺"第 2 期，1947 年 3 月 2 日），署"穆旦"，不过，此诗虽有某种应景之意，但并非新作，此前亦曾发表。其交代材料称"共写社论两三篇"，因社论并不署名，未去查实；而根据地方新闻所写的"日日谈"，因不署名或仅署代称，穆旦作品整理者虽然较早时候就已掌握的相关讯息，《穆旦诗文集》亦未收录。

目前看来，工作可以进一步细化，部分篇目可以确定。社论方面，1947 年 2 月 8 日，有篇《美国意欲何为？我国亲美外交不当之评议》，署名"铮"。署名情况和自述所谈能对应上，当是穆旦所写。"日日谈"文章，前述邵寄平回忆认为"大部由穆旦执笔，不署名"，但穆旦实际所写，应该只有较少的一部分。纵览该栏目[1]，文章总数可能在 470 篇左右，目前能够查证的 425 篇文章之中，有 217 次未出现署名，其余则署一代称于文章结尾处的括号中，有"金""江""庸""维华""平""宜生""华""镜

---

[1] 关于《新报》版面、特别是"日日谈"栏目的讯息，参见冯昕：《"日日谈"篇目辑录与穆旦〈新报〉经历再探》，《现代中国文化与文学》，第 48 辑。按，该文提到，国家图书馆所藏《新报》"几乎每月都有不同程度的缺漏。仅 1946 年 9 月、1947 年 2 月完整收录，其余月份均不完整；除 1947 年 6 月 8 日后的整体缺漏外，一共有 48 天空缺。"以此来看，"日日谈"文章至少有近 470 篇。

宇""字""红""庄""周""紫""河""青葵"等,看起来,该栏目文字为报社工作人员轮流执笔,所署代称即对应于某位工作人员,署"红""庄""金""平"的文章更多,分别有 55 篇、42 篇、38 篇和 30 篇,即表明相关作者写作量更大。

结合报纸所载《一年来本报主要工作人员题名录》以及穆旦本人后来所写个人交代及外调文字来看,一些署名所对应的工作人员很可能是:"红"(与"朱"同义)——朱叔和,"平"——邵季平,"庄"——庄汉,"宜生"——王宜生,"庸"——邝安庸,"华"——徐维华,"宇"或"镜宇"——王镜宇,等等。按说,"金"与"铮"相关,可对应于查良铮,但《新报》中有记者名为"金成铠",增加了不确定性。不过,以 1947 年 4 月 21 日的署名为"金"的《一年》来看,其中谈到抗战后期昆明的情况,议论的部分明显源于作者本人所见,这应该就是出自查良铮(穆旦)的手笔,也即,可确定"金"对应于查良铮。

署名"金"的 38 篇文章为:《微妙的情势》《摊贩事件》(1946 年 12 月 3 日)、《房荒之荒谬》(1946 年 12 月 4 日)、《市容重于民生乎?》(1946 年 12 月 5 日)、《令人忧虑的东大现况》(1946 年 12 月 26 日)、《沈市接收一周年》《想到物调会》(1946 年 12 月 27 日)、《纠正鱼肉乡民的败类》(1946 年 12 月 28 日)、《取消高利贷》(1946 年 12 月 29 日)、《重税伤民》《树立不收礼的作风》(1946 年 12 月 30 日)、《质中长路局》(1946 年 12 月 31 日)、《严惩汽车肇祸》(1947 年 1 月 2 日)、《商业凋敝如此》(1947 年 1 月 4 日)、《枪决东北烟毒》(1947 年 1 月 5 日)、《警惕日本》(1947 年 1 月 6 日)、《学阀不会办教育》(1947 年 2 月 4 日)、《如此贪官!》(1947 年 2 月 6 日)、《商运大豆困难重重》(1947 年 2 月 7 日)、《请没收张学良汤玉麟的财产》（1947年2月8日）、《一年》（1947年4月22日）、《粮价飞涨如何得了》《救济工役生活》（1947年5月3日）、《东大风潮应镇定处理》（1947年5月30日）、《大刀阔斧解决粮荒》（1947年5月31日）、《六二前夕告同学 何不向共产党反战反饥饿？》（1947年6月1日）、《谣言惑众，庸人自扰》（1947年6月2日）、《请制止官员逃难》（1947年6月3日）、《援军开到》（1947年6月5日）、《银行界表现不佳》（1947年6月6日）、《认清局势》（1947年6月7日）、《快为援军觅住处》（1947年6月9日）、《勿信谣言》（1947年6月10日）、《从给银行挤汇看流通券存废》（1947年6月11日）、《怠工现象》（1947年6月12日）、《樽节用电》（1947年6月13日）、《岂可纵容不法粮商》（1947年6月14日）、《失学失业青年向何处去？》（1947年6月16日）。

而那些没有署名的篇目，如1946年6月3日所作《六三有感》，内容以远征军经历，对杜聿明的行为多有描述，可确定出自穆旦之手。其他的，根据对文字风格与所写内容的考察，相对接近穆旦所写的，可能有近30篇。

也就是说，有数十篇作品可大致确认为穆旦的作品，其署名方式与基本文风，如下三篇可见一斑：

[……]四年前今日正是杜长官蒙难的日子。那时日军发动进攻缅甸，杜长官率领远征军入缅抗敌，以后因战略关系，转入印度，率部步行在蛮烟瘴气的野人山中，历时三至五个月，始得撤出。印缅之间，本是世界雨量最多之地，杜长官整整两个月步行在夜以继日的大雨之中，忍受了人世间未见的种种痛苦和灾难。而那次大雨的开始，就是在六月三日。

笔者当时亦为杜长官的部下之一，随行长途时，在饥饿和疾病中几已不能自持，九死一生。现在东北的长官旧都[1]很多，与谈旧事，仍多有"谈虎色变"之感。可是在当时，目击杜长官应付苦难的雍容和机敏果断，却给人增加了不少的勇气和自信。

——《六三有感》（"日日谈"，1946年6月3日）

玉树森贪污案被揭发后，全市轰传，这种明抢暗劫的堂堂官吏，原来竟是来办理救济事业的沈阳处长，办了这么久才发现他的一堆烂屎，真令我们小民不寒而栗。

王处长自然也是很体面的官场人物，平常招待记者，也是和蔼可亲，待人彬彬有礼，这样的和蔼而有"政声"的官吏，在沈阳真不知还有多少。可是你能想到他原来是这种丑恶的原形吗？

据本报记者的采访，他的贪污证据已经很多，而且他既进了法网，还对检察官说："只要你免我一死，我可以把上海的楼房送给你！"而他的家属还居然招待记者，要伸什么"冤枉"，其横行肆虐无法无天的想法，真是令人尤有余愤，使我们不尽感念；小民何日能活？吏治何日能清？

伪此案尚未终结，我们正可密切注意，拭目以待。（金）

——《如此贪官！》（"日日谈"，1947年2月6日）

一年以前，沈阳是军政两种人控制的城市。一年以后，

---

[1] "旧都"在此不通，疑作"旧部"。

似乎沈阳已经交给了抢匪和投机商。穷人太多，怎么样也防不了天天的抢案；粮价物价火上加油似的飞腾，弄得大家毫无有效办法。沈阳的外貌的确是漂亮了，繁华了，但这漂亮和繁华是投机商的天下，而军政公教靠薪水吃饭的人们却一天比一天缩小，而沈阳渐渐变成抗战后期的昆明。投机的商人们又有福了，最豪华的饭店最舒适的享受最傲人的气焰又让给了他们。那真正为国家社会尽职的人们，你们看着这一年来情形的演变，又将有什么感想？再设想一年以后，你们更会缩到什么地步？政府若再不在经济制度上求得一合理的办法，永远的颠倒黑白，扼杀好人，繁荣坏人，这个社会的未来是不堪设想的！（金）

——《一年》（"日日谈"，1947年4月22日）

有少量语气比较和缓的篇章，更多的是针对现实问题的发言，《如此贪官！》这般针对具体人事、措辞激烈的文字也不在少数。穆旦所称报纸的"个性"与"独特风格"、《新报》日后之被封，与这些文字无疑都有关联。

四 《新报》之周年纪念

集中体现《新报》思想的当数1947年4月22日《新报》创刊一周年，报纸所推出的"《新报》周年纪念特刊"。

正报第2版有徐露放所作社论《回顾与前瞻 本报周年纪念感怀》，第2、3版有熊式辉、杜聿明等人的题词；纪念刊第1版有罗又伦的《祝辞》、余纪忠的《新报周年纪念感言》、耀华的

《从冬天到春天　长春新报的经过》、读者评论，以及孙立人、廖耀湘、徐箴、董文琦等人的题词。第2版为"我们的话"，即《新报》同仁执笔的纪念文章，包括署名查良铮的《撰稿和报人的良心——为本报一年言论年总答复》，朱叔和的《我们为什么穷》、徐维华的《夜生活》、邝安庸的《探访自白》、刘兰溪的《〈新报〉的今昔》、翠娟的《当家才知柴米贵》以及《一年来本报主要工作人员题名录》，并有照片多张，包括社长和总编辑的合影、编辑部的工作情形的照片，等等。

给《新报》题词的熊式辉、杜聿明、罗又伦、孙立人、廖耀湘等人，都是军队里的高官——其中，如杜聿明、廖耀湘等人也是其他报纸的掌控者，前者掌控着《和平日报》，后者掌控着《前进报》[1]；徐箴是辽宁省主席，董文琦是沈阳市市长，不难看出，至少在此一时期，《新报》与国民党军队和辽沈地方政府有着良好的关系，前引辽沈地方志文献均将《新报》视为国民党（青年军）二〇七师所办的军报，绝非凭空而来的说法；退一步说，《新报》即便不是军报，也和军队有着深厚的背景关联，而并非完全意义上的私人报纸。穆旦在交代材料中对报纸性质多有辩护，核心的观点即是报纸并非"军报"——在1950—1960年代的履历表、自我思想总结等材料之中，为其性质进行辩护是必要的。

在《新报》这群年轻同仁的笔下，"一周年"又有什么可"纪念"的呢？大致说来，包括艰难的创办过程、现状的维持以及报纸所秉持的准则等。社长徐露放总结了一年来的工作——前文曾引述创办之情形，接下来，文章谈到：前半年，"精神多半着重在

---

[1] 沈阳市人民政府地方志编纂办公室编：《沈阳市志》（第十三卷），第129—131页。

印刷技术的改良上，报纸的编排和内容的充实是后半年才用了一部分精神去筹谋"；"在充实内容上我们的方针是如何多刊载一点适合时间或地域性的有关东北的新闻，因此国内和国外新闻的地盘就被有关东北的新闻材料多占据了一些。在言论方面我们也主张多谈东北问题，尤其着重改良社会风气。总之，我们的新闻和言论，一字一墨，立意都是在一个'好'字上面，无论揭发贪污，暴露官场黑幕，我们绝未存任何一点成见，直接或间接都希望能够为东北社会和东北人民及至整个中国有所裨益。""我们把报纸当作一种事业在看待。"

《新报》在经济比较困难的情况下运行也为同仁们感慨。经理朱叔和谈到报纸账面上并没有赔钱，但因为分销处作祟，钱"收不回来"；出纳伍翠娟则谈到报纸最初发行3000多份，收入三四万，付出五六万，赔了好几百万的现款；一年后发行已近一万份，收入每天平均约10万，"可是还要感到'入不敷出'"。这些诉苦的言论或有夸张之处，但应该还是道出了报纸经济窘迫的状况。而前引穆旦两份档案文字均提到，他和其他报纸创始者"不愿把它办成军报或党报，只要使它成为一个社会型的报纸"，在经济上则寻求"自立"，并有"报纸是赔钱的，不易维持"等语。此外，据说报纸被查封后，报社曾找到辽宁省政府，省主席称，"办什么报呀，办也是赔钱"。[1] 这可能是一句"搪塞"之词，也可能从另一个方面表明报纸的经济状况并不乐观。

最富有意味的应该还是总编辑"查良铮"的《撰稿和报人的良心——为本报一年言论年总答复》。从文字风格来看，它不同

---

[1] 转引自李方：《穆旦（查良铮）年谱》，《穆旦诗文集》（第2卷），第392页。

于其他几篇偏重事件叙述的写法,而是偏重于阐释办报的思想立场,即《新报》是怀着坚持"个性"与"独特风格"而办的。报纸应该"替老百姓说话","只要是在社会上能发生相当的影响的事情","它们在报纸上也就该有其应有的地位,但不该予以过分的夸张。我们更应该注意的,其实是那广大的人们的动态,生活,和严肃的工作,尽管他们无声无嗅,一个有良心的报人应该把它发掘报道出来,才算是尽了报人的责任。尤其是一些不合理现象,迫切的问题和人民的疾苦,我们不惜用头号标题惹人的注意"。"本报第三版从开始就有读者来函栏,意思是由读者自己来向社会报道,藉以揭发隐情,改正恶端。其间自也不无传闻失实,故意中伤的来函,为本报刊载出来,因而惹来了不少麻烦,甚至恐吓,这几乎是不能避免的"。"征诸一年来的事实,我们刊载过的读者来函,倒有百分之九十八以上都是实实在在的事情,而在刊载后直接发生了有力的效果"。"我们宁愿担当经常惹麻烦的危险,保持着读者来函这一栏地位。"

文章接着探讨了报纸"怎样才算是帮助政府"这一问题。"报纸的言论不能也不必和政府的意见时常一致"。但"现在政府把报纸抓得太紧,因而对它的言论也负上了不必要责任"。文章以政府与美国、苏联这两个大国的态度,特别是对苏联的态度为例指出,"我们不能明说一句苏联对我国的帝国主义行为,因为若是我们说了,就等于是政府反苏",这样一种"完全的思想的投降""在外交上看来简直是太可笑的行为"。建议政府应该把报纸"看做是和自己并行的一种力量,而不是附存的东西";"英美政府除了任由报纸供献民间的意见,不怕批评外,还有议会,是专门为听反对党的责骂的。在他们这是'制裁与平衡'(CHECK AND BALANCE)。

因为只有如此，民主政治才能走上轨道。我们的报纸可以发挥这样一种助力，但直到目前还没有完全发挥出来，这就完全看当局的决策如何了"。总之，"要报人富有良心，明智，和勇气，三者不可缺一，然后才可以真有'替老百姓说话'的报纸"。

《新报》的思想立场是突出，但"总编辑"穆旦在《新报》的位置似乎有些微妙。前述较早时期的辽沈地方志文献在提及《新报》的主事者时，其中并无"查良铮"的名字。穆旦本人日后的交代中则描述了另一种微妙的处境：

> 在沈阳办报期间，也许是罗又伦不太喜欢我办报（他曾问过我是否共产党），曾召我去抚顺教他英文，但只教几次便未教了，只闲住在那儿，以后徐露放去找我，我才又去报馆工作。(《历史思想自传》，1955年10月)

前引李方研究中有罗又伦"不干涉报务"之说，看来并不确然。穆旦虽为总编辑，但还是被罗又伦以教英文的理由调往抚顺、脱离报馆而"闲住"，可见军人（军队）对于书生的掌控。而"身份"问题在日后的纠结，还关乎"是否国民党"。前述《新报》外调往往会涉及人物的政治活动，穆旦的基本回答是"我从未加入国民党或三青团或任何特务组织；我不知新报馆中有任何特务组织或特务活动"(《关于刘兰溪》，1968年7月16日)，但也有如是表述：

> 在一九四五年十月十一月左右，军中有集体入国民党事，给一张表格，我未填，以后罗又伦问到我，我说表丢了，他

又立即命政工人员给我送表填。我忘了以后是否填了，或填而马虎不交到负责人的手里，这两者中必然有其一，因为我记得仍旧是用了一个狡猾的手腕想将此事躲闪过去。但无论如何，以后自己没有党证，党生活或党任务，没有当国民党。（《我的历史问题的交代》，1956年4月22日）

所述时间点略早，但情形应该是相通的。妻子忆及在"肃反运动"等交代场合时提到：有"领导说他不老实，连国民党员身份都不肯交待"——"良铮非常苦恼没有可交待的，可是又被逼着交待"。[1] 但既在国民党军队工作有年，交代材料中的措辞又如此之含混，自然难免会引起材料审查者的看法。

五 《新报》之被封

从小处说，尽管《新报》本身是地方性报纸，经济实力并不雄厚，但穆旦显然并没有视其为"小报"。如同写作被认为是"良心所迫，不得不写"，办报也是一种"良心"历练。《撰稿和报人的良心》从报人的"良心"最终落实到"民主政治"，其内在思路的拓展即可视为穆旦本人精神视域的扩大。言说《新报》在穆旦"个人的生命上"的意义，即在于此：不以大小论，而是以实际投入和所秉持的价值理念为据，以其所具有的切身意义为据。

而放大来看，则身为地方性报纸的《新报》也可说和《大公报》一类现代报纸共同推进了报纸（言论）民主化、独立化的进

---

[1] 周与良：《永恒的思念》，杜运燮等编：《丰富和丰富的痛苦》，第158页。

程。在现代中国,办报、办刊乃是知识分子常有的文化实践活动,其中多寄寓了开启民智的信念,所谓知识分子的"岗位意识"。陈思和曾多次以巴金为例,充分肯定其成立出版社、编辑出版书籍等文化实践活动的意义:

> 我觉得巴金的意义不在他的思想作品为我们展示了一种启蒙的战斗激情(进而代表了这个行将过去的伟大时代),恰恰是为我们展示了一个现代知识分子对中国命运的多种可能的选择和尝试;同时还展示了现代知识分子的价值取向从"广场"向"岗位"转化时痛苦而复杂的心态。如果从这个意义上去理解,我认为对巴金的研究不仅仅是向昨天告别,还包含了对未来时期中知识分子可能性的启示。[1]

穆旦是一个务实型的诗人,办报则可视为一种知识分子习气的体现,与其写作行为也多有关联。姜涛在考察"穆旦在1946—1948"时,即提出"'报人'与'诗人'的视野同构"的命题,认为"如果跳脱单一的文学视野,将'写诗'与'办报',同样理解为一个现代知识分子参与、介入历史的文化实践,两种实践的方式不同,却可能隐含了相近的主体形象、立场"。[2] 实际上,以更早时候的写作实践来看,王岫庐在讨论穆旦翻译的国际时事类作品时提出"不应该忽视或低估'职业'行为对于诗人'志业'理

---

[1] 陈思和:《结束与开端:巴金研究的创世纪意义》,《犬耕集》,上海:上海远东出版社,1996年,第87页。
[2] 姜涛:《"报人"与"诗人"的视野同构:穆旦在1946—1948》,《文艺争鸣》,2015年第11期。

想的影响",进而引申出"文体实践"的话题,即时论翻译"为诗人提供了重要的文体实践机会","译文明白畅达,条理清晰,不炫文采而'笔锋自带感情'",为诗歌写作"提供了意想不到的滋养"。[1] 而从1945年底至1946年上半年——主持《新报》之前与之初——的"还乡记"系列写作来看,不仅其"文"与"诗"具有"同构性",穆旦的知识分子习气随着时代语境或现实境遇的变化也日益彰显。"抗战实录"已有强烈的现实旨趣,而现实本身还在不断地给予穆旦以更深的教训:从云南经长沙、武汉所见到的令人唏嘘的战争遗景,回到北平之后所遭遇的现实扇在民众、也扇在自己脸上的那记重重的"耳光",都是令一个有良知的现代知识分子所痛心的,它们在敦促穆旦以一种更为直接的方式进入现实之中。

因此,穆旦放弃大学教席(如果友人所谓北大外文系邀请任教属实的话),再次进入军队系统,到一个文化并不发达的地域来办报,前景固然难以预料,其内心图景也难以查实,但是,综合考量之,其内在动因,除了生计(物质)的压力外,应该也有文化上的考虑,所谓对于"岗位"的寻求。穆旦等人苦心经营、全心参与且着力强调报人的"良心""个性""自己的尺度"与"独特风格",置惹麻烦的危险于不顾,其中应是明确包含了文化实践的冲动,即通过现代媒介而将个人自由的理想转换为切实的文化实践活动,表达自由信念与民主诉求、倡扬社会公义。如是,那也不妨说:在穆旦借助论说性的文字频频对社会发言之际,《新报》的出现也可谓恰逢其时。

---

1 王岫庐:《穆旦时论翻译佚作钩沉(1943—1944)》,《中国现代文学研究丛刊》,2019年第4期。

但是，可以想见的是，正如《撰稿和报人的良心》援引的材料所显示，"个性"的价值依据乃是西方民主制度上的做法，在现代中国的文化语境之中，势必会与现实政治产生摩擦，令《新报》处于政治漩涡之中。所谓"政治漩涡"可区格为两个层面：一是揭黑（如揭露国民党地方官员腐败行径），将引起地方政府或权力机构反感；一是言论不当，政治出格，又会引起报纸实际主办者的"斥责"，乃至"被罚停刊"。[1]

这也就是为什么《新报》虽苦心经营且发展势头很好，却终究难逃被查封的命运。不过现在看来，《新报》被查封一事就像是一场迷局。有记载："1947年7月29日，新报社忽然接到国民党辽宁省政府通知，限令该报即日停刊。原因是'报道虚构，影响治安'和'未向内政部申请登记'。为此，《新报》公开向社会发出呼吁，据理力争，经过反复交涉，半年之后才得以复刊。"[2] 这是最接近当时报纸的说法，只是时间略有误。1947年8月17日，上海版《大公报》第7版有报道"沈阳《新报》被迫停刊 该报辩正虚构事实未据登记两点"，为沈阳《新报》馆本月11日所寄通信。其中谈到7月27日"奉辽宁省府通知停刊"，通知原文为：

> 案准内政部（36）安四字第一一二九四号午铣代电内开："准国防部新闻局函，以五月二十日沈阳新报载长·沈间除无线电外；有线电话及车辆，均于十九日午后六时断绝等语。

---

1 1947年6月21日《申报》（第1版）有报道："[本报沈阳廿日电]行辕倾郑重声明中央对东北之重视，并谓：东北全部必须接收，因此间《新报》十九日载该报南京讯云，中央某项会议中，有主张缩短战线，撤出东北军队，以待国际处置语，《新报》廿日被罚停刊三天。"本日出版的重庆版《大公报》、上海版《大公报》等处，都有类似的消息。
2 沈阳市人民政府地方志编纂办公室编：《沈阳市志（第十三卷）》，第130页。

按长沈间车辆及有线电话，该日并未断绝，显系虚构，影响治安甚大。检同该报请查照办理等由。查该报已发刊四百余号，而本部迄未据声请登记；所载上项消息一则，于出版法第二十一条第三款'出版品不得为破坏公共秩序言论或宣传之记载'之规定，亦殊有不合，理应依照出版法第二十六条第一项规定予以停止发行。相应电请查照办理，并希见复，为荷"等由，自应照办。着该报限自七月二十七日起停止发行。除分电暨布告外；特此通告。

通知之外，"并附有同文之布告三张，分别张贴于本报编辑部·印刷厂及经理部门前，勒令当日停刊"。

但《新报》同仁强调指出罪名是莫须有的，所云"虚构事实之点"，有确凿的"反证"，即消息是根据中长路管理局运务处车调度交换簿、沈阳电信局长途台长途电话线路障碍簿、沈阳电信局中央电报局记事簿第三册等处的记载，"并无虚构自明"——"况且该消息之刊出远在二月以前，沈阳各报该日均有同样之记载，即使有所出入，何以当时当地军政机关未令更正，以安人心，而在时过景迁之今日，单独责罚本报一家？"至于"所谓本报发行四百余号而迄今未登记一事"，也不符合事实："查本报系于三十五年四月二十一日发刊，在同年四月十二日即奉有市府沈秘五字第三八二号准予登记备案之指令"。[1]

何以在事情发生两个月之后——在1947年7月至8月这样一个显然并非所谓的文化转折阶段而查封《新报》呢？当事人邵

---

[1]《沈阳新报被迫停刊》，上海版《大公报》，1947年8月17日第8版。

寄平认为直接触因是披露辽宁省主席徐箴"有贪污嫌疑"——警备厅公开查封的理由则是"替共军夸大四平战役"[1]，这即所谓言论获罪，前者为揭黑，后者为政治出格。但是，被查封也很可能是国民党权力斗争、派系排挤的牺牲品——据穆旦日后交代材料中的说法：

> 约在1947年8月，陈诚到东北以后，《新报》被封闭，表面理由是《新报》言论"反动"（民盟嫌疑），但我并未因此受到迫害，由此可见被封的真实原因是陈诚把《新报》看成杜聿明的势力而予以排挤的结果。（《历史思想自传》，1955年10月）

"民盟嫌疑"与邵寄平回忆所谓穆旦因与俄中友协人士有所接触而被不少人认为是"民盟"成员的说法正相应，可能也是事实。而邵寄平还指出："火速查封《新报》还有一个重要因素，即当时207师驻地恰由沈阳转至抚顺，省政府趁师部换防而鞭长莫及，迫不及待下令'《新报》终止发行'，根本未容报社注册的属地沈阳市管理当局插手过问，而是直接派省警备厅将报社查封"。[2]

统言之，不管出于何种理由，均可视为书生办报遭到了现实政治的强力干扰，反过来说即政治对于当时人们生活的强势渗透与影响——正是现实政治放逐了穆旦一度安稳的生活。穆旦交代材料里所提到的陈诚将军，当年在他的《抗战以来的西南联大》一文中就曾出现：其时还在长沙——西南联大历史上"一个比较暗淡的时期"，年轻的学子们被"救亡呢？还是上学校呢？"（"在

---

1 李方：《穆旦（查良铮）年谱》，《穆旦诗文集》（第2卷），第392页。
2 李方：《穆旦主编〈新报〉始末》，《新文学史料》，2007年第2期。

长沙呢？还是到云南去？"）一类问题所纠结，陈诚分析的"当前的局势"和"青年责任"对于学生的去向产生了决定性的效果。从被激励到被排挤，这两者之间自然绝无直接对应关系，但宽泛地说，这也隐喻了1930—1940年代期间，政治言论、政治势力对于青年人学习、工作诸层面所产生的广泛影响。

《新报》被查封的时候，穆旦并不在沈阳。他闻讯赶回报社，申明"政府所持致令本报停刊之理由，殊非恰当"，"现正据理力争，期于短期内复刊，敬请赐于同情之援助，无任感盼之至"（见上述上海版《大公报》报道）。无效之后，便与徐露放、邵寄平等商议人员的安排，并向全国通电："《新报》系被无理查封……本报四平战役报道来源为中央社及电台外电稿"。[1] 1947年9月，穆旦等人处理《新报》被封的善后事宜，将部分职工转至207师文印室，部分编辑、记者转至长春《新生报》。总经理徐露放留守沈阳，并于1948年5月再度复刊《新报》。不过，已与穆旦无关——其时，穆旦已经穿行于沪宁线上了。

总体上说来，着力创办并维持《新报》的穆旦的身份更像是一个报人或者说文化人，诗人的身份则隐没无闻。实际上，如果穆旦本人作品的时间标注全都准确无误的话，那么，整整1946年——更确切地说，是从1945年11月至1946年底，穆旦没有留下一首诗歌。1945年原本是一个写作高峰期，此一写作中断的情形，似乎唯有一个解释，那就是全力去创办《新报》而无暇写作。

从文化的角度看，仿照《大公报》等开办多种副刊可视为总编辑穆旦所做出的一种试图融入文化网络的努力。这可能和当时

---

1 邵寄平观点，据李方：《穆旦（查良铮）年谱》,《穆旦诗文集》（第2卷），第392页。

的交游相关，根据日后交代，《新报》期间穆旦多次前往平津等地，见到的人有"王佐良，周珏良，沈从文，袁可嘉，冯至（以上都在大学任教）等"（《我的历史问题的交代》，1956 年 4 月 22 日）。

穆旦似乎有意通过文艺副刊来联络各路作家，以扩大其影响。在副刊上发表作品的包括君培（冯至）、沙汀、叶圣陶、俞平伯、马凡陀、方敬、袁可嘉等，并转发或摘录茅盾一类文化名人的观点，似乎是欲借重其名气以引起读者注意，比如，1947 年 2 月 12 日的"新地"副刊即有一篇《茅盾对于文坛的又一风气的看法》。不过，相关操作可能有些勉为其难：这些知名作者在《新报》的露面往往仅有一次，而一些作品如 1947 年 3 月 23 日《新报·星期文艺》第 5 期所载冯至的《山中的墓碣》，实为该作品的再次发表。[1] 经常在副刊发表作品的李白黑、冯冷、张朝、路青、王文等人，显然又并不具备足够的文学影响力或市场号召力。这种情状不仅暴露了《新报》文艺稿源并不稳定，也彰显了《新报》作为地方性报纸，并不具备重要的社会文化性。

但穆旦的影响正在逐渐扩散却已是不争的事实。1947 年之后，穆旦的作品频频见于平津沪等地有影响力的报刊，这一年 5 月，个人的第二部诗集，《穆旦诗集（1939—1945）》，在沈阳自费印行。

诗集扉页有献辞"献给母亲"，收入诗歌 58 首，附录有好友王佐良的评论《一个中国诗人》。这是第一篇系统评价穆旦写作的长文，初刊伦敦 *Life and Letters*（《文学与生活》）杂志 1946 年 6 月号，题为 *A Chinese Poet*；后刊载于 1947 年 7 月出版的《文学

---

[1] 此文曾刊《经世日报·文艺周刊》第 4 期，1946 年 9 月 8 日。

杂志》第 2 卷第 2 期，题为《一个中国新诗人》。此文可谓是奠定了穆旦研究的基本格局，其中既对穆旦的生平经历进行了形象化的描述，也对穆旦诗歌多有评价，诸如"以纯粹的抒情著称""受难的品质""用身体思想""创造了一个上帝"等说法，非常引人注目。不过，也引起了争议，那就是对于穆旦身上所谓"真正的谜"的解释："他一方面最善于表达中国知识分子的受折磨而又折磨人的心情，另一方面他的最好的品质却全然是非中国的"；"在普遍的单薄之中，他的组织和联想的丰富有点近乎冒犯别人了"；"现代中国作家所遭遇的困难主要是表达方式的选择。旧的文体是废弃了，但是它的词藻却逃了过来压在新的作品之上。穆旦的胜利却在他对于古代经典的彻底的无知"。

从更长的历史眼界来看，《穆旦诗集（1939—1945）》虽属穆旦本人自印，却是其生前出版的三部诗集中最有影响的一部，不仅当时即有较多评论（详见下一章的讨论），之后更是多次再版，1997 年，《穆旦诗集》列入"中国现代诗歌名家名作原版库"丛书，由中国文联出版公司出版；2000 年列入"百年百种优秀中国文学图书"丛书，2001 年又列入"新文学碑林"丛书，由人民文学出版社出版。最近的出版是在 2019 年，仍是人民文学出版社，署"中国现代名家诗集典藏"丛书。

余绪

据说，《新报》被查封之后，穆旦曾与年轻的朱磊夫妇告别，并且留下了两摞"封面——白纸红字，正文纸张粗糙"的《穆旦诗集》，共 20 册。朱磊后来的回忆显得别有意味：

那年秋天，穆旦来告别，他带着不无感慨的心情说："我要去读书，深造，远行……"

当年远行抗日，现在他要回到他的诗的世界。

我请苏宾的父亲写一封信，给他介绍老先生在善后救济总署做厅长的弟弟……

我们为穆旦送行。我背诵诗人朗诵过爱略特的诗："……开始，经常是结束……所有的事物都将变好。"

我带着惜别的情意说：

"给诗人送行只能用诗。我们不会写诗，只记得我所理解的片言断语……全是你留给我们的诗的回忆！"[1]

年轻的夫妇留下了他们的友情，穆旦则留给了他们"诗的回忆"。这段文字看起来朴实无华，一如穆旦和他们的交往，而"留给我们的诗的回忆"的说法，却也如那篇《送穆旦离沈》，道出了一个微妙的事实：穆旦及其诗歌也留在更年轻的读者"个人的生命上"。

这样的美好声音，穆旦自是无缘听到——《新报》之于他"个人的生命上"而言，是一个日后需要不断交代的事实。前文的引述已经显示了1950年代中段的两则交代材料的讯息，其时，《新报》尚未被单独对待。再往下，《新报》居然成为一个被频频外调的对象。目前所见，为1968年7月至1969年4月间穆旦接受《新报》的外调材料，9个月，共18份：《关于刘兰溪》（1968年7月16日）、《关于〈新报〉》（1968年10月28日）、《关于〈新报〉》（1968年12月10日）、《关于沈阳〈新报〉》（1968年12月23日）、《关于张金刚》

---

[1] 据《时光倒流在我们心上——朱磊日记》，转引自陈伯良《穆旦传》，第101—102页。

（1969年1月11日）、《关于褚世昌》（1969年2月5日）、《关于傅琴》（1969年2月5日）、《关于徐露放和〈新报〉（补充材料）》（1969年2月8日）、《关于陈达夫》（1969年2月11日）、《关于林开鑑》（1969年2月16日）、《关于王敬宇》（1969年2月23日）、《关于〈新报〉》（1969年3月7日）、《关于〈新报〉》（1969年3月10日）、《关于〈新报〉》（1969年3月22日）、《关于长春〈新报〉》（1969年3月24日）、《关于李德怀》（1969年3月26日）、《关于〈新报〉》（1969年4月12日，按，此件内容是关于《新报》的，但未见标题，依前例，以《关于〈新报〉》名之）、《关于裘海亭》（1969年4月16日）等。而据日记，1971年8月、12月都有《新报》外调的记载。

从篇幅看，这批外调材料基本上都比较简短，为1—3页不等，1页的为多。实际叙述也有大致模式：一是介绍《新报》的情况，其中除了一般性的介绍外，还有是否有"特务组织或特务活动"等方面的内容；二是叙及与某某的交往情况，某某的政治情况，等等。前者往往有更大的篇幅，后者则往往比较简略。

有一些人物和事实被反复谈到，《新报》的构成（分经理部、编辑部和印刷厂），穆旦本人的总编辑身份，董事长罗又伦，社长（或总经理）徐露放，主笔王先河（仅徐、王和自己属于207师的编制，其他雇用人员都没有军衔和军待遇）。其他被较多提及的人物还有编辑部主任邵季平、经理朱叔和等。此外，还有一些要点：一是，关于所询问的人物的政治活动、"是否反动党团或特务组织的成员"以及《新报》内"有无反动党团及其他组织的活动"等问题。纵览之，不管所调查的是个人还是《新报》的反动活动，穆旦一开始均表示不知情，同时也表示自己并没有参加。二是，关于罗又伦与《新报》的创办、陈诚与《新报》的查封。三是，关于《新报》的成员。这些文字是根据对方的外调需要所写，故所述名单与《新报》创刊一周年所列《一年来本报主要工作人员题名录》有差异，如廖祖述、陈鋆、姜玉信等人即不在其中，而一些自称或者可能在《新报》工作过的人物，如陈达夫、王敬宇、林开鑑、林宴明、高吉仁、刘耀华、孙跃庭、赵义武等，穆旦或表示"没有任何印象"，或表示"完全不记得此人"。其理由，一方面是工作之故，"从未做夜晚编辑工作，和一般编辑人员从不接触，故当时就不熟悉他们"。另一方面是有过较长时间的外出，比如，"曾被调到抚顺教罗又伦英文，约住了两三月，以后又去天津买报纸，离沈阳多日，平日在报馆内不接触下面工作人员，故有许多人都不熟悉"。四是，关于长春《新报》。

《关于刘兰溪》这一篇，或可见出此类外调文字写作的大致情形：

> 我开始认识刘兰溪是在沈阳新报馆。那时他做记者，我做总编辑，我记得他初写新闻稿时，不很熟练，我曾给修改一个时期。对他的印象仿佛他是伪207师的复员青年军士兵。现在经过谈话，才知他是在伪207师军报中工作过一段时间的。对他到新报以前，在207师的活动自己是不知道的，是不认识他的。他在新报期间，仿佛他没有军衔，不拿军队的薪水。这是我凭印象这样说的。因对他没有个人交谊，了解不深，当时他是否确实如此，则不知道了。
>
> 我在新报1947年9月被查封后不久，即离开了沈阳，去到北平。离沈后就再也没有看到刘兰溪，一至今日，也没有再听说过他。

我任新报总编辑时，不做夜工作，开始时还看看外勤记者的采访稿，以后也不怎么看了。夜晚的编辑工作，由编辑主任邵季平（他现在天津红桥区制药厂中教夜校），看最后的大样由徐露放负责。我在报馆中的工作，主要是组织社论，自己每日写一篇二三百字的"日日谈"，同时看读者来信。在1946—1947年之间的冬季，自己曾被罗又伦（伪207师师长）调到抚顺两三个月，去教他英文。在这期间自己就不管报馆的工作。

我在207师的职务是英文秘书（中校、上校），主要是教教罗又伦的英文。在新报期间，仍是207师的英文秘书，支上校薪水。我从未加入国民党或三青团或任何特务组织；我不知新报馆中有任何特务组织或特务活动。关于刘兰溪被派到东大搞特务活动，自己是不知道的。

我最后一次看到徐露放，是在1953年初我从国外回来以后，当时知道了他在北京茶叶公司工作，便写信给他到我家，谈了一次。以后便和他没有任何来往。

王先河是在伪207师中认识的。自己离开新报以后，和他便没有任何来往，也不知他在何处。

刘兰溪在报馆当记者，是很有活动能力，很能采访新闻的，这是我对他的印象，特作补充。

没有材料显示，何以在这样的一个时间节点，《新报》这样一份实存时间不长、后来的辽沈地方志文献都无法准确勾描的地方性报纸会成为外调焦点。但小如《新报》尚且有如此频密、广泛的外调，足可见当时此类工作对于个人生活和精神世界的渗透。而这，正是历史留在穆旦"个人的生命上"的深深印痕。

第十章

沪宁线上

一 "饥饿的中国"

从云南回到北平之后,穆旦曾感慨故都已经成为"冒险家的乐园",但他应该很快就发现现实局势实际上更为糟糕,1947年1月,《新报》尚处于良好的运作状态之中,穆旦写下了一首《时感》:

> 多谢你们的谋士的机智,先生,
> 我们已为你们的号召感动又感动,
> 我们的心,意志,血汗都可以牺牲,
> 最后的获得:原来是工具后的残忍。
>
> 你们的政治策略都非常成功,
> 每一步自私和错误都涂上了人民,
> 我们从没有听过这么美丽的言语,
> 先生,请快来领导,我们一定服从。

> 多谢你们飞来飞去在我们头顶,
>
> 在幕后高谈,折冲,策动;出来组织,
>
> 用一挥手表示我们必须去死
>
> 而你们一丝不改:说这是历史和革命。

所谓"时感"者,是指对于时事或时局的感触或看法。这首诗所讽喻的是"谋士",政治宣传话语,混乱的革命形势,强权的历史主义。

《时感》是1947年穆旦的开篇之作[1],也是在沉默了一年左右重新写下的诗篇,可说是奠定了一种基调。检视1947年以来的穆旦的写作,"时感"已成为其诗歌的核心来源。最典型的莫过于本年8月所作的《饥饿的中国》,诗歌长达7节,显然是试图以较大的篇幅来容纳更多的现实内容。一如诗题,诗歌从"饥饿"这一峻急的现实问题入手:

> 饥饿是这孩子们的灵魂。
>
> 从他们迟钝的目光里,古老的
>
> 土地向着年青的远方搜寻,
>
> 伸出无力的小手向现在求乞。[2]

---

1 包括《穆旦诗文集》在内的多数穆旦诗集,《时感》都是附着于《时感四首》,为其第1章,《时感四首》曾刊天津《益世报·文学周刊》第27期,1947年2月8日;但该诗后3章又曾列为《饥饿的中国》一诗的第5—7章,刊《文学杂志》第2卷第8期,1948年1月。在穆旦本人于1940年代末期自行编订的《穆旦诗集》(先后以《穆旦自选诗集》《穆旦诗集手稿本》之名出版)中,《时感》单独列为1首,《时感四首》后3节列入《饥饿的中国》,这里依照《穆旦诗集手稿本》的做法,底本据《益世报》版。
2 刊《文学杂志》第2卷第8期,1948年1月。

如"向现在求乞"所隐喻,"现在"成了1940年代后期的穆旦视域之中最为峻急的问题。在将现实经验提萃为诗歌的过程中,年轻的穆旦虽愤慨但倒并不急躁,往往并不作直接反映式的写作,"饥饿的中国"是一个惯常的主题,诗歌开篇写到了"这些孩子",不难设想,现实情境是孩子们因为饥饿而不得不"伸出无力的小手"向人求乞。但诗歌越过了这一惯常写法,经由"古老"与"年青"、"现在"与"远方"这两组对峙,诗歌从现实情境出发,最终又超脱了具体现实的拘囿而提升到一种普遍的层面,写出了"饥饿"的实质:饥饿的,不仅仅是孩子们,更是衰老无力的大地本身。

从《饥饿的中国》后面的章节来看,穆旦其实施用了两种手法;一种是直接的讽喻,读者对诗中那一长串"零零零零零""00000000"应该有印象:

去年我们活在寒冷的一串零上,
今年在零零零零零的下面我们汗喘,
像是撑着一只破了底的船,我们
从漏水的去年驶向今年的深渊,

忽的一跳跳到七个零的宝座,
是金价?是粮价?我们幸运的晒晒太阳,
○○○○○○○○是我们的财富和希望,
又忽的滑下,大水淹没到我们的颈项,

然而印钞机始终安稳的生产,

> 它飞快的抢救我们的性命一条条,
> 把贫乏加十个零,印出来我们新的生存,
> 我们正要起来发威,一切又把我们吓倒,
>
> 一切都在飞,在跳,在笑,
> 只有我们跌倒又爬起,爬起又缩小,
> 庞大的数字像是一串列车,它猛力的前冲,
> 我们不过是它的尾巴,在点的后面飘摇。

在通货膨胀问题日益严峻的1940年代,"物价"无疑是一个相当突出的话题。这一长串"〇〇〇〇〇〇〇〇"或许会令读者想到同时代的一些讽刺型诗歌,比如穆旦的朋友杜运燮1945年所作《追物价的人》。讽刺艺术可谓各有所长,但诗艺层面的考虑还是有所差别:杜运燮巧妙地构设了讽刺之境,反话正说,而让读者去体味背后的荒谬现实,"抗战是伟大的时代,不能落伍",但即便是把"温暖的家""好衣服厚衣服""心爱的书""妻子儿女的嫩肉""重重补丁的破衣"全都丢掉,也追不上物价的步伐。[1]

在《饥饿的中国》的其他章节之中,穆旦还另有一种写法,那就是进一步将个人的境遇写入其中,他显然无意止于现实愤慨,而是同时写下了他对于个人境遇的省思:

> 我们希望我们能有一个希望,
> 然后再受辱,痛苦,挣扎,死亡,

---

[1] 杜运燮:《诗四十首》,上海,文化生活出版社,1946年,第107—109页。

因为在我们明亮的血里奔流着勇敢,
可是在勇敢的中心:茫然,

我们希望我们能有一个希望,
它说,我并不美丽,但我不再欺骗,
因为我们看见那么多死去人的眼睛
在我们的绝望里闪着泪的火焰,

当多年的苦难为沉默的死结束,
我们期望的只是一句诺言,
然而只有虚空,我们才知道我们仍旧不过是
幸福到来前的人类的祖先,

还要在无名的黑暗里开辟起点,
而在这起点却积压着多年的耻辱:
冷刺着死人的骨头,就要毁灭我们一生,
我们只希望有一个希望当做报复。

此前传达的是一种对于现实的讽喻或愤慨情绪,这些诗段则传达了渺小的个体在一个充斥着"苦难"与"死亡"的现实世界里所领受到的"虚空"与"耻辱"情绪,对于黑暗、对于行将被毁灭的自我的敏锐感知,以及对于幸福的遥遥企盼。

"希望"可说是一个贯穿于穆旦全部写作之中的核心词汇[1]——"祖先""积压着多年的耻辱"等词汇或短语可能会让读者想起穆旦此前的一些写作,如《中国在哪里》《赞美》("我踟蹰着为了多年耻辱的历史")等。因此,尽管"黑暗""报复"一类词汇无不带有强烈的内省性,但即如《赞美》的写法(即便是发出"一个民族已经起来"的呼告时,也内蕴着内省与原罪的机制)所昭示,它最终和那些写实性的诗句共同强化了穆旦的写作事实:即便是对外在现实发言,表达一种愤慨的现实情绪时,穆旦仍然将个人境遇熔铸其中,"现实"与"个人"在某种程度上乃是同一性的命题,"我们只希望有一个希望当作报复",这既是向外投射的,流现着一种现实愤慨的情绪;也是向内收缩的,内蕴着对于个人境遇的省思。

二 四处奔走的小职员

诗歌情绪是如此之强烈,多半还是和现实生活直接相关。穆旦和朋友们经营的《新报》虽也不能说是完全没有政治靠山,但最终仍被查封,显然也是时局与政治的变幻使然。《新报》被查封之后,穆旦回到北平闲居,并伺机南下。日后的交代材料写道:"我这时又渴望赴美留学。我曾于1946年以复员青年军名义参加

---

[1] 穆旦各个时期的写作中都较多地出现了"希望"一词,包括《前夕》《蛇的诱惑》《玫瑰之歌》《悲观论者的画像》《原野上走路》《中国在哪里》《神魔之争》《哀悼》《赞美》《出发》《阻滞的路》《裂纹》《活下去》《反攻基地》《时感四首》《荒村》《饥饿的中国》《感恩节——可耻的债》《葬歌》《我的叔父死了》《九十九家争鸣记》《理想》《有别》《老年的梦呓》《问》。当然,词性有名词(较多)和动词(较少)之分,词义也肯定有所不同。

了青年军公费留学考试（和全国公自费留学一齐举行），此时已知取录，便想到南京去索取外汇。"这一"渴望"还有另一层"特殊原因"："我的爱人即将赴美留学了，我更急切想去了。自己也认为到美国学不了什么东西，但想在解放前总要到那里看看才甘心"（《历史思想自传》，1955年10月）。这里所提到的"爱人"即1946年在北平认识的周与良女士，他们的故事容待稍后再讲。

1946年7月下旬，教育部举行三十五年度留学考试，同学王佐良、周珏良以及周与良都参加了，穆旦则是以复员青年军的名义参加的。本年度《青年军留学考试办法》明确写道："抗战期间，国人同仇敌忾，知识青年纷纷请缨杀敌，乃造成空前之知识青年从军运动。胜利之后，政府为奖励成绩优良之从军青年起见，由军事委员会青年军复员管理处商同教育部订定青年军公费留学考试章程，选派优秀分子出国深造。"[1]

据随后公布的录取名单，周珏良可见于自费留学考试录取名单之"英文"组（共79名），周与良见于"生物"组（共14名），王佐良见于公费录取名单，为中英文教基金董事会留英公费生之"英国文学"组（共2名），穆旦（查良铮）为青年军留学考试录取的25人之一。[2] 朋友们随后即陆续出国了，穆旦限于个人的经济状况与家庭负担，首先只能寄希望于政府的公费承诺。

周与良回忆指出：当时政府公费留学名额很少，大多数考生都改为自费留学，可向政府购买官价外汇，比黑市便宜很多。良

---

[1] 教育部教育年鉴编纂委员会：《第二次中国教育年鉴·第六编 学术文化》，上海：商务印书馆，1948年，第99页。
[2] 教育部教育年鉴编纂委员会：《第二次中国教育年鉴·第六编 学术文化》，第88—89页、第97页、第99页。

铮打算和自己"一同赴美留学",但因为"父母和妹妹都需要他赡养帮助","不仅要筹款购买外汇,还必须留一笔安家费,因而他在1947年冬去上海、南京找工作"。[1]南下的时间当是在1947年12月底。穆旦从北平经天津,坐船到上海。初抵上海的时候,住在其堂兄、时任上海地方法院院长查良鉴的家里,给友人留下的通信地址也是堂兄家的:上海南京西路621弄21号查宅。

最初一段时间,即1948年1月—2月或3月,穆旦多次从上海到南京,向教育部及行政院索要留学外汇,期间,还曾通过联大同学黄澄的关系找政务次长陈雪屏写介绍信帮忙(黄当时为陈的秘书),但未获成功。5月9日,穆旦和一些考取复员青年军公费留学的人"向总统请愿出国"(据5月7日致梁再冰的信),但看起来没有结果,而此后很可能还有类似的举动,7月27日,上海版《大公报》以《青年军留学 请当局早日资送出国》为题,对"青年军留学"事宜做了报道。主要内容为:"卅五年度青年军公费留学考取生廿五名,以同年度考取的教部公费生,和该项公费未取而合自费标准的考取生二千余人早经结汇出国,他们根据政府从前公布优待智识青年从军办法第九项的规定:'复员青年军得优先出国',在京、沪、杭一带的青年军留学生代表查良铮等十余人,廿六日具函呈请国防部何部长、教育部和行政院等有关当局,请求即拨给外汇资送出国。"

但实际上,基于当时的战争局势和经济状况,"留学教育经费全然无法得到保障","青年军留学考试录取者,也被行政院'以格于经济紧急措施令及库存外汇短绌结果,已令教部婉劝该员等

---

[1] 周与良:《永恒的思念》,杜运燮等编:《丰富和丰富的痛苦》,第154页。

暂缓出国'"。[1]这意味着努力不过是白费,请愿和具函都无结果,政府的公费承诺最终不过是一纸空谈。

工作也一直在寻找。最初的工作是三四月间,在上海中央社英文部,每天工作四个小时(下午二点到六点)。主要工作为"校正南京中央社拍来的英文稿件,校正其文字上的错误及遗漏,然后发外文报纸"。

据杨苡回忆,穆旦当时找事的心情很急,曾托她在南京找工作,但当时找事非常不容易。中央通讯社是一个政治性的机构,此事是经她的哥哥杨宪益[2]或者是穆旦堂兄查良鑑[3]的介绍才得以成功的。又有一次——应是中央社的工作之后,约在4月下旬,杨宪益在某大使馆找到一个空缺。穆旦急忙从上海赶到南京,但还是没有赶上,他下午到,空缺在上午就另外有人占去。[4]5月13日,农林部政务次长谢澄平致函中国救济代表团(Chinese Relief Mission)团长Donald S. Gilpatric先生,推荐查良铮前去工作[5],但事情或未成,目前未见相关记载。

这样一种奔波的情况,对穆旦的身体可能有不小的影响。穆旦本人日后在叙及本年4月—5月在南京找工作期间,有患病的记载。杨苡、江瑞熙较早的回忆提到:当时有段时间穆旦曾到航空公司工作,"但因生病,肺炎,后转化为结核,以致失业"。[6]杨

---

1 余子侠、冉春:《抗日战争时期中国教育研究》,北京:团结出版社,2015年,第435—436页。
2 见易彬《"他非常渴望安定的生活"——同学四人谈穆旦》。
3 据杨苡致陈伯良的信(2005年1月28日,陈伯良先生提供)。
4 杨苡观点,见易彬《"他非常渴望安定的生活"——同学四人谈穆旦》。
5 叶公平:《新发现的穆旦史料》,《中华读书吧》,2009年8月12日。
6 见易彬《"他非常渴望安定的生活"——同学四人谈穆旦》。

苡后来还谈到,穆旦在南京期间曾大病一场,他自己觉得"简直像要死了一样",幸得她找来中央大学医院丁荣施医生开药,而后去住院,因得及时治疗,方才无事。[1]

6月之后的数月间,穆旦的工作状况方才稳定下来——经友人何怀德介绍,穆旦任联合国粮农组织驻南京办事处译员。穆旦日后对此事多有交代:和大西南时期一样,对此一阶段的工作也多强调现实原因,并涉及"前途"问题。去中央社工作即是"因生活所迫",但因"待遇少,无前途"而不愿在蒋政府的机关中工作。"当时友人何怀德在农林部作秘书",告知"联合国粮农组织南京办事处即成立,或可在其中找到工作",穆旦"即赴南京","以后经何怀德介绍见到其中的新闻官美国人 Coltman,得到译员职位";"工作为翻译关于粮农组织的英文新闻,发寄国内报馆及新闻社。写过一本小册子,介绍联合国粮农组织的整个情况,曾寄国内各文化机关。粮农组织印有不少技术性及科学性的书,南京办事处也寄赠各地";"还有时作一些办事处内的事务性口译工作"。

联合国粮农组织全名为 Food Agricultural Organization(简称FAO),"是一个国际性的、协助粮食及农业发展的机构,有会员国五十余国","南京办事处也是同一性质,它向它的总机构(当时设在华盛顿)负责,经费也来自该处,因此是联合国机构的一部分"。FAO 南京办事处"是由一些农业技术家(主要为美国人,也有澳洲及加拿大人)组成,流动性较大,人数十余上下,有一个美国教授(是农业推广站专家)来中国两个月,曾去成都一星

---

[1] 杨苡口述、余斌撰文:《穆旦在南京,1948》,《南方周末》,2024年9月5日第C21版。

期",穆旦"随他同行作口译","在成都去访问的,有一个农林局的农业改进所,两个大学的农学院,他和各该机构的科学工作者交换了意见,并曾被省府当作客人款待";"他曾对学生公开讲演一次,内容也是平常的,鼓励同学学习而已"(综合《历史思想自传》,1955年10月;《我的历史问题的交代》,1956年4月22日)。

穆旦在FAO一直工作到本年10月底或11月——倒不是穆旦主动放弃,而是国内形势紧张,FAO南京办事处的机构将被撤销。11月—12月间,再次由于杨宪益的介绍和担保——担保政治上是否可靠,穆旦任驻南京的美国新闻处的英文编辑,约一个月,发英文稿,改正错字;同事有方应旸(即诗人方宇晨)等人。

1949年1月,穆旦重新回到FAO。据穆旦交代,FAO南京办事处结束前,该处负责人就去筹组东南亚办事处,自己曾表示愿到那里工作。1948年12月底,穆旦接到粮农组织从泰国来电,得知被任命为译员半年,便辞去美新处的工作,办理出国手续。

这些描述不难看出,1948年穿行在沪宁线上的穆旦是一名不折不扣的小职员,南京虽贵为民国首都,上海虽是民国最开放的大都市,年轻人要找到工作却并不容易,穆旦即多次碰壁,多次失业,实际所找到的工作也是技术性的,任英文文书,主要工作就是资料(如来往文件、剪报等)翻译一类杂事。这等工作需要有良好的英文知识,与1943年之后穆旦在大西南生活期间所作小职员工作无异,对曾任教国立大学外文系的他来说自不是难事。

再扩大来看,纵观1940年代穆旦的经历,联大、《新报》两段相对稳定的经历均为时较短——而且,严格说来,所谓"稳定",更多的是生活层面的,其文化人身份始终有并不稳定的一面(《新报》期间,虽为总编辑,但也还是被罗又伦以教英文的理由调往抚顺、脱离报馆两三个月）。在更长的时间内，他是凭借在大学里刻苦学习而来的英文知识而谋生，是一个不断找工作又不断失业的年轻人，生活平淡、工作枯燥。虽然各段均较为短暂，但累加起来的时间则较长，这样一来，在穆旦身上，"小职员"身份实际上是大于所谓"文化人"身份的。

三 "他非常渴望安定的生活"

对于一个国立大学外文系正规毕业生而言，这种不安稳的生活局面是怎么造成的呢？

前文由 1944 年 11 月 16 日穆旦致唐振湘的书信有所引申，当时朋友们曾劝穆旦过一种"安定"的生活，但他似乎并未听从这种善意的劝诫。并不安稳的生活局面，在一定程度上可说是一种自我放逐的结果。

针对 1940 年代末期在沪宁两地的生活状况，友人杨苡、江瑞熙后来认为："穆旦在当时频繁换工作，既有社会原因，社会不能提供稳定而安适的工作，也有他自己的原因。除了饭碗问题外，他也要找自己比较合适的。不少工作他觉得不适应，觉得没意思。美新处是一个'政治机构'，FAO 是一个技术机构。FAO 的待遇不错，可以多赚点美元，将来好出去留学。""他非常渴望安定的生活"，但得不到。对于出国一事，杨苡的看法是：

> 抗战后由于国共内战不停，物价死涨，民不聊生，的确又是人才外流的高潮，我所认识的联大、中大同学那两年，1946—48 年，出去继续读大学硕士的很多，学医的、学理工

的、学文的都有。那时美国是认可我们国内几个名牌大学学历的。穆旦并不想离开祖国。当时他的心态非常矛盾。跟国民党不愿意跟,跟美国人赚美金想来真没意思,就是为了生活。他非常渴望有安定的生活,把母亲和妹妹接出来,接到南京过也好,北京的生活是很苦的。母亲是最重要的,奉养母亲,在他的生活中一直是一件最重要的事。后来回来也和他母亲很有关系。穆旦很多时候都考虑着他母亲。[1]

朋友们所述穆旦对于母亲的看重,可以得到其胞妹查良铃回忆的印证:

> 记得在抗战年代,他在大后方,每半个月准时给母亲寄来一张明信片,写得密密麻麻的蝇头小楷,内容丰富,读来十分过瘾。每年除夕夜,他总要写一张,准时准点。当时我和母亲唯一盼望的就是哥哥的明信片,它带给我们幸福、愉快,两遍三遍地也看不够。母亲总是小心翼翼地放在枕边,想起来时就拿出来再看。年复一年,哥哥的明信片从未间断过。[2]

以此来看,在这个问题上,穆旦的家庭负担也不能不考虑。穆旦的父亲谋事能力较弱,母亲为家庭妇女,抗战中期之后,姐姐(1914年生)已远嫁广西,妹妹尚且年轻(1927年生),整个家庭生活依赖穆旦收入来维持。家庭负担——"须要为维持家中生计着想",即赚更多的钱让家人过上安定的生活——可能一直

---

[1] 易彬:《"他非常渴望安定的生活"——同学四人谈穆旦》。
[2] 查良铃:《怀念良铮哥哥》,杜运燮等编:《一个民族已经起来》,第146页。

在相当程度上支配着穆旦的职业选择，穆旦从军回来没有再重新回到联大，也可能有物质待遇方面的原因；从重庆新闻学院退学，进入航空公司工作都和生计有关；去沈阳办报也被认为包含了谋求稳定职业以赡养居住在北平的父母的考虑——这是听从了友人们过安定生活的"劝告"，1947年春，穆旦还曾托人将母亲和妹妹接到沈阳住了一段时间。及至《新报》被查封之后的沪宁时期，此种情状再次暴露无遗，穆旦虽以复员青年军的身份考取公费赴美留学资格，但无力和后来成为其妻子的周与良一起留学美国，而其所从事的实际工作，也唯有FAO持续时间较长，其他的都是短期的，期间经历了找工作碰壁、失业、生病诸种情况。

前述《新报》实践则从另一个角度提供了解释："很难安定"也与1940年代的政治时局直接相关。《新报》在1947年8月这样一个显然并非所谓文化转折阶段，被横加的理由而被查封，可见现实政治对于当时人们生活的强势影响——正是现实政治放逐了穆旦一度安稳的生活。

从一个更大范围来看，这乃是一种时代性症状，1940年代后期，政治行将垮台、经济面临崩溃的国民政府已无力为青年人提供安稳的工作环境，即便是在首都南京或上海这种大都市，即便是穆旦这般经受过良好教育的青年，都不得不深深地陷入生活的物质压力之中。实际上，即便是1949年前半段穆旦随待遇算是不错的FAO到曼谷工作，也始终未能赚足留学费用，若不是家境不错的周与良出手相助，身为"小职员"的他很可能无法实现留学愿望。

穆旦在上海期间的饮食起居情况暂无从得知，在南京，按照杨苡的说法，是一种"居无定所"的状况，在清华大学学长、时任教于中央大学的刘世沫宿舍住过[1],在江瑞熙、方应旸处也住过(后两者可见于穆旦的交代材料)。杨苡、江瑞熙等人的回忆中还有一些当时生活的细节。江瑞熙指出,1947—1948年间,"大家都没有固定工作,都在为'饭碗'问题而忙碌"。当时,他曾任《纽约时报》驻中国记者翻译,"工作是在上海找的,但是在南京工作。这时和穆旦联系较多,大家是同学,又在文艺方面有共同兴趣爱好,又都在美国、联合国这样的类似机构工作"。在南京期间,江瑞熙曾和穆旦合住,"在厚载巷2号,5号也住过(5号是一使馆参赞住处),但时间都不是很长。很多时候是四处寄居生活,随时处于失业状态。当时大家的相互见面,是碰球式的,谁也顾不上谁"。"有机会聚在一起时,除了交换个人情况,还会谈到人生的苦辣,爱情的无常,对真善美的探索这一类话题"。杨苡则谈到,当时南京生活虽然艰苦,但朋友们常常有小聚会,每个人带一个菜一块儿吃。"1948年12月19日还见过穆旦",当时是在家里吃晚饭,成员还有方应旸、张健、左登金,刘世沫等人。

穆旦沪宁时期的思想状态,杨苡、江瑞熙等人也曾有所揭示——当时朋友们常在一起聊天:

> 从东北回到南京时,和老朋友一起聊天,朋友开玩笑说,你给国民党做过事会倒楣,但他对于自己的处境不那么以为然,说,大不了进集中营。在南京解放的时候,他愿意等着解放。他觉得只有新中国才有希望。他总觉得自己没希望了,别人还有希望。当时南京有人想去解放区,他认为这条路对

---

1 杨苡口述、余斌撰文:《穆旦在南京,1948》。

了。他劝年轻人去,年轻人应该去革命。而他认为自己已30岁,不再年轻了,不行了,没有条件去,也没钱去,他还有老母亲在北京。(杨苡的回忆)

穆旦的思想比一般人要深些。那时同学朋友在一起,常聊天。这种聊天圈子是一个自由的圈子。穆旦曾有一个观点:从哲学的角度看,共产党是不会容忍自由主义知识分子的,是不容忍真正的民主的。(江瑞熙的回忆)[1]

在政治格局日趋清晰的1940年代末期,"给国民党做过事"逐渐成为一个历史性的错误——朋友们在回忆之中,用了"他愿意""他(总)觉得""他认为"一类语词,是否就是穆旦本人的真实想法,尚可待追究。而朋友们的玩笑终归化作了现实,只是由于穆旦出国的缘故,此一错误一直延迟到1954年之后方才得到"惩罚"。

四 非职业化的写作者

不管是有意追求还是无意为之,"小职员"最终成为1940年代穆旦更为基本的现实身份。这对穆旦本人来说意味着什么呢?意味着工作被拉低到"为了谋生、有口饭吃"这样非常现实的层面,正如亚珍在《送穆旦离沈》中所谈到的:"个人的生命"成了一种突出于所有现实之上的事实。

---

[1] 易彬:《"他非常渴望安定的生活"——同学四人谈穆旦》。

写作则不得不成为一种副业。缕析1940年代穆旦的年度诗歌写作量，1945年比较突出，为25首，其余各年多则10多首，少则数首，着力创办《新报》的1946年为空白（年初写了一些散文）。他极少作评论类文字，仅有大学末期写下并发表了两篇诗歌评论，即《〈他死在第二次〉》和《〈慰劳信集〉——从〈鱼目集〉说起》；翻译之作倒是有一些，包括文学作品和国际时事新闻的翻译。评论和文学翻译之作，基本上作于大学及任教大学期间或稍后，跟校园文化环境和实际的文化身份相关，在失去了文化上的位置之后，也就少有此类写作。

写作量较小表明了写作本身在生活中所占实际比例较小；少有评论之作更可表明他根本无意通过诗歌之外的文字来扩大自己影响，以更好地进到社会文化网络之中。这样一种行为举措应和了英国现代诗人奥登所谈到的一种"时代的悲哀"："诗人写诗，养活不了自己。而要以谈诗、论诗来赚钱"，而所谓谈论诗歌不过是"应约做演说、写前言、写书评"。[1] 因为这一层谈诗论道资格的存在，可以预想这样一个奥登终究还是一个文化潮流中人，且占有重要的文化地位。穆旦则无意或无暇于此，《新报》时期，身为总编辑的他所写下的不过是若干时评类文字，其时穆旦关注更多的乃是公共性事务，而非文艺事业——也或者说，《新报》作为经济实力并不雄厚的新创报纸，关注现实公共事件显然是比关注文艺事业更为重要。

基于此，可以说，在现代中国，穆旦乃是一名非职业性的写作者。"非职业性"自然是相对于"职业性"而言的，现代中国业

---

[1] 转引自黄灿然：《前言》，《必要的角度》，沈阳：辽宁教育出版社，2001年，第1页。

已初步形成了职业化的写作者或文化工作者。粗略地说，职业性可以通过如下一些因素来衡量：一是为稻粱谋，写作是一种谋生的职业，能否发表，能否换来稿费（生活费），对他们而言至关重要；一是职业性的文化工作者，如刊物编辑等；一是政党的文艺工作者，政党为他们提供物质条件，写作者按照政党意图进行写作。

难以确切估定职业性对于写作的实际效应，但一些流弊还是可以察知，比如写作难度被降低。第一类中，物质生活压力使得不少写作者不得不快速写作，写完往往来不及好好修改就拿去发表；甚至边写边发表。同时，由于发表常存在困难，写作者往往就会主动迎合某种写作潮流。第二类中，刊物编辑或主编，本身往往兼为作者或评论家，由于自己把持着刊物，发表难度大大降低，这往往也使得写作者有意无意放弃了对写作的严格要求。第三类中，政党意志高悬于个人意志之上，迎合、图解政治的情形难免会较多出现。在这样的情形里，职业化对于写作者的写作质量与实际成就产生了或深或浅的负面影响。

当然，这些都很可能只是一种预设，身份也很可能激发相反的效果，比如边写作边发表也可能激发出一种特殊的想象力与创造力，何况身份也并非对每一个个体都完全有效。因此，可能更合理的表述是，没有将写作职业化的穆旦有效地规避了一些可能产生的流弊，所承受的外在压力相对较小，所承受的历史重负较轻，他可以慢速地写，这使得其写作量不大，而且往往可以见出他的个性、风格与"良心"；作品发表也较慢，这使得他有更多时间和机会审视自己的作品，对于自己作品的较多修改，正可从这一层面来理解。所有这些因素，最终构成一个循环：非职业化 ⇌

写作较少、较慢 ⇌ 名声微薄 ⇌ 边缘化。线索自然未必是如此清晰，但这样一种循环圈，最终使得1940年代的穆旦游离于时代语境之外：

> 谁是最后的胜利者？是那集体杀人的人？
> 这是历史的令人心碎的导演？[1]

在《诗四首》（1948年8月）这首目前所能查证的穆旦在旧中国所写下的最后一首诗里，他为读者留下如此深长的一句历史慨叹——这是一位诗人，也是一位经受了多重挫败、生活得并不舒心的小职员的慨叹。穆旦最终"忧愤出走"——在新中国即将成立之际，穆旦选择从曼谷赴美留学，而不是及时归国参与到新中国文化建设之中，这不能不说他在旧中国的实际处境有着莫大的关联。

五 被扼杀的文化可能性

和大西南时期一样，穆旦在此一时期的交游情况也较少见闻于其他材料。若无日后的交代材料，线索与相关人事很难勾连。

诸多交游中，首先可提出的是梁再冰——梁思成与林徽因的女儿。约在1947年春，穆旦与梁再冰认识，之后有较多书信往来。1955年11月26日，在肃反期间，梁再冰写了一份检举材料：《关于我所了解的查良铮的一部分历史情况以及查良铮和杜运燮解

---

[1] 穆旦：《诗四首》，天津版《大公报·星期文艺》第102号，1948年10月10日。

放后来往的情况》，其中依据穆旦写给她的信，交代了彼此交往的情况。在穆旦的诸多交游之中，梁再冰本不算突出，尽管穆旦在填写各类履历表的时候，多次列梁再冰为证明人，但坊间几无相关线索，一般读者显然并不知情。检举材料中提到的不少事件可得到穆旦本人相关叙述的证实，其基本真实大致无疑。

或可一提的是，梁再冰称查良铮"当时是以'诗人'的身份"来到她家的，此前"已经读过好多首他以'穆旦'为笔名发表的诗"，"只把他当作一个'诗人'看待"；而他当时对自己"表示有好感"，可能有和自己"谈恋爱的打算"。"诗人"身份，与梁再冰的母亲林徽因当时一封信中所谈正相符[1]，但"谈恋爱的打算"是实情还是1955年的检举语境使然，已无从察知。

其他交游情况，多半是出自穆旦本人日后所写交代材料：在北平期间，曾与当时任北京大学助教的袁可嘉、金隄"商量组织一文艺团体'寻路人社'，拟以商务出版的《文学杂志》为发表文章之处。只谈了两三次，即不再有何活动"（《历史思想自传》，1955年10月）。这里所谓"寻路人社"，从未见于相关资料，或尚处于商量组织阶段而并未成立，或由穆旦杜撰亦未可知。1948年上半年，穆旦往返于上海及南京期间，所交往的友人有巴金夫妇、刘北汜、陈敬容、袁水拍、江瑞熙、何怀德、杨静如、赵瑞蕻、方应旸、刘师慕（世沫）、黄澄、郑敏、王勉等（《我的历史

---

[1] 1947年10月4日，林徽因在给费慰梅的信中写道："我找了个机会同宝宝和她的年轻朋友们去了趟颐和园。（他们中有位才华横溢的诗人，他的诗作王佐良曾在伦敦出版的《生活与书信》一书中加以评论。）"（见林徽因著、梁从诫编：《林徽因集·小说、戏剧、翻译、书信》，北京：人民文学出版社，2014年，第250页）这里所提到的"宝宝"即梁再冰，从所称王佐良的评论来看，"才华横溢的诗人"即穆旦。但这里的信息一般读者多半并不会注意，即便注意到，也很难察知梁再冰与穆旦的关系。

问题的交代》,1956 年 4 月 22 日)。这些人物之中,郑敏在回忆中表示跟穆旦仅见过一次面:当时穆旦曾到南京的家里看望,请她"去新街口喝咖啡","谈到晚上,聊了很多对教育和诗歌的看法"。在她看来,穆旦"是一个个性很鲜明,很有历史感的年轻人,这在二战后的中国,是一种优点。但是当历史正在选择道路时,个性强的个人的处境,往往并不如所想的那么容易"。[1] 饶有意思的是,在最新公布的杨苡口述中,以"不成功的撮合"为题谈及郑敏,"大概是穆旦住在刘世沐处的那段时间",刘世沐想"撮合"郑、穆二人,"是在中山东路上的一处挺高级的酒家见的面","晚餐时间以后,大家坐在大厅喝咖啡",当时除了杨苡、刘世沐外,还有左登金、赵瑞蕻。"聊天聊到九十点钟散了",后由穆旦送郑敏回家(在新街口一带)。第二天见面,穆旦表示"郑敏说得很明白,他们之间是不可能的"。[2] 按说,郑敏的记忆应无误(只见过一次),而"新街口"这一地名与杨苡的回忆也能对应,两人所忆就是同一次会面,事实已无法确证,那就算是一个小插曲吧。

也可能是在此一时期,穆旦一度成为上海霞飞坊(今为淮海坊)59 号巴金家的常客,与巴金夫妇、刘北汜以及个人交代中未曾提及靳以、汪曾祺、黄裳、王道乾等人有交往。1973 年 10 月 15 日——萧珊逝世一年零三个月之后,穆旦在致杨苡的信中,曾深情地回忆起当时的情形:

> 回想起在上海李家的生活,我在 1948 年有一季是座中常客,那时是多么热闹呵。靳以和蕴珍,经常是互相逗笑,那

---

[1] 郑敏:《再读穆旦》,《诗探索》2006 年第 3 辑。
[2] 杨苡口述、余斌撰文:《穆旦在南京,1948》。

时屋中很不讲究，厨房是进口，又黑又烟重，进到客厅也是够旧的，可是由于有人们的青春，便觉得充满生命和快乐。汪曾祺，黄裳，王道乾，都到那里去。每天下午好像成了一个沙龙。我还记得巷口卖馄饨，卖到夜晚12点；下午还有卖油炸臭豆腐，我就曾买上楼，大家一吃。[1]

所提到的诸位友人中，穆旦曾多次与汪曾祺在同一报刊发表作品，其诗歌显然给汪曾祺留下了印象，他当时即曾向唐湜举荐。据唐湜回忆，1947年秋，他原本打算给汪曾祺写篇评论，有一次去找他，"可他拿出一本《穆旦诗集》，在东北印得很粗糙的，说：'你先读读这本诗集，先给穆旦写一篇吧，诗人是寂寞的；千古如斯！'"这样，唐湜才细读了穆旦的诗歌，也才有了《诗的新生代》和《穆旦论》这两篇评论文章。[2] 前者将穆旦、杜运燮与绿原等人进行了并论，后者是当时讨论穆旦的文章中篇幅最大的。黄裳后来也曾回忆当时的情形：

> 当时巴金住在霞飞坊（今淮海坊），他家来往的朋友多，简直就像一座文艺沙龙。女主人萧珊殷勤好客，那间二楼起坐室总是有不断的客人。那可不是一个小圈子而是大圈子，这从他主编的"文学丛刊"十集的作者群可以看出。[……]萧珊有许多西南联大的同学，如汪曾祺、查良铮、刘北汜，也不时来坐。谈天迟了，就留下晚饭，有时到近旁的美心去叫葱油鸡来添菜。有时陪他们夫妇去吃咖啡，总是附近国泰

---

1 穆旦：《穆旦诗文集》（第 2 卷），第 168 页。
2 唐湜：《忆诗人穆旦——纪念穆旦逝世十周年》，《一个民族已经起来》，第 154 页。

电影院斜对过的老大昌，[……]也常去看电影，不过巴金很少同去，总是由我们一些年轻人陪了萧珊前往。靳以就说我们是萧珊的卫星。[1]

应该说，穆旦在文化上的努力意图还是很明显的。创作上，在经历了 1946 年的沉寂之后，1947、1948 两年，穆旦写作数量呈复苏之势，诗文发表也较为频繁。文化交往上，1946—1947 年间，与北平的沈从文、冯至、林徽因等人有较多交往，据说还曾替沈从文主编过《益世报·文学周刊》。时为北大学生的吴小如后来曾多次谈到，当时京、津、沪等地报纸的文艺副刊有不少由北大老师主编，他们又往往将工作交给年轻人，除穆旦外，还有袁可嘉、常风等。[2]

1948 年之后，随着生活地转移至上海、南京这样文化发达的地域，所交往的文化圈有扩大趋势，其中一个中心人物是巴金，穆旦第三部诗集《旗》即被列入巴金主持的"文学丛刊"第九辑，由文化生活出版社出版，所结识的新朋友靳以、王道乾、黄裳等人，也是巴金圈的文化人。据此，穆旦似乎有了更多进入文化圈的条件，更有可能成为文化潮流中人，但战乱时局以及残酷的政治环境很快就扼杀了这种可能。

---

1 黄裳：《琐记——和巴金在一起的日子》，《拾落红集》，合肥：安徽教育出版社，2006 年，第 24 页。
2 吴小如观点，见《我又见到了沈从文先生》《我和废名师的最后一面》《读萧乾先生的〈梦之谷〉·附记》，均收入《书廊信步》，沈阳：辽宁教育出版社，1995 年。按，相关情况尚有待更充分的求证：吴小如仅指出事实而未说明具体时限；当事人如袁可嘉、常风等在相关回忆中均未提及穆旦参与编辑的事实。此外，翻阅当时多种副刊，仅《平明日报·星期艺文》从第 34 期到第 50 期（1947 年 12 月 15 日—1948 年 6 月 3 日）标明为沈从文、周定一合编，其他的则没有看到标注。

第十章　沪宁线上　　279

六 "用极近口语的文字写出了庄严的诗"

身份是小职员,写作是非职业化的,文化的可能性始终微渺,但穆旦却始终保持着对于诗艺的探索,这里从诗歌语言的角度略做展开。

新诗以现代汉语为语言基础,与古典汉语相比较,现代汉语"从语汇到表达方式"均发生了质变,口语化和散文化不可避免,这使得诗歌美感方式的获得,乃至诗人的思维方式,均发生了根本性的变化。[1]简单地说,如何用散文化的语言来凝结诗意,如何赋予语言以更大的能量,是不同时代的新诗人都必须面对的诗学命题。

对于穆旦所运用的诗歌语言,有一类观点始终未能得到较多认可,那就是"口语"的问题。1947年,周珏良曾标举1945年穆旦几首诗歌中一种"特别可注意的"成就:《农民兵》的文字"十分平易","简单得几乎真是'老妪能解',然而句句清新有力,它深刻锐利的地方尤其使人感觉到搔着痒处的痛快";《甘地》更是被推重:

> 用极近口语的文字写出了庄严的诗,在白话文已被提创了二十多年的今日,而每有大制作还是觉得此种文字不够典雅非用文言不可的时候,这种成就是特别可注意的。[2]

这一话题几乎从未引起注意。不妨来看看周珏良所引的《甘地》一诗中所谓"极近口语的文字":

---

1 张桃洲:《现代汉语的诗性空间》,北京:北京大学出版社,2005年,第1—13页。
2 周珏良:《读穆旦的诗》,《益世报·文学周刊》第48期,1947年7月12日。

> 行动是中心，于是投进错误的火焰中，
> 在此时此地的屈辱里，要教真理成形，
> 一个巨大的良心承受四方的风暴，因爱
> 而遍受伤痕，受伤而自忏悔，
> 甘地，骄傲的灵魂，他站得最低。

周珏良的判断是依据1947年版《穆旦诗集（1939—1945）》展开的，这部诗集之中，比这近于"口语"的并不算少，如《小镇一日》《在寒冷的腊月的夜里》《赞美》等诗的大部分段落也很口语化，且多了几分生活气息。不过，周珏良仅仅将1945年这些诗歌举出，自是事出有因，这即是后半句话的含义所在："写出了庄严的诗"。再往下的意思，"每有大制作"，应该并非指篇幅之"大"，而是所涉事件之"大"，即事件具有某种重大性，抗日战争、重要人物如甘地，即是如此。在周珏良看来，这类用语庄严的诗篇，此前"非用文言"不可，现在，穆旦运用一种"极近口语"的现代汉语同样能实现。

但若更细致地分辨，周珏良所谓"口语"与艾青所谓"口语"并不尽相同。艾青在《诗的散文美》中为了说明"口语是美的"，"口语是最散文的"，所举例子是"在一家印刷厂的墙上，看见一个工友写给他同伴的一张通知"：

> 安明
> 你记着那车子[1]

---

[1] 艾青：《诗的散文美》，《顶点》，第1卷第1期，1939年7月10日。

在为艾青诗集《他死在第二次》所写书评中，穆旦以赞赏的语气提及"诗的散文美"，并引述了包括这一诗行在内的段落。当下"口语诗"的概念也近于此。相比之下，周珏良关于"口语"的概念显然是在"文言"还占有主导性地位的现代文学语境之中产生的。如上所引穆旦诗句，词汇本身并无晦涩之处；其中固然有一些主观性词汇，如"错误""屈辱""巨大""伤痕""忏悔""骄傲""低"等，单独来看，意义也并不复杂，在一般诗歌中的出现频率也并不低。但诗歌读来明显能感觉到语言的质感与力度——能感觉到一个有力的形象站在那里，这即是"庄严"所在。可以说，相比于"口语"，诗人自身（所谓"主观精神"）才是更具决定性的因素。在诗人和对象之间，是止于一种表面化的涵括，还是深入对象之中（所谓"从对于血肉的现实人生的搏斗开始"[1]），所形成的效果显然并不一样。

从《甘地》扩展到穆旦的写作之中，问题变得更为清晰：诗人与对象的命题所透现的其实就是个人与现实的关系问题。穆旦的写作姿态，简略地说，既对于现实生活多有突入，但又注意保持某种"反省的距离"，两者看似矛盾，实则合成了穆旦的诗人形象：前者使穆旦从现实生活之中获得了坚实的经验，后者则使穆旦不致被现实淹没而保持了独特的个性。换言之，前者是前提：首先是对于现实有着热切的投合，是在深入现实之后所形成的距离；唯其如此，才能容纳更深广的现实因素，而又不仅仅与现实建立一种简单的对应关系。落实到语言层面，最表象的说法即是主观性的凸现，如《甘地》等诗所示，语言呈现出了灵魂的冲突，

---

[1] 胡风：《置身在为民主的斗争里面》，《希望》第1期，1945年1月。

充满了血肉质感。

在"现实生活"与语言创生这一命题上,有研究针对穆旦诗歌的"口语"问题指出:"穆旦的诗歌全面清除了那些古色古香的诗歌语汇,换之以充满现代生活气息的现代语言,勃朗宁、毛瑟枪、Henry王、咖啡店、通货膨胀、工业污染、电话机、奖章……没有什么典故,也没有什么'意在言外'的历史文化内容,它们就是普普通通的口耳相传的日常用语,正是这些日常用语为我们编织起了一处处崭新的现代生活场景,迅捷而有效地捕捉了生存变迁的真切感受"。[1]这种观察非常敏锐,穆旦诗歌中"古色古香的"语汇确实几近于无,"充满现代生活气息的现代语言"与"捕捉了生存变迁的真切感受"的说法也是恰当的。但仍有可继续深入之处,仍以《甘地》为例,"骄傲的灵魂"一类语言所凸现的并不是现代气息,而是诗人的主观兴味;而在一些省思个人生存境遇的作品之中,比如《我》(1940)、《我歌颂肉体》(1947)等,其诗歌语汇也同样如此。

换个角度说,穆旦诗歌中的"现代"词汇固然显得很突出,但基本上没有构成场景,它们传达了穆旦对于现代生活及其场景的主观感受。因此,在穆旦诗歌语言的创生这一命题上,这里更愿意强调"生活"的概念,或者胡风所谓"与生活的搏斗"。脱离"生活",艾青诗歌最终陷入"枯涩呆板的标语口号,和贫血的堆砌的词藻"[2]的泥淖之中;而正因为深深地植根于个人生活、内心与经验,穆旦诗歌最终获得了一种独特的"口语性"(语感),即便是在一些带有玄思色彩的作品里(并不日常化的情境之中),仍

---

[1] 李怡:《论穆旦与中国新诗的现代特征》,《文学评论》,1997年第5期。
[2] 穆旦:《他死在第二次》,香港版《大公报·文艺》第794期,1940年3月3日。

能感觉到语言的血肉质感。

从语言创制的角度来看，对于那些充满主观创造精神的诗人而言，写作过程往往也就是一个语言的创制过程，即创造一种更能体现自己写作个性的语言词汇。为了不使话题太散漫，这里仅从较小的语言单位——词汇和短语——切入。穆旦诗歌里，词汇或短语往往是比较突出的，《玫瑰之歌》中的"日炙"（"大野里永远散发着日炙的气息，使季节滋长"），《诗八首》中的"重山"（"相隔如重山"），均可谓是从古典诗学法则生成出来的，即通过词的浓缩来形成简约效果。

这些自然是贴切的例子，即符合汉语（特别是古代汉语）的习惯。但在更多情况下，对于古典化辞句，穆旦可能有意采取了规避的策略，王佐良曾赞誉穆旦的成就"也是属于文字的。现代中国作家所遭遇的困难主要是表达方式的选择。旧的文体是废弃了，但是它的词藻却逃了过来压在新的作品之上"。[1] 穆旦晚年也有总结，早年故意"用了'非诗意的'辞句写成诗。这种诗的难处，就是它没有现成的材料使用，每一首诗的思想，都得要作者去现找一种形象来表达：这样表达出的思想，比较新鲜而刺人"，"是一种冲破旧套的新表现方式"。[2] 既有意规避，又要发出自己的声音，创造辞句也就势在必然。例子非常之多，不妨以1947年3月所作《荒村》的起首四行为例：

---

[1] 王佐良：《一个中国诗人》，穆旦：《穆旦诗集》，附录第7页。
[2] 穆旦：《致郭保卫》（1975/9/19），《穆旦诗文集》（第2卷），第219页。

> 荒草，颓墙，空洞的茅屋，
> 无言倒下的树，凌乱的死寂……
> 流云在高空无意停伫，春归的乌鸦
> 用力的聒噪，绕着空场子飞翔，[1]

这里施用了一批双音节词汇，"荒草""颓墙""无言""停伫""聒噪"，其中如"颓墙"应是由"颓败的墙"压缩而来，在别的语言环境之下，这种语言创制或会显得生硬；但放在这一整体序列之中，读来却自有其节奏感。"空洞的茅屋""无言倒下的树""凌乱的死寂"一类配搭初看之下也不符合现代汉语习惯，但都非常生动地传达出了荒凉的效果——"无言"作为修饰语，"死寂"作为被修饰对象，效果尤其明显。更精到的是，这些词汇本身还蕴含着内在的对比效果，如"无言"与"聒噪"，"停伫"与"飞翔"，借助对比，荒凉的程度也得以加强。"流云"的出现看起来是旧的文体辞藻扑压使然，"流云"是一个非常典型的"诗意的辞藻"，使用不当，很容易流于轻浮；但放在这里，却也构设出了一重精微的对比：流云之"轻"与现实之"重"。可见，穆旦在词汇选择及其搭配上确是多有创造性，其语言创制往往是一种非常严肃、讲究的诗学行为。借此，语言获得了新的生命力——一种看似平淡的语言获得了一种新的诗性力量。

基于一种特定的历史境遇与写作意识而进行语言创制，由此所形成的诗学经验显然已不仅仅是穆旦个人性的，更可凝结为对于新诗这一命题本身的思考。对以现代汉语为基本语言质地的新

---

[1] 刊《文学杂志》，第 2 卷第 3 期，1947 年 8 月 1 日。

诗人们而言，如何赋予诗歌语言以更大强度，如何创制出更加符合自己写作个性的语言，换言之，如何使语言更加能够彰显自己的个性，这样的冲动显然一直未曾停止。

七 穆旦批评空间的生成与湮息

尽管"现实"激起了穆旦写作的新局势，尽管穆旦对诗歌语言的探索也已显出相当的深度，但这一切最终都不得不在新时代即将到来之际终止。从目前所能发现的文献来看，1948年8月所作《诗四首》是穆旦在新中国成立前写下的最后一首诗，而11月之后，基本上也不再有新的发表。最后一次发表是1949年10月31日重庆版《大公报·文艺》新第8号所载《荒村》，但此诗以及当版所载赵照译《人和女人》等作品均为重刊，且穆旦应该并不知情，故暂可将1948年11月2日重庆《大公晚报》所载《诗四首》视作更严格意义上的最后的发表。

缕析1940年代的各类批评文字可以发现，1946年之前的穆旦缺乏反响，有几首赠诗，如赵瑞霱（即赵瑞蕻）的《昆明底一个画像——赠新诗人穆旦》（1940）、杜运燮的《拘留所——赠穆旦》（1942）等，却未见公开发表的评介文字。此后，批评文字多有出现，其中多热切颂扬之辞，也不乏严厉批判之语；有专论，也有将穆旦放入某一种整体性视角当中的；其作者，有年长一辈的，如沈从文、朱光潜等当时是有着重要影响力的文化人，大学教授及重要期刊、副刊主编，穆旦作品的发表多得益于他们襄助；同辈人较多，有陈敬容、王佐良、周珏良、袁可嘉、唐湜、李瑛、吴小如等，多是穆旦同学与友人，也有些是陌生人，当时是年轻的大学讲师或助教，新创的刊物编辑，以及在校大学生。至于批判者，多是同辈人，且多为笔名，如初犉即朱谷怀、晋军即林遐，其中的几位，"被视为七月派的青年批评家"。[1] 年长者所作均是粗略勾勒。同辈人所作多长篇大论。这些表明了穆旦诗歌激起了不同的读者反应。作为批评重要形式的选本也有出现，这是穆旦反响得到加强的一个辅证。

1940年代关于穆旦的各类批评信息，若具体到年份，可得出一组数据：1946年，批评1篇（英文版）；1947、1948年两年，批评（包括选本）均有十数种，数量明显增加，可说是穆旦批评集中的时期。

何以会增加呢？这应该还是跟穆旦写作的发表与出版的整体局势相关。在大西南时期，穆旦的发表量和相关报刊的影响面都比较有限，其文化身份显得很微渺。1946年下半年—1948年间，也就是批评集中出现的两年多里，穆旦发表频繁，包括《文艺复兴》《文学杂志》《大公报·星期文艺》《益世报·文学周刊》《中国新诗》《新诗歌》《民歌》《诗星火》等报刊。其中有一些短命刊物，如现今学界所倚重的《中国新诗》仅出5期，《民歌》《诗星火》甚至仅出版1期；但多种报刊都产生了较大影响，它们所依托的均是重要报纸或出版机构，具有相对稳定的经济支撑；存续时间较长，发行量较大，发行面较广；主事者多是在文坛具有重要影响力的人士，具有丰富的编辑经验及相对成熟的编辑理念；此外，还具有较完善的宣传策略，一些刊物甫一出版，批评界就有较多介绍与评述——即便是那几种短命

---

[1] 司真真：《1940年代现代主义与左翼的对立与对流》，开封：河南大学出版社，2024年，第51—52页。

刊物，也有相应的宣传网络[1]，它们所遭受的批判也可视为影响之所在。

与此前明显不同的是，穆旦的发表变得集中且连续。一份刊物往往集中推出穆旦多篇作品，且多次发表，可见穆旦已经具备稳定的发表渠道。

刊物空间也大有不同：发表批评文字的刊物与穆旦发表诗歌的刊物多有重叠，有多篇相关文章甚至和穆旦诗歌同时刊出，如《益世报·文学周刊》（1947年11月22日）所载穆旦的多首诗歌与亚珍的《送穆旦离沈》，《文学杂志》第2卷第2期（1947年7月）所载《森林之歌》与王佐良的《一个中国新诗人》、第2卷第8期（1948年1月）所载《饥饿的中国》与朱光潜的《现代中国文学》，《中国新诗》丛刊第3集（1948年8月）所载《暴力》与唐湜的《穆旦论》，等等。这意味着穆旦诗歌及其批评多在同一空间展开。而主持这些刊物的人士往往也就是穆旦诗歌的批评者，如沈从文、朱光潜以及陈敬容、唐湜等人，以及与这些刊物有着密切关系的人——倒并不必然都与穆旦有着密切关系，穆旦与王佐良、周珏良是同学，与沈从文、冯至、陈敬容、袁可嘉有较多交往，与吴小如在北大教授宿舍见过面，但至少在当时，唐湜还不能算作穆旦友人[2]；李瑛等人也未必与穆旦有直接交往。

1　《新诗歌》《民歌》《中国新诗》等出版后，《大公报》等报刊都即时刊发了介绍文字，知名批评家如李健吾（刘西渭）还曾撰文评介，见《诗丛和诗刊》，《文艺复兴》第3卷第1期，1947年3月1日。
2　因为《穆旦论》的写作，唐湜熟悉了穆旦的情况，首次见面是在1949年元旦，1950年代中段，在《戏剧报》工作的唐湜与穆旦有一些交往，参见唐湜：《忆诗人穆旦》，杜运燮等编：《一个民族已经起来》，第154—156页。

穆旦与刊物之间具有较为密切的关系也是可以想见的，1947年3月9日开始刊发穆旦作品的上海版《大公报》，不仅有沈阳《新报》被迫停刊的详细报道（1947年8月17日），还多次发布穆旦南下以及在沪宁的动向，如12月3日即透露了"诗人穆旦不日可自沈阳过沪去南京"的讯息，12月28日又有消息："诗人穆旦自东北抵沪，将在沪小住，然后去南京。"再往下，1948年2月6日，又发布消息："诗人穆旦去南京住了廿天，前天又回到上海，将在沪埋头写作。"2月16日、4月19日，则发布了穆旦诗集《旗》和收录了穆旦诗歌的"英译中国新诗"将在英国出版的讯息，7月27日，在报道"青年军留学"事宜时，也出现了"查良铮"的名字。不仅出现频次高，讯息面也很广泛，穆旦与上海版《大公报》相关编者之间的良好关系可见一斑。[1]

上述部分讯息，也可见于重庆《大公晚报》、香港版《大公报·大公园》等处。而《诗创造》虽然并未发表过穆旦的作品，但该刊"诗人与书"栏目多次发布穆旦的信息，包括南下、诗集出版等，这如果不能确证穆旦与编者的交往，那至少可以显示编者对于穆旦的看重。穆旦甚至可能短期辅助过沈从文编辑过天津《益世报·文学周刊》。批判者将从《大公报》文艺副刊到《中国新诗》的核心人物都指认为沈从文[2]，虽有其偏颇处，但也道出了时人对于1940年代后期文坛氛围与格局的感知。至于相关选本，穆旦与新诗选本《现代诗钞》的编者闻一多、新诗英译选本的编

---

[1] 上海版《大公报》的相关讯息，均出自"文化街头"栏目。
[2] 初犊：《文艺骗子沈从文和他的集团》，《泥土》第4辑，1947年9月17日。

译者方应旸（宇晨）[1]也有着较为密切的关系。据此，大致上可以认为，与穆旦作品发表稳定相映衬的，是一个圈子化程度较高的批评空间。换言之，批评的展开过程在相当程度上即是一个"纯化"的历程，这未必是穆旦有意而为之，却使得穆旦从一个富有才华的校园诗人成长为一个有着一定影响力的年轻诗人。

穆旦之于杂志或副刊的效应也得到了较多关注。《杂志，副刊，中国的新写作》谈到杂志、文艺副刊各两份，即李健吾、郑振铎编辑的《文艺复兴》，朱光潜编辑的《现代文录》，杨振声、萧乾任编委的《大公报·星期文艺》，沈从文编辑的《益世报·文学周刊》，"这四种是目下文艺沙漠里的绿洲"。在谈到诗歌时，仅举郑敏、穆旦为例，郑敏"很引人注意"，但穆旦是"一个更为重要的诗人"："穆旦更丰富，方面更广。他有一种灵魂上的痛苦，而这使他最普通的观念都得了一种深厚和庄严。这样的诗中国以前还不大多见。最不可企及的，是他的句法"。援引证据是3月12日《大公报·星期文艺》刊载的《春》中的诗句："有谁曾用过这些简单然而美丽得使人不敢逼视的句子？"[2]稍后，莎生（吴小如）的《〈文学杂志〉的去来今》，认为《文学杂志》的作者中，"丰

---

[1] 1948年4月29日，上海版《大公报》第7版刊发报道《英译中国新诗将在英国出版》，称中央大学外文系助教方应旸（即诗人方宇晨）已将150多首新诗译成英文，将由该校艾礼教授（Almed Ali）"润饰并作序，然后在英国印行"，其中选入穆旦诗歌9首。按，该选本当时或未出版，现可见巴基斯坦驻华大使馆2012年编印的英文诗选 The Call of the Trumpet: an Anthology of Twentieth Century Chinese Poetry（《号角的呼唤：二十世纪中国诗选》），译者即 Ahmed Ali。综合来看，该诗选很可能就是当年的译本为基础的，选入穆旦的《合唱》《在寒冷的腊月的夜里》《春》《诗》（按，为《诗八首》选4，即第1、3、5、8章）以及《暴力》。
[2] 刊《平明日报·读书界》第18期，1947年3月22日，未署作者名字。

满遒劲的穆旦已代替了神情倜傥的卞之琳"。[1]这些观点将穆旦看作刊物风格或作者群体的代表，可视为其影响力提升的一种表征。

再从诗集出版看，穆旦当时共出版 3 部诗集，即 1945 年 1 月昆明文聚社的《探险队》，1947 年 5 月自印于沈阳的《穆旦诗集（1939—1945）》，1948 年 2 月文化生活出版社的《旗》。其中，反响最大的是《穆旦诗集》，不少批评文章直接标明为"读《穆旦诗集》"。这可能和它的篇幅容量有关，录诗 58 首，几乎囊括了 1945 年之前穆旦的全部重要作品；也可能和它的宣传策略有关——出版之后，天津版《大公报·星期文艺》（第 34 期，1947 年 6 月 1 日）旋即刊发了一则介绍性小广告，《诗创造》丛刊第 6 辑《岁暮的祝福》（1948/12）"诗人与书"栏目也发表了出版信息；友人（读者）的传播也起到了良性的作用，诸如唐湜受汪曾祺举荐，吴小如受梁诚瑞举荐，陈敬容也是在友人处看到《穆旦诗集》等。

被收入巴金主编"文学丛刊"第 9 集的诗集《旗》的影响则在稍后体现，亦门（阿垅）迅即作长文《〈旗〉片论》（1948 年 3 月 23 日）[2]，陈敬容读到了《旗》[3]，晋军明确标出只看到了《旗》[4]，远在青岛的《文艺》甚至也出现了诸葛疯的《从〈旗〉看穆旦和一些穆旦们》[5]，这些都表明了穆旦批评的广度。较早由联大校园文学社印行的《探险队》在任何批评文章中都没有引述，这倒是可以想见的，印证了王佐良所谓"印在薄薄土纸上的小书从来就无法走远"。

---

1 刊天津《民国日报·文艺》第 111 期，1948 年 2 月 19 日。
2 亦门（阿垅）：《诗与现实 第三分册 论现象》，五十年代出版社，1951 年 11 月。
3 默弓（陈敬容）：《真诚的声音——略论郑敏、穆旦、杜运燮》，《诗创造》丛刊第 12 辑《严肃的星辰们》，1948 年 6 月。
4 晋军：《踢去这些绊脚石》，《新诗潮》第 4 辑《理论与批评》，1948 年 12 月。
5 刊《文艺》（原为《青岛文艺》）第 5 号，1948 年 9 月。

综合考量，穆旦作品的发表、出版与穆旦批评空间的生成之间具有一种良性互动关系：1940年代中段之前，穆旦发表空间零散、芜杂，诗集出版也不力，穆旦作品缺乏反响；1946年之后，随着两部诗集先后出版，特别是《大公报·星期文艺》《益世报·文学周刊》《文学杂志》《文艺复兴》《中国新诗》等刊物较多刊发其作品，甚至包括穆旦本人参与报纸副刊编辑活动的事实，一个具有较多信息容量的穆旦批评空间逐渐生成。

但是，这不过是一个短暂的空间，1946年王佐良的文章使得穆旦批评具有很高的起点，数量较多也较为复杂的反响则是从1947年开始的。这一反响，随着1948年底前后沈从文诸人的声音被堵压而逐渐湮息，期间约两年时间。

八 "我实在想写一些鲁迅杂文式的诗"

对于1946年之后所涌现出来的多种批评，穆旦本人的态度如何呢？据说，对于赞誉性的评论，穆旦最喜欢王佐良和周珏良的。[1] 将王佐良的《一个中国诗人》附录收入自印诗集，既可见出穆旦的喜好，也可说是一种宣传策略——王佐良与周珏良都是和穆旦关系相当亲密的友人，印证了"知人论世"这一批评传统的效力。对于闻一多所编选的《现代诗钞》，穆旦也应是满意的，晚年多次以赞赏的语气谈及。[2]

对于穆旦的写作，当时也有不少批评性的文章，如马其的

---

[1] 周珏良：《穆旦的诗和译诗》，杜运燮等编：《一个民族已经起来》，第20页。
[2] 如《致郭保卫》（1975年11月14日）和《致董言声》（1976年4月29日）。

《读〈中国新诗〉后记》[1]，作者对《中国新诗》第 1 集《时间与旗》表示"非常失望"，认为"里面有些诗篇太深沉，太费解了！除部分诗篇外，不论在格式上，在内容的晦涩上，在技巧上，无疑地，我们的诗人都是受了西洋近代诗人的影响。如像穆旦诗里所用的自由联想（Free Association）和浸渗的'哲学'气氛，如'永恒'和'短暂'一类观念。也许诗人是在用自己经验中的联想罢，如在《手》一篇中"。这一批评基于"格式""内容""技巧"等方面展开，属正常的批评范畴。

但也有不少将穆旦等人的写作列入"反动文化集团"的批判之辞，如初犊的《文艺骗子沈从文和他的集团》[2]、张羽的《南北方才子才女的大会串——评〈中国新诗〉》[3]、舒波的《评〈中国新诗〉》和晋军的《踢去这些绊脚石》[4]、诸葛疯的《从〈旗〉看穆旦和一些穆旦们》，等等。

这些文章，或称穆旦诗歌如《时感》"里面不但没有一点真实的人生的活的气息，而那'希望'也微弱得连死人的喘息和呻吟都不如了"（初犊）；或从《我想要走》"看出这一个悲哀彷徨犹疑贪婪自私的嘴脸，和一个为旧社会豢养的和有毒的血液所滋育的腐烂的知识分子的消极堕落悲观失望动摇不定的可怜相"（张羽）；或将包括穆旦等作者在内的《中国新诗》称为"诗歌，在今天已经担起了民主与反民主的积极的战斗的任务"的时代里的"一股逆流"（舒波）；或称《赞美》《控诉》等诗表明穆旦"仍旧停留

1　刊《燕京新闻》（北平）第 15 卷第 8 期，1948 年 7 月 26 日。
2　刊《泥土》第 4 辑，1947 年 9 月 17 日。
3　刊《新诗潮》丛刊第 3 辑《新诗底方向问题》，1948 年 7 月。
4　刊《新诗潮》丛刊第 4 辑《理论与批评》，1948 年 12 月。

在否认人民的立场,只是看见了人民的盲目,驯服,愚昧,而抹杀了人民的革命可能性,而抹杀了人民背后隐藏着的革命价值","在广大的人民已经觉醒了时代里",这样的"到人民的搏斗里去"的诗人是不允许"存在"的。"诗创造派"和"中国新诗派""有意的阻碍了大众的前进,有意的浑乱了诗的阵营","以人民之友自居,而实在却是人民之敌",这样的"绊脚石"应该"踢了开去"(晋军)。

对于这些批判之辞的公开回应之作,有袁可嘉的《诗的新方向》[1],唐湜的《论乡愿式的诗人与批评家》等文[2],以及《诗创造》《中国新诗》等刊物的一些编辑后记或按语。1948年11月,朱光潜、沈从文诸人仍在强调"今日文学的方向"[3],这也可视为一种坚持。

多被指涉的穆旦本人的反应呢?公开的回应尚未发现,但私底下,据说是充满怨气的。前述梁再冰的检举材料(1955年11月26日)摘录了穆旦自1947年至1949年间来信的内容,其中,在一封约写于1949年前期曼谷期间的信中,穆旦谈到了对于那些谩骂式的批判文字的看法:

> [……]骂我的话看来,只要他们有一天得势,我是一定要受他们"训练"的。我实在想写一些鲁迅杂文式的诗,把他们也反扫荡一下,我实在看不惯这种"文化法西斯"的逐渐兴起。

---

1 刊《新路》第17期,1948年9月15日。
2 刊《华美晚报》,1948年8月16日、19日、23日。
3 同题文章1948年11月14日刊天津版《大公报·星期文艺》,为朱光潜、沈从文、冯至、废名、陈占元、袁可嘉等人举行的"今日文学的方向"座谈的纪录。

"鲁迅杂文式的诗"自然会令人想起穆旦 1940 年 11 月所作《五月》中那几行有名的诗:

> 对着漆黑的枪口,你们会看见
> 从历史的扭转的弹道里,
> 我是得到了二次的诞生。
> 无尽的阴谋;生产的痛苦是你们的,
> 是你们教了我鲁迅的杂文。[1]

但时局日紧,所谓"鲁迅杂文式的诗"最终可能并没有写成。倒是此前所作——作于 1948 年 4 月、刊载于 9 月《中国新诗》第 4 集《生命被审判》的《绅士和淑女》,其中有某种政治风味:

> 而我们在各自的黑角落等着,那不见的一群。
> 你们就任,我们才出现为下属,
> 你们办工厂,我们就挤破头去做工,
> 你们拿着礼帽和鲜花结婚,我们也能尽一份力,
> 可是亲爱的小宝宝,别学我们这么不长进。
> 呵呵,绅士和淑女,敬祝你们一代一代往下传,
> 千万小心伤风,和那无法无天的共产党,
> 中国住着太危险,还可以搬出到外洋!

诗歌基本上还是延续了此前的写法,即对于逼仄现实的一种

---

[1] 刊《国民公报·文群》第 268 期,1941 年 2 月 25 日。

讽喻。一句"千万小心伤风，和那无法无天的共产党"是针对那些"走着高贵的脚步，有着轻松愉快的谈吐""永远活在柔软的椅子上"的绅士和淑女们说的，此中虽也蕴含了某种政治态度，但在此一充满反讽语调的诗歌语境之中，也算不得是出格的政治言论。

余论　修改行为与自我形象

大致在1948年底前后，穆旦有编订一部《穆旦诗集》的打算。后由家属整理，于2010年初以《穆旦自选诗集》之名出版——如此命名，很可能是为了避免与1947年版《穆旦诗集》重名；2022年，又改以《穆旦诗集手稿本》的形式出版，全部原始材料逐页影印，既有手写稿，也有以发表本为基础的校订稿，"手稿本"可谓恰如其分。

关于这部诗集，周与良后来有过"几点说明"，其中一些信息为：

  1. 这是穆旦1948年离开北京随联合国粮农组织去泰国自编的一本诗集。

  2. 原稿目录中有序，但没有找到，可能没写。

  3. 这本《穆旦诗集》一直沉睡在穆旦父母家中，直到1980年（当时他父母均已去世）由查良铃（穆旦妹妹）才把一本纸张又黄又脆的《穆旦诗集》手稿交给我，我一直珍藏着，总希望有机会出版。[1]

---

[1] 穆旦：《穆旦诗集手稿本》，北京：人民文学出版社，2022年，第4—5页。按，第1条所述有误，当时穆旦主要在南京、上海谋生。

所影印的材料中，未见相关编订时间的标记，故"1948年"只是一个大致的说法，或者说，是根据时间编排内容，即"第四部　苦果（一九四七—四八）"，所做出的一种看起来合乎情理的推测。所称"一直沉睡在穆旦父母家中"，是指穆旦当时（出国之前）即交付给了父母，还是曾携带它漂洋过海、回国之后的某个时间点再交由父母保存，亦无从确定。

至于何以在一个政局行将发生大变更的时刻编订一部诗集，总结的意念应该是有的，也可能包含了对于批判之辞的一种间接回应。

诗集共拟收入1937—1948年间的诗歌80首，此前出版的三部诗集的收录下限均未超过1945年，拟编订的诗集显然更能呈现穆旦早期诗歌写作的概貌。因此，编订诗集的举动可视作穆旦对于此前写作的一个有意识的总结。

对于诗歌的大面积修改也明确体现了总结的意图。放眼新诗史，穆旦属最勤于修改的诗人之列，其诗歌总数约为156首，存在异文的将近140首，其中大多数跟穆旦本人的修改意志相关，修改力度之大、范围之广可见一斑。种种信息表明，穆旦每次将作品再次发表或结集出版的时候，都会对其进行不同程度的修改，《穆旦诗集》拟录入诗歌80首，超过了此前三部诗集的诗歌总量（76首），又发生在1940年代末期这样一个转折的时期，其意义自然可待探究。

诗集的编排本身即别有意味。有《序》，尽管具体序文已无法找到，但鉴于此前三部诗集均没有序言，此一举措应是表明诗人对过去的创作有话要说；诗歌被编为四部分，各部分均有标题，这种主题编排也是先前的诗集所没有的。四个部分的题目分别为"第一部　探险队（一九三七——一九四一）"、"第二部　隐现（一九四一——一九四五）"、"第三部　旗（一九四一——一九四五）"、"第四部　苦果（一九四七—四八）"。其间，有两个取用此前诗集的名称，表明诗人对于此前写作和诗集出版行为的肯定，"探险"与"旗"仍然具有风格指向性；"隐现"，是精心写就的长诗和修改重点之所在，也是饱含精神内蕴的主题线索；1947—1948年间从未结集的诗歌则是被取了一个主观意味非常明显的名字，"苦果"。由此，四个版块可谓是嵌构了一种内在的秩序：从"探险"的激情张扬，到"隐现"式的精神诉求，再到"旗"式主观投射，最终则是生命"苦果"的品尝——通过对四个创作主题的自我归结，穆旦似乎有意识地勾勒出一幅个体在现代社会里成长与毁灭的图景。这或如从《诞辰有作》到《三十诞辰有感》的修改所示，包含了"'黑暗'的历练与成型"[1]，也或如《手》对于"声音"被"谋杀"景象的勾描：

> 我们从那里走进这个国度？
> 万能的手，一只手里的沉默
> 谋杀了我们所有的声音。[2]

就《穆旦诗集（手稿本）》所显示的自我观念而言，在1940年代末期着意编订诗集、并再次进行大面积的修改，此一行为应是包含了以一种带有整体意味的自我形象来统摄之前全部写作的

---

[1] 参见易彬：《诗艺、时代与自我形象的演进——编年汇校视野下的穆旦前期诗歌研究》，《中国现代文学研究丛刊》，2020年第4期。
[2] 刊《益世报·文学周刊》第67期，1947年11月22日。

意图。编订与修改行为发生于1940年代的写作、发表行为即将结束之际，这样的结局并非个人所能预料，不能全然以结局来反推此前的行为，但时局的急剧变化、批评话语的急转直下当是个人所能切身感知得到的。可见在纷乱的时局之下，穆旦对于自己的诗歌写作以及诗歌所勾画的自我形象仍念兹在兹。借用穆旦此一时期诗中密集出现的"历史"一词，对于一位身陷具体历史语境之中的写作者而言，历史的压力往往是难以挣脱的：穆旦对于写作的反复修改，也可说是个人与历史时代的复杂关系的外化。

从另一个角度来看，对于一位怀揣着这样一幅成长图景的写作者而言，在一个新的政权即将成立之际做出"出走"的选择看起来实在是正常不过。

第十一章

"被点燃"的青春:"愤怒""孤独"与"安憩"

一 "玫瑰的故事"

玫瑰象征爱情——1936年底之后的一段时间,穆旦对于"玫瑰的故事"很是着迷——

> 庭院里盛开着老妇人的玫瑰,
> 有如焰焰的火狮子雄踞在人前,
> 当老妇人讲起来玫瑰的故事,
> 回忆和喜悦就轻轻飘过她的脸。

这篇《玫瑰的故事》是故事里套着故事,老妇人回忆当年新婚之后的旅行,途中遇到一个老人讲述他那烦恼的"玫瑰的故事";现在,人都逐渐老去,时间成了诗歌的主角——

> 现在,那老人该早已去世了,
> 年轻的太太也斑白了头发!
> 她不但忘却了老人的名字,

并且也遗失了那小镇的地址。

只有庭院的玫瑰在繁茂地滋长，
年年的六月里它鲜艳的苞蕾努放。
好象那新芽里仍燃烧着老人的热情，
浓密的叶子里也勃动着老人的青春。[1]

　　当年讲故事的人恐怕已经不在了，当年听故事的年轻太太也老了，不仅"斑白了头发"，甚至忘掉了人名和地址，但爱情的象征玫瑰花依然盛开，爱情由此充满永恒意味。对于这样的用叙事语调写出的、风格冷静的爱情故事，年轻的诗人在忙于考试之际"苦苦地改了又改"，也可见出其心智对于一种冷静而非热烈的风格的偏爱。

　　穆旦对于此一故事的偏爱也可能有一层现实因素，那就是他"当时和一个资产阶级的'小姐'在恋爱中"。女子叫万卫芳，富家女，当时是燕京大学的学生。两人如何结识以及确切的时间起点已不可考，但据说"燕京女生里都传，那个诗人在追万卫芳，每个星期都骑自行车来找万卫芳。从清华到燕京，蛮远，那时路也不大好走。其实也不用传，经常会看见他大老远用力蹬车过来"。[2]

　　1937年抗战爆发之后，清华大学南迁至长沙，燕京大学仍在北平办学，但万卫芳亦曾南下，成为国立长沙临时大学外文系二年级借读生。12月6日，万卫芳抵衡山县城——清华外文系教授、

---

[1] 刊《清华周刊》第45卷第12期，1937年1月25日。按，"努放"有误，当作"怒放"。

[2] 杨苡口述、余斌撰写：《一百年，许多人，许多事：杨苡口述自传》，第260页。

穆旦的老师、日后被誉为"日记体作家"的吴宓几经辗转也到此地,当晚与同行者宿县城某旅馆的两间房内,一间是他与李赋宁、李博高住(两人都是穆旦同级的同学),另一间是同行的陈慈、张婉英及万卫芳住。吴宓日记注明了万卫芳的身份,"燕京借读女生,查良铮偕来此",且有"万终未与宓识面"之语。[1] 这二十来个丛密的小字是当时关于两位年轻人交往隐秘的、唯一的直接线索,几十年之后方被杨苡关于穆旦初恋故事的回忆照亮。若无此佐证,读者或无从察知"偕来"二字的含义,穆旦当年的爱情故事大概会永远沉埋下去,终至无人知晓。

根据杨苡的回忆,当时万卫芳已经有了婚约。但几十年之后,她已无法断定穆旦与万卫芳俩人是一起南下还是先后南下,从吴宓日记来看,其中并没有直接出现"查良铮",那很可能是先后南下。但没多久,事情就发生了转折——

> 女子家里来一封电报,说是母亲病重,希望女子回去。穆旦不希望女子回去,他说它只是一个骗局,回去了就出不来。但女子还是回去了,并且被迫和原来有婚约的男子结婚。男子也是在燕京大学,姓余,两家门当户对。这件事引起了穆旦相当大的愤怒。有人说,从来也没有看过穆旦那么愤怒过,整个楼道都听得到他愤怒的声音。很多人认为是那女子把穆旦甩了,诗人受了很多苦。大家都很同情诗人。当时,我还没到昆明。我是听我姐姐和她在燕京的同学议论说,"万卫芳又回来了"。"那个诗人真倒霉,硬是被万卫芳抛弃了。"

---

[1] 吴宓著、吴学昭整理注释:《吴宓日记》(第6册:1936—1938),北京:生活·读书·新知三联书店,1998年,第269页。

第十一章 "被点燃"的青春:"愤怒""孤独"与"安憩"

女子结婚的条件据说是结了婚就出国，双方家长都同意了。这在双方家长不是问题，只要结婚就行。后来，出国了。在美国生了两个子女。但女子一家过得并不幸福。男子因为精神分裂而先死去，女子后来也因为精神分裂而把自己两个子女杀死。女子住在美国时，正好穆旦在美国留学，女子想穆旦去看她，但穆旦拒绝了。[1]

家里来电谎称母亲病重不过是一个老套的骗局，但万卫芳还是回天津了，时间当是在1938年初，即学校从长沙迁往昆明的前夕。万卫芳的名字出现在1938年1月统计的《廿七年一月长沙临时大学学生名录》之中，但不见于2月10日统计的《长沙临时大学准予赴滇就学学生名单》，据此，万卫芳返回北方应该就在此一时刻。1940年，万卫芳毕业于燕京大学家政学系，其通信处为天津义界东马路41号。同届毕业的同学有查良铮、李竹年、李炳泰等人。[2] 查良铮为穆旦的堂姐，李竹年为穆旦的中学同学，李炳泰为穆旦在新闻学院的同学（如果后两个名字没错的话）。熟人不少，当时或稍后，是否也传递过某些信息，则无从得知。

杨苡能获知相关情况，先是听其在燕京大学读研究生的姐姐杨敏如说起，长沙临大时期的讯息则是外文系学长叶桎告知的。[3] 穆旦本人在重庆期间，也曾写信跟杨苡谈到"爱情上的挫折"。[4] 在美国的情况，也是穆旦留学回来之后写信跟她谈及的——相关

---

1 易彬：《"他非常渴望安定的生活"——同学四人谈穆旦》。
2 见燕京大学一九四〇年班年刊委员会：《燕京大学一九四零年年刊》，1940年6月。
3 杨苡口述、余斌撰写：《一百年，许多人，许多事：杨苡口述自传》，第260—261页。
4 杨苡口述、余斌撰写：《一百年，许多人，许多事：杨苡口述自传》，第341页。

信件仍有存留，但不见于《穆旦诗文集》。[1]

穆旦的初恋故事终止于学校从长沙迁往昆明这一需要决断的时刻。一个失败的初恋故事，就这样成了"三千里步行"出发之前的一个不小的插曲。

或可一提的是，在新近发掘的一位长沙临时大学学生的相关文献中，有1937年12月编印的《长沙临时大学文学院学生名录》，其中有来自清华外文系三年级学生查良铮的名字，这自然不意外——意外的是，其名字旁就是万卫芳，相关信息为："南京 廿一 女 燕京 外二 借"，由此，万卫芳的生平信息丰富了那么一丁点，可知其籍贯为南京，时年21岁，大致为1917年左右出生。

关于万卫芳的文献非常少，除了长沙临大的学籍材料外，当时的记载仅见三条，除这里所引吴宓日记（1938）、燕京大学文献（1940）外，另有辅仁大学林传鼎（1941）的一句谢词[3]，统合起来，也仅寥寥几笔——万卫芳原本是一个籍籍无名的人，因为与日后成为名诗人的查良铮（穆旦）交往而留下了一个模糊的身影。如今，在这则重新出土的文献上，"万卫芳""查良铮"这两个名字终有机会并排在一起，恍若命运的巧合。

二 "你们被点燃，却无处归依"

"但是初生的爱情更浓于理想"，"幸福存在着再也不是罪恶"，

1　据2002年7月5日杨苡致笔者的信。
2　蒋刘生、曹彬整理：《马芳若日记》，第143页。
3　林传鼎在《字相的实验研究》（辅仁大学心理系，1941年）的序言中有"燕大万卫芳女士协助收集书写样本，至为感激"之语（第17页）。

1942年1月，在《春底降临》这样一首并非真正的爱情诗里，24岁的穆旦写下了这样的句子。从中，读者似乎可以窥见穆旦对于爱情的态度，甚至猜测，爱情是不是又一次"降临"到穆旦的生活之中。稍稍往下，读者又将会看到一首12行的短诗《春》——"春"是"春天"的"春"，也是"青春"的"春"：

> 绿色的火焰在草上摇曳，
> 它渴求着拥抱你，花朵。
> 一团花朵挣出了土地，
> 当暖风吹来烦恼，或者欢乐。
> 如果你是女郎，把脸仰起，
> 看你鲜红的欲望多么美丽。
>
> 蓝天下，为关紧的世界迷惑着
> 是一株廿岁的燃烧的肉体，
> 一如那泥土做成的鸟底歌，
> 你们是火焰卷曲又卷曲。
> 呵光，影，声，色，现在已经赤裸，
> 痛苦着；等待伸入新的组合。[1]

从一般意义上看，穆旦同时代人郑敏的评价是恰切的：

> 青春对诗人的诱惑是异常强烈的。绿茵因此也能吐出火

---

[1] 刊《贵州日报·革命军诗刊》第9期，1942年5月26日。

焰，在春天里满园是美丽的欲望，20岁的肉体要突破禁闭，只有反抗土地的花朵才能开在地上。矛盾是生命的表现，因此青春是痛苦和幸福的矛盾的结合。在这个阶段强烈的肉体敏感是幸福也是痛苦，哭和笑在片刻间转化。穆旦的爱情诗最直接地传达了这种感觉：爱的痛苦，爱的幸福。[1]

《春》现已被公认为穆旦的代表作之一，此诗有多个版本，在穆旦诗歌的修改谱册之中，被关注度也是较高的。不同版本有几年的间距，可见青春的情绪（"火焰""欲望""肉体""痛苦"）一直在穆旦的内心涌动，一直在寻找着最合适的语言来表达。大致而言，《春》的修改轨迹是循着一条从具体到抽象的路数，这虽扩大了诗学视域，更加凸显了"青春"本身的痛苦，穆旦与某个"女郎"可能具有的关系则被隐匿起来。[2]

而从诗歌写作本身来看，穆旦在题材方面的取舍意图还是比较明显的，其题材虽多半并不出"生活所给的范围"，但在此一范围之内，其实也还是颇有节制的，爱情诗的写作尤其典型。比如这首被晚年穆旦自认为是"充满爱情的绝望之感"的《诗八首》：

> 相同和相同溶为怠倦；
> 在差别间又凝固着陌生。
> 是一条多么危险的窄路里
> 我制造自己在那上旅行。

---

[1] 郑敏：《诗人与矛盾》，杜运燮等编：《一个民族已经起来》，第33页。
[2] 更多讨论参见易彬：《被点燃、被隐匿的"青春"——从异文角度读解穆旦诗〈春〉及其诗歌特质》，《中国现代文学研究丛刊》，2016年第12期。

一如"我制造自己在那上旅行"这类有意将自我"分裂"开来的诗句所示，对于爱情的体验（或玄想）似乎也成为穆旦的一种对于自我的重新认知。

全诗八章，写下了爱的"可能与不可能"：从爱情之火写起（"你底眼睛看见这一场火灾"），写到了"疯狂"：

> 你底年龄里的小小野兽
> 它和春草一样的呼吸，
> 它带来你底颜色，芳香，丰满，
> 它要你疯狂在温暖的黑暗里，
>
> 我轻轻关起你理智底殿堂
> 而为它埋藏的生命珍惜，
> 你我底手底接触是一片草场，
> 那里有它底固执，我底惊喜。

中间几章写到了爱情的进展，至最后三章，"化为平静"：

> 再不能有更近的接近，
> 所有的偶然在我们间定型；
> 只有阳光透过缤纷的枝叶
> 分在两片情愿的心上，相同。
>
> 等季候一到，就要各自飘落，
> 而赐生我们的巨树永青，

它对我们的不仁的嘲弄

　　（和哭泣）在合一的老根里化为平静。[1]

这两节诗,"上一节以'两片情愿的心'写'爱'的可能,下一节以落叶的飘零和树的永青写'爱'的不可能"。《诗八首》是穆旦诗歌被阐释的焦点所在,研究者"从不同角度对这首诗的意义进行了多层次的挖掘","这些阐释有的截然相反,有的同中有异"[2],但就现实意义而言,这种对于"不可能"结局的体认在某种程度也即一种深深的受挫感的流现。

这种受挫感,这种理性的思考与肉体的感觉,看起来,似乎非亲身经历者是无法写出来的,穆旦晚年也说:"那是写在我二十三四岁的时期,那里也充满爱情的绝望之感。什么事情都有它的时期,过了那个时候,追切感就消失了。"[3] 好事者自然希望从这种充满"追切感"的诗句之中掘出"背后的隐情",比如,"和萧珊的一段特殊感情有关"。[4] 稍稍往后,在《记忆底都城》这首约作于1942年11月的诗中,穆旦又写到了"爱情的咒语":

　　记忆底都城,无迹可寻的南方,

　　我们是你底居民弃在你门旁,

　　那古老的欢乐仍不断地啃啮

　　渴求完整的心,它自己底遗产,

---

1 《诗八首》初题为《诗》,刊《文聚》第1卷第3期,1942年6月10日。
2 西渡:《爱的可能与不可能之歌——穆旦〈诗八首〉解读》,《星星》(下半月刊),2008年第1期。
3 穆旦:《致郭保卫》(1975年9月9日),《穆旦诗文集》(第2卷),第215页。
4 高波:《穆旦〈诗八章〉后的"隐情"》,《楚雄师范学院学报》,2007年第7期。

> 那爱情底咒语仍旧疲乏着我们
> 走着你底大街和小巷底图案，
> 每一盏灯下记着失去的吻，
> 痛苦底路标在一片未辟的荒原，[1]

从传记批评的角度看，《诗八首》《记忆底都城》乃至《春》这类诗歌很可能都有一个未出场的女主角，但这个女主角到底是谁呢？这些自然都值得探究。写《诗八首》时，穆旦在昆明；《记忆底都城》完成之时，穆旦应是在印度，看起来，在不同的地域，爱情的挫折感都纠缠着穆旦，若此，则可以大致见出穆旦情感生活的状况，但问题是，无论是诗歌中的暗示，还是现实中的传记材料，确实都过于单薄，根本无法建构出一条基本的线索。依据穆旦后来与萧珊的交往来进行揣测，不仅是材料失实，也可能是当下的价值立场使然，即基于今日过于肤浅且功利的爱情，简单、庸俗化了当年男女朋友之间那种纯洁的友谊。

诗人的爱情故事，历来都会是一个或隐或显的话题。外表清俊、才华出众的穆旦在青年时代自然也不乏故事，只是很长一段时间之内并不大为人所熟知罢了。初恋的故事是隐秘的，"被点燃"的青春热情又是如此之"痛苦"，要探清穆旦的爱情故事并不容易。从个人性格来看，这可见出穆旦性格中的那种内向的因子。熟悉穆旦的朋友们在追忆的时候，也很少谈及他的恋爱情况，最大原因即在于，穆旦很少向朋友们泄露自己内心里最隐秘的事，他们也并不十分了解。

1　刊《文聚丛刊》第1卷第5、6合刊《一棵老树》，1943年6月。

杨苡是为数极少的知道得较多的朋友中的一个，前述万卫芳的故事即由她谈起，她同时也有评判：

> 穆旦写信给我时曾谈到当时的恋爱失败。我和江夫人（按，即江瑞熙的夫人）曾给他数，究竟爱过几个，也没数清。"玛格丽"可能并不一定代表一个女人，而且这些并不重要。因为有的很短暂。穆旦早年有过多次恋爱经历，但他绝不是唐璜式的人物。他是得不到。[1]

有必要补充的是，杨苡对于万卫芳以及下面要出场的玛格丽/曾淑昭的最初讲述是在 2002 年，其时，全是第三人称口气，是站在朋友角度的描述或转述。但在二十年之后的口述中，杨苡将自己放了进去：先前在昆明时，与穆旦"不算生疏，但来往是不多的，没想到在重庆那段时间关系近了很多，成了知己朋友"，也是在重庆，两人开始通信，有过"和赵瑞蕻之间"没有过的"聊天"，这些场合，同学陆智常多在场，而穆旦离开航空公司前往他处工作而来告别的那个夜晚，陆智常找借口避开了，因而是"和穆旦为数不多单独在一起说话"：

> 就坐在嘉陵江边上的小茶馆里，对面就是盘溪，我们看着对面的景，聊了很久。聊诗，我把我写的诗给他看的，请他提意见，他指出了一些毛病，但看我悲观兮兮的，还是鼓励的吧。那天是穆旦的生日，也聊个人生活上的问题，都有

---

[1] 易彬：《他非常渴望安定的生活"——同学四人谈穆旦》。

很多苦闷，就互相说。说到最后，发现两人之间有那么多的共同语言。那个时候，什么都说不准的，分手了，何时再能见面，谁也说不准，也许就再也见不着了。而且我已结婚有了孩子，我们之间是不可能的，连这些话都说开了。说开了倒也轻松，当然也有点难过，穆旦说，就当今天晚上是个梦吧。我们拥抱了一下，算最后的告别。以后就不再来往了。不是当面，就是在信里，穆旦半真半假地说过，我们的关系"More than friendship, less than love"。我也是这么觉得，他说得很对。[1]

根据杨苡的说法，不仅仅在重庆，1948 年在南京，有段时间也与穆旦来往比较多，有通信，曾一起到玄武湖等地游玩，也一起看过电影。赵瑞蕻对她和穆旦来往"一直不悦"，他会翻看她的日记、书信，曾因日记中的"C 来过了"记载而大闹一场。穆旦因为杨苡的哥哥杨宪益介绍而得以进入美国新闻处工作，也是因为他提出不要再和他妹妹来往，穆旦"就从美国新闻处辞职了"。[2]

何以会有这种变化，已无人能够回答。或许正如穆旦的恋爱故事所示，这种讲述本身就是一个谜。

---

[1] 杨苡口述、余斌撰写：《一百年，许多人，许多事：杨苡口述自传》，第 339—341 页。按，综合来看，杨苡所叙"告别"应该是在 1945 年。
[2] 杨苡口述、余斌撰文：《穆旦在南京，1948》。

三 "玛格丽就住在岸沿的高楼"

写于 1945 年的《重庆居》（后定题为《流吧，长江的水》）和《风沙行》等诗，都流现着对"玛格丽"的爱恋：

> 流吧，长江的水，缓缓的流，
> 玛格丽就住在岸崖的高楼，
> 她看着你，当春天尚未消逝，
> 流吧，长江的水，我的歌喉。
> [……]
> 玛格丽还要从楼窗下望，
> 那时她的心里已很不同，
> 那时我们的日子全已过去，
> 流吧，长江的水，缓缓的流。[1]

"那时我们的日子全已过去"中的"过去"一词，后改为"忘记"[2]，进一步凸显了爱情、时间、遗忘的主题，也可说是《玫瑰的故事》的风格的某种延续。有论者认为"玛格丽"这一称谓是直接从英国诗人霍甫金斯（G. M. Hopkins）的诗歌《春与秋》（*Spring and Fall*）中的 Margaret 挪移过来的[3]，但朋友们认为这个充满洋味的"玛格丽"、穆旦诗歌中出现的唯一的女人名字是其现实生活中恋爱对象的代称，杜运燮认为"玛格丽"可能是穆旦当

---

1 穆旦：《重庆居》，《诗地》第 1 期，1947 年 1 月 1 日。
2 穆旦：《流吧，长江的水》，《穆旦诗集》，第 140 页。
3 江弱水：《伪奥登风与非中国性：重估穆旦》，《外国文学评论》，2002 年第 3 期。

时的一个民航同事，一个有钱人家的女子。江瑞熙则将其具体化：
"玛格丽"名叫曾淑昭，当时是金陵女子大学的学生，后来嫁给了胡适的儿子胡祖望。[1]

曾淑昭确有其人，为穆旦在中国航空公司的女同事，最初的诗题《重庆居》恰如其分地表明了诗歌源自当时的重庆生活。穆旦后来的交代材料中不止一次出现过曾淑昭的名字，称其为"女友"或"女同事"。或可一提的是，在穆旦此类材料的表述中，"女友"一词应该并非特指女朋友，而就是指女性朋友。比如，在叙及《新报》时期的交往情况时，亦有"周与良，梁再冰（以上为女友）"之语（《我的历史问题的交代》，1956年4月22日）。

朋友们关于"玛格丽/曾淑昭"的回忆出现于2002年，但此后一段时间内并无线索可供进一步发掘，好在穆旦家属最终找到曾淑昭本人，获得其珍藏的资料，并做了口述——读者能够看到这些讯息已是2018年，也就是穆旦诞辰百年之际，明确标识"纪念穆旦（查良铮）百年诞辰"的第3版《穆旦诗文集》首次收录曾淑昭珍藏七十年的多种材料，即照片、诗歌（包括手稿）、书信等，相关讯息也有明晰的勾描，曾淑昭作为穆旦"女友"的形象于此有了更为丰富的展现，"穆旦—曾淑昭"也有了更多、更切实的话题意义。

曾淑昭（英文名为Margaret，即玛格丽），1923年2月10日生于南京。1939年至1943年就读于当时在重庆的金陵女子大学英文系。1943年11月任职于中国航空公司重庆办事处，穆旦稍晚进入航空公司，与其同事。2014年，面对穆旦家属，已届九十高龄

---

[1] 易彬：《他非常渴望安定的生活"——同学四人谈穆旦》。

的曾淑昭谈起了往事，以下是家属整理的内容：

> 查良铮 1944 年 2 月开始在中国航空公司昆明办事处任职员至 1945 年 5 月。其中 1944 年 3 月至 5 月在中航重庆办事处帮忙。重庆办事处男职员住在面对嘉陵江的半山腰宿舍。曾淑昭 1943 年重庆金陵女子大学英文系毕业，11 月开始在中国航空公司重庆办事处任职员，与另外四位女士住在山顶上粉红色小洋房（时称 Pink House），自己开伙，条件比男职员宿舍好。[……]查常被邀到山顶宿舍吃饭，然后与曾一起走下三百阶台阶，在长江上游嘉陵江边散步。谈论最多的是共同有兴趣的英美文学，和 19 世纪浪漫派诗人拜伦、雪莱、济慈的诗，没有谈中国诗。两人对诗欣赏一致。查于 1944 年 5 月被调回昆明，曾 1944 年 6 月被调到印度。后来信很多，多数谈生活和经历，不谈文学。中航邮件当天到，不用邮局。那段时间查写好的诗马上寄给曾看，包括当时用诗名《给玛格丽》《诗》《海恋》《圣者甘地》，后用诗名《流吧，长江的水》和《风沙行》《赠别》《给 M——》的作品。查 1945 年 5 月 3 日至 5 月 30 日写的诗都在重庆写出。[1]

根据第 3 版《穆旦诗文集》所录和所叙，穆旦当时抄送给曾淑昭的诗，包括"To Margaret"、《赠别》（"既然一切是这样决定了"）、《圣者甘地》《海恋》《寄——》《流吧，长江的水》《风沙行》《赠别》《裂纹》等，其中前两首未见闻于他处。从一般情形

---

1 曾淑昭口述、查英传记录，见李方：《穆旦（查良铮）年谱》，穆旦：《穆旦诗文集》（第 2 卷），第 387 页。

推断，主角 Margaret/ 玛格丽既能落实，相关指向应是更为明晰。

这些诗中，《圣者甘地》《裂纹》是对于现实 / 政治主题的关注与表达。其余各诗则均可说是或隐或显地包含了爱情的主题。根据诗文集的相关注释材料，《流吧，长江的水》原题《给 M——》，这个题目和发表时的题目《重庆居》，都更具情感指向性。诗中"玛格丽就住在岸沿的高楼"，以及《风沙行》里的"爱娇的是玛格丽的身体，/ 更为雅致的是她那小小的居处"，与曾淑昭口述之中提到的住处"山顶上粉红色小洋房（时称 Pink House）"似相契合，但两首诗读起来均带有某种谣曲的色调，而全无现时性的笔触，如后者，最终构设的是一重时间的视角："虽然年青的日子已经去远，/ 但玛格丽却常在我的心头"。

因为"玛格丽"的浮现，先前即发表并入集的《赠别》诗，如今读来或有新的含义。《赠别》分两章，第一章拟化了叶芝名诗《当你老了》，看起来是有意借助名诗来抒写心志，同时，对于老境的模拟也可说是蕴含了对于现时的期待。第二章则是更多个人心绪的波动，一种"徒然渴望拥有"的、"无望的追想"："看你去了，在无望的追想中，/ 这就是为什么我常常沉默：/ 直到你再来，以新的火 / 摒挡我所嫉妒的时间的黑影"。[1] 新见抄送给曾淑昭的《赠别》，也是一种对于（恋爱）双方处境的摹写，不过，再不是"你再来，以新的火"式的波折，而是"既然一切是这样决定了"式的终结：

既然一切是这样决定了：

---

[1] 穆旦：《穆旦诗集》，自印，1947 年，第 108—109 页。

> 我们的长夏将终于虚无，
> 你去了仍带着多刺的青春，
> 我也再从虚无里要回孤独；
> [……]
> 留下火焰在你空去的地方，
> 成熟的冷是记忆的果实；
> 当分离的日子给人歪曲和苍老，
> 那从未实现的将引我们归去。[1]

"再从虚无里要回孤独""留下火焰在你空去的地方"，这些诗句都显示了心绪的波动——这样的诗篇能让读者比较轻易地建立起与现实处境之间的关联，读者的进一步联想自是难免，但从"那从未实现的将引我们归去"一类诗句来看，诗人似乎对于现实处境已经有了比较明确的察知。

"To Margaret"则是一首奇特的诗，全诗共六章，除了第二章为另（新）写之外，其余各章居然杂合了《春》《诗八首》(选六、七、八章)和《自然底梦》。《春》传达的是一种强烈的青春"诱惑"与"痛苦"。新见的第二章并不长，为两节，每节五行：第一节依稀有着谣曲的调子，节奏舒缓，而且第二节一开始又出现了"年老人"的形象，似有滑向此前提到的类似写作之势，但"年轻人踩着的是危险和幻象，/ 因为那用青春制造的还没有成功"扭转了方向——"危险"一词，也出现在接下来的一章（也即《诗八首》的第六章）之中。

---

[1] 穆旦:《穆旦诗文集》(第 1 卷)，第 243 页。

如前述，《诗八首》是一首完成了的情诗，全诗八章，写下了爱的"可能与不可能"：从爱情之火写起，写到"疯狂"，写到爱情的进展，至最后三章，即第六至八章，也即"To Margaret"的三至五章，"化为平静"。

从"危险和幻象"到"化为平静"，内在脉络已经浮现，但"To Margaret"并未止于此，而是继续将《自然底梦》添作第六章。该章以"我曾经迷误在自然底梦中"起始，第二节转向了"少女""诱人的热情"：

> 一个少女它底思想底化身，
> 呵，为了我毒害的，诱人的热情，
> 是这样的骄傲又这样的柔驯。
> 我们谈话，自然底朦胧的呓语，[1]

尽管随后有"美丽的呓语把它自己说醒"一类诗句，但并不难看出其中所包含的心绪低回——或如在抄送《海恋》时的附信所言，其中有着关于个人心绪的"反复辩论"，希望对方看了，"可以减少一点零乱沉滞的心情"。[2] 由此来看，相比于《诗八首》，"To Margaret"传达了一种更为微妙的心绪，似有欲舍还连之感。

新见书信两封，也都别有意味。1945年4月10日，穆旦自贵阳写信给重庆的曾淑昭：

---

1 因这首组诗杂合了多首诗作，《穆旦文集》（第1卷）末单独录入全诗，此处所引见该书所载手稿影印件。
2 穆旦：《穆旦诗文集》（第1卷），第107页。

> 我还胡想些别的,你既然劝我有合适的小姐不要错过,我想也该劝你有合适的 Boy 也不要错过。你一回来就讲那末一句话,真叫人很不顺心。我看,我们作为长久的朋友,倒很好;若要我伺候你一辈子脾气,我仍是觉得很不合适的。
>
> [⋯⋯]我们反正总是不碰面的,假如我们一块在草地河边走走,谈谈,我想这就是人生的乐趣。可是上帝不允许!
>
> [⋯⋯]我幻想一种生活,我们快乐的过在一起。我想这不会很难,或者很慢。
>
> 只要时机好一点,什么都可以实现了。

书信更为明晰地显示了穆旦与曾淑昭之间一度有过的比较亲密的关系,至少在穆旦这里,对于两人的未来有过"胡想"或"幻想"。但看起来,年轻人当时谋生不易,受限于工作的调动和生活地的挪移(重庆/印度、贵阳/重庆,等),两人实际上也可说是聚少离多。曾淑昭口述所称"信很多",说的大抵就是两人靠书信来维持联系。

1945 年 9 月,预备回北平之前,穆旦将一些照片和诗信手稿留给曾淑昭,说是"放在你这里可靠,将来见面时再给我"。之后约一年半时间,两人断了音讯往来,既未见面,也无书信。

重新恢复联系之际,曾淑昭在上海,而穆旦在东北办报。此前,曾淑昭托中航出差到沈阳的同事"亲手将照片、诗信"交还穆旦,不想他当时不在沈阳,结果,又把"装有照片、诗信的大信封"带回到了上海。[1]

---

[1] 曾淑昭口述、查英传记录,见李方:《穆旦(查良铮)年谱》,穆旦:《穆旦诗文集》(第 2 卷),第 387 页。

1947年3月18日，穆旦由抚顺寄信给上海的曾淑昭，表示"一直不知你在什么地方。接到李希贤兄来信和书，才知道你在上海，中航"。看起来，是曾淑昭已经获知穆旦在东北办报，而穆旦尚不知对方信息。李希贤应该就是曾淑昭所称"同事"，也即穆旦交代材料中所提到的航空公司"人事科长"。应该是"亲手"交还的嘱托起了效应，李希贤并未将材料交给穆旦的《新报》同事，而是审慎地写信告知情况，并将东西带了回去。

也是生命机缘的巧合，穆旦从李希贤信中获知曾淑昭的消息的那一天，正是认识三周年之际，而且又逢自己的生日，自然是心生感慨。不过穆旦此时在东北办报，已近而立之年、又饱经现实的磨砺，也或许，已跟周与良确立了恋爱关系，此信的文字趋于平淡，已没有对于两人未来的"幻想"，而更近于"对于一个老朋友"的"挂念"，更多务实的考虑，诸如"你在上海好吗？"、"你的身体怎么样？离开了四川是否有些改进？每日生活若何？有什么朋友？读什么书？都在念中"之类。

无从知晓曾淑昭是否有回信，是否寄回穆旦为"正自印一本书"而需要的《赠别》和《裂纹》诗稿，实际上，前述穆旦的诸种付出，也已无法察知曾淑昭当时的真实反应，但从她托同事将照片、诗信交还的举动来看，或许是包含了告别的意图。

世事难料，穆旦在信中提到自己还没有去过上海，但很快，1947年底到1949年初，为了谋求未来的发展，穆旦即南下，在上海和南京等地生活了一年有余，等待和寻找出国留学的机会。其时，曾淑昭仍在上海，在中航上海办事处任职至1949年5月，相关照片、诗信手稿并没有回到穆旦手里，很可能两人在上海期间并无联络。穆旦日后在交代此一时期的交往关系时，也未出现曾淑昭的名字。至于再往下的联系或交往情况,更是无从得知了。

从另外的角度来看,穆旦早期的材料日后基本上都已湮灭无闻,设若当初这批材料成功送达穆旦手里,今日读者断无缘窥见。它们一直在曾淑昭的手边,陪伴她从上海到曼谷、中国台湾和美国,但直到2014年,年届90岁的她才(有机会)最终讲出当年的故事。

四 "让我在你底怀里得到安憩"

一直到1946年,时年28岁的穆旦终于迎来生命的重要转机。《新报》期间,穆旦主要时间是在沈阳办报,但因奉养父母、参加复员青年军公费留学考试、为《新报》事宜奔走等方面的缘故,也经常往返于沈阳和北平之间,常与时任教于清华大学外文系的王佐良、周珏良等旧友相聚,进而认识了周珏良的妹妹周与良(1923—2002),在周珏良家或清华大学工字厅的周末聚会上,两人多有碰面。

周与良祖籍安徽东至,1923年2月1日生于天津,1932年9月至1941年6月,在上海私立培成女子中小学读书,1942年9月至1946年6月,就读于北平辅仁大学生物系,获得生物学系学士学位;1946年9月至1948年2月,任燕京大学生物系研究生及半时助教。[1] 她后来对于最初的交往有过较为细致的回忆:

> 1946年夏,我去参加国民党政府官费留学考试,考场设

---

[1] 据周与良:《回国留学生分配工作登记表》(1953年2月21日)。

在北师大，又遇见良铮。王佐良、周珏良也都参加考试，我们大家在北师大附近小馆吃午餐。那时我吃得很少，良铮风趣地说，"你吃得这么少，这么瘦，怎么能考好呢？还是胖了会更好。"他是二哥的同学，我也没在意。后来，他由沈阳回北京，常去燕京大学找我，有时我和其他朋友在一起，他很礼貌地离开；有时第二天去了，我又有事，在燕京园姊妹楼会客厅里谈几句，他就走了，我很抱歉。周末我常去市内叔父家，有时他约我在米市大街女青年会见面。我们经常在女青年会客厅聊聊天，王府井大街逛逛。他爱逛书店，也陪我逛东安市场，有时买几本书送我，有时也看电影。寒暑假我回天津，他也来天津看我。那时父亲经常去唐山，在家里常开舞会，兄姐们的同学朋友常去，良铮也是其中的一位。我们初相识，他常问我爱看小说吗，[……]会面时他常给我讲游记或一些趣事。我记得最清楚的是穆罕默德（伊斯兰教创立人）的生平。后来我们比较熟了，他才谈到，他怎样从缅甸野人山九死一生到了印度，又回到昆明。他曾向我介绍他的家庭情况，我感觉他对母亲非常孝顺，对姐妹感情很深，责任心强，只是看上去沉默寡言，不易接近，相处久了，感觉他很热情，能体贴人。有一次他忽然向我要一张相片，他说要给母亲看。我说没有。他说去照一张[……]不过去美国以前，我还是送给他一张相片。当时良铮给我的印象是一位瘦瘦的青年，讲话有风趣，很文静，谈起文学、写诗很有见解，人也漂亮。[1]

1　周与良：《永恒的思念》，杜运燮等编：《丰富和丰富的痛苦》，第153—154页。

两人的交往是从舞会、聊天、逛书店、逛街等日常活动开始的，恋爱过程是逐渐深入的，浪漫却非激情型的。

周与良赴美国芝加哥大学研究生院学习是在 1948 年 3 月，出发地在上海，穆旦从南京赶来为之送行，一直送到船上，还送给了她几本书和一张照片。照片的反面写有这样四行诗：

> 风暴，远路，寂寞的夜晚，
> 丢失，记忆，永续的时间，
> 所有科学不能祛除的恐惧
> 让我在你底怀里得到安憩——

这是冷静的《诗八首》中最为热烈的四行——自从生命里有了周与良之后，穆旦终于"安憩"了。

读者或许会感到奇怪，同一首《诗八首》，自 1942 年发表之后，在 1943 年、1944 年、1948 年这三个时间点，以不同的姿态出现。1943 年的出现似有些意外，在《苦难的旅程——遥寄生者和纪念死者》一文之中：

> 我们回国的希望还渺茫得很，我们没有什么话可说。可是渐渐地我才知道，已经有些人，不知为些什么病，是绝望地倒在我走过的路上了。还有些作战受伤的，也多已自戕途中。我寂寞地走着常常想着自己写过的一段诗：
> 风暴，远路，寂寞的夜晚，
> 丢失，记忆，永续的时间，……
> 这是没有关系的却不知为何使我那样眷恋起来。

一种近乎极端的境遇，令穆旦"常常想着"这段"没有关系"的诗句，这赋予了诗歌本身以特殊的生命蕴意。而后两次，若以"女主角"的方向来看，都可说是有着明确的指向。

正因为如此奇妙的举动，《诗八首》很可能更近于一种爱情的玄想——一个写作者断不至于将一首"失败"的爱情诗一再地呈送给不同的女主角吧。也就是说，《诗八首》这样的诗篇未必有确切的女主角，或者说，未必有足够完整的本事（恋爱故事）。唯其是对于爱情的玄想，献给"女主角"也就显得合乎情理。实际上，将几首诗歌杂合在一起抄写与将四行诗抄写在照片的背面，其间的含义还是非常明显的。

循着《春》《诗八首》等诗的路数，穆旦1940年代后期的一些诗歌，其间也很可能熔铸了爱情或肉体的体验，如《我歌颂肉体》：

> 一切的事物令我困扰，
> 一切事物使我们相信而又不能相信，就要得到
>   而又不能得到，开始抛弃而又抛弃不开，
> 但肉体是我们已经得到的，这里。
> 这里是黑暗的憩息。[1]

这里的"困扰""黑暗"一类用词，和《诗八首》是相通的。而在送别周与良一个月之后，1948年4月，穆旦写下了一首《诗》，其中多半也关涉到爱情，和《诗八首》一样，诗中的情绪

---

[1] 刊天津版《益世报·文学周刊》第67期，1947年11月22日。

依然充满思辨的色彩,而非热烈的抒情:

> 脱净样样日光的安排,
> 我们一切的追求终于来到黑暗里,
> 世界正闪烁,急燥,在一个谎上,
> 而我们忠实沉没,与原始合一,
>
> 当春天的花和春天的鸟
> 还在传递我们的情话绵绵,
> 但你我已解体,化为群星飞扬,
> 向着一个不可及的谜底,逐渐沉淀。[1]

1949年8月,穆旦也开始了美国留学之旅,并于年底和周与良在美国佛罗里达州东北部的杰克逊维尔(Jacksonville)结婚。1953年初,夫妇俩推却重重困难共同回国。之后一直风雨同舟,相濡以沫。

周与良曾回忆当初简朴的结婚仪式,证婚人是她的五哥、当时在那里一个研究所做博士后的周呆良和另一位心理学教授,自己"穿的是中国带去的旗袍","良铮穿的是一套棕色西装。一般正式场合都要穿藏青色,他不肯花钱买,就凑合穿着这套已有的西服。呆良订了一个结婚蛋糕。参加仪式的还有几位他的同事",两人"住在大西洋岸边的一个小旅馆一周,然后返回芝城"。又称,读书的时期,自己"很爱玩","良铮从不干涉":"几十年我

---

1 刊《中国新诗》第4集,1948年9月。

们共同生活,各自干自己喜爱的事,各自有自己的朋友。"[1]

友人杜运燮也有回忆:"穆旦是学文的,周与良是学生物的,两个人的生活圈子不一样。家族也不一样。周家是望族,是红色资本家。"杨苡回忆:"周家是大家,而穆旦是小人物。当时,我们曾玩笑说穆旦是'豪门贵婿'",但是后来在苦难中,"两人从来没有出现过要划清界限,不像当时很多干部动不动就划清界限"。郑敏则表示自己"是通过作品来理解穆旦的":"《诗八首》是穆旦诗歌中艺术最好的。有种很强烈的东西在里面,穆旦的妻子周与良和他非常配,是那种阴阳配合,周与良的理性思维能力很强,性格稳重,温和、宽容。要是两个人性格一样,那就会不得了"。[2]

穆旦的岳父周叔弢(1891—1984)为著名的实业家、藏书家,曾任天津市副市长、全国政协副主席等职。这即是朋友们笑称穆旦为"豪门贵婿"的由来。而这,对于穆旦的心理或情绪可能也有所影响,周与良的大哥、著名的历史学家周一良曾有回忆:

> 我们家大多数人对他过去的情况都不够了解,因此他每次到我们家来,当大家(兄弟姐妹十人中六个党员,两个民主党派)欢聚在父母身边,兴高采烈,高谈阔论时,他常常是向隅独坐,落落寡欢。许多年中,我去天津,记得只上他家去过一次。现在回想起来,那时我们对他的态度是非常不

---

[1] 周与良:《永恒的思念》,杜运燮等编:《丰富和丰富的痛苦》,第155页。
[2] 易彬:《他非常渴望安定的生活"——同学四人谈穆旦》。

公正的，感到非常内疚。[1]

穆旦与周与良属自由恋爱，回国已是 1953 年初，周一良所谓周家兄弟姐妹对于穆旦"不公正"的态度，源于一种流行的政治意识，在当时，这种态度似乎并不令人觉得奇怪。

---

[1] 周一良：《钻石婚杂忆》，北京：生活·读书·新知三联书店，2002 年，第 126 页。按，该书有误记，穆旦"含冤去世"不是在 1978 年 2 月，而是 1977 年 2 月；相关章节内容后收入《周一良全集》(2015)、新版《毕竟是书生》(2016)等书，均如旧。

第十二章

"出走"与"归来"

小引 "我想要走":现实与写作

1947年10月,穆旦写过一首题为《我想要走》的诗:

> 我想要走,走出这曲折的地方,
> 曲折如同空中电波每日的谎言,
> 和神气十足的残酷一再的呼喊
> 从中心麻木到我的五官;
> 我想要离开这普遍的模仿,
> 这八小时的旋转和空虚的眼,
> 因为当恐惧扬起它的鞭子,
> 这么多罪恶我要洗清我的冤枉。
>
> 我想要走出这地方,然而却反抗:
> 一颗被绞痛的心当它知道脱逃,
> 它是已经买到了沉睡的敌情,
> 和这一片土地的曲折的伤痕;

> 我想要走，但我的钱还没花完，
> 有这么多高楼还拉着我赌博，
> 有这么多无耻就要现原形，
> 我想要走，但等我花完我的心愿。[1]

诗歌所流露出的那样一种绝望的情绪应该是和穆旦的现实处境直接相关。其时，穆旦已经失去了《新报》的工作，很可能正闲居北平准备南下。而若将它与穆旦已通过青年军留学考试，且在新中国即将成立的之际赴美留学联系起来，那么，"我想要走"实际上也是一种富有隐喻意味的说法。

阅读一些传记资料或照片，很容易发现一个有意思的现象，尽管穆旦的生活多有波折，工作更换的频率很高，但实际从事的工作，多半是英文电报翻译一类杂事，类似于英文文书，靠的不过是一般层面的英文知识，这对在中学阶段就开始经受良好的外语教育的穆旦而言，实在是可轻松对付的。一些回忆也透出这类信息，方敬回忆 1945 年穆旦在贵阳的生活时，称其工作"似乎不很重"[2]；周与良的回忆也有 1949 年穆旦在曼谷时表示"生活很容易，不用太累就可以生活得很好"的内容。[3]而《穆旦诗文集》《穆旦译文集》等处所披露的穆旦当时的一些照片，多有着灿烂的笑容，充满青春的气息，全无现实打压的痕迹。1950 年代初期与穆旦接触的周良沛在回忆中也谈到，"初看他这人，从那彬彬有礼的

---

[1] 刊于天津版《益世报·文学周刊》第 67 期，1947 年 11 月 22 日。
[2] 方敬：《回忆〈阵地〉》，《新文学史料》，1992 年第 4 期。
[3] 周与良：《永恒的思念》，杜运燮等编：《丰富和丰富的痛苦》，第 154 页。

浅笑，几乎容易误认为是位写甜甜的情诗的浪漫派"。[1]

但是，一落实到文字，或者说落实到对于现实问题、对于时局的思考，严峻性就显示而出——几乎在任何阶段，穆旦都少有闲适之作。这似乎印证了杨苡的说法："现在流传的好些穆旦照片，看上去都很阳光，其实和他平常的状态很有差距的。"[2] 何以现实生活（生活形象）与写作（诗歌形象）之间会出现这种反差呢？又如何来理解这一点呢？

还是先来看看穆旦这一时期的诗歌吧。

一 "懂得受难，却不知至善之乐"

王佐良所作《一个中国诗人》中的不少观点引起了广泛的反响，但有一个观点少被注意，即末尾那一段：

> 就眼前说，我们必须抗议穆旦的宗教是消极的。他懂得受难，却不知至善之乐。不过这可能是因为他今年还只二十八岁。他的心还在探索着。这种流动，就中国新写作而言，也许比完全的虔诚要更有用些。他最后所达到的上帝也可能不是上帝，而是魔鬼本身。这种努力是值得称赞的，而这种艺术的进展——去爬灵魂的禁人上去的山峰，一件在中国几乎完全是新的事——值得我们的注意。

这里所谓"懂得受难，却不知至善之乐"的观点，对于穆旦

---

1 周良沛：《穆旦漫议》，《文艺理论与批评》，2001 年第 1 期。
2 杨苡口述、余斌撰写：《一百年，许多人，许多事：杨苡口述自传》，第 261 页。

1940年代的诗歌其实具有某种统摄的效果。"受难"不难理解，大致即一种现实的磨砺与灵魂的历练。又何谓"至善"呢？

在中文的语境之中，"至善"一词出自《礼记》之《大学》篇，《大学》被认为是孔子讲授"初学入德之门"的要籍，其中有句："大学之道，在明明德，在亲民，在止于至善。知止而后有定，定而后能静，静而后能安，安而后能虑，虑而后能得。物有本末，事有终始，知所先后，则近道矣。"这里谈的是为学的诸种境界。

不过，从作者王佐良当时的旨趣来看，"至善"更可能是一个随手取自西方哲学史的概念，据说，不同的哲学家对此阐释各异，但一般都认为它是道德上追求的最高目的，是指一切其他的善都包含于其中或者都来源于它的那种最高的善。那所谓"至善之乐"呢？王佐良的观点既由宗教引申开来，又与"受难"对照，大致上可说是一种对于道德上的愉悦的追求，即以此来消抵受难对于心灵所造成的冲击，从而实现内在精神世界的某种平衡。

1940年代后期穆旦的诗歌，基本的风格是粗粝，激愤——在某些时候，这其实也未必是一种正面的评价，即情绪激越，缺少锤炼。当前学界对于此一时期穆旦诗歌有不少批评之辞，原因多半即在这里。但就精神世界的呈现而言，这些诗歌的丰富性还是可以深入探究的。

1940年代后期的穆旦诗歌之中，"黑暗"的一面是相当突出的。《时感四首》中以"无名的黑暗"称之，"无名"作为修辞，既暗合了穆旦诗歌中屡屡出现的关于"历史"的话题，更使得"黑暗"成为一个不断漫延的主词，具有了异常生动的诗学效果。而《三十诞辰有感》更是将"黑暗"镶嵌于一个人的"诞辰"之中——一种更为深挚的内省：

> 在过去和未来两大黑暗间，以不断熄灭的
> 现在，举起了泥土，思想，和荣耀，
> 你和我，和这可憎的一切的分野，[1]

"黑暗"不仅悖逆于以前所未有的兴奋之情奔向光明的时代话语，而且与诗人年轻的生命也构成了难以抹却的张力。强调穆旦的"年轻"，意欲突出一点：到 1940 年代末期为止，已过而立之年的穆旦的成长虽有波折，但总体上说来是顺畅的，无论是南开中学还是清华大学（西南联大）都是名校，这使得他获得了良好的教育以及可靠的谋生技能（英文知识），写作道路也相对顺畅，尽管并未获得广泛的诗名。1942 年初离开学校之后，虽然从军途中的生死经历（"野人山经历"）对他的精神世界产生了非常深远的影响，但是细究起来，物质因素始终非常突出。当时的自然环境极其恶劣，肉体的承受能力极为重要，肉体若无法抵御饥饿的折磨、蚊虫的叮噬、疾病的侵扰，注定将无法身（生）还。再往后，生活虽颇多波折，其中如 1947 年 8 月《新报》被查封的遭遇虽加深了他对政党政治的认识，但现实社会的问题，特别是物质生存困境最终还是占据了上风。1948 年初，穆旦从北平到上海、南京等地谋生，物质生活问题变得尤为突出（既要赚取学费以留学，又要留一笔费用以赡养家庭）。

统言之，1940 年代的穆旦所遇更多的是"时感"一类命题，

---

[1] 刊《文学杂志》第 2 卷第 4 期，1947 年 9 月 1 日。

精神危机虽无从避免，但基本上并未遭遇无法迈过的精神道坎，也即，年轻的穆旦所遭遇的更多都是现实问题，是带有青春期特征的、单纯的问题。借用鲁迅的观念，穆旦并未陷入虚无的"无物之阵"[1]——虽然黑影重重，却并不会于回身之际撞见鬼影。

穆旦的家庭本就是一个类似于小职员的家庭，1940年代后期的他也近于一名小职员，远离文化中心，生计问题占据最为突出的位置——实际所找的工作也是技术性的，工作就是"为了谋生，有口饭吃"，即使这样，也还是经常失业。在这等情状下，写作不过是一种副业而已。总之，为了生活，穆旦不得不将自己投身到现实生活的内部，这倒印证了鲁迅传人胡风的观点："文艺创造，是从对于血肉的现实人生的搏斗开始的"[2]；却也从另一个角度证明1940年代这样一个时代已容不得"慢"与"闲"，容不得一个年轻人去"临摹古帖"。"临摹古帖"自然是从鲁迅早期经历之中抽取出的一个隐喻说法，与鲁迅等前辈不同，就穆旦所实际生活的年代而言，随着传统生活方式的逐渐消退，个人生活图景乃至人生轨迹也发生了非常重要的变化——已没有那样的"蛰伏期"，也无从"抓住"那种"具有决定意义的回心的东西"[3]，而是朝着物质化的方向大大地发展了。

在这样的背景之下，穆旦诗歌之中那种不断蔓延开来的"黑暗"成为一个有意味的现象。穆旦这一时期一些关于黑暗的诗篇，或许会常让人想起鲁迅的《野草·影的告别》：

1　鲁迅：《野草·这样的战士》，《鲁迅全集》（第2卷），第220页。
2　胡风：《置身在为民主的斗争里面》，《希望》第1期，1945年1月。
3　［日］竹内好：《鲁迅》，李心峰译，杭州：浙江文艺出版社，1986年，第46页。

> 我不过是一个影,要别你而沉没在黑暗里了。然而黑暗又会吞并我,然而光明又会使我消失。
>
> 然而我不愿彷徨于明暗之间,我不如在黑暗里沉没。[1]

共同的语汇显示了两位写作者之间的某种精神关联,但一个是"影",一个是"诞辰",两位写作者的切入角度并不同,归根结底,是对于现实的担当方式相异。窥见"在黑暗里沉没"的"影"是一种历阅世事的虚无;而言说在"过去和未来两大黑暗间"的"诞辰",更多地,带有一种青春激愤的色彩。

穆旦的写作中既没有一个虚无的"影",如何消抵"黑暗"——处理"精神危机"——也就成了一个饶有意味的话题。纵览穆旦写作,玄机在于:一方面,穆旦有意控制写作速度和写作量,写作情绪往往得到了内心的蕴积,而这往往使得穆旦的写作充满精神的张力;但较少写作,"黑暗"也将较少流现。另一方面,信仰诉求时时"隐现",这本身即是黑暗心境的浮现。在穆旦所有作品中,《隐现》无疑是信仰命题最为突出的,但从发生学的角度说,这依然是一个被现实所"鞭打"出来的命题。大约从1942年初开始,如《出发》所示,穆旦诗歌中的信仰命题变得更为密集。一直到穆旦在旧中国所写下的最后一首诗《诗四首》(1948年8月)中,仍在慨叹"他们太需要信仰"。

这最后的呼求也表明所谓"信仰",与其说是一种祈求,倒不如说是对于现实的一种极端强烈的忧愤,这在《他们死去了》(1947)一类诗歌中体现得尤为明显。也即,在穆旦的观念中,

---

[1] 鲁迅:《野草·影的告别》,《鲁迅全集》(第2卷),第169页。

"现实"始终是一个占据核心位置的命题：投入现实→体察到了深切的"不幸"（《不幸的人们》，1940）→体察到了自身作为知识者的"罪"→寻求信仰→更为严峻的现实→最终的救赎并没有出现，"丰富，和丰富的痛苦"（《出发》）因此成为一个非常突出的精神命题[1]——"黑暗"，乃是一块愤慨情绪的结晶体。

这样一来，穆旦虽成长顺畅，但既怀有强烈的内省，又在逼仄的社会现实的挤压之下，最终陷入了无从排遣的"痛苦"与"绝望"之中，这即所谓"受难"。换言之，尽管一直面临着强烈的精神冲突，但穆旦一直以一种激昂的姿态进行写作，正是这种姿态使得年轻的穆旦迈过了精神的道坎，却也使得精神压力不断累积，终于在1940年代后期作品中达到顶点。王佐良称穆旦不知"至善之乐"，实际上是对好友内心状况的一种至为贴切的体察，年轻的穆旦一直未能获得内心调解的机制，以致不得不最终选择了"出走"。

二 国外的生活，俄文冠军，未及充分展现的诗人

穆旦在国外的生活情形，基本上只见于妻子的回忆和本人的交代。

1949年2月至7月，穆旦在曼谷，仍是在FAO工作。曼谷有不少中文报纸，穆旦的工作"仍为译一些粮农组织的新闻稿，

---

[1] 《出发》最末一节写道："就把我们囚进现在，呵上帝！／在犬牙的角道中让我们反覆／行进，让我们相信你句句的紊乱／是一个真理。而我们是皈依的，／你给我们丰富，和丰富底痛苦。"（见《穆旦诗集》，第92页）"皈依"与"痛苦"构成了一种因果关系：因为"皈依"，所以不得不承受"丰富，和丰富的痛苦"。这意味着从一开始，对于自身的境遇就有着清醒的认识。

发给曼谷的中文报纸。并校对了两三本英译中的科学技术书籍","还管理粮农组织内的一个小图书馆"(《我的历史问题的交代》,1956年4月22日)。实际生活据说"很容易",周与良曾有回忆:

> 良铮随联合国粮农组织去泰国曼谷后,我每周都收到他的信。信的内容非常有意思,有时描写泰国的风土人情,有时也谈泰国的经济。他说生活很容易,不用太累就可以生活得很好,只是天气太热,待路费赚够,就去美国。他还寄我很多他在泰国各地照的相片,[……]这些信,增进了我们的感情和相互了解。[1]

"路费赚够"之说,也见于穆旦本人自述。之所以要去曼谷,"是为的可以积蓄美金,由那里可径赴美留学",但实际上,路费始终未能赚够,按照当时的规定,申请留学美国的签证需要两千美金的保证金,穆旦大约赚到了一千美金,家境不错的周与良从美国寄来一千美金,签证才得以办成。之后,则从曼谷到香港,由香港乘船赴美。其时为1949年8月(《历史思想自传》,1955年10月)。

9月初,穆旦抵达美国旧金山。尽管随身所带的钱不多,但还是托周珏良将几十美元带回给北京的母亲。个人交代称,曾去纽约,打算申请罗氏基金的奖学金,但未能获得。及至本月27日,进入芝加哥大学英文系,开始攻读硕士学位。学习情况大致为"研究文学批评,俄文及俄国文学"。第一年读英文系,"靠自

---

[1] 周与良:《永恒的思念》,杜运燮等编:《丰富和丰富的痛苦》,第154页。

费及暑假做工以维持";第二年获得美国国务院中国学生救济金,"专攻俄文,俄国文学";第三年"没有助学金,无力注册,便一半作工生活,一半自修苏联文学"。生活则是艰苦的,"给医学院养动物,在邮局运邮包,给函授学校改卷子等,都是为了维持读书而作的半时工作,为期都很短"。

交游方面,1950年3月曾与来芝加哥访问的罗又伦夫妇会面,并一起参观了芝大校园、芝加哥博物馆和美术馆等处,有合影留存。交代材料称,"和他除谈生活近况外,并劝他返回中国大陆","他说国内不自由","不会被重用"。罗又伦后来曾自台湾寄来贺年片。这一会面也见于周与良的回忆,所记参观场所还有"芝加哥一个屠宰场,(全美最大的)",良铮和他"谈得最多的是中外诗歌,并建议他多看些古诗,如陶渊明、李白、杜甫等。罗的情绪不高,正在美国旅游,准备回台湾,罗只说了一句'欢迎你们随时回台湾'"——良铮的看法是,"在中国打了败仗,军人不吃香","以后再也没有罗的消息了"。[1] 对照起来,两者大体上是一致的,不过周与良还提到:那时她和良铮"非常喜欢印象派画,芝加哥美术馆有很多印象派画家的画。良铮最喜欢荷兰画家梵高的画"。

在美国期间的社会关系:"经常接触的,是在芝大读书的中国同学。如巫宁坤,卢飞白,萧济安,周华章,邹谠夫妇,蔡叔德,吴景桢,李树卿,等。美国人则有巫宁坤的两个朋友,Chailes 及另一小作家,及周与良的两个要好的同学。自己除和校中教师同学有普通接触外,没有私人来往的美国人。""只有在芝加哥的一

---

1 周与良:《永恒的思念》,杜运燮等编:《丰富和丰富的痛苦》,第155—156页。

个共产党小书店，自己因有时去看看，认识一个名 Chak 的美国人，比较谈得来。""一九五二年旅行经过纽约时，看到查良鑑，和他在友人处不意碰到一次，第二天他请我和周与良吃晚饭又见一次。""见到吴讷荪，他路过芝加哥，我陪他游玩了一日。""他的甥女陈曼宜，在美国和我很熟，也在芝加哥大学读书，并且也亟望返国，因此和我谈得来。""还见到李博高一次，是我初到纽约时，去看望他的"，"他在联合国作翻译"。（综合《历史思想自传》，1955 年 10 月；《我的历史问题的交代》，1956 年 4 月 22 日）

学习方面的信息，较早时候也只有周与良比较笼统的回忆，比如"主修英国文学，但他为了迎接祖国的解放，为向中国读者介绍俄国文学，也选修一些俄国文学方面的课程"，"还背诵过一本俄文词典"。至于成绩情况，她当时可能不知其然，而是新时期之后从一位回国探亲、当年与穆旦"在一个俄语班"的老同学那里得知："良铮是班上最优秀的学生，他的俄语阅读能力超过美国学生，经常让他在课堂上做俄语阅读示范。"[1]

更确切的信息来自张新颖教授的发现。2006 年，他到芝加哥大学，寻访穆旦遗迹，想看看穆旦的硕士学位论文，遍找而不得，最后找到了一份穆旦的成绩单[2]。正是它解开了穆旦经历中的重要谜团。

成绩单显示，穆旦并没有选择论文的形式，而是选择了考试（FINAL EXAM FOR THE MASTER'S DEGREE），而且是考了两次方才通过，第一次是 1952 年 2 月 20 日—22 日，第二次是三

---

[1] 周与良：《怀念良铮》，杜运燮等编：《一个民族已经起来》，第 130 页。
[2] 张新颖：《穆旦在芝加哥大学——成绩单隐含的信息及其他》，《书城》，2007 年第 3 期。按，下文所引张新颖的文字均出于此。

个月之后，5月21日—23日。这一事实部分印证了穆旦在《历史思想自传》(1955年10月)中的说法，"这一学位本应在一年前即获得，但因看不起美国学位，还是经爱人督促，最后才参加考试，拿到学位"。至于到底是不是"看不起美国学位"，那就不得而知了。

所修课程呢？成绩单上最前面的是 T. S. ELIOT。张新颖表示，"熟悉穆旦的人"看了之后，"不免会心一笑"。"T. S. 艾略特是穆旦在西南联大时期最热衷钻研的诗人之一（另一个是 W. H. 奥登），他那个时候就在课堂上听燕卜荪（William Empson）讲过，自己的诗歌创作也见出受到明显的影响。一九五一年春季他又选了当代诗歌，也是西南联大时期兴趣的延续。"

总体而言，穆旦的成绩并不算好，B 居多，美国文学史竟然是 C。对此，张新颖的推测是——

> 穆旦从西南联大外文系毕业的时间是一九四〇年，到芝加哥大学英文系读研究生，是在九年之后，中间经历多多，一言难尽，不是从学生到学生的单纯生活。但这一点可能不是重要的；还需要考虑的是，穆旦在上世纪四十年代就已经写出了足以奠定他在新诗史上重要位置的作品，虽然他还很年轻；当他来到芝加哥读书的时候，在心理上，有意无意间，不太可能把成绩看得特别重，像一个从大学生直接读到研究生的学子那样去计较 A 和 B。我甚至想，他可能根本就没把成绩当回事。

这段文字提醒读者注意穆旦内心可能有的那样一种自傲的情

绪，一种诗人的心气——尽管实际上并没有足够的材料表明穆旦对于自己早年写作的总体态度。张新颖还注意到一个重要的事实，那就是一连三个学期，1950年秋季学期、1950年冬季学期、1951年春季学期，穆旦都选修俄语课INTERMED. RUSSIAN，第一学期是B，后面两个学期都是A；另有一门俄国文学导论（INTR. TO RUSSIAN LIT.），得分也是A。当时亦在芝加哥大学留学的巫宁坤回忆称穆旦在美国学习期间"对学院式的研究并不重视，却花了很多时间搞俄语和俄国文学"[1]，这份成绩单可以印证。而表示穆旦是"班上的冠军"的傅乐淑[2]，看起来应该就是周与良回忆提到的那位回国探亲的老同学。

对于俄文的连续学习关涉到另外一个事实：在美国期间，穆旦就曾对归国后的情形有过务实的设想。傅乐淑称，穆旦当时已在翻译普希金诗歌，选修课可向老师请教自己读不通的字句，"译诗将是他贡献给中国的礼物"。周与良则表示穆旦为《文学原理》"作了不少翻译笔记"；且有意识地关注新中国的现实，"就是在撰写学位论文的紧张阶段，还一次次阅读毛泽东的《新民主主义论》等文章"。[3] 尽管友人和妻子的回忆之中出现了译普希金诗和译《文学原理》的微小差异，但穆旦继西南联大之后再度努力学习俄语的事实却是确凿无疑的。

作为一名诗人，穆旦在美国时期有何表现，相关材料也并不多见。一个确切的材料是，1950年，美国人休伯特·克里克

---

1 巫宁坤：《旗——忆良铮》，杜运燮等编：《一个民族已经起来》，第147—148页。
2 傅乐淑：《忆穆旦好学不倦的精神》，杜运燮等编：《丰富和丰富的痛苦》，第221—222页。
3 周与良观点，转引自李方《穆旦（查良铮）年谱》，《穆旦诗文集》（第2卷），第395页。按，从穆旦成绩单上的信息来看，周与良所称穆旦"撰写学位论文"不确。

第十二章　"出走"与"归来"　　341

莫尔（Hubert Creekmore）编选的《世界诗歌小库：译自公元前 2600 年到公元后 1950 年间其他语言的伟大诗篇》(*A Little Treasury of World Poetry: Translations from the Great Poets of Other Languages, 2600 B. C. to 1950 A. D.*)，由纽约查尔斯·斯克里布纳之子（Charles Scribner's Sons）出版公司出版，收入 *Hungry China*（《饥饿的中国》第 2 章、第六章）和 *There Is No Nearer Nearness*（"再没有更近的接近"，《诗八首》第 8 章），署 Cha Liang-cheng。对此，穆旦是知情的，回国之后所填写的《回国留学生工作分配登记表》（1953 年 2 月 21 日）之"著作"栏，即填有这部诗集，并标明为"内有自己的英译诗二首"。

在日后的各类回忆中，《世界诗歌小库》又译为《世界名诗选》[1]、《世界诗选》[2]、《世界名诗库》[3]，且认为"选本里中国近代诗人入选的只有何其芳和穆旦两人"[4]。书名自可有不同译法，但入选情况不确，实际上，该集共录 32 种语言的 461 位诗人的 854 首诗，其中，有 6 位中国现代诗人的 12 首诗，闻一多 3 首，冯至 3 首，李广田 1 首，卞之琳 2 首，何其芳 1 首，查良铮 2 首。进一步缕析可发现，另五位诗人作品都取自此前所出版的几部中国诗歌英译集，即哈罗德·爱克顿（Harold Acton）与陈世骧的《现代中国诗选》(*Modern Chinese Poetry,* London: Duckworth, 1936）和罗伯特·白英（Robert Payne）1947 年的《当代中国诗选》(*Contemporary Chinese Poetry,* London: George Routledge and sons, 1947）

1　周珏良：《穆旦的诗和译诗》，杜运燮等编：《一个民族已经起来》，第 28 页。
2　唐祈：《现代杰出的诗人穆旦——纪念诗人逝世十周年》，杜运燮等编：《一个民族已经起来》，第 57 页。
3　李方：《穆旦（查良铮）年谱》，《穆旦诗文集》（第 2 卷），第 389 页。
4　周珏良：《穆旦的诗和译诗》，杜运燮等编：《一个民族已经起来》，第 28 页。

与《白驹集：从古至今中国诗》(*The White Pony: an anthology of Chinese poetry from the earliest times to the present day,* New York: The John Day Company, 1947)，唯有穆旦直接入选。[1]

《穆旦诗文集》共录穆旦的英文诗 12 首，署"英文自译诗作（1948—1951）"，即《我》《春》《诗八首》《出发》《诗》《成熟》《旗》《饥饿的中国》《隐现》《暴力》《我歌颂肉体》《甘地之死》。

较早时候，周珏良即谈道：1940 年代末期，穆旦"曾把自己的诗若干首译成英文。当时一位美国诗人看到了，说其中有几首风格像艾略特，这很可说明他给我国新诗引进了新风格。"[2]

上述 12 首诗后收入《穆旦诗文集》时，有编者说明，其中转录了杜运燮所记周珏良观点，前述收入《世界诗歌小库》的两首诗，为穆旦"在曼谷工作时翻译出来"，由周珏良转给 Creekmore 的。"在此之前，美著名作家 Oscar Williams 从珏良处看到一些良铮的诗，觉得写得好，因而他介绍给 Creekmore。"这大致对应了周珏良先前的说法。而目前所见 12 首，为家属整理穆旦遗物时发现。经巫宁坤确认后，家属认为它们与前两首是"同一时期弄出来的，为在美国发表"，其中，"《诗八首》英文章节与中文不同"，译成英文当在《世界诗歌小库》出版之前。[3] 而周与良回忆称，当时穆旦"在美国已小有名气，已发表过数篇，他很可以多写诗，靠写作过更好的生活，可是他总说在异国他乡，是写不

---

[1] 本版块的部分信息参见王天红：《穆旦诗歌英译述评（1946—2016）》，《新文学史料》，2018 年第 4 期。
[2] 周珏良：《序》，查良铮：《英国现代诗选》，长沙：湖南人民出版社，1985 年，第 2 页。
[3] 见穆旦：《穆旦诗文集》（第 1 卷），第 372 页。

出好诗,不可能有成就的"[1];又称,"有位外国友人和我说'你丈夫的诗写得非常好,他会成为大诗人'"。[2]按说,这12首即现存穆旦自译诗的全部,当时是否都给了周珏良,抑或,周珏良将全部诗作或其中的"若干首"给了Creekmore,已无从察知,总之,对方只选择了两首,而穆旦当年在美国期间的发表情况,是否有直接用英文写成的诗,目前也不得而知,这意味着穆旦在美期间的英文写作及其反响,还有待进一步的估量。

实际上,当时是否还有用中文写的诗,也无从知晓。目前仅见两首标注为1951年的诗,若此,可说穆旦当时的诗歌写作基本上处于停滞状态。

标识为1951年的两首诗为《美国怎样教育下一代》《感恩节——可耻的债》。读过这两首诗的读者多半很难想象它们出自那个写过《诗八首》《春》《诞辰有作》等作品的诗人穆旦之手。诗歌基本上是以一种异常直白的语言来呈现浅陋的用意:对美国社会上的某些丑恶现象进行了揭示。前者所揭示的是"美国社会"的"堕落和奸诈",在这种"不讲究良心"的社会机制里,"下一代"的"血肉"势必将"涂满""正在描绘战争的蓝图";后一首甚至对感恩节有一个解释性的附注——

> 美国习俗,每年十一月的最后一个星期四为感恩节,家家吃火鸡来度过欢乐的节日。这节日源起于一六四二年,最初从欧洲到普来茅斯的移民们,生活极困苦,幸得当地红种人的帮助,得以安居并学得耕作的方法,因而感谢上帝。但

---

1 周与良:《怀念良铮》,杜运燮等编:《一个民族已经起来》,第131页。
2 周与良:《永恒的思念》,杜运燮等编:《丰富和丰富的痛苦》,第156页。

此后的历史，成了白种人屠杀红种"土人"的历史，以致今日，红种人快要绝灭尽了。美国资产阶级的这一套办法，现在岂非也在向世界的各民族开刀？

这已不仅仅是在解释感恩节的由来了，更是一种态度非常明确的批判。不过，这倒也并非孤例，穆旦后来公开发表的一些译介文字也有一些措辞激烈的话语；而1953年2月，穆旦回国之初所填《回国留学生工作分配登记表》中的"在国外对新中国的认识及回国动机"与"你在回国后有何感想"部分，以及后来的交代材料与日记里，亦多有类似语言。具体诗行，不妨看看《感恩节——可耻的债》的第4节：

> 感谢上帝——自由已经卖光，
> 感谢上帝——枪杆和剥削的胜利！
> 银幕上不断表演红人的"野蛮"，
> 但真正野蛮的人却在家里吃火鸡。[1]

正由于诗歌的语言方式及其背后的意识形态那么触目惊心，那么突出地与此前的那个穆旦不相吻合，学界对它们的写作时间以及诗中所表现出的"觉悟"提出了质疑。[2] 1957年穆旦所发表的9首诗，仅有这两首诗署了写作时间，且是1951年，这着实令人生疑。

---

1 刊《人民文学》，1957年第7期。
2 参见胡续冬：《1957年穆旦的短暂"重现"》，《新诗评论》，2006年第1辑；[韩]金素贤：《智者的悲歌——穆旦后期诗歌研究》，《现代中国文化与文学》第1辑，成都：巴蜀书社，2006年。

但在材料尚不充裕的情况下，怀疑暂时还是只能止于怀疑，没有任何证据表明《感恩节——可耻的债》附注是写于当时，还是 1957 年发表时特意添加的，与此同时，也还是只能认定周与良的说法"他总说在异国他乡，是写不出好诗，不可能有成就的"是有其道理的。若此，穆旦回到祖国，也可以说是一种文化上的回归。

三 "感觉无法再在美国呆下去"

在妻子周与良的追忆中，生活的艰苦程度显得更为突出，且被放置到一种对比的视角之中，参照系倒不是富有，而是"前途"。"当时我们的生活十分艰苦，必须半工半读。每个中国学生都要做临时工。良铮为了少费时间多挣钱，不愿在大学里干活"，而经常去校外干重体力活，以多挣钱——

> 在美国读书，多数人完全靠半工半读维持生活。一般实验室都没有助教，所有工作都由研究生干，每周干多少小时，由自己决定。由于生活问题，一般至少每周干 20 小时，晚间也可以去干。在获得博士学位前，我在芝大新成立的生物物理和生物化学研究所干活。[……]在我获得博士学位后，由于准备回国，临时干，每周可拿到 200 元工资（当时在实验室干活，每小时一元），那里教授非常喜欢我，愿意我留下。良铮不找工作，只是在邮局干临时工。[1]

---

[1] 周与良：《永恒的思念》，杜运燮等编：《丰富和丰富的痛苦》，第 156 页。

当时在大学里做各种杂活，每小时报酬为 8 角至 1 美元。他选择了在邮局运送邮包的重体力活，每小时可拿 2 美元多，一般都是夜间工作。他说这样可节省时间，不影响白天上课。晚间去干活，总要到清晨三四点才回家。上下班都路过黑人区。他常说：黑人住房挤，孩子多，又脏又乱，非常同情黑人的处境。他常买每个 5 美分的"热狗"带回家吃。这是当时最便宜的食品，[……] 由于在邮局工作，他有机会接触美国下层社会的人，许多都是黑人。他和他们交了朋友，常说别看美国社会表面上那么繁荣，还有很多人，尤其是黑人，生活是很艰难的，资本主义制度就是贫富不均。只有在新中国，工农大众才能翻身得到平等待遇。[1]

上述文字的最末一段，周与良试图告诉读者，穆旦在芝加哥大学时期的思想状况。其时，穆旦对于国内的形势已有了解，据其自述，赴美途经香港时，"首次读到毛主席的《反党八股》和另一册似乎名为《论青年修养》的书"，到芝加哥之后，"时常接到国内的信和报纸，对于国内情形逐渐了解一些"。也常常在芝加哥大学的一个国际公寓与留学生聊天，在回国问题上有不少争论。期间，还曾参加芝加哥中国同学学术讨论会（1950 年 6 月—1951 年 9 月），"该会是将每人的研究心得，轮流作专题报告"，"主要负责人为芝加哥大学一些中国同学，轮流主席"。主要参加者有王一（伊）同、李志伟、徐贤修、王熙、邹谠、吴景桢、钱存训等人。由于"言谈'激烈'，引起了在芝加哥监视中国学生的美国女

---

[1] 周与良：《怀念良铮》，杜运燮等编：《一个民族已经起来》，第 130—131 页。

第十二章 "出走"与"归来"

特务 Studley 的注意和敌视",在离美前,她曾送"一根类似绞绳的东西"(综合《历史思想自传》,1955 年 10 月;《我的历史问题的交代》,1956 年 4 月 22 日)。

"中国同学学术讨论会"应该即是其他友人回忆中提及的"研究中国问题小组"[1]或"国事讨论会",所讨论的多半也并不仅仅是"研究心得"这类看起来纯学术性的内容。按照当时曾参加并主持过"国事讨论会"的钱存训回忆,大家是"不时开会座谈国内政局的发展",自己当时作为"芝加哥地区中国同学会"的顾问,"参加和发起各种社会活动"。后来,中国留学生"各人自动选择去留,美国国务院对回国的人补助旅费,不能回国的同学由美国政府供应学费和生活费,因此许多人以读书为生,在美居留"。[2]穆旦夫妇后来回国时的 800 多元旅费,即是由美国国务院在救济中国学生的拨款项下发给的(据《我的历史问题的交代》)。

钱存训的回忆较为粗略,其中没有提及穆旦,穆旦回忆中的多位友人也没有出现,但他的名字既出现在穆旦的回忆中,这些文字也可视为穆旦当时活动的一种背景。

更详细的回忆还是出自妻子周与良之手,其中,多涉及回国问题,以及穆旦的态度:

> 婚后,我们虽然住私人公寓,周末仍常去参加舞会,打桥牌。许多中国同学去那(按,指国际公寓)聊天。良铮总是和一些同学在回国问题上争论。有些同学认为他是共产党

---

[1] 易彬:《他非常渴望安定的生活"——同学四人谈穆旦》,为杨苡、江瑞熙的观点。
[2] 钱存训:《留美杂忆——六十年来美国生活的回顾》,合肥:黄山书社,2008 年,第 36—37 页。

员。我说如果真是共产党员,他就不这么直率了。我总劝他不要这么激动。他说作为中国人要有爱国心,民族自尊心。当时学生中各种思想都有,最多的是观望派。一些朋友劝我们看一看。当时我已经工作。良铮的二哥良钊为我们安排去印度德里大学教书。美国南部一些州的大学经常去芝大聘请教授,如果我们去南方一些大学教书,很容易。良铮不找任何工作,一心要回国。

我们婚后,良铮就准备回国,动员我不必读了,回去算了。我不同意,甚至说"你要回去先走,我读完学位就回去"。当时美国政府的政策是不允许读理工科博士毕业生回国,文科不限制。良铮为了让我和他一同回国,找了律师,还请我的指导教师写证明信,证明我所学与国防无关。在1950年就开始办理回国手续。良铮的意思,是我拿了学位就立刻回国。可是美国移民局一直没有批准,直到1952年才批准回香港。[1]

当我在办理回祖国的手续时,许多好心的朋友劝说我们:何必如此匆忙!你们夫妻二人都在美国,最好等一等,看一看,不是更好吗?当时芝加哥大学研究生院萃集了许多中国优秀的人才,如学物理的李政道、杨振宁等人,学文科的如邹谠、卢懿庄等,都是我们的好朋友。学理科的同学主要顾虑国内的实验条件不够好,怕无法继续工作;学文科的同学更是顾虑重重。因此许多同学都持观望态度。当时良铮经常和同学们争辩,发表一些热情洋溢的谈话,以至有些中国同

---

[1] 周与良:《永恒的思念》,杜运燮等编:《丰富和丰富的痛苦》,第156—157页。

学悄悄地问我,他是否共产党员。我说他什么也不是,只是热爱祖国,热爱人民,在抗战时期他亲身经历过、亲眼看到过中国劳苦大众的艰难生活。[1]

穆旦本人的材料也谈及"回国经历情形"和"在国外对新中国的认识及回国动机":

回国经历情形?

我和爱人同在美国读书,她读植物,我读文学。我是要早些回来的,不过为了等爱人毕业,直到一九五二年三月她毕业了,才办理返国手续。那时美帝已不准理工同学返国,这情形使我们焦虑万分,不敢到移民局去声请,因为一旦被批驳,便有永远不能离美的危险。和朋友们经常打听消息和研究办法的结果,决定了最好是绕道别国,假充到别国去居留。因此我便替爱人发了不下二三十封求职信到各国,如果她能找到事去,我便先行返国。但是历经四五个月的求职,只有印度肯考虑,有希望,但终以路费问题而不果。此路既不通,我们便想第二个办法,就是找人向移民局暗中疏通。好容易得知一位犹太律师,和他们很熟,通过他得知如有学校证明信,证明她所学的无实际用途而且美国不需要的,便有希望。以前教授是不肯写这种信的,因为根本不同情我们返国。以后看到我们归意坚决,便写了信。于是通过这信和律师的人情,我们便于十月初获得移民局的准许返国。但香

---

[1] 周与良:《怀念良铮》,杜运燮等编:《一个民族已经起来》,第131—132页。

港过境，又有问题，必需有卅人以上才能团体押送过境，因是我们又由十月初等到十二月底，才得以搭船离美。这等待是令人焦急的，因为恐怕艾森豪威尔上台后，办法加紧，我们或许走不成的。（《回国留学生分配工作登记表》，1953年2月21日）

回国经历是曲折的，面临着多重阻力。综合来说，可粗略地将阻力分为三层：一是友人不无善意的劝告。一是物质性诱惑，即去印度和台湾等地区的大学或留美任教。一是政治压力——这可能是最为严峻的一层阻力，上述《回国留学生工作分配登记表》对"一心要回国"一事有过详细的说明，其中所叙，如通过移民局办理返国手续的具体时间，与妻子的追忆略有差异；而且谈到：到处发求职信以及长达四五个月的等待，最后仅有"印度肯考虑，有希望"——只有一个地方"有希望"而已。

对读周与良的回忆，情形并不尽相同，周与良提到了去印度、美国南方及台湾等国家和地区的一些大学工作的可能性，其中关于印度方面的讯息，虽然先后有"欢迎我们去印度工作"和"为我们安排去印度德里大学教书"这类细微的措辞差异，听起来还是很有希望的口气；而"很容易"一语更是表明所谓工作原本并不困难。从目前的情形来看，学界所采信的多是周与良的回忆。若此，则可说明穆旦在交代时有意回避了危险的海外关联——在1950年代的语境之中，"台湾"避而不谈是极有可能的；反之，则是周与良有意凸显了海外的因素——通过凸显、比照，进而突出了穆旦当初一心回国的坚定信念。

终于上了船，想要进入祖国境内，也是颇不顺利。有研究指

第十二章　"出走"与"归来"

出,"在美国政府对留美学人归国设置重重障碍的情况下",当时众多留美人员不得不"通过各种渠道想方设法离美归国","设法取道香港"即其中的一条路径,"当时从美国回国的轮船只能到达香港,因此拿不到香港的过境签证就无法途经香港回国"。[1] 当时从美国留学回来的人员,如 1950 年回国的鲍文奎谈到,在香港不准上岸,"乘小船经九龙到深圳";1951 年获得芝加哥大学物理学博士学位之后即回国的徐亦庄回忆,也谈到香港不允许停留,"到了香港,船一靠岸,马上要换乘小船,转到广州"。[2] 周与良回忆称,当时国内的亲戚已替两人办了从香港入境的手续,而实际情形也和先前相似,香港只允许回大陆的旅客过境:

> 当我们坐的邮轮到达香港附近,我们这几位回大陆的旅客就被中国旅行社用小船把我们送到九龙火车站附近,上岸后就有香港警察押送到九龙车站。在车站检查很严,然后关在车站的一间小屋里,门口有警察,不准出屋,停留了几小时,由香港警察押送上火车。火车开了一小段,又都下车,因这段车轨不相接,走了一小段,再上火车,在深圳停留了一天,等待审查。然后去广州,住在留学人员招待所,填写了各种表格,住了一周审查完毕,才离开广州。[3]

---

1 陈丹:《20 世纪 50 年代归国留美学人:困境、组织与贡献》,北京:中央编译出版社 2022 年,第 177 页、第 180—182 页。
2 鲍文奎口述《"威尔逊总统号"邮轮上的真实故事》,徐亦庄口述《芝加哥大学的教育模式好》,均见侯祥麟、罗沛霖、师昌绪等著《1950 年代归国留学科学家访谈录》,长沙:湖南教育出版社,2013 年,第 39 页、第 136 页。
3 周与良:《永恒的思念》,杜运燮等编:《丰富和丰富的痛苦》,第 157 页。

四　一个旁述："从来没有怀疑过我迟早要回国"

上面的这些文字揭示了穆旦在美国时期的一般状况以及回国的过程，也不妨再取一个旁述来看。

穆旦自述文字中所提及的当时的多位友人，与巫宁坤的交往无疑是最为密切的。早在西南联大时期，两人即是外文系的系友，不过当时交往有限，更多交往是在芝加哥时期，回国之后，两人又在南开大学外文系共事多年，之后更是一直保持着密切的关系。

巫宁坤到美国的时间较穆旦早，回国的时间也早。1951年新年，巫宁坤接到已改为国立大学、外籍教师纷纷离去的燕京大学校长陆志韦的急电，邀请他回去接替一位因朝鲜战争而回国的美籍教授。7月18日，巫宁坤登上驶往香港的"克利夫兰总统号"邮轮，踏上了返回中国的路途。几十年之后，巫宁坤作回忆录《一滴泪》，记录了自己一生的坎坷，和所经历的时代风云。考虑到巫宁坤与穆旦的情谊，且穆旦本人的直接材料着实偏少，这里照录巫宁坤的叙述以存照。

巫宁坤如是忆及回国之前的情形：

> 两年来，国内亲友不断来信，对新中国的新生事物赞不绝口。和大多数中国同学一样，我是在国难和内战的阴影下成长的，渴望出现一个繁荣富强的中国。现在，一个新时代、一个崭新的社会，似乎随着一个新政权的建立已经来到了。虽然我对国共斗争知之甚少，对共产主义或马克思主义更是一窍不通，我却从来没有怀疑过我迟早要回国，用我的专长为一个新中国服务。

在接到"素昧平生"的陆志韦校长的急电后,感觉"事情来得太突然"的巫宁坤"翻来覆去考虑其中得失,也和朋友们商量",有人祝贺他"在新中国首都一所著名教会大学获得教职,前程似锦","放弃在一个最富裕的资本主义社会的事业,回去为社会主义新中国服务,一定会受到对一个爱国知识分子的热烈欢迎";也有人怀疑新政权是否会因为他曾在国民党政府空军工作过而找"麻烦"。在台湾的哥哥和在香港的姐姐都把共产党比作"洪水猛兽",想阻止他前行。

巫宁坤表示,当时心里并没有把握,可是一别七八年,"对故土的怀念与日俱增","总感到有一根割不断的纽带"将自己"和古老的祖国连接在一起","虽然那是一个用贫困、悲哀、孤独、屈辱、动荡和战乱"充塞着自己的青少年时代的祖国,"投身于一个崭新的世界,去过一种富有意义的生活,这个诱惑力远胜过博士学位和在异国做学问的吸引力"。这样,巫宁坤放弃了写了一半的博士论文《托·斯·艾略特的文艺批评传统》。回祖国的行李"主要是几个装满了左派书刊的铁皮箱和纸板箱"。在那之前,他已"如饥似渴地阅读美共出版的《群众与主流》杂志,在书店里到处搜罗'进步'书刊";更早,在西南联大的时候,他已"受到'进步'教授和左派同学亲共思想的影响",是有"进步"倾向的冬青文艺社的积极分子,阅读过"高尔基的小说和共产党的秘密传单"——

一九五一年七月十八日早晨,阳光灿烂,我登上驶往香港的克利夫兰总统号邮轮,伯顿夫妇和政道(按,即李政道)前来话别。照相留念之后,我愣头愣脑地问政道:"你为什么不回去为新中国工作?"他笑笑说:"我不愿让人洗脑子。"我不明白脑子怎么洗法,并不觉得有什么可怕,也就一笑了之,乘风破浪回归一别八年的故土了。

巫宁坤是文科学生,回来的时间又较早,没有遇到什么阻力,是在"阳光灿烂"的日子"乘风破浪"回来的,比起稍后回来的穆旦所面临的情形看起来要轻松得多。

巫宁坤回国的动向以及所称回国前大家的"祝贺"与"怀疑",或许会成为芝加哥大学"研究中国问题小组"讨论会上的主题;而穆旦自述中,也有当时"时常接到国内的信和报纸"的记载,有"一心要回国""两三年必返"之类的表述,家人的回忆也有穆旦从美国带回来的一个大铁皮箱子书籍搁在北京父母家之类的内容。[1]以此来看,穆旦的境况与上述巫宁坤的回忆还是有不少相通之处,只是其中的一些细节已无从窥见。不过,巫宁坤是被新中国邀请回来的,穆旦是自己执意要回,并无确切的去处,只有满心的信念、打算和梦想而已。

到燕京大学约一年后,全国高等院校大规模调整,燕京大学最终被裁撤,学科和师资并入其他学校。巫宁坤于1952年11月"被放逐"到南开大学外文系。[2]他大概想不到,半年后,穆旦也来到这里。

---

[1] 穆旦外甥女刘慧(查良铃之女)的观点,据笔者与刘慧的谈话(2006年4月14日,北京)。
[2] 本段所引见巫宁坤:《一滴泪》,台北:远景出版事业有限公司,2002年,第10—26页。

五 "出走"与"归来":对照性的行为

穆旦的行为看起来多少有些难以理喻:在新中国即将成立之际赴美留学;在美国芝加哥大学,妻子获得了博士学位,自己也获得了文学硕士学位,却又并未如其他一些知识分子一样寓居海外而不归,而是于1953年初冲破重重阻力,和妻子一起回来,热情地投入新中国的文化建设之中。无论是离去还是归来,穆旦都体现得相当执意。

一般认为,穆旦的归来是"爱国主义"使然。看起来是无所疑义的,一个不爱国的人显然是不会毅然回到百废待举的祖国的。但是,它无法合理解释为什么此前穆旦会在新中国即将成立之际选择离开?最"爱国"的举动显然是一直留在国内,投入火热的社会主义建设当中去。由此,简单地以"爱国主义"来解释"归来"或将遮蔽穆旦背后的动机。

前文结合诗歌对穆旦此一时期的精神状态做了勾勒,指明其回归的某种文化意义。这里再借用此前已提到的其他词汇来看取,即"良心"或"个性"。从某种意义上说,强调"个性"或"独特风格"的穆旦可视为一个自由主义知识分子。在现代中国,"自由"并非一个单面概念,个人之自由,个人对于生存权利的思考,往往同时复合了对于民族国家的生存权利等问题的思考;也即,在现代中国,个人与国家之间存在一种难以调和的矛盾冲突:个人所欲追求的是自由、独立的精神品格,国家所要求的却是集体意志、全民抗战,国家总是不断将"小我"拉入"大我"的行列,不断地压低乃至扼杀那种基于个人的生存体验而发出的声音。[1]

在现代中国的优秀知识分子那里,民族国家的生存权利是必须争取的,个人的声音也是会发出的。为了摆脱时代性的个人困境,他们走出书斋,如穆旦,投身以抗日救亡为形式的建构现代民族国家的社会历史活动,放弃联大的教席,参加缅甸抗日战场,到沈阳主持《新报》,这并非对于社会制度的简单认同,并非去做一个集体性的"大我",而是为了在民族国家建构这一无可逃避的时代背景之下实践个人自由的信仰,秉持"良心",保持"个性"。

从现实遭遇看,穆旦的种种活动均以失败而告终。信仰追求失败,持续糟糕的现实生活状况、所遭遇的种种"谩骂"式批判,又不断地挤压着他的内心,"我想要走"因而成为一种无比强烈的冲动——《我想要走》中的"冤枉"一词可谓典型的穆旦用法,显示了穆旦对于社会的强烈愤慨乃至失望的态度。社会制度不仅无助于个人自由的信仰追求的实现,反而将"欺骗""罪恶"等痼疾"栽赃"给个人,给个人以强势的压制和戕害,且又让个人不得不深陷其中。为了生计,个人不得不干种种"没意思"的工作;强烈地"想要走",却被困窘的现实所牵制而无法马上拔腿离去。

有鉴于此,1949年8月底穆旦离开中国也就并非一次简单的留学事件,其中固然有心爱的人先行留学的事实,但在相当程度上,也可以说是一次忧愤出走。其时,矗立在穆旦面前的,并非新的体制即将成立的"新中国"的美好图景,而是如其诗歌所描绘的,是一幅充满了"欺骗""罪恶"的、旧的社会制度下的恶劣图景,他既不愿意成为旧的社会制度的牺牲品,也不愿意被"欺

---

[1] 参见段从学:《跋涉在荒野中的灵魂——穆旦与鲁迅之比较兼及新文学的现代性问题》,《鲁迅研究月刊》,2000年第6期。

骗""罪恶"所"冤枉"而成为旧的制度的同谋者,"出走"乃是唯一之决策。

　　推却重重阻力回国的举措对穆旦的整个一生乃是关键性的。后半生的经历即由是生发。也正是因为有了"归来"这一执意的举措与事实,出走的深切意味才得以最终呈现:"出走—归来"以一种不可割裂的方式相互彰显着各自的意蕴。有了"归来","出走"也就并非弃国而去,强烈的忧愤,是基于对民族国家的强烈关切,以及对"个人自由"信仰的强烈追求——只有怀有强烈的希望的人才会有同等强烈的忧愤。

　　而有了"出走","归来"也就超越了简单的"爱国主义"层面而成为一种具有强烈个人兴味的举动。在执意"归来"的背后,蕴含了一种重新寻求"个人自由"的意图——在"个人"与"国家"这样两个巨大的时代性命题面前,穆旦应该是有过强烈而痛苦的思考的。在美期间,他对"新中国"多有关注,阅读过毛泽东的《新民主主义论》等政治文章,和同学组成"中国问题研究小组",就回国问题多有争执;同时,也意识到文化的差异:在异国他乡,是写不出好诗的,不可能有成就的,《美国怎样教育下一代》《可耻的债》等诗即对美国文化持明显的批判态度(如果可以确定为当时所写的话),这些都可视为思考的外化。而他所设想的未来,首先是俄语文学译介这等为新中国文化建设服务的事业,拟用的方式是"个人翻译"。以此来看,最终占上风的既可说是民族信仰,更是对于新型现代国家的希望:希望在新型国家实现过去未曾实现的信仰追求;而且和过去一样,他仍将"个人自由"的实现放置在新型现代国家的历史建构当中。巫宁坤所谓"投身于一个崭新的世界,去过一种富有意义的生活",用在这里正合宜。

忧愤出走的年轻诗人在几年之后不仅重新回到中国,而且以极大热情投入新中国的文化建设之中,可见当初的绝望情绪并没有击垮他。或者说,所谓"绝望",只是那一时情绪的顶点,恰如郑敏在评价《三十诞辰有感》时曾指出:"不断熄灭"——诗歌原文为"以不断熄灭的,/现在,举起了泥土,思想和荣耀"——是关键性的:

> 包含着不断再燃,否则,怎么能不断举起?这就是诗人的道路,走在熄灭和再燃的钢索上。绝望是深沉的:[……]然而诗人毕竟走了下去,在这条充满危险和不安的钢索上,直到突然颓然倒下(1977年)[……][1]

确实是一条在"充满危险和不安的钢索上"行走,"回来"这一命题,一直令穆旦纠结——不断地需要穆旦在各种场合做出"交代":

> 总起来说,自己出国不是想逃亡,在肃反会上我讲自己是逃跑,也有些说夸张了。因为,就在我临行前,我还劝友人董庶(在昆明师范学院)不要留在校中,何不参加游击队(八路军的)。我对母亲(在北平,当时已解放)的感情,是重的,我对她写信说,两三年必返。我当时自觉,我出国是个人旅行,而不是政治流亡。(《我的历史问题的交代》,

---

[1] 郑敏:《诗人与矛盾》,杜运燮等编:《一个民族已经起来》,第31页。

1956 年 4 月 22 日）

"政治流亡"固然是言重了，但"个人旅行"显然也是一种伪饰。

第十三章

最初的契约

一 "献礼"的热情

1953年初,穆旦与妻子周与良几经辗转,经香港、九龙、深圳、广州、上海,终于回到新中国的首都北京。

2月14日,抵广州。期间见到了清华大学和联大时期的同学王正宪,并由他领着,见过曾任教于西南联大、时任岭南大学校长的陈序经。在上海期间,与多年不见的好朋友巴金、萧珊夫妇以及王勉(鲲西)等人会过面。周与良后来的回忆中用较多笔墨描述了与萧珊会面的情形:

> 她热情接待了我们,并在国际饭店宴请我们。她见到我们非常高兴,她说欢迎我们回到新中国,愿良铮为祖国的文化繁荣做贡献。当她谈到解放后,各方面都在学习苏联时,良铮说他准备翻译俄国文学作品介绍给中国读者。她很惊奇地说:你不是搞英国文学的吗,又是诗人,怎么又想介绍俄国文学了?良铮告诉她,他在美国学习时,也学了俄语和俄国文学的课程,准备回国后,介绍俄国文学作品给中国读者。

我记得当时他们谈得很高兴，肖珊同志还鼓励他尽快地多搞翻译。我们回到北京后，良铮就夜以继日地翻译季摩菲耶夫著的《文学原理》。[1]

好朋友"惊奇"于穆旦的转向，不知他在美国期间就对归国后的情形有过务实的设想；而好朋友的鼓励显然也加深了穆旦对于时局的认识——因为这样一些因素，回国之后的穆旦最初所进行的翻译活动，被普遍认为蕴含了顺应政治文化的意图——一种向新生的中国"献礼"的热情。萧珊的热情鼓励也可在"献礼"层面来认识。

但萧珊所给予的热情鼓励多半是单纯的、不设防的，时代的风雨及其可能产生的复杂后果多半并未考虑在内。两年后，穆旦已被卷入"外文系事件"之中（下一章将有详述），处境已较为糟糕，穆旦旧友杨苡到上海。期间，彼此共同的朋友靳以特意嘱咐她转告萧珊，在说话、处事等方面要注意。所谓"注意"，用今天的话说大致即是低调，即便才华出众，也不能太张扬。杨苡与萧珊有过彻夜长谈，其中也谈到穆旦：

> 为了我们一个共同的好友，一个绝顶聪明、勤奋用功的才从美国回来诚心诚意想为祖国作点贡献的诗人，我认为必须保护他，不要忙着为他出版书，以免招人嫉恨，引起麻烦。她却天真地拒绝了我的担心。[2]

---

1 周与良：《怀念良铮》，杜运燮等编：《一个民族已经起来》，第132页。
2 杨苡：《淮海路淮海坊59号》，《文汇读书周报》，2002年3月1日。

生性"天真"的萧珊所给予的鼓励和帮助，显然大大地促推了穆旦的翻译热情。而穆旦，原本是带着"献礼"心态回国的，时间既然多有延迟，工作落实之后乃至在等待工作过程中所展开的积极工作，即有一种争取时间的紧迫感在内——时间已无谓丧失，工作应积极努力。周与良称，1953年到1958年乃是穆旦译诗的"黄金时代"：

> 当时他年富力强，精力过人，早起晚睡，白天上课，参加各种会议，晚上和所有业余时间都用于埋头译诗。为了诗的注释，他跑遍各大学图书馆和北京图书馆等处去查阅有关资料。[1]

> 查译诗很快，常"全身心地投入译诗的境界，平时少言寡语，实际是沉浸在译文的构思之中了"。"他几乎把每个晚间和节假日都用于翻译工作，从没有夜晚两点以前睡觉。"他"在物质上无所求，饮食极简单，穿着极朴素，翻译中忘记吃饭，仅吃些花生米之类"。[2]

> 良铮译诗，是全身心投入，是用全部心血重新创作，经常为一行诗，甚至一个字，深夜不能入睡。他常说，拜伦和普希金的诗，如果没有注释，读者不容易看明白。他的每本译诗都有完整的注释。偶尔他也对我说，"这句诗的注释就是找不到。"为了一个注释，他要跑天津、北京各大学图书馆，

---

[1] 周与良：《怀念良铮》，杜运燮等编：《一个民族已经起来》，第132—133页。
[2] 转引自李方：《穆旦（查良铮）年谱》，《穆旦诗文集》（第2卷），第400页。

北京图书馆等。[1]

周与良不同时期的回忆不断讲述这方面的故事,其核心要素是强调穆旦对翻译的那样一种近于偏执的投入——若接续前面关于"个人自由"话题,则可说这样一种以个人方式展开的、热情忘我的翻译,也包含了一种对于"新型国家"所抱有的希望。而在亲近穆旦的朋友看来,这种极其热情勤奋的工作乃是要寻求一种证明:"他想证明给没回来的人看,回来了是多么好。"[2]

1953年到1958年,穆旦共翻译出版译著约25种(包括出版改制之后新印的)。译著的顺利出版,自然得力于在平明出版社等出版机构任职的巴金、萧珊等人的大力帮助,而这也表明穆旦的热情并没有虚掷,新的体制正在不断构建途中的"新中国"以一种积极的姿态接纳了他。

二 "在答应此事时心中有矛盾"

但所谓"个人自由",看起来是相当遥远的——从重新踏上中国国境的那一刻起,穆旦应该就已感受到了形势的严峻性。

1953年2月初,刚刚踏上中国的土地,即接受"审查",如周与良所描述:"在深圳停留了一天,等待审查。然后去广州,住在留学人员招待所,填写了各种表格,住了一周审查完毕,才离开广州"。[3] 目前能见到初抵广州时所填写的《回国留学生登

---

1 周与良:《永恒的思念》,杜运燮等编:《丰富和丰富的痛苦》,第161页。
2 杨苡的观点,见易彬:《"他非常渴望安定的生活"——同学四人谈穆旦》。
3 周与良:《永恒的思念》,杜运燮等编:《丰富和丰富的痛苦》,第157页。

记表》，穆旦的填写时间为 2 月 16 日，妻子周与良为前一日填写。该表包括"国内学历及专长学科""国外学历及专长学科（中外文）""国内工作经历""国外工作经历（中外文）""工作志愿""国内重要社会关系""国外重要社会关系（中外文）""通讯处"等版块内容。在所见穆旦填写的类似表格之中，这一份是最简单的，仅一页。表格内容也与日后的诸种表格有一些重要差别，比如社会关系一栏，区分为"国内"和"国外"，而不是"进步的社会关系"和"反动的社会关系"。"国内"部分共四格，所填为巴金、冯至、王佐良和杜聿明；"国外"部分共两格，只填了一位：陈时侃（同学，想回祖国却一时回不来）。按说，表格有限，所填都是有着"重要"关系的人物。日后，杜聿明即一再地被填入"反动"一栏之中。而陈时侃却未再出现在穆旦所填写的各类表格之中，殊为奇怪。[1]

2 月 21 日，居留北京等待分配工作的穆旦，又填写了两份登记表，一份仍然名为《回国留学生登记表》（回字第 938 号），另一份为《回国留学生分配工作登记表》（回字第 938 号，中央人民政府人事部制）。前者比较简略，为 A3 纸大小的油印件（中缝对折），相较于前表，"回国日期及经过情形""详细学历及履历""参加过什么党派或社会活动"等版块为新增，"专长""工作志愿""著作""社会关系"等版块的填写则已有微妙的变化。比如说，"工作志愿"部分，由"教书或编著工作"改作"文学研究工作或综合性大学内的教书工作"。

《回国留学生分配工作登记表》为正式的打印件，且胶装成

---

[1] 关于陈时侃，相关讯息非常少，目前能够查证的讯息是毕业于武汉大学，后留学美国卡普曼大学，并任教于此，1982 年曾回国。

册，内页共有 5 版，包括社会关系、"在国内外参加过何种社会活动""回国经历情形""在国外对新中国的认识及回国动机""你在回国后有何感想"等方面的信息。表格篇幅内容则有大幅增加——开始需要填写"认识""动机"与"感想"等内容："回国经历情形"一栏，预留的是半页篇幅，实际填写时也涉及思想方面的内容；而"认识""动机"与"感想"部分，均是预留了整版的篇幅，显然不是两三句话就能交代清楚的，而需要对自己进行深入的思想解剖。由此也可以说，名为"登记表"，实际上就是一种交代材料，它要求个人交出自己的过去、现状以及对于未来的想象，将自己的一切置于时代的掌控之下。兹录"你在回国后有何感想？"如下：

回国以后，立刻感到祖国的温暖和亲切；她崭新的光明的面貌使我欢快地激动。在个人具体的认识上，我觉得有如下几方面的提高：

（一）回国以前，只抽象地理解了共产党的领导是对的正确的，既然有共产党领导，人民就应该跟随，好像这跟随是被动的，被拉着走的。回来以后，才深切感觉到群众的自发自觉的力量。原来群众一旦得到了主动力，就像大机器的轮子一旦转动了起来，它就会推动自己的各部分转动起来。可以这么大胆地说：好多事情，全是在群众理解了党的原则以后，自己推动自己做出来的，而领导人物也在其中卷进来跟着群众学习和进展了。从这种性质的社会运行中，我才理解到我们民主精神的真谛，和党的正确的领导的真谛。

（二）回国以前，知道"人吃人"的社会制度被打倒了，人再也不压迫人，歧视人，彼此的羁绊都解除了。但是否人就按照"你不管我，我不管你"的个人主义态度活下去呢？回国以后，才发见：原来人在被解放以后，并不就停在那里，而是要积极争取人的友爱和温暖。如果有所谓永恒人性的话，这争取友爱的心才是正确人性的表现。我们的社会已成了一个非常融和亲善的大家庭。在这里，如果你要求还保持个人主义（这在以前我认为是文艺复兴"解放人性"的正确人生观），那便完全暴露了你的僵硬和残暴的本质。由此我认识了，只有集体主义的人，才是"人性"的真正的表现，而人个主义不过是专制政体的一种消极的抵抗态度而已。这种认知，是我回国以后从切身感受中获知的。这一点也证明了光念死书，是获得不了很多知识的。

（三）看到和接触到一些人，对于他们的沉着踏实和不惮烦的工作态度，无[论]在对事或做学问上，令我异常钦佩。这是在我们新社会中普遍建立起来的工作态度，是以前和国外所看不到的。我深切地感觉自己应该受训练向他们学习。

看起来，回国仅仅一个来月的穆旦，似乎已经比较熟谙新中国的话语方式。这种非此即彼、二元对立的话语方式，在日后的诸多登记表、交代材料中更是反复出现。

需说明的是，档案馆里的这份材料有多处文字下划有红色波浪线，除了上述材料明确标出的外，之前"有哪些进步的社会关系"部分，李广田及相关说明信息（云南大学副校长，共产党员，朋友）下划有红线，"有哪些反动的社会关系"部分，查良鉴、查良钊、杜聿明、罗又伦这四人名字下均划有红线，"国内外详细学历及经历"部分,也多处划有红线。看起来,所划记的都是比较重要的信息,应是出自材料审阅者之手。类似的划痕乃至批语,亦见于其他交代材料。[1]

关于"工作志愿",所填均是地区,而没有具体的单位意向:穆旦填的是北京、华北区;周与良填的是华北区综合性大学、北京科学院。很清楚,新中国的首都北京是夫妇俩工作的首选。

"今后的职业问题"如何决定呢?妻子周与良日后的回忆并没有叙及当初抉择的情形。当时在北京新华社工作、曾被穆旦列入"进步的社会关系"的梁再冰曾谈及(见前引"检举材料"):穆旦在北京等待工作期间,曾和她以及杜运燮、江瑞熙等新华社同事就此有过商量——

> 在谈到他今后的职叶[业]问题时,向我们表示,他不愿到学校去教书,或作机关工作,只想作一个"个人"职叶[业]文学翻译,翻点东西拿稿费。同时,我们知道,他在美国时把俄文学得很好。当时我们都反对他搞"个人"翻译,劝他到学校教书,以便更快地改造自己。

若是,那就正如前述几份表格的"工作志愿"所填写的"文学研究工作或综合性大学内的教书工作",两项内容之中穆旦原本

---

[1] 或可说明的是,《回国留学生分配工作登记表》现可见于南开大学档案馆,但2015—2016年间,有穆旦夫妇1953年1月至4月间的多种回国留学生登记材料以及政府部门的相关函件流现坊间,与原有档案略有重叠,更多的则是新见材料,其中也包括这份《回国留学生分配工作登记表》,不过为抄件(内容与南开大学档案馆所藏相同),也未见类似的红色波浪线。更多讨论参见笔者所作《从新见材料看回国之初穆旦的行迹与心迹》,《扬子江评论》,2016年第5期。

是更倾向于前者。"个人"翻译的意念大致与"个人自由"的诉求相通，即沿袭新中国成立前那样的一种近乎小作坊式的、不受"组织"约束的工作方式。但朋友们的这种规劝对于穆旦的择业显然是有影响的——"'个人'翻译"已不合时宜，"改造自己"要紧；而且，文学研究工作看起来也不好找。在犹豫和矛盾之中，穆旦最终和妻子周与良一道回到了自己的出生之地天津。

现存1953年3月6日中央人民政府高等教育部致中央人事部的函件，事由为"请调新从美国归国之留学生查良铮与周与良去南开大学任教"，看起来，其时穆旦夫妇已经决定同去南开任教了。但相关工作并未马上落实——很可能是还有待审查。现可见4月6日中央人民政府人事部第三局签发的关于穆旦夫妇的《回国留学生分配工作意见签》（编号分别为133、132号），其中关于查良铮（穆旦）的处理意见有三条：

（一）1940.7.西南联合大学（原清华大学）外文系毕业。毕业后曾在昆明西南联合大学外文系任助教一年半……（按，以下为具体经历，从略）

（二）查的家庭关系较简单，但社会关系很复杂，认识一些政府负责人及教授如，杨刚、袁水拍、周叔弢、李广田等，亦认识一些极反动的伪国民党匪帮，如其堂兄查良鉴（国民党员）台湾蒋匪司法行政部次长；堂兄查良钊（国民党员）在印度德里大学教书；杜聿明（国民党员）反动军人，已被俘，查曾在他部下任英文翻译；罗又伦（国民党员）现在台湾，查曾任其个人教师二年之久。

（三）中央高等教育部来文调查良铮及周与良去天津南开

第十三章　最初的契约

大学任教。本人亦同意去该校任教。

关于周与良的分配工作意见签的"处理意见"部分亦是三条，行文也是个人经历、家庭及社会关系、工作单位去向。两份材料的审核人均为董★★，其在穆旦材料上签有"此人关系经历复杂，任教较为妥当"，在周与良的材料上则签有："此人系干部子女，虽其爱人关系经历复杂，任教尚可"。

中央人民政府人事部的人员所签发的处理意见，自然是基于穆旦夫妇本人所填写的材料。在1953年初这个时间节点上，日后盛行的组织审查、群众大会或个人检举的情形尚未出现。"进步的"或者"反动的"社会关系的界定与落实，首先源自本人的交代。以此来看，回国之初所填写的这些材料，除了前述某种现实心态的印证外，也显示了穆旦对于新中国、新社会的单纯看法：如实交代"历史问题"，积极交出自己。

1953年5月中旬，穆旦夫妇正式到南开大学工作，穆旦在外文系英文组任教，周与良被分配到生物系微生物教研室。按照巫宁坤的说法，穆旦夫妇是在他的"怂恿"下接受南开大学聘书的，当时学校师资紧缺，巫宁坤也私心"希望有老朋友来作伴"。[1] 穆旦本人稍后在交代材料中曾如是叙及：

> 到北京后即向高教部报到，结果派我到南开大学英文系。我在答应此事时心中有矛盾。自觉写作和研究最适于自己，而教书，过去十多年前教过，颇为不佳，现在口才及能力是

---

[1] 巫宁坤：《旗——忆良铮》，杜运燮等编：《一个民族已经起来》，第148页。

否胜任，毫无把握。但不教书似又无他项工作，而且南开大学又可和爱人一起工作，因此便答应了。(《历史思想自传》，1955 年 10 月)

"十多年前教过"指的是西南联大任助教的经历，将教学效果认定为"颇为不佳"，看起来，当初短暂的助教经历似乎给穆旦的心理留下了某种阴影。"毫无把握"则可理解为对于前途的判断。

三 初到南开

穆旦与"南开系列学校"其实有着很深的渊源，他在南开中学度过了 6 年时光，当年的一些中学老师此时已是南开大学的教授，如孟志荪即任中文系古典文学教授。更何况，抗战爆发之后，南开大学与穆旦当时就读的清华大学合并为国立西南联合大学，穆旦与不少南开师生都有过直接的交道。当初在西南联大任教的哲学系冯文潜教授、历史系郑天挺教授等人，此时仍在南开大学任教，不过具体交往的情况多半已湮没无闻。

穆旦初到南开的情形，可见于巫宁坤的回忆。1954 年，穆旦搬到南开大学东村 70 号，即与巫宁坤为邻——

> 良铮爱喝一杯，但从不过量，有时他特地骑车从官银号一家老店去买一些酱牛肉之类的酒菜，捎来我家小饮。三杯两盏下肚，海阔天空，"知无不言，言无不尽"。[1]

---

[1] 巫宁坤：《旗——忆良铮》，杜运燮等编：《一个民族已经起来》，第 148 页。

> 我们住的宿舍靠得很近，随时可以互相串门儿聊天。为了调剂单调的生活，周末往往相聚小饮，放言无忌。良铮常领我们一道骑自行车去逛旧城的南市，欣赏与当前政治宣传无关的民间艺人表演，那是他当年上南开中学时的旧游之地。[1]

据称，东村住房建于1925年，当年张伯苓校长即住此，"屋前有小花墙，屋内地板木质很好，比较讲究"。后来，房屋"修葺多次，高级设备已拆改殆尽"。[2]尽管如此，穆旦夫妇、巫宁坤等留学归来的人士初到南开大学时的住房待遇应该是比较好的。

但是，看起来，穆旦在南开的工作并不顺心。工资待遇比预想中的要低，在和江瑞熙等友人聊天的时候，穆旦可能用比较激烈的口气谈及。[3]对于所安排的课程，可能也觉得难以承担。任助教期间的那种教学上的"灰心"感再度浮现：

> 上课一二次，即对自己教书能力异常灰心，无英文口才。一星期后改换课程，为重点课，又无教学法，更无法应付。一月后即暑假，决意辞去教书职，屡与系领导表示，未获准。领导责备我不努力，我则认为领导不理解我实在无教书才能，因此情绪消沉。在美国时的一腔革命热情，回国后反而低落了。（《历史思想自传》，1955年10月）

1　巫宁坤：《一滴泪》，第29页。
2　魏宏运：《魏宏运自订年谱》，北京：商务印书馆，2015年，第118页。
3　在前述检举材料中，梁再冰称，从江瑞熙处得知，穆旦"对于学校给他的薪金待遇，非常不满意"。

周与良的观点似乎正相反,穆旦"课教得好","受学生欢迎"。[1] 何以会形成这种差异呢?是写交代材料者惯于贬低自己,而公开发表的追忆文章惯于抬高亲人?这已难以断定,但穆旦与学生之间的交流可能并不顺畅。当时,因为主管天津文艺的方纪的缘故,年轻的诗人周良沛得以与穆旦"认识、谈诗、聊天、喝咖啡"。他后来曾编选《穆旦诗选》[2],并多次忆及穆旦,其中有与学生交往的情形:

> 五十年代,他刚回国,看什么都很新鲜,也太陌生,议论诗时,静心地听,很少开腔,又绝非对这个世界的沉默。那时,我只是二十出头的毛头小伙子,在当时的诗坛,对这位解放前虽被视为"左翼",解放后又被看作"非主流"的诗人和作品,一无所知。他那时,还不到不惑之年,按现在的界定,还算"青年"。不是读书时那么瘦长,也没发胖,英俊、潇洒,是有学养的文静、深沉,偶尔说诗,语惊四座,洋溢他对生活的热情,对诗的真诚。
>
> [……]五十年代,我不止一次听他亲口当着好几个人讲:他拿着自己过去的诗,请他在"南开"的学生看,这些学生和他写这些诗时的年龄不相上下,也是学外语,且喜爱文学,爱读诗的,都坦率得可爱的对他讲:他们读得头疼,读不懂,不知所云。他们表示自己喜爱的,恰恰是现在有的评家用以和穆旦相比而看作不入流的作品。这对穆旦的震动太大了。

---

[1] 周与良观点,见李方《穆旦(查良铮)年谱》,《穆旦诗文集》(第2卷),第399页。
[2] 2000年,周良沛编选《穆旦诗选》由长江文艺出版社出版,该集为周良沛编选的系列诗选"中国新诗库"第8集中的一种,2003年,《穆旦诗选》出版单行本。

第十三章 最初的契约

他不是怪自己学生水平太低，而是反思自己对奥登等的模仿太过了。怨自己对人民群众的不了解。相信一个时代有一个时代的诗。他愿多读点当时的年轻朋友反映新生活的作品，由此思考些问题再动笔。这是一位真正的诗人为诗之所言。在场的无不为他人生的坦荡和对诗的真诚所感动。[1]

且不论穆旦是否曾被视为"左翼"诗人。1933年出生的周良沛当时也就和那些大学生年纪差不多。在这段追忆之中，学生的态度和穆旦的反应都别有意味。

"现在有的评家用以和穆旦相比而看作是不入流的作品"是一个含糊说法，从比较的语意来看，它们应该并非外国诗人的作品，而多半是当时或稍早的中国诗人的作品，这些"学外语，且喜欢文学，爱读诗的"的年轻学子"不懂"穆旦，表明穆旦并没有被"新时代"所接受，也可能表明他们对于过去的"穆旦"并不知情。

穆旦本人的反应呢？在这段话里，"反思""怨""相信""愿""思考"等词的主语无一例外都是穆旦。前文也曾提到穆旦友人在追忆文字中的一些主观判断，这些到底是否就是穆旦本人的想法，其实无从断定，但回到新中国的穆旦在遭受现实碰壁之后开始"反思"自己过去的写作，这应是无疑义的。回到新中国的穆旦直到1957年才发表诗歌作品，并不急于写作，更不用说发表作品，很可能便是"反思"的立场使然。

时代已经被厚厚的壁障隔离开来。当时的周良沛应该并不知

---

[1] 周良沛：《穆旦漫议》，《文艺理论与批评》，2001年第1期。

道当年穆旦和年轻学子在西南联大学习的情形，南开的那些年轻学子——和当年的穆旦年龄相仿——应该也不知道。新旧时代造设了两种完全不同的教育背景，同时也造设了两种不同的阅读和兴趣。王佐良在《一个中国诗人》所做的那种相当生动的描述看起来已是传说："在战争的初期，图书馆比后来的更小，然而仅有的几本书，尤其是从外国刚运来的珍宝似的新书，是用着一种无礼貌的饥饿吞下了的"，"最后，纸边都卷如狗耳，到处都绉叠了，而且往往失去了封面"。

这样的情形或可称之为一种历史的吊诡：时代以一种近乎强制的方式阻断了诗歌（文学）美学因素的发展——按常理推断，新事的产生与旧质的消亡同样是形成艺术张力的因素，但在1950年代，"新"与"旧"这样二元对立的事物已难以并存——置身其中的个体近乎必然地需要做出非此即彼的选择。如周良沛所述，穆旦也尝试过让学生阅读那些"旧时代"的诗篇，最终却不得不认同了"新"。实际上，对置身于1950年代政治文化语境的知识个体而言，"新"已近乎是唯一的选择——唯有选择"新事"，才有可能将"旧质"所带来的负面效应降到最低点。

但时代的负压还是时时袭来。初到南开的穆旦所遭遇的，除了上述诸种因素之外，还有一张更大、更为严密的时代之网——各种"硬性规定的政治学习"。巫宁坤日后在回忆录中如是描述：

> 生活中最头痛的事是硬性规定的政治学习，每周两三个下午。规定的学习材料包括毛主席著作、党报社论、党中央文件等等。每次开小组会，首先洗耳恭听一名积极分子朗读文件，仿佛我们是目不识丁的大兵。接着进行讨论，人人都

得发言,暴露思想,联系实际,说明学习文件如何帮助自己认识错误,提高觉悟。沉默是不可思议的,因为沉默就被认为抵制思想改造。不久我就发现,你永远是错的,党永远是正确的,提高政治觉悟是永无止境的。大家发言都小心翼翼,听上去都很真挚。小组长认真记录,散会后向负责政治学习的党员干部汇报。

除此之外,晚上全校教师还得上"马列主义夜大学"。一位年轻的男教师每周两次从北京来,朗读他在新建的人民大学听苏联专家讲授马列主义的笔记,一字一句,照本宣科。我们得做笔记,因为期终还有考试。大多数人忙于记笔记,也有些人显得无聊,不停地抽烟,或是干脆打瞌睡。[……]我越来越公开地对缺少思想言论自由表示不满。只有良铮和天生与我有同感。[1]

巫宁坤的回忆录中多有类似的说辞,周遭的人群之中,此一时期仅有少数"有同感"的人物,穆旦为其中之一。若此,这类叙述也即穆旦当时的生活、思想的背景性材料。

穆旦本人又做何等反应呢?前面提到旧友萧珊在穆旦刚回国时所给予的热情鼓励,穆旦这一时期心绪最为直率的呈现,目前也仅保留在致萧珊的信中。1953年10月18日,穆旦回复萧珊。此前,萧珊应该是在来信中抱怨穆旦的信"太冷淡平淡了",穆旦也说出内心的困惑——

---

[1] 巫宁坤:《一滴泪》,第30—31页。按,"天生"即李天生,巫宁坤在燕京大学教过的一个男学生,1953年8月也被巫宁坤推荐到南开大学外文系任助教。

我为什么这么无味呢？我自己也在问自己。可是，我的好朋友，你知道不知道，现在唯一和我通信的人，在这世界上，只有你一个人。这样，你还觉得我太差吗？我觉得我们有一种共感，心的互通。有些过去的朋友，好像在这条线上切断了。我们虽然表面上这条线也在若有若无，但是你别在意，在心里我却是觉到互通的。尤其是在我感到外界整个很寂寞的时候，但也许是因为我太受到寂寞，于是连对"朋友"，也竟仿佛那么枯索无味。[……]

　　[……]我们的忧郁感许是太浓厚了一点。忧郁或可，但是不要自伤身体。[1]

四　"文学原理"与"普希金"

　　不难发现穆旦的微妙处境：初看之下，署名为"查良铮"的译著较快、较多出版显示了新中国对于穆旦的积极接纳；但是，在实际的现实生活层面，几乎可说是从进入到新中国的那一刻起，政治磨难就像影子一般紧紧跟随着他。

　　在这样一个的大时代之下，个人如何自处呢？"自处"是一个较高级别的词汇，暗含了某种独立的精神品性。那么，退一步说，个人如何应对大时代呢？不妨从翻译的角度略做缕析。

　　首先，前述各种交代材料中，"俄文"其实是一个很有意味、但基本上未曾触及的事实。目前所见最初的表格《回国留学生登记表》（1953年1月16日）中，"专长学科"部分填写的是"英诗，

1　穆旦：《穆旦诗文集》（第2卷），第156—157页。

第十三章　最初的契约　　377

戏剧，创作方法，及俄文"。及至 2 月 21 日所填写的《回国留学生登记表》《回国留学生分配工作登记表》之"专长"栏，最末一项略有补充，填的是"俄文及文学"——后者的学习经历部分，在芝加哥大学阶段亦有"俄文及俄国文学"的内容。但在 4 月 6 日中央人民政府人事部第三局签发的《回国留学生分配工作意见签》之中，关于查良铮（穆旦）的处理意见之中，"所学科目"仅有"英诗，戏剧和小说创作方法"，"俄文"并没有抄录在列。由此，回国之初的穆旦并未将"俄文"置于更高的价值等级——看起来更像是附着于英文之后的一种点缀；而在官方的办事人员眼中，懂"俄文"似乎也并非一项特别的才能，思想问题（"关系经历复杂"）才是最紧要的。

到了 1953 年 6 月在填写《高等学校教师调查表》（由中央人民政府教育部制定，且需报送教育部一份）时，却有了非常重要的转变，"俄文"频频出现——"俄文"被提到更醒目的位置，甚至有翻译俄语文学理论教材方面的信息：

何种专长与技能

十余年前在大学读书时，即专学俄文两年。因此，除英国文学外，亦精读过俄国文学。在国外时并以一年余在学时间攻读苏联文学理论，等。

通晓何种外国文字，能否笔译

[……]英文及俄文，可自由阅读文学作品。英文有翻译能力（中译英）。中文——有创作经验，曾出诗集数种，亦曾翻译。（俄文英文翻成中文）。

曾从事何种研究工作，曾有何种著作、译述

[……]苏联季摩菲耶夫教授所著大学文学理论教本《文学原理》，在译出中，即由上海平明出版社印出。

按：本书已印出。

现从事何种研究工作？今后拟研究什么？对今后工作的志愿

拟从事文学研究及介绍工作，其方面如下：

（一）介绍俄国文学。

（二）研究英国美国文学，用马列主义观点予以重新评定。

（三）广泛的文学理论问题。

填写内容如此之翔实，可见翻译，尤其是俄文翻译之于穆旦的独特精神效应正在初步显现，它陪伴穆旦度过了回国之初的矛盾、犹豫乃至"情绪消沉"的时刻；在日后情势更为残酷、严峻的岁月里，翻译也始终是穆旦的精神陪伴。同时，借此也能清晰地见出穆旦在比较短的时间之内精神世界的转变，或可称之为某种决断，即确立了翻译之于其工作乃至生命的意义。于此，穆旦对于"新中国"的感受——"她崭新的光明的面貌使我欢快地激动"，也可谓是有了非常切实的内涵。

再具体到翻译。穆旦译著最先出版的是苏联文艺理论家季摩菲耶夫的《文学原理》第一部《文学概论》和第二部《怎样分析文学作品》。这是一本什么样的书呢？何以是它成了穆旦最初的翻译选择呢？

《文学原理》是苏联最早的具有大学教材性质的文艺理论著作，从1940年代一直出版到1970年代，影响很大。研究指出，该书以及毕达科夫的《文艺学引论》"作为苏联主流的文学理论教材，曾经长期影响我国文学理论界。事实上，在我国，作为一门学科的文艺学，正是从季摩菲耶夫著作的引进开始的"，"季氏的《文学原理》，对我国几十年来文学理论教材的框架、体系和观点都有深刻的影响，这种影响直到今天也没有完全消失"。[1]

按照周与良的说法，回国之后、分配到南开之前，穆旦"基本上住在北京家中，夜以继日翻译季摩菲耶夫著的《文学原理》"。译书速度似乎很快，上述1953年6月填写的《高等学校教师调查表》即有相关译述内容。实际出版是在1953年12月，先出版的是第一部和第二部，第三部《文学发展过程》稍晚，是在1954年2月。三部合辑的完整版则是在1955年7月问世。完整的"内容提要"为：

> 本书以马克思列宁主义的科学方法从事文学研究，企图从世界文学的复杂现象中归纳出一般的原理或规律，藉以建立文学底科学基础。本书共分三部分。第一部探讨文学的本质和文学形象的诸特性，以及它的政治的和美学的意义。第二部确定了分析文学作品所应依据的法则，把文学作品的思想、主题、个性、结构、情节、语言等部分之间的全面的有机的联系作了扼要而精辟的说明。第三部建立了分析文学发展过程所应采用的原则和方法。本书一方面对文学的统一的原理作了深刻的探讨，另一方面又力图使它的论据基于文学历史的具体事实，因此，它才引起苏联文学界对它的重视和

---

[1] 金永兵：《后理论时代的中国文论》，北京：文化艺术出版社，2014年，第33页。

不断的批评。无论怎样，它对于从事文学研究，创作，和批评的人，都不失为一本珍贵的参考书。

基于前述背景，研究普遍认为穆旦对于《文学原理》的翻译是一种"调整"，即"通过此书的翻译来调整自己，了解和熟悉现实主义的文学观念和创作方法，学习这一与新的文化环境相适应的文学话语方式"。与这样一个问题紧密相关的是，对《文学原理》的翻译，和对普希金、雪莱等人的文学作品的翻译，被区格为具有时间先后顺序的两种不同类型，文艺理论著作在前，文学作品在后。由翻译"文学原理"到开始翻译普希金等人的文学作品被认为是一种"转变"或"回归"，即"翻译选择在现实文化需要和个人艺术兴趣两端之间，开始向后者倾斜"。[1]

这样的说法自是很有道理，调整自己的艺术趣味，努力适应新的文化环境，掌握新的文学话语方式，是新中国成立后作家、知识分子的普遍境遇，前述"献礼"心态即是对这一层面的描述。但是，一些细节也做出了提示，这一选择并非绝对化的。归国初期穆旦所选择的翻译对象都是俄语作品，它们可分为两类：文艺理论著作（季摩菲耶夫）和文学作品（普希金）。从出版时间的角度看，两者确有先后之别。不过，表象事实背后还有可堪推敲之处：

一是，两者的翻译时间本身可能并不截然存在先后之别。实际上，如果前引周与良和傅乐淑的回忆属实的话，滞留美国期间，穆旦还只是在为翻译《文学原理》作笔记准备，普希金的诗则是已经开始翻译，"普希金"走在前面。回国之后，1953 年 6 月，

---
[1] 宋炳辉：《新中国的穆旦》，《当代作家评论》，2000 年第 2 期。

《文学原理》还是"在译出中";9月份的时候,普希金诗集《波尔塔瓦》已译好,萧珊曾请卞之琳阅看译稿[1]。而10月18日穆旦写信跟萧珊谈到普希金诗歌"有一部分早译好的",所说的包括《波尔塔瓦》《青铜骑士》等作品,还提到拟出了普希金译诗计划。以此来看,两种翻译同时进行的可能性很大,即便有先后,时间差距也非常之小。

再者,对穆旦而言,学习俄语虽然已有较长一段时间,但俄语毕竟是新语种,有一个适应的过程,明晰刻板的理论文字比充满个人兴味的诗歌的翻译难度小。诗歌翻译上的推敲功夫显然是大得多,翻译所需要时间很可能要更长。

而从出版看,在当时中国,苏联文艺思潮占据主流位置,《文学原理》是苏联的文艺理论著作,又是新中国教育部指定的大学教科书。鉴于其间蕴含的政治机制与实际需求,《文学原理》的出版周期可能更短。

因此,综合考量,两者出版的先后顺序并不一定具备"政治文化"选择的必然性。当然,如是推断并非要否认穆旦对于政治文化的选择这一显在的事实,而是想强调问题的某种复杂性——个体在面对复杂的时代语境时所产生的复杂心境。

译著出版之后的反响应该说是不错的,从目前所能查证的资料看,所译《文学原理》第一部《文学概论》和第二部《怎样分析文学作品》均是1953年12月出版,前书至1955年3月,共

---

1 据1953年9月20日萧珊致巴金信,穆旦此前已译好这部普希金诗歌;10月5日,萧珊致巴金的信中再次谈到请当时到上海的卞之琳看了一遍译稿,卞之琳认为"比得过一般译诗",见李小林编:《家书——巴金、萧珊书信集》,杭州:浙江文艺出版社,1994年,第140页。

有 7 次印刷，累计印数为 55000 册；后书至 1955 年 3 月，共有 7 次印刷，累计印数为 75000 册。第三部《文学发展过程》为 1954 年 2 月出版，至 1955 年 3 月，共印刷 7 次，累计印 50000 册。及至 1955 年 7 月，三书合为《文学原理（文学底科学基础）》出版，初印数为 8000 册。粗略统计，该书的总印数在 187000 册左右。

普希金系列译著，包括 1954—1955 年间所出《波尔塔瓦》《青铜骑士》《高加索的俘虏》《欧根·奥涅金》《普希金抒情诗集》《加甫利颂》以及 1957 年所出的《普希金抒情诗一集》《普希金抒情诗二集》等，第一版的印数多半在万册以上，总印数当有数十万册之多。

出版很顺利，印数也很可观，但对于"文学原理"和"普希金"，穆旦当时即有一种自我认识——1953 年 10 月 18 日，其时，《文学原理》的前两部应该已进入出版流程，穆旦在给萧珊的信中谈道：

> 关于《文学原理》一书，不必提了，我觉得很惭愧。译诗，我或许把握多一点，但能否合乎理想，很难说。[……]我对于诗的翻译，有些"偏执"，不愿编辑先生们加以修改。自然，我自己先得郑重其事：这一点我也已意会到。如果我不在这方面"显出本事"，那就完了。

"普希金"方面，穆旦虽只是如实地谈到了多部普希金诗集的翻译和出版计划，但与前面的话题放在同一段落，还是显示出了一种自我期待，即通过"译诗"，"郑重其事"地在翻译方面"显出本事"来。1954 年 6 月 19 日给萧珊信中已也谈到"准备用心校对一下"《文学原理》，这也可视为对"文学原理"的不满意，对当初仓促翻译的自我检讨。

实际上，《文学原理》的翻译底本为"莫斯科教育—教学书籍出版局一九四八年版"，在《译者的话》明确指出这是一本有缺陷的书："作者想从文学的复杂的现象中，抽出文学作品和文学发展的规律，使文学的研究，可以和自然科学的研究一样的精确化"，但在苏联出版五年来，"曾经一再受到批评"，在苏联文艺界引起了"热烈讨论"。《译者的话》即指出了两个"严重错误"，一个是"企图从典型性区别各种文学潮流，藉以建立各种文学潮流的概念化的公式"；一个是"对于典型性的看法和解释，在实质上和唯心论的美学相近似"。尽管如此，"译者认为仍旧有介绍的价值"，即书中珍贵的意见可以为中国文艺界提供参考，而它的缺陷一经指出，"也可以帮助我们少走许多弯路"。[1] 其中的逻辑大概只有放到当时的文化语境之中才能获得解释：明明知道是有争议的，是有着"严重错误"的，何以仍将其译出呢？还是出于文化建设的需要。

相比之下，"普希金"更加有力也更为持久地促进了穆旦作为翻译家形象的确立。和大多数出版物一样，穆旦译著在1959—1980年间基本上已停止出版，但"普希金"显然已经深深地嵌进了不少读者的心灵，特别是在"文化大革命"期间，知识青年在上山下乡之后的精神荒芜的状态之下，在文学读物严重匮乏的年代里，查译名著曾经秘密流传，"查良铮"之名也成为读者仰慕、寻找的对象。穆旦本人就曾亲身遇见，慕名登门拜访普希金诗歌的译者"查良铮"的也有不少。穆旦后来受到"鼓舞"，在身体摔

---

[1] 这些文字见于各部的《译者的话》，此据1953年12月的第一部。

伤之后仍加大翻译的力度,这是后话,后文再作详述。

当然,也需要注意一点,译著大量出版的背后其实都有一重时代助推力,《文学原理》出版背后的文学体制因素乃至政治需求,"普希金"系列出版与新中国文化建设方面的贫瘠状态,这些都是可以进一步深究的。在某种程度上,所谓印数也具有迷惑性或欺骗性,并不能解释全部的问题,在当时的形势之下,作为教材的《文学原理》由"查良铮"所译,或由他人所译,可能并不存在差别,出版后迅即再版以及较大的印数都是有保障的。从一般读者的精神需求而言,"普希金"由谁来译,较大的印数以及再版应该也没有多大问题。对一般读者而言,"查良铮"不过是一个新的译者的名字而已。

但是,历史最终还是划开了界限:"查良铮"并不是一个偶尔出现就消逝无踪的名字,在"查良铮"这里,翻译乃是一项与生命等齐的伟大事业,其翻译形象已经深深地嵌入了历史的厚壁,成了不同时代的读者、研究者捧读和研究的对象。

2005年10月,《穆旦译文集》由人民文学出版社出版,这是穆旦译著的首次汇集出版,首次全面呈现穆旦作为翻译家的形象。穆旦的绝大部分译著均囊括其中,共列八卷,但季摩菲耶夫的《文学原理》、稍后所译《别林斯基论文学》并不在其中,一些零散的译作,比如《译文》1955年4月号所载匈牙利的班雅敏·拉斯罗的诗歌《匈牙利的春天》、印度的阿里·沙尔特·霞弗利的小说《恰赫鲁队长》,这两篇从俄文转译的译作也被排除在外。《恰赫鲁队长》是小说文体,这在穆旦的译作之中具有其特殊性,即除了诗歌和理论之外的另一种文体。2020年,《穆旦译文集》再版,情形依旧。初看之下,煌煌八大卷《穆旦译文集》对于零散的译

第十三章　最初的契约　　385

作——包括2005年之后新发掘的早期译作——弃之不录的初衷，或有体例方面的考量，即主要收录译著单行本，除《朗费罗诗选》之外，散译均未编入；但两种译著始终不录，也可能是出于"形象"角度考虑的。

就作家作品的整理编撰而言，原本就存在无意遗漏和有意遗弃的情形：穆旦早期译作未能被及时发现，可归之为常见的文献遗漏现象；但新中国成立之后的几种译作，看起来更像属有意遗弃之列。尽管穆旦译著以"译文集"而不是"译文全集"的名义出版，摈弃任何一种译著均无可厚非，但摈弃两种曾经产生重要影响的文艺理论译著，以及从俄文转译过来、带有一定意识形态烙印的文学作品，这类行为终究难免令读者产生疑惑。与其说这类译著已经失去了存留与传播的价值，还不如说它们不那么符合穆旦的既有形象——尽管其他译介文字、日记等材料已经比较明显地显示了穆旦对于时代话语的应和。

五 看似平静的生活

尽管磨难在或显或微地发生，尽管穆旦对于组织的工作、人事安排等方面也有意见、有情绪，但从表面来看，穆旦回国之后近两年内，生活大致是平静的。在课堂上，所授课程包括（英）文学选读，英译中及中译英，文艺学引论等；课后，政治学习自然是必须的，其他时间则多半是埋头于翻译。

"穆旦"之名，从1953年初回国之后4年间，一直未曾出现，而目前所能看到的穆旦在新中国公开发表的翻译之外的文字，也已是1956年中段了。实际上，这不过是一篇署名"良铮"的文章,一般读者或许根本就不会将其和"穆旦"联系起来。看起来,在大的时代面前,穆旦保持着一种不急于发言的态度,或者说,在经历了一连串的事件之后,对时代抱有某种警惕的心理。

但是,在一个嘈杂的时代之中,穆旦何以能安坐于南开的书斋呢?除了个人在察知了政治形势之后而有意沉默之外,多半也可说是一种历史的惯性与历史的压力使然。

粗略地说,在进入新中国之后,发言积极的文化界人士有两类:一类原本就是政治进步的著名人士、文艺界领导,他们必须在不同场合发言;另一类的政治立场原本较为灰暗,他们急于发言,以获得政治的新生。这两类人,诗人群体之中的典型代表,前者如艾青,后者如冯至。

艾青是第一届政协国歌、国徽、国旗图案设计组组长,可谓新中国政治文化事业的直接参与者、经济建设的歌者、世界和平事业的使者,他的足迹遍布大江南北、世界各地(两度出访苏联和南美),可谓是日复一日地被卷入政治事务、社会文化活动之中。与此同时,他也写下了大批作品,出版了多部诗集、诗论集——在浮躁的心态、快速的写作之下,作品的质量自然是无法保证的。用艾青本人后来的话说即是,"大都是浮浅的颂歌"。[1]

艾青本人当时即意识到了这种"危机",并称"有信心去克服它"。[2] 当时的读者以及文艺界的领导对于艾青的写作也并不满意,

---

[1] 艾青:《序》,《域外集》,石家庄:花山文艺出版社,1983年,第1页。
[2] 1956年2月4日下午,中国作协创作委员会诗歌组召开的诗歌创作问题讨论会,会上集中批评了艾青的诗歌,发言的有力扬、臧克家、严辰、吕剑、公木、邵燕祥、郭小川以及艾青本人。这些发言稍后以《沸腾的生活和诗——中国作家协会创作委员会诗歌组对诗歌问题的讨论》为总题,刊《文艺报》第3期,艾青本人的发言对自己的写作及当时的写作语境有所反思。

现今文章引述较多的材料是1956年3月的中国作协第二次理事扩大会上，周扬在报告《建设社会主义的文学》中明确提出的艾青"能不能为社会主义歌唱"的问题[1]，这些都可说是历史的惯性使然，即写作者认为自己有积极表现新时代的使命，批评者也认为那些知名的写作者必须承担这种责任。

冯至呢？这位原西南联大、北京大学外文系教授在大革命面前所感受到的更多的是忧虑，是"生存"的压力，即在"天地玄黄"之际，"'生存'成为压倒一切的需要，于是有了生存者的挣扎与选择，有了生存者的文学"[2]；对于新的革命情势和政治话语显然也并不么敏感。仅举一例，1948年3月，《大众文艺丛刊》已刊载郭沫若的《斥反动文艺》等多篇宏文，不仅严厉批判了非左翼作家的写作，对于左翼内部的作家也进行了清算，应该说，这些文章背后的政治指向已经相当清晰，但8个月之后，1948年11月，冯至却仍在与沈从文、朱光潜等被点名批判的人士一道探讨"今日文学的方向"，还在设想文学在受政治影响之外，"还可以修正政治"，就像是红绿灯的相互制衡一样。[3] 这种言论固然显示了可贵的自由主义的姿态，其在政治上的不敏感也可见一斑。

但与沈从文等人不同的是，进入到新中国之后，冯至表现自己的姿态非常积极。表态文章、交代材料并不在少数，如《写于文代会开会前》等。在一段时间之内，他"被认为是可以信任的，是知识分子中的左派"。在1949年7月召开的第一次全国文学艺

1　刊《文艺报》，1956年第5—6合期。
2　钱理群曾援引冯至发表在1948年1月4日天津版《大公报·星期文艺》的《新年致辞》而做出这一判断，参见《1948 天地玄黄》，济南：山东教育出版社，1998年，第1—2页。
3　同题文章刊天津版《大公报·星期文艺》，1948年11月14日。

术工作者联合会代表大会上,其身份是北京代表团副团长,会上,也被选为全国文联委员和文学工作者协会理事。这被认为"不仅是对冯至文学成就和贡献的认同,也是对他政治表现的肯定"。之后,冯至担任了一系列的行政职务,并且频频享受出国访问的待遇,如1950年上半年,随中国人民代表团一起访问匈牙利、捷克斯洛伐克和前东德,并在莫斯科逗留了数日,据此经历所作政治化色彩非常浓厚的《东欧杂记》中的一些篇章被选入了当时的中学课本。1952年12月,还和中国人民代表团一起赴维也纳参加了世界人民保卫和平大会。[1]

政治上的表现得到了肯定,及至诗歌创作之中,冯至也在极力寻求一种"政治正确性"。继《冯至诗文选集》(1955)等集之后,1958年,冯至出版了诗集《西郊集》,其《后记》谈到对于自己的作品"无论在数量上或质量上都是不能令人满意的",但一种"政治正确性"的意识使他变得理直气壮:

> 但是我愿意再重复前边说过的一句话,随着中国的解放,中华人民共和国的成立,我才又重新写起诗来。这说明,新中国并不曾"冻结"我写诗,而恰恰相反,对于我正是春风解冻。这些诗在质量上也是粗糙的,但是比起我解放前的诗,我是走上了正确的道路,这道路不是旁的,就是一切为了人民,不是为了自己。在这美好的今天,诗人若不为广大的劳动人民的利益而歌唱,那么无论有多么新奇的感觉或巧妙的比喻,都不免是徒劳无益,枉费心机。[2]

---

1 参见陆耀东:《冯至传》,北京:北京十月文艺出版社,2003年,第229—231页。
2 冯至:《后记》,《西郊集》,北京:作家出版社,1958年,第131—132页。

从上面的简单勾勒不难看出，在一种强大的历史惯性的支配之下，写作者、批评者以及时代语境之间，实际上构成了某种合谋的关系——构成了写作者无从挣脱的历史压力，它直接影响到写作者的写作行为、写作心理、文学观念等。

穆旦呢？1953年初方回国，而"穆旦"之名一直到1957年方才露面——算上一次检讨，实际次数可能也仅有4次。很显然，在新中国的文化建设或者说意识形态的建构体系之中，"穆旦"基本上可归入可有可无的角色。

也即，由于诗名较小等多重原因，处于文化位置的边缘地带的穆旦所承负的历史压力显然比艾青、冯至等人要小得多——小到几乎可以忽视的程度，唯其如此，他才可以安坐在南开大学校园之内，做一名不得志的教师，一位勤奋的翻译者，而无须频频通过写作来"表态"。实际上也可以反过来说，正是由于名声较小，早年穆旦的政治立场的危险性也仅仅是一度拘囿于南开校园之内。

从一个更长的历史语境来看，穆旦本人的有意隐没、时代惯性的无意忽略，共同塑造了一个"沉默的诗人"形象，就这样，有意或无意地，穆旦与时代之间达成了某种契约。当然，就像人们所熟知的那样，这一契约看似平静，实则暗流涌动。

而当初那些积极发言的写作者的境遇，多半会如1991年3月25日，时年已八十有七的冯至在《自传》之中所描绘的：

> 三十年代我否定过我二十年代的诗歌，
> 五十年代我否定过我四十年代的创作，
> 六十年代、七十年代把过去的一切都说成错。

八十年代又悔恨否定的事物怎么那么多,
于是又否定了过去的那些否定。
我这一生都像是在"否定"里生活,
纵使否定的否定里也有肯定。[1]

这样一帧不断否定自我的画像,有的人未必能窥见,有的人窥见了也未必有勇气说出来。

---

[1] 冯至:《冯至全集》(第2卷),石家庄:河北教育出版社,1999年,第291页。

第十四章

"外文系事件"风潮

真正打破穆旦的平静生活的,是 1954 年 11 月开始的"外文系事件"。和《新报》经历一样,"外文系事件"一度也是穆旦生平经历之中晦暗不明的关节点之一。较早时候,相关说法多半出自妻子周与良的回忆:

> 当时他和另一位副教授为了挽留解放前倡建南大外文系的老教授陈某,还曾发起召开过一次挽留这位教授的座谈会。1954 年,正值李希凡、蓝翎等批判俞平伯研究《红楼梦》的观点,南大中文系和外文系共同召开的《红楼梦》批判会上,良铮刚发言,只说了一句话,就被召集人阻止,良铮立刻离开了会场,在场的另一位教授说,这样做不对,要让大家把话说完。当场召集人却大发雷霆。这就是所谓"外文系事件"。没有料到这竟成了良铮后来被定为"历史反革命"的依据之一。[1]

---

1 周与良:《永恒的思念》,杜运燮等编:《丰富和丰富的痛苦》,第 157 页。

基本说法大致如是，但有若干节点还可待进一步细化说明。

目前关于此事的材料有三种：一是南开大学档案馆馆藏相关档案，其中包括相关会议记录、相关人士的说明或检讨材料、相关揭发材料、校方的总结性文字以及一位教师据此事写给《人民日报》社的一封长信等。一是当时南开大学校报《人民南开》的一些记载。一是当事人后来的追忆材料，包括周与良、巫宁坤、魏宏运、王端菁等。[1] 综合多种材料，事件的整体轮廓得以浮现。

一 挽留陈逵事件

所谓"外文系的老教授陈某"指的是陈逵（字弼献，1902—1990），湖南攸县人，早年曾留学美国，1931年创办南开大学英文系并任系主任；之后先后任教于浙江大学、复旦大学等校。1953年9月调入南开大学外文系，随后即发生"挽留事件"。

档案文献中有1954年11月25日中共南开大学总支委员会向市委所作《南开大学总支委员会关于外文系事件的报告》，谈到事件背后的一个重要的因素，即南大外文系"过去教师间不团结现象长期存在，学校行政和党的组织在这方面曾作了不少工作，但问题仍未解决"。所谓"不团结"，更确切地说是部分教师反感时任外文系主任李霁野的"不民主""排挤他人"的做派。

时任外文系俄语组助教的蒋瑞琪1955年4月7日曾致信《人民日报》反映"外文系事件"，其中写道：

---

[1] 部分材料并未形成文字，而是在接受笔者的采访时所谈。

陈逵同志自调到南大工作，曾受到系领导及以系主任为首的宗派小集团的排挤和打击。他也曾一再向校领导反映英文组存在的问题，结果始终没有得到支持，才不得已到北京去请调工作。去年暑假，调工作的公文到学校，学校因工作需要，没有让他走。暑期后开学到学期中途，人事科突然通知他，说有调职公文来要他立刻去北京到职。陈逵同志就去问吴教务长，吴教务长说他看到公文，并不是要他立刻就去。他又去问人事科，改口说是来的长途电话。这就使得陈逵同志对学校领导更增加不满：（一）他不明白为什么暑假不让走，而请到了教师却立刻要他走。（二）他不明白领导为什么不考虑到学期中途调职，对教育工作的损失，因为他那时了解那儿的工作并不很急，可以延缓。（三）他写稿给校刊编辑，向工会，校长办公室亦有书面或口头上的揭发英文组及系领导的问题，却始终没有下文。

　　英文组那时有几位老师听到陈逵要走，认为陈逵同志的走是受到排挤的原因，就联名写信给高教部，要求挽留陈逵同志。当时陈逵反对这样做，他认为李霁野排挤他是事实，至于调动工作是他自己很乐意的，因此而写联名信来挽留他，却没有必要。结果这几位老师还是写了联名信。[1]

　　"联名写信"发生在 1954 年 11 月中旬，"几位老师"包括巫宁坤、查良铮、张万里以及钟作猷、司徒月兰，共五人。一份题为《巫宁坤、周基堃等人组织小集团进行反对领导的具体活动》

---

[1] 相关材料为手写体，间或涂改、删节、省略等符号，且有笔误或难以识别的现象。

但未署作者和日期的材料写道：

干部科简正方同志11月11日向外文系征求关于调陈逵事的意见。11月12日，简正方将此事转告陈逵先生并征求意见。简走后，陈逵先生即到周基堃家，将此事告诉周。当日晚上巫等即拉拢查良铮、张万里先生签名。以后，并蒙蔽钟作猷、司徒月兰先生签名。12日晚巫宁坤等在周基堃家里商量此事，并请周签名。周表示"我是同情组员，不好签名，但这行动我是支持的"。并议定"要向黑暗斗争到底"。当日晚上将签名书送到系助理马文恭同志手里，并转交给校长。13日上午马文恭同志有事到查良铮家去，正遇巫宁坤、张万里在查家商量事情。11月15日上午杨副校长刘副校长找查谈话，听取意见，并表示以开会的办法解决外文系的问题。并找巫谈话。巫起初在电话中表示，"不要和一个人谈，要谈就找签名的人一起来"。后校长和巫谈话向他解释调陈经过，并听取他的意见。当日晚上巫宁坤等在周基堃家集会，商量有关"斗争"问题，并给学校领导方面制造了很多莫须有的流言飞[蜚]语。这时正值文科三系将召开"红楼梦研究"问题座谈会之际，巫等则扬言这次要"搞权威"，"而李霁野就是权威"。17日晚，王修去毕慎夫家里，毕对王修说"这次要搞权威，而李霁野就是权威，巫先生他们掌握了很多材料。不信我把你带到巫宁坤那里去"。巫宁坤等蓄意要藉"红楼梦研究"座谈会来对李霁野进行攻击，以达到他们反对领导的目的，并且事先让查良铮准备发言，并曾在18日晚拿到周基堃家里商量。周基堃则给以大大的鼓励。19日在"红楼梦研究"座谈会上,查第三人发言,对李霁野进行谩骂[……]后经其他同志制止。至散会时周基堃发言:"……我对主席制止查先生发言不满,我保留意见。"

校方在材料中如此细致地罗列事件无非是想表明一点:以巫宁坤为首的一伙人是有组织、有预谋的——挽留陈逵不过是一个借口,对作为"权威"的系领导有意见才是问题的关键所在。

除了明确的罗列外,材料还频频使用了暗示性的手法,如"未发现的还有很多活动""以上尽是些明显的活动情况,至于别人不知道的接触情况肯定还有很多",等等。其结论是:"这完全证明巫宁坤、周基堃等是有小组织的有计划的有准备的进行反对领导的活动"——他们"用资产阶级的拉拢蒙骗的手段来挑拨群众与领导的关系,以拉拢落后群众,扩大他们小集团的活动范围","在这次藉陈逵调动工作,来进行反领导的活动中又是运用了他们一贯在教师间所使用的旧的剥削阶级玩弄权术的一套手段","在笼络其他先生签名的时候是用蒙骗的手法来进行的。如11月12日晚拉拢钟作猷先生签名时说'最近陈逵先生因对李霁野有意见而辞职,校长已经批准,我们外文系人很少,应该挽留陈先生,我们要签名挽留……'等钟作猷被骗签名后,巫宁坤又大肆攻击李霁野说'……我们是受压迫的……实在受不了……'等语,弄得钟作猷先生莫其名妙。这显然不是在挽留陈逵先生,显然不是出于诚意的搞好团结"。

从谋划过程的细致罗列到阴险手段的巧妙揭露,所谓"挽留陈逵事件"的本质就显露无遗了。

二 《红楼梦》座谈会

作为"斗争"触发点的"《红楼梦》座谈会"是在 1954 年 11 月 19 日进行的。据次日出版的南开大学校报《人民南开》周刊报道:下午二时,南开大学中文系、历史系、外文系三系会同民盟南开大学区分部,工会南开大学中文、历史、外文部门委员会在第 4 教学大楼 301 教室召开了"红楼梦研究"座谈会,批判资产阶级的学术思想。出席座谈会的除了文科三系的全体教师外,还有杨石先、刘批云副校长等近百人。"会上,对《红楼梦》的人民性与'红楼梦研究'的资产阶级思想等问题作了讨论。"

该报道对"《红楼梦》座谈会"上发生的争执一幕只字未提——全然看不到"斗争"的气息。《巫宁坤、周基堃等人组织小集团进行反对领导的具体活动》对会上发生的情况的记载也相当简略。综合多种材料来看,其中所称主席或会议召集人为中文系教授李何林。

蒋瑞琪在给《人民日报》的反映信中对此则有较多叙述:

事情也是非常凑巧,那时全国正值红楼梦讨论热烈的当儿。十一月十九日下午,南大召开了座谈会,且参加会议的有机关代表及记者等。座谈会题目原拟定四个,后来不知什么缘故,把最富有现实意义的第四题"文艺报等对待新生力量和权威的态度,它的思想本质是什么?本校有没有这种情况存在?"删去了。尽管如此,教师还是就第四题发了言,揭露了李霁野搞宗派打击排挤人……等,以致英文组一九五四年这届毕叶[业]生,成了废品……他说到没有几句,就被制止了发言。校长那时亦忙站起来,说这问题一定在以后解决。~~俄文小组组长~~周基堃(外系俄文组组长)当时指出:不让他讲完,这是不相信群众,压制批评。当然这次会议,正如校长在总结会所说的,是不欢而散了。这下领导认为事情实在太严重了,接着召开了一个陈逵调工作的解释大会(领导上到现在为止,这一事件的发生认为是由于陈逵同志的调动工作所引起)。

所提到的"就第四题发了言"的"教师"即查良铮(所述发言内容与前一材料明显有别)。上述文字的最末一句别有意味,有意见的老师需要的显然并不是"陈逵调工作的解释大会"。而从校领导的角度看,这样一次"解释大会"何尝又不是一种"避重就轻"的策略。

"事情实在太严重了!"1954年11月下旬,应该就是在"《红楼梦》座谈会"发生几天后,中共南开大学总支委员会即"向全体教师作初步报告"。25日,中共南开大学总支委员会又向天津市委作了《南开大学总支委员会关于外文系事件的报告》,报告为两部分:一、关于外文系事件的发生、发展及目前基本情况,二、处理的方针步骤及办法。

第一部分先是简略提到了南大外文系"过去教师间不团结现象长期存在",系内教授巫宁坤、查良铮、张万里等人借陈逵调动工作的机会,"大肆攻击系主任李霁野(同情组员)","以挽留陈逵为名来反对系的领导"。经过教育,一起联名上书的钟作猷、司徒月兰两人已看清了巫宁坤等人的"本质",已有改过之意,"目前钟已有认识,口头向校长表示要撤回其签字,据李霁野谈司徒月兰亦有

此表示",但巫宁坤、查良铮、张万里等人显然还在继续活动:

> 校长曾找巫、查多次谈话,但他们仍进行活动,到处拉拢、散播、挑衅群众与领导的关系,利用各种机会来进行活动。更严重的是他们曾藉文科三系"红楼梦问题研究"座谈会上对李霁野进行漫骂、污蔑,煽动群众对领导的不满。在这个过程中,党的同情组员周基堃(讲师,普通俄语教研组副主任)亦积极参与反对领导的活动。在这一系列的过程中,党的组织曾进行调查研究搜集反映,对他们进行个别谈话,党内统一思想等工作,但目前巫、查、张等的活动情况还在扩大,而且更采取了多样的斗争形式,和我们进行对抗。

在比较短的时间内,事件又是如何定性和处理呢?报告接着写道:

> 根据以上情况,我们认为问题的发生是有其历史根源的,不是偶然的事件,主要原因是:(一)巫宁坤、查良铮、张万里等人动机不纯,不是从团结出发的,而是从反动的资产阶级思想出发来反对领导反对党的(也可能是政治问题尚未肯定)。(二)李霁野本人工作中有缺点,比较长期的脱离群众,主观自大,不倾听别人的意见,作风生硬等,因而才使得这些人有活动市场,使他们有机可乘。但以上二个原因必须从性质上加以区分,不能混为一谈。(三)行政和党的工作中有缺点,政治思想工作薄弱,党的战斗力不强。以上是问题的主要原因,而通过陈遂调动工作爆发出来,至"红楼梦研究"

座谈会上更加表面化。

根据他们的活动情况,这问题的性质是严重的,是个非常的事件,有以下二个可能:第一,属于政治性活动,是反革命分子进行政治破坏的性质,根据巫、查、张的政治历史情况和经常表现,这个可能性是有的,但目前我们尚无足够的证据,因而还不能肯定,但必须提高警惕。第二,是巫、查、张等人抱有浓厚的资产阶级反动思想,利用群众对领导的意见来借题发挥,扩大势态,挑拨群众和领导的关系,以达到他们反对领导反对党的目的。根据情况分析,至少是属于后者,因而我们是按后者的性质进行工作,同时提高政治性活动的警惕。

事情发生到目前为止,我们是作了不少工作,但仍落后于情况的发展,除了一部分群众对他们作法表示不满外,不少群众对这问题性质认识不清,是非界限不明,搞不清问题的真像,再加上平日教师群众对李霁野的作风略有了解,和部分教师由于资产阶级个人主义作祟,因而他们的小集团活动还有一定的市场。

南开大学校领导对外文系教师的"教育"工作也在紧密地进行着。身为同情组员的周基堃即是主要"教育对象"之一。所谓"同情组",全称"中国共产主义同情者小组",是在中共天津市委领导下,1951年初,南开大学党总支所组建的一个"培养进步人士的组织"。[1] 也是在11月25日,周基堃写了一则《报告和请示》,

---

[1] 据张家林《"同情组"和它的第一个小组纪实》,《南开校友通讯》,复第25期(电子版),2002年。按,该文作者是在1951年参加同情组的,周基堃、张镜潭等人为第一个"同情组"成员。

主要是向党总支汇报了这几天与相关人员来往的情况，部分内容明确提到了穆旦：

> 巫、查迄今未来过我处，我个人猜想这里面可能有些问题值得研究，如果是他们知错当然很好，如果仅因为害怕，则我个人觉得似应注意在将来的会上或其他讨论中设法避免得到他们不开口或开口不说内心话的结果。因为现在我仍认为他们的确心中有一些不能说是全没有道理的话，对他们最好从他们的具体水平出发（这一点当然我自己过去未做好）。以上意见不一定正确。

从"现在我仍认为他们的确……"一类表述来看，周基堃还在试图坚持他那"不一定正确"的意见。1954年11月29日，周基堃又向党总支书记写了张小纸条："现在我仅请求明确指示一个问题：'党是否需要我及时汇报和提建议？交给什么人？'"30日晚，周基堃再次向"党总支同志"作《报告和请示》，先是表态："我保证细心体会党的政策坚决投入我自认为是为了党和人民的利益的当前战斗。并保证极力提高革命警惕和继续在当前问题上严守秘密。"接下来写道：

> 3. 问题的严重性我自以为愈体会愈深入愈可怕，但希望事实上不致真如此；但除非获得指示，我仍按自己的思索路线怀疑下去并整理和注意事实，汇报以供参考。
>
> 4. 我感到目前尚可怀疑的人有：杨善荃、李景岳、高殿森及其妻、李天生等。并怀疑到外文系以外，本校以外，甚

至天津以外也有值得惑疑和详细研究的人在。

5. 昨晚因事至陈逵家，见查、巫在座，本拟退出，但决定还是留下了解一下情况，所谈要点如下（另有摘记）：

查语①"前日校长报告会上说你（指我）看过我的发言稿，不知为什么还要这种栽诬作风。"

②"座谈会当晚孙静生到我家，问我与李什么关系，并劝我何必与李先生过不去，算了吧。第三日早上孙又来过一次，被我推出去了，未说话。"

③"致校长函后第二日（大概是星期六上午）我对马文恭说李的行为结果等于蒋介石的特务，这句话实在不妥，被马指摘后，我当场收回了。"

④"两位校长第一次与我谈话时再三说过要开大会的。"

⑤"座谈会主席宣布不谈一、四题，不知为什么截头去尾。"

巫语 [……]

查、巫谈话时躲躲闪闪句句斟酌，两人时时递看眼色，查的话常被巫接过来或引开去。我告："我还是和过去一样，在原则应支持的一定支持，但这次我和你们均有错误。"查、巫走后我仍留了下来，陈续告如下：

①"这两人已害怕，但仍不老实，如教研组副主任其实他原知道的，只是不满足罢了，希望当正主任兼工会主席不得所以和李作对。"

[……]

12月12日，周基堃作了《对这次外文系事件中我所犯的错

误的检讨》。15日，周基堃又向"党总支书记同志"作《报告和请示》。

从汇报的频率看，"教育"似乎很有效果，但实际上，在校方看来，周基堃的认错态度是很成"问题"的，1955年3月7日，中共南大总支委员会有一则材料对周基堃提出了批评："周本人在处理过程中是阳奉阴违，表面一套，背后一套。表面上说是'服从党的领导'，但背地里又是拉拉扯扯。"这份材料虽然仍是手写体，但有红头印章，也可说是一种定性文字。

三 提意见、检举、"谈心会"及总结

伴随着"教育"的，是各种反映情况、提意见和检举揭发的行动——这自然也是"教育"的效果所在。

现存一则1954年11月20日写的材料，记载了11月12日下午二时陈逵在周基堃家中的具体谈话；16日，校长找过查良铮、巫宁坤谈话后，当晚，查良铮、巫宁坤、张万里等人到周基堃家中谈话的情况；魏宏运找周基堃谈话的情况；20日总支找周基堃谈话的情况，并记下了这两天内，周基堃到陈逵家，陈逵到周基堃家，巫宁坤到周基堃家，周基堃、巫宁坤、张万里、李天生"在西村溜来溜去"，张万里、毕慎夫到路绍楹家等事宜。

记载非常详细，显然是熟悉当事者的人物所为。现存各种材料，有的是周基堃自己谈出来的，有的注明是外文系俄文组讲师孙静生谈到的，更多的内容由何人谈出，并没有记载。不管怎么样，该材料出现在《红楼梦》座谈会次日，可见搜集材料的力量之强大、速度之迅捷。

此外，相关教师的材料也被整理在册，档案中即有《巫宁坤在南开大学外文系的资产阶级腐朽思想和行为》（未署具体日期），《周基堃的材料》（未署具体日期，包括对李霁野的意见、对学校的意见及个别同志的意见），《有关毕慎夫的一些情况》（这份材料比其他几种要详细得多），《有关周基堃的一些材料和处理意见》（材料里的内容为《巫宁坤、周基堃等人组织小集团进行反对领导的具体活动》）等材料。

学生也被发动、组织起来给老师们"提意见"，有一则材料为《12月8日　外文系团员金★南、贺冰莹、郭文★等反映》，内容涉及石波留夫、毕慎夫、陈逵、巫宁坤、查良铮、杨善荃等人。其中，对查良铮的"意见"是：

> 刚来上课说"我上课好比大师夫作菜，合不合你们口味就不一定了"。
>
> 翻译一人一篇发下就走，同学提意见，查说"翻译根本难教，我已尽了力……"
>
> 翻译："我们读书目的，第一是自己快乐，第二是为人民服务。"
>
> "恐怕很少有人能够活到另一次世界大战。"
>
> "他的血统没有说谎因素，因此他不会说谎。"
>
> 有一次上一堂下课就走了（第二堂还有课），说"我家涮房"。

另一份未署作者和日期的《对于外文系的一些意见（英文组）》，内容包括对系行政领导、教学工作和课程内容的意见，关

于各别先生的意见,涉及杨善荃、巫宁坤、查良铮等。其中,对查良铮的"意见"共12条:

a. 刚到校,第一次上课就对同学说"教你们课的先生走了对你们是个不幸,我来教你们对我是个不幸"。

b. 平常不接受同学意见,课代表提意见时,他说"你考虑考虑提的意见对不对,不对的话就甭提"。

c. 有同学去他家给查提意见,还没等说完,查就把门拉开,意思是叫同学走。

d. 在翻译课上向同学说"这都是我翻译的心得,是摸索出来的经验,但还不成翻译理论"。结果他的"心得"是某本书上的,同学大笑。

e. 在某次课堂上讲到一个句子,把被动讲成主动,同学不服。他随着叫王★★同学把字典递给他,翻开讲了一个例句,说字典说是主动,意在诈同学。同学下课一查,字典上该例句却明明标着被动。

f. 对同学不是以相同的态度对待,在甲组讲书站着,在乙组坐着讲书。

g. 查总向乙班说"你们是分出来的"。

h. 翻译课灌输资产阶级思想和反动思想,如说"我相信很少有人能避免另一次世界大战"。又说,"读书目的有二,一为快乐,一为为人民服务"。又说什么"这个孩子由于血液中没有说谎的血,所以不说谎"。

i. 查说,"我是大师傅,上菜的,你们(指同学)是客,菜上得可口不可口,就很难说了"。同学问查问题,查不耐烦说,"我再也不能给你们说得更清楚了"。

j. 有次该上课不去上课,同学去找他,只见门上贴着点"宁坤,我进城去了"。辅导课(乙班的)多次不参加。同学问时,他说忘了。但是有一次辅导时间,同学去找他上课去,他却正在屋里和巫宁坤、李怡楷[1]大吃着。

k. 所任翻译课,不给同学改练习,即使改也是划大叉,同学觉得不负责。

l. 同学坚决提下学期若查再开课,决不去上。

两个材料里的"意见"有所重叠,可能是不同的学生有同感,更可能是学生们被多次组织起来给老师们"提意见"。

"谈心会""座谈会"出现的频率也很高。据 1955 年 4 月 20 日,南开大学所作《关于外文系事件的总结报告》,1954 年 11 月下旬,学校"向全体教师作过初步报告",并责成教务处、政治辅导处、人事处负责召集外文系全体教师座谈会。"座谈会从十二月二日至十四日,连续开了六次,参加会议的除外文系全体教师外有普通俄语组全体教师,有党总支、民主党派、工会和青年团的代表,以及高教部检查组同志,发言相当踊跃,揭发出不少的事实,展开了批评与自我批评,问题基本上得到了澄清,有关人员作了初步检讨。"前面提到,12 月 15 日,周基堃又作了一次《报告和请示》,无疑也是"初步检讨"之一。

"座谈会"有时也被置换为"谈心会",现存一份《对于外文

---

1 据 1953—1954 年度南开大学学生名册,李怡楷为外文系英文专业四年级学生,后成为巫宁坤的妻子。巫宁坤在回忆录《一滴泪》中对李怡楷着笔不少,其中第 5 章《生于忧患(一九五八)》由李怡楷口述。

系问题的初步意见》，虽未署具体日期，但所记"谈心会"应该上述6次会议中的一次。会议这样布置：

> 由校长召开谈心会，英语专叶[业]教师，教务处，辅导处，人事处班长参加。请总支指导。
> 要求在温和但严肃的气氛中弄清真象，辨别是非，澄清空气，为团结起来搞好工作准备条件。

之后是"发言提纲"，共四点，前两点是关于陈逵去留的问题，第三点是关于"排挤问题"，第四点是与杨的关系（按，根据前后材料，应该是指杨善荃）。"排挤问题"这一大点之下又分三小点：一是问题的提法与性质。二是关于巫宁坤，其中有"约查经过"等内容。三是关于查良铮："（一）学生反映（实谈，约一二学生参加）及系组处理经过（与巫谈话情况），（二）译书情况（待调查）。"

而在一份未标明日期的手写材料上，记有"问题摘要"，包括"陈逵调动问题""红楼梦研究座谈会问题""李霁野是否打击排挤的问题""学校的批评风气与不良倾向发生的责任问题""对李是否偏袒"等内容，前三点均另分小点，"红楼梦研究座谈会问题"之下提及查良铮："（一）如何对待查之发言？是否符合事实，是否从团结出发，是否属想解决问题。（二）周发言的目的何在。"从这些摘要也不难见出当时"问题"所涉及的几个主要方面。

在一连串的工作之后，总结与定性工作成为必要。1955年3月30日或31日，刘披云副校长就此事做了一个总结报告——现在所看到的《关于外文系事件的总结报告》是4月20日的油印材料,分四个部分,即"问题的性质""对若干问题的看法(即对巫先生等所提理由主要观点的分析)""处理意见"和"从外文系事件中应该吸取的教训"。

"问题的性质":通过三个方面的分析可知巫宁坤等人"发动的外文系事件,绝不是从'改进工作,增强团结'出发,而是从某些严重的个人主义的目的出发"。

处理意见:"给巫宁坤、周基堃先生以口头警告处分。"巫宁坤是"外文系事件的倡导者",周基堃是"外文系事件的暗中积极支持者","这些作风和行动的性质是严重的,但巫、周二先生平常对教学工作一般是负责的,巫先生有较深刻的自我检讨(问题还要看行动),周先生仅在党的同情组会议上有过应付式地极不深刻的检讨,这就是我们决定给予口头警告处分的根据"。查良铮"在这次事件中表现是粗暴的,受人怂恿的,缺点也是不少的,唯因回国不久,未参加思想改造运动,而查先生本人在若干场合又有较老实的初步检讨,故不予论处。希望查先生要从这次事件吸取教训,努力提高思想政治水平,并应与一切'影响工作,破坏团结'的行为断绝关系"。

"从外文系事件中应该吸取的教训":"外文系的问题是严重,但它的发生不是偶然的,这是过渡时期日益尖锐、复杂的阶级斗争在学校中的反映"。教训有三:一是"拨弄是非破坏团结的言行必需严格制止,严重的个人主义与自由主义必须反对,团结互助,个人利益服从集体利益的集体主义必需提倡";二是"对待批评的态度必需端正,正确的批评与自我批评必需展开";三是"马克思列宁主义的学习必须加强,政治思想水平必需提高,思想改造必须深人"。

比照最初的定性，当时有"反对领导反对党"（"反革命分子进行政治破坏"）的说法，要"提高政治活动的警惕"，最终还是落实到"思想改造"的层面，巫宁坤等人是一个反对领导的小集团。这说明问题并不如最初估计的那么严重，也可以说，在各种形式的"教育"工作之后，南开校园之内的事态已经得到了有效的控制，其性质也就可以降格处理。这一点，也得到了同情组员张家林的确认：巫、周、查诸人与系领导发生争执后，先是"被系领导定性为'反党集团'，上纲批判。甚至以同情组名义贴出布告：'开除周基堃出同情组'"；后来，学校党组织考虑到"'反党集团'不妥，改称'外文系事件'，已无贬意"。[1]

四 事态进一步扩大

在校外，"外文系事件"却早已引发了更大的风波。

1955年1月3日，中华人民共和国高等教育部（以下简称高教部）综合大学教育司致函南开大学，要求告知"外文系教师的团结问题将于何时做出结论"。1月6日，据南开大学收文登记表（[55]南秘字第4070号），此函转教务处、政治辅导处阅办。1月8日，该表已有签署文字："关于外文系问题的结论已经起草，下周内可提交行政会议讨论，何时报部，俟讨论后决定。"4月21日，南开大学校长办公室致函高教部，并抄送天津市委文教部（[55]津南字第2974号）：

---

[1] 张家林：《"同情组"和它的第一个小组纪实》。

本校外文系事件，已于三月卅日向全体教职员作了总结报告。现将此项报告整理出来，呈送你部二份。其中关于给予巫宁坤、周基堃二先生警告处分（处分问题，在总结报告时来宣布）。是否合适，请审查并批示。

此外，外文系主任李霁野先生认为查良铮先生亦应给予警告处分，我们未同意，是否恰当，尚希并予指示！

6月28日，学校收到高教部机综（55）字第七五四函（批复函）。6月29日，刘披云校长签字："送请市委文教部指示决定。"7月5日，南开大学致函天津市委文教部（[55]津南字第3307号）："关于我校外文系事件总结报告并处理意见已于本年四月廿二日以（55）津南字第二九七四号文呈报高等教育部并抄送你部核示在案。现接奉高教部机综（55）字第七五四函批复：'关于你校对外文系事件的处理问题，请与天津市委商量解决，报部备案'。查此项问题，你部意见如何，请速给予指示。"

南开大学校长所做总结显然未能"服众"。前面已经提到，1955年4月7日，外文系俄语组助教蒋瑞琪致信《人民日报》反映"外文系事件"处理不妥。该信长达10页，在提到3月31日刘校长所做总结报告时指出，"显然，这样的总结是不能叫人完全满意的"，虽然巫宁坤等人有"个人的打算和企图"，但英文组自身存在问题，特别是系主任李霁野有"打击人、排挤人的恶劣行为"，除了"唯恐怕俄文组壮大"（体现在俄文组领导的安排以及压低个别老师的待遇等方面）外，还有"滥用职权""不以民主集中制为原则，独行其是"等。学校领导对李霁野"有偏护"，"对李霁野的错误是自始至终支持的"。

查良铮"能在大会上把问题谈出来,不管正确与否,首先他是相信党才会这样做的。也只有把问题谈出来,我们才有可能从问题本身作适当的处理,从而消除不良倾向。所以我认为是缩小事态的开始"。人民内部的斗争,"不应以敌对的态度",而应"以批评与自我批评的方式来进行","在我们目前的社会里,还存在阶级斗争,就特别需要有尖锐的批评"。"查良铮不能完全说是受伍(按,应为巫,即巫宁坤)的拨弄,因为他对系领导的不满,并不是一天两天的事了。""查良铮的发言中,有腐朽、反动的字眼",但他是"从善意出发,为了纠正不良倾向"。"毛主席提出对待批评的态度说得好:'有则改之,无则加勉'。"而校领导所做总结及所采取的措施,并不能真正"缩小事态";总结"批判了查良铮对人民内部的问题采取斗争的不正确态度","甚至说他是扩大事态","出发点是不够正确的",并不是"为了解决实际问题","对于教员同志,有的有批评,有的无批评",只会影响工作的发展。

此信对于"外文系事件"的扩大化应是起到了不小的作用。4月19日,《人民日报》读者来信部将此信转给中共中央办公厅。5月21日,中共中央办公厅秘书室致函中央高等教育部,"请高等教育部党组了解处理,并告结果"。

但是,严重的后果此前实际上即已显现,3月18日,高教部发文,通知南开大学西语系俄文专业调整至哈尔滨外国语专科学校,学生"按其实际程度安插至该校适当年级学习","现有该专业俄文教师仍留原校担任其他各系俄文课的教学工作"。6月11日,高教部更是做出了一个带有惩罚意味的决定:南开大学英文专业自1955—1956学年停办。"现在校三、四年级学生(三年级学生提前毕业）可与天津市有关部门联系，调往天津市教师进修学院，一年级学生原则上转入本校其他专业学习，其必须继续学习外语者，请连同教师调配方案，一并报部。"所谓"停办"，不仅调离学生，而且还涉及师资的调配，可见惩治力度之大。8月20日，高教部来函，事由为"关于南开大学英语专业停办一年级中十二名学生调整至哈尔滨外专事"。内容为："该专业一年级十九名学生，除七名学生已决定转入北京大学西语系继续学习英语外，其余十二名学生调整至哈尔滨外国语专科学校学习。"

外文系也有多位老师被调离原先的岗位。目前所见材料有5月27日，学校致函高教部，6月20日，高教部批复"关于你校俄文专业师资调整的问题"，其中涉及杨寿钧、毕慎夫以及"两位苏联籍教师"的情况。魏宏运后来回忆："外文系六位教师调动的调动，离校的离校，使当时强大的阵容垮了下来，查被调到图书馆编目去了，陈迹、张万里到北京去了，巫宁坤调往安徽大学，后定居美国，张镜潭调到中文系，周基堃调到历史系。"[1] 至于当时被卷入（被较多地"提意见"）的人呢？毕慎夫1955年10月到北京师范大学任俄语教授；杨善荃之后一直在南开（可见于1961年教职员名册），石波留夫也一直留在普通俄文教研组，向《人民日

---

[1] 魏宏运：《从〈穆旦诗全集〉想起》，原载《南开周报》，2000年6月30日；现据《南开往事》，天津：南开大学出版社，2009年，第199页。按，该回忆中所涉及的情况大致如此，但有些小误差：其一，他认为外文系事件发生在该年暑期，"爆发出来"出来是"在全校学习总路线会议上"。其二，老师的调动情况，穆旦调到图书馆去编目已是1958年之后的事情了，当时并没有；巫宁坤于1956年上半年调离南开大学，先是去了北京的一所大学，后再调往安徽大学。周基堃，1958年南开大学教职工名册上仍有他的名字，为普通英语教研组讲师。又，2006年4月，笔者在参加了南开大学举办"穆旦诗歌创作学术研讨会"之后，曾分别访问魏宏运、王端菁等人，当时，他们表示此前彼此通过电话，要理一理当年的事情，不知道后来彼此谈话的情况怎样。

报》写长信反映情况的年轻助教蒋瑞琪的遭遇呢？目前并未能够找到相关的材料，仅知1958年南开大学教职工名册上已经没有了他的名字。

综合视之，南开大学外文系的问题由来已久，外文系领导和部分教师之间关系较为紧张，部分教师感觉到领导的工作作风有问题，感觉到自己不被重视或受到排挤。发生的契机则是因为老教授陈逵在一个被认为"不恰当"的时候被要求调职，部分教师的情绪和态度在一些场合、特别是"红楼梦问题研究"座谈会上多次表现出来。校方后采取一系列措施，将以巫宁坤为首，周基堃、查良铮等积极参与的部分教师定性为反对领导的"小集团"，对巫宁坤、周基堃等人员进行了行政处分。此事引起的波动较大，持续时间较长，最后的结果是，外文系被停办一年，部分教师因此被调动工作。这就是所谓"外文系事件"的过程与后果。

五　穆旦的遭遇与反应

上面主要结合档案材料对"外文系事件"进行了大致勾勒，从中可以看出当时平息"反党"或"反组织"运动的一般处理模式。而如《关于外文系事件的总结报告》所称，在此一事件中，巫宁坤、周基堃两人行为更为"恶劣"；穆旦则"较老实"，承认错误态度较好，不知是否与此相关，"外文系事件"档案中所存留的穆旦相关材料也较少。当然，档案所存不过是当时大量材料（包括口头的、书面的）中的一部分而已。可以设想，在日常生活层面，此一事件对于当事人有着广泛的影响。

穆旦的反应呢？当时在和一些关系密切的友人如萧珊通信的

时候，穆旦曾谈及此事，相关信息可见于 1955 年 7 月 9 日萧珊致巴金的信：

> 南开外文系决定停办了，查、巫都来信告诉我这件事，两个人的态度显然不同，查很得意，"能逍遥一时且逍遥一时吧"。巫有点焦急，想进文学研究所，要我告诉他卞诗人的地址。这跟物质基础很有关系。[1]

穆旦很"逍遥"，巫宁坤却很"焦急"，在萧珊看来，这是"物质基础"不同所导致的结果，言下之意是，穆旦的"物质基础"更好，而这使得穆旦在面对残酷的现实冲击时能够保持一种"逍遥"的姿态。

穆旦的"物质基础"，其实多半就是拜萧珊、巴金等人所赐，南开的工资收入没有预想中的那么好，但译著的较多出版却是切实改善了穆旦的生活。穆旦这一时期的译著基本上都是在巴金主持的平明出版社出版的，且往往有过多次印刷，"穆旦在平明的版税，应当与同时期傅雷等人相同（或相近），为 15%。按照穆旦译著的销量，即便是 12% 的版税，也是很可观的收入"。[2] 应该说，经济利益是显而易见的。穆旦本人 1955 年 10 月所填《履历表》之"家庭经济状况"栏的"解放后"部分的信息也印证了这一点：

1　李小林编：《家书——巴金、萧珊书信集》，第 217 页。
2　操乐鹏指出："1956 年以前，稿费制度一直处于标准不一的混乱状态。大部分私营出版社（包括公私合营的三联）都在延用民国时期的版税制，只有国营出版社效仿苏联，施行定额制。其中，平明出版社依然是版税制，可预支，且版税可观、按时发放。"见《平明出版社的文学译介与出版活动考释》，《文艺理论与批评》，2020 年第 1 期。

无房地产，但有节余的储蓄，除工资外尚有版税（或稿费）收入，也有佣人。生活较解放前大有改善，无忧虑。

物质生活既"无忧虑"，现实的冲击就难免被淡看。不过，总的说来，当时友人的文字中所透现的信息终究稀见，更多的情形，还是只能见于穆旦档案。其中，包括穆旦本人所写的《履历表》《历史思想自传》《我的历史问题的交代》等，也包括一些检举材料和复查材料。

1955年10月填写的《履历表》记载了9月参加肃反运动的情况，运动为期18天，主要内容为"肃清反革命，思想改造"。当年参加中国远征军的问题重新被提出，妻子周与良被要求在家中"帮助"他解决思想问题（详见下一章的讨论）。而此前此后，也出现了不少检举材料，目前能见到6份检举穆旦个人及小团体的"反革命"行为的检举材料，检举者包括穆旦亲属、友人、学生等。有4种提到了"外文系事件"，包括一份《检举南开大学外文系教师查良铮、巫宁坤及周基堃》（检字第369号），作者为巫宁坤在西南联大的同学，1940年代与周基堃也有交往，当时在报社（很可能是校报《人民南开》）工作，但未署检举人姓名和日期，也未加盖单位公章。

也是在1955年10月，穆旦填写了一份《历史思想自传》，该材料共13页，所记即对自己各个时段的个人行为与"思想认识"，新中国成立之前的内容此前已多有引述，结尾部分是回国之后的情况总结，承接前引"异常灰心""情绪低落"的内容：

[……]对国内新事物虽有逐步理解，但对于本岗位上的

工作以及对上级的关系及看法，则时常受到身边接触的人的影响，渗透着旧社会的目光，采取旧的评价标准，和党远离，和领导对抗。因而演成外文系事件（1954年十月）。经过这次肃反运动，党对我的教育后，我才开始理解到自己一向未站在人民的立场，理解到立场的重要。反革命的意义是广阔的，只要是不帮助革命，不在党的领导下办事，无论你自认怎样，结果与革命无利，即是反革命。因此，空口说革命是无用的，必须以行动结合起来；自己既然已明白，"自由"就是认识社会发展规律，按照规律行动，那么为什么还无组织无纪律呢？这都是自己应该痛改之点。自己在参加革命前，罪恶已多；参加革命后，更应如何将功折罪，这是自己应深切反省的。此后愿以行动表示自己求进步的决心，以改造自己达到为人民服务的志愿。

1956年4月22日，穆旦又写了一份《我的历史问题的交代》，其中关于"外文系事件"的叙述已是相当粗略："由于在工作中，不够顺利，自己又未经很好的改造，认识不清，发生了与领导对立的事件，外文系事件。但自己绝没有反革命的动机在内。"

从其他层面看，前引《对于外文系问题的初步意见》关于查良铮有"译书情况（待调查）"之语。查阅当时一些人对于外文系英文组教师所提的意见，也可发现一些相关的批判性"意见"，如"（巫宁坤）平常和查良铮过从甚密，两人都搞私人翻译"；"巫宁坤、查良铮、杨善荃等过从甚密，都用很大一部分时间翻译书"。可见，在当时，"译书情况"确实是"待调查"的——更确切地说，"搞私人翻译"会被认为是不务正业。

所谓"私人翻译"的问题，穆旦此前应该有考虑。前述梁再冰1955年11月26日所写《关于我所了解的查良铮的一部分历史情况以及查良铮和杜运燮解放后来往的情况》，其中有穆旦谈及个人今后的职业情况，表示朋友们都反对他搞"个人"翻译。1955年春，杨苡到上海，向萧珊提出"必须保护"穆旦："不要忙着为他出版书，以免招人嫉恨，引起麻烦"。杨苡所谓"保护"之类的观点，与杜运燮、江瑞熙、梁再冰等人对于穆旦不要搞"个人翻译"的劝诫大致是相通的。朋友间所存在的这种差异，大抵即"天真"与"世故"之分。

很显然，正如朋友们所提醒的那样，但凡"个人"的行为，在当时的体制之下，都是敏感的，有待"调查"的。实际调查的情况如何，自是已不得而知，但一些事实还是显示出穆旦的翻译行为受到了影响：穆旦译著的出版是从1953年12月开始的，当时出版了两种，1954年出版5种，1955年出版4种，包括普希金的《普希金抒情诗集》，季摩菲耶夫的《文学原理》，普希金的《加甫利颂》和拜伦的《拜伦抒情诗选》，均由平明出版社出版。其中，只有第4种可以确定是"外文系事件"发生后翻译的（《前记》为1955年8月作）。第1种1954年10月即已完成（据《译后记》），第2种是此前已出版的《文学概论》《怎样分析文学作品》《文学发展过程》3书的合集，第3种翻译时间未标注。1956年出版的普希金的《欧根·奥涅金》（上海文化生活出版社）也不过是旧版重印。

不难看出，比起1953—1954年间译著出版的状况，1955—1956年间穆旦的翻译行为受到了相当程度的阻碍。此一现象，跟当时出版体制的转轨（公私合营）有关，而"外文系事件"以及随后的"肃反运动"等事件,无疑也切实地影响到了穆旦的翻译。出版体制的变更是时代的普遍症候,"外文系事件""肃反运动"这类事件既对穆旦的日常生活与精神世界产生了重要的影响,则是更为直接的因素。

从穆旦对于"外文系事件"的反应来看,其与被卷入的主要当事人的关系也很有意味。目前,基本上没有穆旦与周基堃交往的材料,尽管两人共事的时间相当长,周基堃之后一直留在南开大学,仅知他们后来曾在南开大学历史系杨生茂教授的带领下一起翻译过《美国南北战争资料选辑》等著作。

与巫宁坤交往的线索要多得多。1955年10月穆旦填写的《履历表》中,社会关系一栏填有:"巫宁坤,南开大学外文系副教授,和他在美国同学,返国后同在南大任教,来往颇多。群众。但因和他来往可能阻挠自己进步,决定此后不再来往。"

因"可能阻挠自己进步"而决定"不再来往"显然不过是一个幌子而已,穆旦始终并未放弃与巫宁坤的友谊。巫宁坤离开南开大学去北京之后,两人仍有往来。而从1958年开始,巫宁坤被下放北大荒,每次巫宁坤妻子李怡楷回天津,穆旦都要详细探问他在农场的情况。1962年秋冬之际,穆旦接到巫宁坤从安徽大学发来"告急"电报,立即汇去了数倍于"失窃的钱数"。及至"文革"发生后,巫宁坤"全家大小被遣送到农村去'安家落户',当上了'不给出路的政策'的典型",穆旦"不知怎么知道了"老朋友"一家无以为生的苦况",又汇去了一笔钱,帮助渡过难关。[1]此后,彼此还曾寄过食品,并有书信往来,《穆旦诗文集》仅收入

---

1 巫宁坤:《旗——忆良铮》,杜运燮等编:《一个民族已经起来》,第149页。

1977年穆旦的两封去信，实际数量应该不止于此。

穆旦逝世之后，巫宁坤随即与巴金等人通信，多次谈及穆旦译著的出版。再往下，巫宁坤多次撰文评介穆旦诗歌或忆及穆旦，自传《一滴泪》以"暗藏的反革命分子（一九五三——一九五五）"为题记述了当年的事情，其中多次将穆旦并置于受难者的行列，比如在谈到当时的政治学习时表示："越来越公开地对缺少思想言论自由表示不满"，只有良铮和李天生与自己"有同感"。谈到同事对他的"帮助"时又写道：只有司徒月兰、良铮和天生"没有加入大合唱"，良铮和天生"非常同情"自己，也提醒"我们不是生活在一个自由社会里"。[1]

余论

"外文系事件"的材料在提到挽留陈逵与"红楼梦研究"座谈会时，不少都用了"正值""恰逢""凑巧"一类字眼，似乎没有这次座谈会，反对系领导的事件就不会发生。

历史已无法假设，但这样的问题不妨换个角度来看，"《红楼梦》研究批判"之中的一个关节点"反权威"或者说是"民主"，盖因当初李希凡与蓝翎合写的《关于〈红楼梦简论〉及其他》一文被《文艺报》"压制"，《文艺报》是中国作协的机关刊物，李、蓝二人是年轻的作者——初出茅庐的文学青年敢于向权威挑战，"是三十多年以来向所谓红楼梦研究权威作家的错误观点的第一次

---

[1] 巫宁坤：《一滴泪》，第30—33页。按，多少令人讶异的是，巫宁坤没有直接提及"外文系事件"。又，2002年6月，笔者到北京采访穆旦多位友人，其间，杨苡先生曾帮助联系过李天生，想请他谈谈穆旦当年的情况，但被拒绝。他说"穆旦是一个好人"，但并不想谈过去的事，"没有什么好谈的"。

认真的开火";文章在《文艺报》发表受阻被解读(定性)为对于"小人物"的"阻拦"以及对于资产阶级文艺思想的臣服,"事情是两个'小人物'做起来的,而'大人物'往往不注意,并往往加以阻拦,他们同资产阶级作家在唯心论方面讲统一战线,甘心作资产阶级的俘虏"。定性的文字出自1954年10月16日毛泽东给中共中央政治局委员和其他有关同志写的《关于红楼梦研究问题的信》[1],这就可以想见为什么对于"红楼梦研究"的批判会成为席卷全国的一场运动了。

对于"红楼梦研究"的批判早已是历史公案,切合到本书的讨论,想提出的是,因为"小人物""新生力量""权威"一类主导性话语的存在,在此一讨论的较早阶段,实际上存在着一个"诉求民主"的动向与空间——至少在一段时间之内,对"权威"的批评、反对权威是被允许的,甚至被鼓励的。前引材料即有"巫等扬言这次要'搞权威','而李霁野就是权威'"等内容,可以说,"搞权威"这类观点并非凭空产生的,而是有其现实土壤的。蒋瑞琪写给《人民日报》的信中也提到:"后来不知什么缘故,把最富有现实意义的第四题'文艺报等对待新生力量和权威的态度,它的思想本质是什么?本校有没有这种情况存在?'删去了"——这意味着相关内容此前是存在过,且一般教师都知情。

南开校园里的"红楼梦研究"座谈会可视作席卷全国的批判大会的一个分会场,而顺着上述角度看,也不妨说,"外文系事件"乃是"红楼梦研究"批判运动在南开校园之内的一个异种:将陈逵调动一事视为契机可能只是一个表象的看法,在相当程度上,巫宁坤、周基堃、穆旦等"外文系事件"的几个主角,乃是

---

[1] 见《红旗》,1967年第9期。

受了"红楼梦研究"批判风气——一种时代性的风气鼓励,进而站出来发表意见,将一种所谓反抗权威、诉求民主的冲动变成了切实的行动。

此后遭遇就是前面所罗列的,一系列的谈话、提意见、检举、检讨、思想汇报,一直到"肃反运动"告一段落。这自然也是和全国范围之内思想批判运动的整体态势是一致的:对于《红楼梦研究》的批判很快就演变成更为猛烈地对于"胡风反革命集团"的批判。

穆旦显然并没有吸取足够的"教训",再往下,"双百方针"再一次"鼓励"人们投入时代热潮之中,穆旦则又一次受到"诱惑",在《人民日报》《诗刊》《人民文学》发表了一批诗歌,很快,其中的《葬歌》《九十九家争鸣记》《我的叔父死了》等诗篇多次受到批判,1958年底,更是被天津市人民法院判处管制三年([58]法刑一管字141号判决书),其中罗列了新中国成立前参加中国远征军等一连串罪状,新中国之后呢——

> 反动思想没有得到改造,与南开大学×××形成小集团对抗领导,肃反被斗宽大处理后仍心怀不满……1957年党整风之机,大肆向党进攻,在人民日报发表《九九家争鸣记》反动文章。[1]

宣判书写得很清楚,"外文系事件"乃是穆旦回国之后的一系列罪状的开端。

---

1 原件未见,现据查良铮档案之《关于查良铮问题的复查意见》(中共外文系总支,1979/4/21)。

第十五章

"穆旦"的短暂重现

一 "肃清反革命,思想改造"

"外文系事件"尚未了结,一个更具威慑力的事件就已经拉开了序幕,这就是从 1955 年 2 月开始的"肃反运动"。

"肃反运动"全称为"肃清暗藏在人民内部的反革命分子运动"。本年 2 月 5 日,中国作协主席团举行第十三次扩大会议,决定展开对胡风文艺思想的批判。胡风的"意见书"的二、四部分作为《文艺报》第 1、2 期合刊的附录发表。5 月 3 日至 6 月 10 日,《人民日报》连续发表了三批《关于胡风反革命集团的材料》。毛泽东为这些材料写了大部分的按语。"肃反运动"全面展开。8 月,中共中央发出《关于彻底肃清暗藏的反革命分子的指示》。

天津为"肃反运动"的重灾区,"七月派"成员阿垅、鲁藜等人均在天津。大势之下,南开校园之内也是风潮涌动,5 月 21 日,南开校报《人民南开》新第 90 期发布了《南开大学关于开展学术上的自由讨论和批评的决议》,该决议由 11 日第三次校务会议通过。同期《人民南开》开始整版刊登"提高警惕 批判胡风""坚决肃清胡风集团和一切暗藏的反革命分子"的文章,校报上的批判一直持续到该学期结束。

据 1955 年 10 月穆旦本人所填写的《履历表》，9 月参加了南开大学的肃反运动，共 18 天，主要内容为"肃清反革命，思想改造"；当年参加中国远征军的问题重新被提出，成为肃反对象。妻子周与良在家中"帮助"他解决思想问题，按照她的回忆，此前，穆旦已经将参加中国远征军的经历向领导做了如实讲述，自己以为交代清楚就行了，事实却并没有这么简单——

> 1955 年肃反运动，良铮是肃反对象，我也不能参加系里肃反会议，后来才听说本来打算把我列为肃反对象，可是历史上实在找不到任何借口，只好让我在家里"帮助"良铮。他每天上午 8 时就到外文系交代问题，中午回家饭吃不下，晚上觉也睡不着，苦思苦想。我劝他有什么事都说了吧，问题交代清楚也就没事了。领导说他不老实，连国民党员身份都不肯交代。实际上他真不是国民党员。他当英文翻译时，杜聿明、罗佑[又]伦两位将军经常和他谈论文学、诗歌，非常喜欢他写的诗，有时让他读诗。良铮非常苦恼没有可交代的，可是又被逼着交代。1956 年，按一般政治历史问题予以结论，我们也都放心了。[1]

巫宁坤的回忆之中，对此方面仍有较多记载——

> 春去夏来，对"胡风反革命集团"的斗争升级，在全国

---

[1] 周与良：《永恒的思念》，杜运燮等编：《丰富和丰富的痛苦》，第 157—158 页。

范围内大张旗鼓开展"肃清暗藏的反革命分子运动"。大街小巷和南大校园里到处都是红布横幅,宣告"坚决、彻底、完全、干净地肃清一切反革命分子"。九月一日南大开学,校长在全体师生员工大会上宣布停课搞"肃反运动",号召全体师生员工人人积极参加运动,揭发检举。[……]

[……]全校动员大会后,文学院立即召开全体教职员一百多人参加的大会,主持会议的党员声色俱厉地宣布我不仅是南大的头号"暗藏的反革命分子",而且是一个"反革命集团"的头目。集团成员包括查良铮、李天生和德语讲师周基琨。[1]

在另一处,巫宁坤写道:"良铮秉性耿直,遇事往往仗义执言,自然触犯了某些人。及至'肃反运动'的风一刮起来","二人都顺理成章地当上了'肃反对象',开始尝到了'言祸'的滋味","咫尺也竟然成了天涯。折腾了半年多之久,总算暂时风平浪静"。[2]

尽管实际上"外文系事件"和"肃反运动"并非同一性的事件,前者不过是南开校园之内的一个局部事件,而后者是一个在全国范围内产生深远、广泛影响的历史大事,但是,对于巫宁坤这等被卷入程度较深的当事人而言,由于两者在时间上过于切近,在叙述时,似乎有点纠缠。

对于穆旦而言,1956年"按一般政治历史问题予以结论"意味着到1955年末期或1956年前期,运动风潮逐渐散去,一切似

---

[1] 巫宁坤:《一滴泪》,第38页。
[2] 巫宁坤:《旗——忆良铮》,杜运燮等编:《一个民族已经起来》,第148页。

乎暂时平静下来了。他甚至有闲心坐下来写了一篇《不应有的标准》，对相声艺术的标准问题发表了意见。

二 "不应有的标准"

天津号称曲艺之乡，穆旦可能从中学时期就已对民间曲艺有所关注，到南开之后，他还常常和巫宁坤"一道骑自行车去逛旧城的南市，欣赏与当前政治宣传无关的民间艺人表演"。[1]

写作《不应有的标准》的时候，穆旦的境遇已经有了不小的改变。按常理推断，在经历了一连串的事件和磨难之后，穆旦对于时代应是怀有某种警惕心理，"穆旦"迟迟没有露面，多半也是警惕心理使然。但从《不应有的标准》的写作来看，这种警惕心理应已逐步解除。

时代语境发生了令人瞩目的变化，从 1956 年中段开始，随着"双百方针"的提出与贯彻，一时之间形成了一种相对宽松的文化环境。6 月 13 日，中共中央宣传部部长陆定一的《百花齐放，百家争鸣》刊载于《人民日报》。此前，毛泽东分别于 4 月 28 日在政治局扩大会议上及 5 月 2 日在最高国务会议上的两次讲话中提出"百花齐放，百家争鸣"的方针。陆定一的文章即是对于该方针的官方阐述，文章经过了毛泽东本人的审阅修改。

在一种鼓励"争鸣"的语境之中，1956 年 6 月初，穆旦写下了《不应有的标准》，随即刊载于《文艺报》（半月刊）第 12 期"怎样使用讽刺的武器？——关于相声《买猴儿》的讨论"专栏，

1　巫宁坤：《一滴泪》，第 29 页。

署良铮——"穆旦"在新中国的首次出现，还要迟至大半年后。

《买猴儿》是当时风靡一时的相声，作者是何迟，据《文艺报》第10期刊载的《关于相声〈买猴儿〉的争论》，1954年11月《买猴儿》初刊《沈阳日报》，之后曾在数家刊物发表过（中间曾有过若干修改），"各通俗读物出版社曾印单行本，中央人民广播电台和天津等地电台也都广播过这个相声（按，表演者为马三立）。在群众中间，《买猴儿》的影响很大，各地报刊、广播电台经常收到群众对这个相声的意见，各地群众文娱活动中也经常演出这个节目"。《买猴儿》发表后，肯定和批评的意见都很多。

《买猴儿》写的到底是什么？今人多半已不知晓，但它所塑造的形象却是尽人皆知，这就是马大哈。这个人马虎成性，闹出了许多令人啼笑皆非的事：一边接女友的电话，一边往油桶上贴标签，结果香油标签贴在桐油桶上，桐油标签贴在香油桶上，货物发走之后，食品厂端着桐油糕点、家具厂举着香油漆过的桌椅来兴师问罪。后来，在写文书时，又将"今派你到东北角××厂买猴儿牌肥皂五十箱"写成"火速买猴儿五十只"，害得采购员去东北、广东、四川，跑了大半个中国，掀起了一场买猴儿风波。

从1956年5月30日的第10期开始一直到8月15日的第15期，《文艺报》开辟讨论专栏，目的是要"通过对《买猴儿》这个争议很多的作品，联系到如何创作和评价讽刺作品的问题，来展开自由讨论"。应该说，这是一次自由而成功的讨论，共出版5次，发表讨论文章近20篇，参与讨论的作者范围很广泛，包括相声界人士、知名作家、漫画界人士、作者以及一般性的读者，具体篇目为：

第十五章 "穆旦"的短暂重现　　427

第 10 期：孙玉奎《试谈相声〈买猴儿〉的夸张手法》，匕戈《相声〈买猴儿〉有严重的错误》，丁洛《略谈相声〈买猴儿〉》，本报记者《关于相声〈买猴儿〉的争论》。

第 12 期：良铮《不应有的标准》，甘肃省商业厅政治处张汝芸《我听了三次〈买猴儿〉》，追红《一个商业工作者的意见》，南京市文化局群众文艺科集体讨论、于深执笔《我们对相声〈买猴儿〉的看法》。

第 13 期：侯宝林、轻松《马大哈为什么出了名儿？》，王甲土《〈买猴儿〉讽刺了谁》，丰慧《相声的"真实"与"严肃"》。

第 14 期：胡琴《不要错贴了标签》，老舍《谈讽刺》，何迟《我怎样写又怎样认识〈买猴儿〉？》。

第 15 期（主题为"听听漫画家的声音"）：江有生《行行有禁忌，事事得罪人》，吴耘《花开花落》，方成、锺灵《从相声谈到漫画》，米谷《糖精不能治盲肠炎》，沈同衡《把漫画的制服脱下来》。

"不应有的标准"，题目的立场性很明确——文风也是如此，它明确针对《文艺报》第 10 期上几篇"无论是肯定或否定《买猴儿》，都不知不觉使用了一些对相声来说成为疑问的标准"的文章。

《不应有的标准》指出，"艺术是一种生活反映；由于反映的对象、方法和媒介（或材料）的不同，而有艺术的不同类型"。"相声是以荒谬不经的材料或情节来反映生活的"，作为一种类型，其"本质规定性"在于："一方面，它以荒诞及夸张的材料获得生动、活泼、鲜明性的可能，而另一方面，却不得不在严格的生活逻辑方面，在全面、细致而现实地反映生活方面作出一定的让步"。以这个"本质"来衡量，《试谈相声〈买猴儿〉的夸张手法》"只在理论上允许夸张，而作品一进入夸张的时候，他立刻就要以'过火'来制止"，这是"把生活的真实和艺术的真实等同起来"；而取消夸张（"艺术的真实"），相声的"讽刺力量"将无从体现。《相声〈买猴儿〉有严重的错误》"反对相声'捏造''稀奇古怪的事情'"，这是不了解"相声的艺术的特点"；而且，"使用抽象推理对待抽象内容的批评"，"表现了对艺术的冷漠无感"。《略谈相声〈买猴儿〉》"没有看出相声特有的'真实性'和'严肃性'究竟应该在什么地方，以及怎样取得"。

接着，文章具体谈到对《买猴儿》的"两点重要的指责：一是说它'糟蹋了百货公司，歪曲了现社会'，另一是说它情节太荒唐，不够现实"。《买猴儿》"有其作为艺术作品的内在逻辑和完整性。它知道它所要讽刺的对象，在这种地方它就率直而逼真；它也知道它所不想讽刺的东西，在这种地方它就以种种艺术方法，使真实的对象不在它的戏谑之中"。以此来看，《买猴儿》"是有意地、明显地说一个荒唐的故事，它既没有糟蹋百货公司，也没有诬蔑现社会。它所尖锐讽刺的不过是官僚主义和马大哈而已"。

值得注意的是，从篇名到对讽刺艺术的强调再到对几篇文章的批评，文章都没有施用任何曲笔，这透现了穆旦对于时代语境的理解：这样一种直接的表达方式能被时代所接纳——一如《文艺报》号召"展开自由讨论"，时代已经是自由的；参与讨论的较多作者的自由文风无疑也能加深他对于时代的理解。

很显然，因1956年上半年"双百方针"的提出，《文艺报》的自由文风隶属于大的时代语境。而一如前一年的反胡风运动，大语境在南开大学小环境也有直接的体现。6月2日,《人民南开》有报道《教授们谈"百家争鸣"》。《文艺报》第10期于5月30日出版,穆旦旋即写稿并投到《文艺报》,8日,《文艺报》编辑给出批阅反馈稿,穆旦于11日定稿,编辑于13日收稿,14日决定用稿和刊发期数。[1] 相关时间点如此切近,可视为当时南开校园之内所热衷的"百家争鸣"谈风对穆旦的直接影响——小环境给予了鼓励,解除了穆旦的警惕心理,这也是一层重要的背景因素。

此外,或可一提的是,《买猴儿》的作者为何迟,1949年之后,曾担任天津市戏曲(剧)部门领导,并曾任南开大学中文系兼职教授。考虑到何迟与天津、南开大学的关系,以及穆旦对于民间艺人表演的欣赏,两人当年有所交往也未可知。

三　多重"鼓励"

《不应有的标准》发表大半年之后,"穆旦"终于露面了。

从一个更大的视域来看,"穆旦"的露面,要归因于文艺界内部的调整。研究指出,"双百方针"并不只是当局"根据特殊的国内、国际形势实施的思想统治'策略',在文艺界内部也是左翼文艺对规范化过程中出现的一些问题尝试着进行自我改善的结果,非主流的文学力量对规范的质疑和文艺领导者对规范化步骤的适度放松(这被有些研究者称为'窄化主流'之后的'退却')同时并存,其标志不仅是左翼内部诸种歧见之间的讨论、争鸣得以展

---

[1]《不应有的标准》的手稿现有保存,相关讨论参见易彬:《捐赠、馆藏与作家研究空间的拓展——从中国现代文学馆所藏多种穆旦资料谈起》,《文艺争鸣》,2018年第11期。

开，更表现在新刊物的大量创办与老刊物的改版上，这导致一部分被遗忘者开始在刊物上'重现'，强化了对'当代文学'写作惯例、文学史编撰和文学批评准则的质疑"。具体而言，"并不是穆旦完全放弃写作个性以屈就主流，而是'主流'因内部的变异主动要求容纳穆旦这样的另类因素"。[1]

目前所见文献表明，确有多位文艺界的领导人士曾向穆旦约稿。何以会出现这种情况呢？形象地说，即当时刊物所载稿子质量不高，需要请艺术能力更为突出的"老作家"来支撑台面，提高刊物的艺术水准。换言之，那些随着共和国成长起来的年轻作者的写作固然具有强烈的时代感，符合意识形态的要求，但刊物的主事者多半是从旧时代过来的、有着良好的艺术修为的"老作家"，对于稿子的艺术品质应该还是有着基本的判断的。也即，在意识形态的规范要求和主事者们的艺术诉求之间，其实还是存在着某种微妙的罅隙的。

作为新创刊的《诗刊》主编，1957年4月5日，臧克家写信给周扬谈及稿子质量问题："'诗刊'已出三期，听到了各种反应的意见。水平不够高，好稿较少。稿源有二：（1）发动新老诗人动手。（2）从大量投稿中选拔。但苦于好诗不多。""'百花齐放'方针。具体体现到编辑中去，也不是一个简单的问题。"正是"苦于好诗不多"，向包括穆旦在内的"老诗人"约稿即是《诗刊》为提高质量而采取的策略——4月28日，臧克家再次跟周扬谈道：

"诗刊"一下手，就想联系新老诗人，鼓起他们创作的

---

[1] 胡续冬：《1957年穆旦的短暂"重现"》，《新诗评论》，2006年第1辑。

兴致。各种流派的诗人，（如穆旦、杜运燮、方令孺、王统照、冰心……）我们都写信约稿。"百花齐放"后，我们打算约些老诗人聚谈一下，想约朱光潜、穆木天等。老舍先生也给我们写了"谈诗"的文章。也约过茅盾先生（胡乔木同志也约过）。[1]

而据当时与穆旦有过交往的周良沛回忆，穆旦向《诗刊》写稿一事，还与诗人徐迟较早的约稿与鼓励有关：《诗刊》创刊之前，徐迟曾托方纪主管天津文艺之便，在天津"很宽松地见了几位诗人"，其中包括穆旦。尽管其他诗人均不能与事，如雷石榆忙于教学已无兴趣于诗，鲁藜因被胡风案卷入而无法见到，"可是，他见到穆旦（当时他只叫自己的本名：查良铮）的愉快，也正是某些遗憾的弥补"。当时，穆旦正在翻译普希金的诗全集，这被认为是一种"了不得的变化"：

> 穆旦译普希金，为求信、达，其语言为求普希金那古典的典雅和清丽，就已走出了他过去语言之"现代"而欧化的陷阱。对穆旦，这无疑是个了不得的变化，如果不是将他的"现代"在书斋折腾成玄学的展品而显示其诗的价值，那么，他的这一变化，正是可以走向新中国广大读者的一种契机，一种可能。于是，徐迟大胆、热情地鼓励他再写。虽然《诗刊》没有出刊，实际上是在为《诗刊》约稿，虽然他还不好说出可以刊出其来稿，却说在"百花齐放"中，总是可以找到它的园地和读者的。这，实际上反映着他编刊的思路；这，

---

[1] 两封信均录入徐庆全：《〈诗刊〉初创前后的故事》,《名家书札与文坛风云》, 北京：中国文史出版社，2009 年，第 153 页、第 159 页。

对穆旦，无疑是个极大的诗的鼓舞。[1]

那时在"南开"教书的穆旦见他，真是"《现代》派"见"现代派"，《诗刊》还没办起来，他就说要"百花齐放"地放他一朵，鼓励穆旦多写："从国外回来，总得调整、适应新的环境，写得不合时宜的，我们改造自己嘛，一时不被理解、接受的，要人家接受，怕也得有个过程——"不想，穆旦的《赞歌》在创刊不久的《诗刊》一发出来，就有议论。他像在自言自语式地对我说："没有什么大不了的事吧？说这'葬'旧之情是与'旧'难断之情，那毛主席都说，改造的过程，甚至是痛苦的嘛——"[2]

周良沛的文字中夹杂了不少对于穆旦诗歌风格的评判，其中难免浮现着某种后设视角，但还是道出了穆旦与时代语境之间的关联。此外，老朋友、时任《人民日报》文艺部负责人的袁水拍也曾向穆旦约稿。[3]

刊物本身随着文艺尺度的宽松也呈现出某些令人欣喜的变化，比如1957年2月号《诗刊》所载吴腾的《五四以来的诗刊掠影》，其中提到徐志摩、戴望舒等政治立场并不"进步"的诗人所办的诗刊，以及1940年代的《诗文学》《诗创造》《中国新诗》等刊物——其中几种曾经刊载过穆旦诗歌或与其有很好的关系，这或

---

1 周良沛：《又是飞雪兆丰年——忆徐迟于〈诗刊〉创刊前后》，《神鬼之间》，济南：山东画报出版社，1999年，第147—151页。
2 周良沛：《想徐迟》，《神鬼之间》，第172页。
3 李方：《穆旦（查良铮）年谱》，《穆旦诗文集》（第2卷），第402页。

许会让他想起过去的诗歌岁月。

如果说，刊物的自由风格尚只是一种宽泛的鼓励的话，那么，来自新中国首都的著名刊物的约稿无疑更为切实——在徐迟、袁水拍、臧克家这些专业读者眼中，1940年代后期生成的、具有一定复杂性的穆旦批评空间并未完全消失，在"双百方针"推进的时刻，它再次出现，并促成穆旦加入新时代的文学语境中来。当然，这种鼓励虽是个人亲身经历及艺术修为使然，在相当程度上也是一种组织行为，从属于时代大语境。也即，在当时的时代语境之下，所谓个人的艺术修为已从属于日渐紧密的意识形态，只有当意识形态稍稍松懈的时候，它们才会露出头来。

总之，在多重鼓励之下，久未发表诗作的"穆旦"已为时代气息所感染，而终于再度拿起了诗之笔。

四 "我的葬歌只算唱了一半"

1957年5月7日，《人民日报》刊出了《九十九家争鸣记》，"穆旦"之名第一次正式出现在新中国的普通读者面前。紧接着，5月25日，《诗刊》第5期刊出了《葬歌》；7月8日，《人民文学》第7期诗歌栏更是在头条位置刊出了"诗七首"：《问》《我的叔父死了》《去学习会》《三门峡水利工程有感》《"也许"和"一定"》《美国怎样教育下一代》《感恩节——可耻的债》。这些诗作仅末两首署了写作时间，其他各首均未见标记。相比于此前写作，这一做法已属歧变：穆旦之前的写作大部分都标注了写作年份或月份，有的甚至具体到了日期，诗集的编排也大致以时间先后为序，便于编年。但在"1957年"这一时间点，穆旦似乎有意模糊了写作时间的概念。

而这些,乃是穆旦生前在新中国所发表的全部诗歌作品。这短短两个月间,两份杂志,一份报纸,均是国家级的"喉舌";9首诗,从题材取意看,"争鸣"(《九十九家争鸣记》)、"知识分子思想改造"(《葬歌》)、"学习会"(《去学习会》)、"水利工程"(《三门峡水利工程有感》)等,都是热衷一时的题材,至于两首标明为1951年的诗歌,显然也应和了某种时代想象。

诸多诗篇之中,被更多谈及的是那篇更具思想史意义的《葬歌》。[1] 诗歌以一个别有意味的疑问句开头:

> 你可是永别了,我的朋友?
> 我的阴影,我过去的自己?
> 天空这样蓝,日光这样温暖,
> 在鸟的歌声中我想到了你。

"我的朋友""我的阴影""我过去的自己",三者共同指向了"你",因此,诗歌前两章实际上也可视为"我"和另一个"我"在对话,一个是处于时代潮流之中或者说被时代潮流所裹挟的"我",另一个是"包袱很重"的流连于过去的"我"。最末一节和第一节形成了复沓,只是"在鸟的歌声中我想到了你"一句换作了"安息吧!让我以欢乐为祭!""鸟的歌声"("鸟底歌")是一

---

[1] 笔者曾对2010年之前的300多个选本进行详细统计,发现无论是穆旦个人诗集,还是其他选本,《葬歌》都是1957年穆旦作品之中入选率最高的,参见《穆旦与中国新诗的历史建构》第三编第六章《新时期以来穆旦传播的考察(四)——以1979年以来相关选本为对象》,第410—415页。

第十五章　"穆旦"的短暂重现

个暧昧的说法,"以欢乐为祭"则是立场的表决。

第二章的写作路数有了变化,不再写两个"我"如何交集,而是直接写"希望"对"我"的"呼号"和"规劝":赶紧"埋葬""骷髅"般的"过去"!"我"最终抛下了"回忆",摆脱了"害怕"——

> "哦,埋葬,埋葬,埋葬!"
> 我不禁对自己呼喊;
> 在这死亡底一角,
> 我过久地漂泊,茫然;
> 让我以眼泪洗身,
> 先感到忏悔的喜欢。

第一节中的"我"的分裂,和第二节中的"虚拟戏剧化场景",被认为是"40年代'新诗戏剧化'观念的延续"。[1] 而将"希望"用作主词,是一种将抽象观念人格化的修辞手法,这在穆旦早年作品中多有出现,新中国的读者则多半并不熟悉。"忏悔"一词显然也不符合主流意识形态的要求,但看起来,这些都被第三章之中"一个旧的知识分子"所发出的直陈式改造呼声所掩盖:

> 就这样,像只鸟飞出长长的阴暗甬道,
> 我飞出会见阳光和你们,亲爱的读者;
> 这时代不知写出了多少篇英雄史诗,

---

1 胡续冬:《1957年穆旦的短暂"重现"》。

而我呢，这贫穷的心！只有自己的葬歌。
没有太多值得歌唱的：这总归不过是
一个旧的知识分子，他所经历的曲折；
他的包袱很重，你们都已看到；他决心
和你们并肩前进，这儿表出他的欢乐。
就诗论诗，恐怕有人会嫌它不够热情：
对新事物向往不深，对旧的憎恶不多。
也就因此……我的葬歌只算唱了一半，
那后一半，同志们，请帮助我变为生活。

"我的葬歌只算唱了一半"也并非全是一种伪饰，从《九十九家争鸣记》《"也许"和"一定"》等诗来看，穆旦的知识分子习气（"争鸣"思想）还是多有流现：

读者，可别把我这篇记载
来比作文学上的典型，
因为，事实是，时过境迁，
这已不是今日的情形。

那么，又何必拿出来发表？
我想编者看得很清楚：
在九十九家争鸣之外，
也该登一家不鸣的小卒。

"争鸣"直接关涉到"百花齐放、百家争鸣"这一大的时代语

第十五章 "穆旦"的短暂重现

境。言说穆旦受到"鼓励"而重现诗坛,不仅仅是指重新拿起笔发表作品这一事实,而在于他对于"百花时代"文学语境的感知,这些诗歌之中虽也有改造的痛苦,在主要层面上,是一种介入时代的姿态。其诗歌处理方法虽与时代风格有所差异,其精神姿态却具有很强的时代性。

但是,也不难发现,在诗歌的具体展开上,穆旦依然还是努力保持一些个人化的视角,蕴含了某种的批判锋芒——名之为"批判",事实上将穆旦放在异端的位置,这一身份倒未必是穆旦所要追求的。穆旦以一种主动的姿态写下了"我"在"时代"这一大命题之下的感受,也并没有刻意全然替换掉自己的词汇表,而依然保持了某种写作惯性,如《我的叔父死了》所示:

> 我的叔父死了,我不敢哭,
> 我害怕封建主义的复辟;
> 我的心想笑,但我不敢笑:
> 是不是这里有一杯毒剂?

"叔父之死"是实有其事,还是一种隐喻,并不能完全断定,但对于庄严的、审判意味浓郁的历史而言,这样一种"哭"与"笑"并存的诗歌,看起来更像是一副充满讽喻色彩的"毒剂"。更"毒"的,却还在后面的诗行:

> 平衡把我变成了一棵树,
> 它的枝叶缓缓伸向春天,
> 从幽暗的根上升的汁液

在明亮的叶片不断回旋。

"根"在穆旦的写作中是一个非常有意味的词[1],"幽暗的根",或许会让熟悉穆旦的读者想起早年所作《诗八首》的最末一行:"在合一的老根里化为平静"。而此处的意涵,"从某种意义可以理解为一个旧时代过来的知识分子渴望平衡'过去'和'希望',在'幽暗的根'与'明亮的叶片'之间保持一个有机体的完整性的愿望。这曲折地传达出'知识分子改造'运动在情感、心灵上投下的阴影"。[2] 但这对于那些新的读者而言,套用当时一位批判者的话说却是,"简直叫人猜也无从猜起"。[3]

五 "有多少生之呼唤都被淹没!"

穆旦这一时期的诗歌,还可特别提出的是《三门峡水利工程有感》一诗。对于新中国的写作者而言,歌颂蓬勃展开水利工程建设——一项在贫瘠、落后的土地上所矗立起来的建设,也是一项政治任务,知名诗人如艾青,卞之琳、冯至等,以及一批不知名诗人都投入"水利工程"诗篇的写作当中。

以《诗刊》为例,自 1958 年第 2 期开始,刊载了大量"水利工程"诗篇及批评文字:第 2 期有丁力的《十三陵水库开工了》、蔡其矫的《长江水利工作者的愿望》;第 3 期有德崇等人的《十三

---

[1] 参见一行:《穆旦的"根"》,朱大可、张闳主编:《21 世纪中国文化地图二》,桂林:广西师范大学出版社,2004 年。
[2] 胡续冬:《1957 年穆旦的短暂"重现"》。
[3] 安旗:《关于诗的含蓄》,《诗刊》,1957 年第 12 期。

陵工地歌谣》、卞之琳的《十三陵水库工地杂诗》、丁力的《在十三陵水库工地上》；第4期有戈茅的《在十三陵工地上》；第5期有贺敬之的《三门峡歌》、邹荻帆的《扬水站工地即景》；第6期有巴牧的《十三陵水库工地诗抄》；第8期有骆文的《三峡歌》、朱子奇的《十三陵工地赞歌》；第9期有丁风的《欢迎朱子奇改变诗风》、罗生丹的《一首令人喜爱的好诗》；第12期有廖公弦的《阿哈水库的诗》。

　　写作状况及其所引起的反响也有其复杂性，比如，读者显然不满意卞之琳在第2期所发表的作品，第5期即有批判"对卞之琳'十三陵水库工地杂诗'"小辑，有刘浪的《我们不喜欢这种诗风》、徐桑榆的《奥秘越少越好》等文。但就其总体而言，这些写作往往采取"今昔对比"的视角，所谓"新旧社会两重天"。一般诗篇多为短章，艾青的《官厅水库》则用了3节81行，基本上是"过去""现在"与"将来"各占一节，一种具有时代典型性的结构安排："过去"被描摹成"可怕"的、邪恶的，"将来"被想象成美好的、充满希望的，而"现在"是欣欣向荣的——现实正在发生着"翻天覆地"的变化。[1] 穆旦则并未遵循这般的写法：

　　　　想那携带泥沙的滚滚河水，
　　　　也必曾明媚，像我门前的小溪，
　　　　原来有花草生在它的两岸，
　　　　人来人往，谁都赞叹它的美丽。

---

[1]《官厅水库》初刊于《北京日报》1956年8月19日，现据艾青：《海岬上》，北京：作家出版社，1957年，第37—41页。

只因为几千年受到了郁积，
它愤怒，咆哮，波浪朝天空澎湃，
但也终于没有出头，于是它
溢出两岸，给自己带来了灾害。

又像这古国的广阔的智慧
几千年来受到了压抑、挫折，
于是泛滥为荒凉，忍耐，和叹息，
有多少生之呼唤都被淹没！

虽然也给勇者生长了食粮，
死亡和毒草却暗藏在里面；
谁走过它，不为它的险恶惊惧？
泥沙滚滚，已不见昔日的欢颜！

呵，我欢呼你，"科学"加上"仁爱"！
如今，这长远的浊流由你引导，
将化为清朗的笑，而它那心窝
还要迸出多少热电向生活祝祷！

全诗 5 节，前 4 节写"过去"，最后一节才发出"欢呼""清朗的笑"和"祝祷"。这样的结构似乎不合时代之道，而作为对象的"河水"本身，也迥异于他人的想象。在《官厅水库》中，艾青将"山洪"想象为敌人（第 1 节中有："这儿的山洪／像溃败的千军万马"）——战争模式被移植到诗歌写作之中。穆旦笔下的

第十五章 "穆旦"的短暂重现　　441

"河水"虽然也被人格化了，但仍然保留着复杂的物性，它"也必曾明媚，像我门前的小溪"——"我门前的"这一具有亲和力的定语无疑更加强了这一点。

"河水""因为几千年受到了郁积"而"愤怒，咆哮"，以致"给自己带来了灾害"，"几千年来受到了压抑、挫折"的"这古国的广阔的智慧"也是一样。但从"河水"到"智慧"，并非一种简单比附，"智慧"是一个在穆旦各阶段写作中均出现过的词汇，一句"有多少生之呼唤都被淹没"，不仅仅嵌入了穆旦本人的境遇（想想他满怀热情回到祖国，却很快被"肃反"），更是一个时代里那些"智慧"心灵悲惨境遇的画像。在1976年的《诗》中，也有类似的一行：

> 多少人的痛苦都随身而没

"生之呼唤"演变为更为直观的"人的痛苦"，可见这一句式在穆旦心中留下了深刻的印痕。

诗歌最末一节以一种"欢呼"姿态回到了现实，这算是回应了时代——但"心窝"与"生活"对峙，无疑又别有深意地标识出了一颗敏感的心灵在时代话语面前的不安感受。

综合来看，在穆旦这批写作之中，个性的触须固然仍然存在，但其内心似乎是混乱的——这在诗歌形式上即有透现，比如《葬歌》。其思想意义被研究者看重，认为它反映了知识分子改造的痛苦；但从诗歌艺术的处理来看，却不能不说是难以把捉的。全诗3节，单独来看，都是非常整齐的诗行，但合为一首诗，则可发现各节之间很不平衡：第1节中，各行字数基本上为10个左右；

第 2 节有所下降，为 8 个左右；第 3 节又猛然增加到 17 个左右。这样的诗歌形式处理，可说是相当混乱的、无序的。

返诸思想文化层面，这种混乱与无序或可得到一个解释，即其他 8 首看起来整齐有序的诗歌，所涉及的均是外在的社会性事件，其视角均是一种远距离的审视；《葬歌》不同，其视角被"我"所规约，尽管这个"我"未必全然就是诗人本身，但多半包括"我"在内，而大时代之中的"我"不得不随着时代话语的变幻而飘来荡去，难以找到一个稳定的位置，因此，《葬歌》的混乱无序也就成了一个力图葆有个性的知识分子在应对残酷的时代语境的表征——可以设想，较长一段时间内没有写作诗歌的穆旦在选择词汇时的游移不定，以及诗歌形式上的摇摆。但这终究只是一种思想或意义的隐喻，而无法作为艺术失败的借口，虽然在未来一两年之后，穆旦诗作也多次被当成了批判的靶子。

六 "这个'时代'的夭亡和总结的宣告"

对 1957 年这一大的时代而言，穆旦的短暂"重现"意味着什么呢？如前述，这一"重现"显示了文艺界内部调整的成效，但是，种种迹象表明，这也抵达了调整所能容许的顶点。

以将穆旦重磅推出的《人民文学》为例，1957 年第 7 期是一期有着 190 个页码的特大号，此前刊物页码为 126 页。《编后记》称："关于革新，我们是决不动摇的"，"我们有信心在文学界及广大读者的推动和帮助下，逐步地把刊物的革新工作做好，使得它在新的起点上前进"。承接前述约稿话题，"革新号"应该也是一次有准备的组稿行为使然，穆旦被约稿的可能性还是非常之大的。这一期分小说、作家论坛、诗、剧本、散文、杂文和作家评论七个栏目。《编后记》中不无骄傲地宣称,本期出现了较多"多少年来一直没动笔或很少发表作品的老作家"的文字,基本上每个栏目都有。小说栏共 9 篇(组),为李国文的《改选》、柳杞的《落》、宗璞的《红豆》、丰村的《美丽》、艾芜的《春天的风》、程造之的《杨亚男》、田涛的《冤家》、王统照的《海上宏音》以及法国作家莫泊桑的《短篇小说四篇》。艾芜、王统照是"老作家",李国文、宗璞和丰村等新人的小说则在后来的文学史上多被谈及。

"作家论坛"中的全是"老作家"的文章,为李白凤的《写给诗人底公开信》、徐懋庸的《我底杂文的过去和现在》以及巴人的《"遵命集"后记》。

诗歌栏共有 15 位诗人的作品,打头的是穆旦的《诗七首》,"老作家"则有汪静之、康白情等人:

诗七首	穆旦
一领巨大的银狐大氅(外五首)	戈壁舟
温暖的地方(外三首)	严辰
写在透明的土地上	邹荻帆
野花一束(四首)	方冰
光荣奔到机车上	白薇
南行小集(二首)	井岩盾
灯笼记	青勃
长江夜游	安娥
山栖夜兴(外一首)	康白情
向日葵子花正开	胡明树

海南杂咏（五首）	芦荻
鲁迅墓前	冯白鲁
第一个天堂（外三首）	汪静之
假如	俯拾

剧本栏有陈其通的《同志们》。散文栏则是汇集了沈从文、启明（周作人）、老舍、凤子、端木蕻良、刘北汜、汪曾祺等人的作品——看起来极像是1940年代沈从文主编的某个刊物或《大公报·星期文艺》的某一期：

跑龙套	沈从文
梅兰竹菊	启明
新疆半月记	老舍
谈养花	凤子
传说（外二篇）	端木蕻良
太阳正在上升	刘北汜
星期天	汪曾祺
父亲	杨田村

杂文栏有5篇，为回春的《"蝉噪居"漫笔》、李无毒的《"原来穿破鞋的"》、孙福熙的《请以我为例》、应邻生的《从王维、杜甫变"毒草"说到官僚主义的辩证法》、杜黎均的《反攻进行曲》。作家评论栏则有杨风的《巴金论》。此外，还有《作家书简》和《编后记》。

不难看出，《人民文学》不仅多方调动了像沈从文、周作人、

第十五章 "穆旦"的短暂重现　　445

汪静之、穆旦这样的"老作家"的力量，也有李国文、宗璞这样的新锐力量，其革新姿态是相当突出的。实际上，受着1956年"双百方针"的鼓噪，此前，《人民文学》已经刊载了一系列后来被称为"百花文学"的作品，如耿简（柳溪）、白危等人的特写，王蒙（《组织部新来的青年人》）等人的小说，何直（秦兆阳）（《现实主义——广阔的道路——对于现实主义的再认识》《关于"写真实"》）等人的论文。而1957年第7期既特别标举"革新"，篇幅上又是特大号，主事者显然是有着更大的抱负。

看起来，革新冲动所带来的某种狂热使得主事者忽略了时代语境正在悄悄发生变化——主事者显然并未理解1957年5月左右毛泽东发出的"事情正在起变化"一类话语的真实意图，没有意识到形势可能发生剧变，而是继续革新主张以达到"面目一新"的效果。随着"反右运动"全面展开，革新主张遭受全面的挫折，各种批判文章铺天盖地而来，因此这一期《人民文学》也被文学史家称为"既是探索和革新成果的多彩显示，也是这个'时代'的夭亡和总结的宣告"。[1]

等待穆旦的，将是一连串的批判。

---

[1] 洪子诚：《1956：百花时代》，济南：山东教育出版社，1998年，第142页。

第十六章

"穆旦"与"查良铮"

一 "不能不令人怀疑作者的真实动机"

尽管露面时间仅有两个月,对"穆旦"的批判却持续了一年多时间——考察1957年穆旦的写作及其传播效应,自然不能仅仅停留在那几首诗上面,而应借助批判者的视角来反观其与时代的关联。质言之,一如穆旦所感受到的鼓励,对于穆旦的批判也是时代语境必要的组成部分。

刊载过穆旦诗歌的报刊无一例外地发出了批判之辞,这可视为报刊对于自身所犯"错误"的自我检讨。首当其冲的依然是《诗刊》,7月号即"反右派斗争特辑"。9月号则刊载了一些以诗的形式展开的批判文字和标题醒目的文章,如徐迟的《艾青能不能为社会主义歌唱?》、田间的《艾青,回过头来吧》、冯至的《〈西郊集〉后记》等。前两篇,是"同事"对于艾青的批判,比如徐迟认为在1956年3月的中国作协第二次理事扩大会上提出艾青"能不能为社会主义歌唱"的问题之后,艾青并没有"彻底批判""自己的腐朽的资本主义思想和反党言行"。

黎之《反对诗歌创作的不良倾向及反党逆流》的批判矛头触

及"有声望的"诗人艾青"极其消沉的情绪",流沙河"那些攻击党攻击社会主义的毒草"等。又以《问》《葬歌》《九十九家争鸣记》为例,指出穆旦诗歌"流露了比较严重的灰暗情绪,而这种情绪又表现得那样晦涩费解"。《葬歌》"几乎是一个没有改造的知识分子对知识分子改造的诬蔑";"从这种阴暗的情绪出发,他的诗必然会歪曲甚至会诬蔑现实生活攻击新的社会",如《九十九家争鸣记》。

10月号《人民文学》也进行了自我清算,其中"本刊编辑部"整理的《这是什么样的"革新"?——读者对本刊七月号的批评》一文末尾提到"一些不大好的诗,特别是穆旦的'诗七首'中,有的'令人不知所云'"。"晦涩费解""不知所云"表明了读者的共同读感:穆旦诗歌难以理解。

这一问题随后得到了进一步的"甄别",12月号《诗刊》刊出的安旗《关于诗的含蓄》,称"必须严格地区别真正的艺术含蓄和朦胧晦涩,故弄玄虚"。诗的含蓄"不仅是技巧问题",更是"丰富的生活积累和高度的艺术概括的结果"。以艾青、公刘、穆旦和吴兴华为代表,诗歌创作中"确有一些朦胧晦涩的倾向在抬头,在走向一条危险的歧路",他们在诗中"取消了真正的思想内容","是资产阶级文艺趣味的复活,是百花园中的莠草",是社会主义时代所不能容忍的。文章具体提到了穆旦的《"也许"和"一定"》,并引述了《我的叔父死了》中的诗句:

> 这些诗句到底在说些什么?简直叫人猜也无从猜起。我们只能勉强地说它们是一些观念和文字的游戏了。而这类晦涩的诗的来源,却又是从现代主义的泥淖里捞起来的。

"晦涩"与"现代主义"画上了等号,成了脱离"社会主义时代"的生活的、没有"真正的思想内容"的、"资产阶级"的"莠草",论述逻辑中所饱含的政治兴味不难体会;而别有意味的是,这里关于含蓄的观点很可能与艾青本人的诗论有关。比如,在《诗论·美学》中,艾青写道:"不能把混沌与朦胧指为含蓄;含蓄是一种饱满的蕴藏"。《诗论》自出版以来,多次再版,新中国成立后即有天下出版社1952年版《新诗论》,人民文学出版社1953年、1956年版等。由于艾青的影响力,这些观点应是有着广泛的流传。[1]但是,此时,艾青既已是被批判的对象,很显然不便再引述其观点。

除了《诗刊》《人民文学》外,刊载穆旦诗歌的《人民日报》也在本年12月25日第8版刊出了戴伯健的《一首歪曲"百家争鸣"的诗——对〈九十九家争鸣记〉的批评》。这是一篇单独批判穆旦的文章,篇幅不算长,照录如下:

> 今年5月7日人民日报八版上刊登的穆旦所写的《九十九家争鸣记》,我认为是一首不好的诗。作者尽管用了隐晦的笔法,但是也不能掩饰它所流露出来的对党的"百家争鸣、百花齐放"的方针和整风运动的不信任和不满。
>
> 5月上旬,正是党发表整风指示不久,指示在全党范围内进行"整风",进一步开展"争鸣"和"齐放"。可是作者却鱼目混珠地借"批评"某些人不敢放手"鸣""放",对整风运动暗施冷箭。像是在告诉人们:共产党整风并无决

---

[1] 现据艾青:《诗论》,北京:人民文学出版社,1956年,第136页。

心,"争鸣"只不过走走形式,"雨过地皮湿"。诗的题目是《九十九家争鸣记》,暗示"争鸣"只是"九十九家",是一伙子人,而真正应该鸣的,却是被排斥在"九十九家"之外的"小卒"。因此,在作者的笔下"争鸣"就变成这样的情景:这个"毫无见识",那个"半真半假",但主席却给这些人以"奖励"和"支持"。除此而外,就剩下"应声虫""假前进"的"难分难解"的"舌战"。人们要问为什么"争鸣"这样沉闷?作者说就是因为那个"单等作结论的"看起来是多余的"主席",他一意孤行,把持会议。"有谁不幸提到一个事实,和权威意见显然不同",于是虽然表白过"不要扣帽子",但是还是指出了"某同志立场很有问题"。经过作者这样的丑化,所谓"争鸣",当然是一个骗人的幌子了。

作者为"百家争鸣"勾画的情景,是一目了然的。通过这次"争鸣"会的写照,人们看到的,是受压抑的政治生活,言论不自由,只能讲与"威权"一致的意见。可是,这难道与党"百家争鸣"方针有半点相干吗?这难道不是作者别有用心地制造出来的一幅歪曲现实的图画吗?为什么同领导人意见一致的人都是"应声虫"呢?为什么说"原则"话的人都是"假前进"呢?我们还要问作者,你究竟所指的那些"不鸣的小卒"又是什么样的人?你和他们究竟被"压抑"了哪些话不能说出来?究竟你们有什么真理与事实,不能够在我们的社会主义社会里见天日呢?《九十九家争鸣记》发表的时候,正是右派分子在鸣放的幌子下向党大肆进攻的时候,这就不能不令人怀疑作者的真实动机了。

很可能是"争鸣"这一时代性的热点使然,《九十九家争鸣记》是当时穆旦批判的一个焦点所在,尽管有的文艺界领导如《人民日报》文艺部负责人袁水拍认为它"没有什么政治问题"[1];但一般的批判者显然并不这么认为。

戴文标题之中的"歪曲"字眼,在当时的文化语境之中,并不算太出格;文章句式也很有时代特点,充斥着"难道""为什么""究竟"式的反诘语气,也恰到好处地运用了暗示、推测性的口吻——诸种反诘最终指向作者的写作动机,暗示了作品所包含的反党意图。

南开校园之内的思想改造运动的主持者以及天津市人民法院的法官们,也揪住了《九十九家争鸣记》所包含的"反党意图",比如,在1958年12月18日天津市人民法院(58)法刑一管字141号判决书上,穆旦的罪状之一即是:"1957年党整风之机,大肆向党进攻,在人民日报发表《九九家争鸣记》反动文章"。[2]《九九家争鸣记》即《九十九家争鸣记》,在穆旦所发表的9首诗,单单挑出这一首,说明它没逃过一般"读者"的眼睛,更经不起深谙政治秘密的审判人员的挑剔。

二 局部性的自我检讨

戴伯健的批判文章刊出10天之后,1958年1月4日,穆旦的检讨《我上了一课》也刊载于《人民日报》的同一版面。《人民

---

1 据李方:《穆旦(查良铮)年谱》,《穆旦诗文集》(第2卷),第402页。
2 据查良铮档案之《关于查良铮问题的复查意见》(中共外文系总支,1979年4月21日)。

日报》乃是党和国家的"喉舌",戴文的诸种反诘最终指向了作者的写作动机,暗示了反党意图,解释与检讨是必要的。

1940年代末期,穆旦也曾遭到措辞严厉的批判,尽管他在朋友之间私下里有过议论,但并没有做出公开的回应;在新中国的这一举措表明穆旦已经感受到新时代语境强大的威慑力,有必要对自己的言论进行检讨或者辩解。不过,尽管到此时为止,批判文字已涉及多篇作品,穆旦所检讨的仅是《九十九家争鸣记》一篇。

检讨书前半段称戴的批评"给自己上了深刻的一课",并解释写作动机是响应党"解除顾虑、大鸣大放"的号召,讽刺"个别不敢鸣放"的"落后现象"。但由于"思想水平不高","对鸣放政策体会有错误,模糊了立场","诗中对很多反面细节只有轻松的诙谐而无批判,这构成那篇诗的致命伤。就这点说,我该好好检查自己的思想"。

请注意,是"就这点说",而不是从完全意义上来说,穆旦设置了"该好好检查"的范围——不是全盘检讨,而是局部性地承认错误:在"就这点说"之后,检讨也潜移为谈论讽刺方法,而不是继续深挖思想病根。

似乎可说是延续了《不应有的标准》的观点,在这里,讽刺方法被认为有两种:一是直叙,"即作者把所批评的实际现象用正确而夹有讥讽的口吻叙述出来;这比较直截,目的性明确,不易被'误解'";一是"采用一个虚构而夸张的故事",把"所要批评的几点溶化在虚构的故事中。这比较曲折,但生动;也有可能被'误解'"——故事可能会"模糊"作者的批评意图,使读者将"个别"看作"一般",认为作品"歪曲了现实"。至此,检讨已然移换为辩解:《九十九家争鸣记》是"要写后一种讽刺诗",其出发点本身并没有错,是理解讽刺手法的分歧以及实际手法操作的不当。

由"检讨"到"辩解",穆旦依然还在隐隐坚持自己的批评原则,一如《不应有的标准》反对相声批评中一些不当做法,这里也暗含了反对诗歌批评中的"不应有的标准"的意图。或可一提的是,从当时的批判文字看,论者并没有将署名"良铮"的《不应有的标准》与"穆旦"联系起来——换言之,一般的论者应不知道"(查)良铮"即是"穆旦",否则,对于这等一贯抱有错误观点的人士的批判力度无疑会大大加强。

实际上,戴文虽多有反诘,最终也只是用"不能不令人怀疑"一类推揣性的语气,而不是直接定罪定性——到1957年,那篇曾经作为"自由讨论"对象的相声《买猴儿》已是"右派"何迟"攻击党的领导""丑化社会主义制度"的罪证[1]——所操持的话语,多半即是穆旦当初所认定的"不应有的标准"。穆旦做检讨时可能回想过当初洋洋洒洒数千字的畅快,而这,只会使如今隐晦为文的滋味更加苦涩。

当然,《我上了一课》终究是一份检讨,它遵循着检讨的格式:先承认错误,然后分析与检讨,最后是理论提升:

> 但这艺术结构的一切问题,必依赖于一个更基本的问题,即作者必须很好地掌握人民内部的批评原则。有了这一原则,艺术安排才有了指针,作者才能充满警惕性,使他的讽刺不

---

[1] 参见侯宝林等:《论何迟的相声创作》,《何迟相声创作集》,北京:中国戏剧出版社,1982年,第264页。

致过重、过轻、或被牵涉到目标以外去。关于这,毛主席《在延安文艺座谈会上的讲话》已经给了最明确的指示,我一定要好好学习它以便以后能学习写出较好的东西来。

三 "大跃进"思潮下的穆旦批判

对于穆旦的批判并未随着他本人的检讨而结束,而是在新的号召下发生了一些变化。1958年2月28日,《人民日报》第2、3版整版刊出周扬的《文艺战线上的一场大辩论》,称"1957年才在全国范围内举行一次最彻底的思想战线上和政治战线上的社会主义大革命,给资产阶级反动思想以致命的打击","替无产阶级文学艺术开辟了一条广泛发展的道路"。这既是总结,也是新的号召,宣告了1958年的文学发展将进入一个新的阶段。

对于穆旦的批判仍在继续。作者方面,文艺界的老同志如邵荃麟、徐迟等人纷纷出马;工人、战士一类诗歌的"门外之人"也纷纷发言。这些文章均未提及穆旦的检讨,是并不认可,还是这类检讨在当时实在太过常见?不得而知。可确知的是,时代、作者与批判之辞都在发生变化。

文艺界领导邵荃麟在《诗刊》第4期发表的《门外谈诗》,以"进步"与"反动"的对立模式重构了新诗史,并在"大跃进"的背景下谈了"开一代诗风"的问题。文章第2节的讨论中心是"普及与提高问题",两者是"对立的统一",群众读不懂有些诗,有"文化水平的问题",但更多的是"诗人在写诗时,并没有考虑是为什么人服务"。穆旦《我的叔父死了》《"也许"和"一定"》即是采用"沙龙式的语言"——作者思想感情也是"沙龙式的",

这些作品"不仅是语言问题，更明显是思想意识问题"。

"普及与提高"是毛泽东《在延安文艺座谈会上的讲话》的核心要点之一，邵荃麟援引领袖的观点无疑是一种正确的做法。那何谓"沙龙式"的语言和情感呢？邵文援引《诗刊》1957年第6期所载马雅可夫斯基《最后一次的演说》中的观点，如是评述了这种"错误"的倾向："今天作家习惯于用那种为知识分子所臆造的语言写作，习惯于用那种脱离了大街和群众的语言写作，而且把这种语言称之为文学语言。这种语言局限于沙龙小圈子与沙龙情趣，只适于来谈情说爱和描绘某些舞会上的戏剧场面等等等等。"不过，总的说来，邵荃麟对于穆旦批评，无论宏观立论还是具体措辞基本上都没有超出此前几篇批判的范围。

文艺界的另一位领导——1957年5月，与穆旦在中国作协大楼曾有过交谈的郭小川[1]，在《文艺报》1958年第9期发表的《我们需要最强音》一文中谈及《葬歌》。《文艺报》当期有"诗人们笔谈·革命的现实主义和革命的浪漫主义相结合"专辑，郭文认为"要把我们所说的革命的浪漫主义和知识分子的有气无力的叹息和幻梦严格地分清界线"，《葬歌》中的两段诗被用作批评对象："个人主义者跟自己的过去告别，这个愿望，当然是无可责难的，但是又多么地依恋呵！"

稍后，曾经"大胆、热情地鼓励"穆旦写作的徐迟也发了言。在20世纪中国文化史上，徐迟是那种有着良好的艺术修为的诗人，同时，他还有一种特异之处，即对于时代气息变化的那

---

[1] 郭小川著、郭晓惠执行编辑：《郭小川全集》（第9卷），桂林：广西师范大学出版社，2000年5第98页、第102页；相关讨论参见子张：《穆旦与郭小川在1957年前后的交往》，《长沙理工大学学报》，2018年第2期。

份敏感度。强调"抒情的放逐"[1]（这一观点当年为穆旦引述过），提出文艺要反映四个现代化的命题[2]，都产生于历史转折的关头。1957—1958年间，徐迟有公开批判艾青的文章，对于穆旦的批判则是应和着1958年兴起的"新民歌"思潮。

1958年5月14日—18日，河北省文联召开诗歌作者座谈会。会议由《蜜蜂》主编、诗人田间主持，正在怀来县下乡的徐迟应邀参加了会议，并有过三次发言，最后以《南水泉诗会发言》为题刊载于《蜜蜂》第7期"诗歌专号"。文章将诗风分为"东风"与"西风"——"东"与"西"直接成为政治标尺。"西风派"是有着"资产阶级的现代主义风格"的东西，穆旦属于"西风派"："'平衡把我变成了一棵树'，写得很晦涩，很糟糕。他翻译过普希金很多的诗，译笔都很流畅，很明白，但他自己写的诗正相反。他是有老祖宗的，可以指出他模仿英国的那几个诗人。穆旦的诗确是很典型的西风派。这种西风派的诗歌的出现和存在，影响了许多人。""东风派"则是"有中国气派、中国风格的，民歌和古典诗歌传统的诗风"。"东风西风之间有斗争"，"现在在诗歌上也是东风压倒西风。中国人民自己的民族的风格，要把西风驱逐出去。"循此，徐迟最终呼应了一个时代性的大命题：新诗发展道路就是民歌，民歌就是"新时代的人民的诗歌"，"民歌就是新诗，新诗就是民歌"。

前文曾引述周良沛的观点，其中谈到徐迟私下里认为《葬歌》所引发的议论"没有什么大不了的事吧？"。但是，一如不同层面

1　徐迟：《抒情的放逐》，《顶点》1卷1期，1939年7月。
2　参见徐迟：《文艺与"现代化"》，《文艺报》，1978年第3期；《新诗与现代化》，《诗刊》，1979年第3期。

的读者对《九十九家争鸣记》的认识分歧,徐迟私下里虽这么认为,在公开场合却将"新民歌"视为唯一准则,并循此展开批判,这样一种"公""私"之别,大抵可视作批判者对于时代话语的臣服,也隐喻着知识分子的某种尴尬境遇。不同于一般论者的是,徐迟非常了解穆旦的成长背景,他明确提及穆旦是普希金诗歌译者,但并未着意指明"穆旦"就是"查良铮"(不知其他读者是否知晓);以此来看,尽管徐迟的行文逻辑与其他论者相类,但也并未将穆旦的成长纳入政治轨道之中,这似乎表明徐迟还是有所保留的。这样一种保留——也包括邵荃麟的套话,多少都有种应景色彩,透现了这些文艺界领导者身上所承负的历史压力。

再往下,《诗刊》1958年第8期还有李树尔的《穆旦的"葬歌"埋葬了什么?》。这也是一篇单独批判穆旦的文章,称穆旦对思想改造抱有"修正主义的态度",《葬歌》"好像是'旧我'的葬歌,实际上却是资产阶级个人主义的颂歌"。稍后出版的《四川大学学报(社会科学)》3、4期合刊,所载李隆荣《谈谈新诗》一文也谈及《葬歌》,认为它和蔡其矫《南海上的一棵相思树》等作品,"更是情调阴暗、意绪消沉,而且形象、意境也往往或隐晦、或陈腐"。

以时代语境观之,知识分子既要为工农兵服务,人民群众自然也有着重要的发言权,《诗刊》1958年第4期和第7期即分别推出"工人谈诗"和"战士谈诗"专辑。所刊载的不是单篇文章,而是一两段或长或短的文字,应是辑录自工人和战士们的来信吧。一位工人称一些作者"对生活并没有深切的感受","求救于技巧,在语言上故意雕琢",读后"像吃苦药一般",艾青《在智利的海岬上》、穆旦《诗七首》就是代表。另一位工人称"诗是为广大工农兵服务的"，穆旦《诗七首》"写得很深奥，工人看不懂"，可见其"服务态度有问题"。一位战士称"全国工农业大跃进以来不但改变了祖国经济的面貌，也给诗歌创作带来了繁荣气象"，但也存在"诗风不正"现象："以写洋诗为荣"，"晦涩难懂"，"调子低沉情绪灰暗，听不到我们时代的声音，摸不到我们时代的脉搏，不知道抒发的是什么感情。像穆旦的诗"。"我们战士素来是爱憎分明的，对于诗歌也不例外"，"穆旦的'诗七首'之类的东西，我们会像一刺刀捅死一个敌人一样，一脚把它们踢开的"。

这些文学素养较差的"群众"与那些素养较高、写成了长短不一的论文的专业读者分享了共同的感受："晦涩难懂""情绪灰暗"。"情绪灰暗"对应于积极向上的时代语境，"晦涩难懂"则是一个时代读者感受力的外化。1940年代也有批评认为穆旦诗歌晦涩，但作者进行了积极阐释，晦涩与"风格传统"有关，经过"慎重的思索"，是可以"了解、接受"的。[1]而此时，晦涩首先被视为一种危险可憎的风格，一种时代性的错误：诗风晦涩的作者的思想意识、为人民服务的态度有问题；它崇尚的是资产阶级现代主义文艺思想，在政治上是难以容忍的，是要"一脚把它们踢开的"（想想，还是十年前的批判之辞更惊悚，标题就是"踢去这些绊脚石"）。晦涩无法得到有效的阐释——而这种缺乏阐释的事实似可表明，随着政治话语愈加严密，这个时代的读者已逐渐丧失阐释能力。

总体来看，比照1957年的批判文字，新的批判者笔下都融入了新民歌、新经济建设一类新的时代背景，批判之辞也有了升

---

1 李瑛：《读〈穆旦诗集〉》，天津版《益世报·文学周刊》第59期，1947年9月27日。

级——所操持话语的语言逻辑愈加简单赤裸，政治化程度愈加强炽，这无疑是时代话语愈加严厉的表征。而比照1940年代后期相关批判文章，其时穆旦诗歌也被认为显示了"知识分子的消极堕落悲观失望动摇不定的可怜相"，缺乏人民立场，是"人民之敌"。十年过去，话语虽有所变化，比如"资产阶级"属性被强化，但最终旨向都是"人民"，可见两个时代还是具有相当程度的延续性——这同时也可视为穆旦风格的某种延续，尽管其间的个人兴味已经大大减弱。

四 艺术与政治的纠结

综合视之，当时的相关批判文字共10余种，其中2种为篇幅较小的单独批判穆旦的文字，其他的为篇幅较大的综合性的批判文字，聚焦于穆旦批判，其间的基本路数为："不良倾向及反党逆流"一类政治帽子、"诬蔑""阴暗""晦涩"一类被肆意使用的主观判定；文章的展开思路也多有袭用：先批判艾青一类大诗人，再触及包括穆旦在内的其他诗人——批判有主次之分，措辞也有"极其"和"比较"之别。以此来看，在批判者眼中，穆旦是值得批判的，但也并不是最主要的批判对象——并不是急需批判的主要诗人。

检视这些批判文字所涉篇目，还可发现一个有意味的细节：1957年穆旦所发表的9首诗歌之中，有两首所有批判都不曾明确提及，即《美国怎样教育下一代》和《感恩节——可耻的债》。与"情绪灰暗"的其他7首诗不同，这两首处理的是美帝题材，前者写出了美国社会的"堕落和奸诈"，在"不讲究良心"的社会机制里,"下一代"的"血肉"将"涂满""正在描绘战争的蓝图";后一首将感恩节政治化,从"美国资产阶级"的历史罪恶(即"白种人屠杀红种'土人'的历史")上升到今日"也在向世界的各民族开刀"的高度。

放到当时的文化语境里,它们可谓应和了沉浸在社会主义国家成立的喜悦之中的中国人民对于"可耻"的"美帝国主义"的想象:那是一个物质文明发达、精神文明却低劣的社会。批判者在这等诗篇面前保持沉默,似乎可以理解成一种价值默认,一种微妙的犹豫与矛盾,虽然这并不足以消抵他们对于穆旦其他诗歌的反感与厌恶。

而将这一看似偶然的细节放诸新诗史进程之中,也可说是某种程度上的现象重复:1940年代末期,袁可嘉、唐祈等人,以及穆旦本人的一些诗歌,尽管对于现实有着强烈的批判性,但仍然被视为异己的力量而受到左翼(现实主义)阵营的批判,可见写作者的艺术诉求、政治意识与时代语境之间始终存在着一些纠结不清的难题。

文学体制的视角也可一说。这主要不是一个先在的构成,而是通过文学史著、相关选本等具体载体逐步形成的。在考察1950年代的穆旦,文学史著及相关选本也是一重视角。

新中国成立之后,"中国新文学史"很快被列为大学中文系必修课程,这种制度规定使得新文学史教材编写成了一项紧迫的(政治)任务。纵观这一时期的新文学史著,基本发展趋势是个人撰述逐渐被集体编写、(有限的)文学话语逐渐被政治话语与革命史叙述所代替。穆旦没有进入任何一种文学史的序列,自然是受制于文学史的写作环境,也可见出其在政治上的灰色以及名声的微薄。

1950年代出版的诗歌选本的总体数量不多，而且，由于文学史机制尚在初创时期，文学选本基本上并没有成为文学史的副本，尽管如此，仍可从中析出一些信息：这一时期的选本有年度诗选如《1957诗选》等；也有较长时段的新诗选本，如新中国第一部"五四"以来新诗选集《中国新诗选（1919—1949）》。[1] 其中均没有穆旦的名字。选本及相关序言均由臧克家（主编）完成，在《中国新诗选》的代序文章《"五四"以来新诗发展的一个轮廓》里，臧克家对于国统区诗歌几乎是完全漠视，对于1940年代后期曾在他显然知情或直接参与的诗歌丛刊发表过作品，甚至可能有过交往的若干非左翼诗人，如穆旦、杜运燮等，既不提及其名字，亦不选入其作品——这原本也属正常，但在《诗刊》创办过程中，臧克家曾明确向他们约稿，表达了肯定或赞誉意向，这可能意味着这样的事实：这些掌控了话语权的个人、组织在情感上或许认定穆旦一类"老诗人"的诗作具有更好的艺术价值，但这种带有个人倾向的意志最终还是屈服于时代话语，而无法提升为文学史话语。

　　这一时期新文学史著作的作者，如王瑶、刘绶松[2]等人，在读大学期间，与穆旦在文艺层面均有过交往，对于穆旦的写作状况也应有较多了解，但相关文学史著同样也没有穆旦的讯息。[3] 这样的景状，也可说是在某种程度上呈现了文学史权力的施展与时代

1　作家出版社编：《1957诗选》，北京：作家出版社，1958年；臧克家编选：《中国新诗选（1919—1949）》，北京：中国青年出版社，1956年。
2　在西南联大期间，穆旦曾加入南湖诗社，刘寿嵩（绶松）亦为成员之一。
3　王瑶：《中国新文学史稿（上）》，上海：开明书店，1951年版；《中国新文学史稿（下）》，上海：上海新文艺出版社，1953年。刘绶松：《中国新文学史初稿（上下卷）》，北京：作家出版社，1956年。

语境之间的紧密关联。

当然，并非所有的选本都关涉到文学体制，比如1957年12月出版的《三门峡短歌》这类明显应和时代经济建设潮流的当下性的诗歌集，即将包括穆旦的《三门峡水利工程有感》在内的38首诗歌收入其中[1]，尽管其时对穆旦一类诗人的批判已经展开，但"三门峡水利工程建设"这一时代主题显然还是展现了它的特殊效应。

五 译介文字中的复杂语调

总体上说来，在1950年代，"穆旦"虽然能够关涉到不少时代性的因素，但寥寥可数的写作、并非特别严厉的批判所构成的"穆旦"形象终究单薄。但这并非这一时期穆旦形象的全部，甚至可说并非主要的方面，更多的讯息来自翻译家"查良铮"这一面。

从1953年12月初次出版译著，至1958年，穆旦共翻译出版著作约25种（包括出版体制转轨之后新印的），多署"查良铮"。其中，拜伦译著两种、别林斯基译著1种署"梁真"，用的是"良铮"的谐音。发表于《译文》《文艺学习》《文学研究》等刊物的少量译文及译介文字亦署"查良铮"。很显然，穆旦有意将诗人"穆旦"与翻译家"查良铮"分离开来。因此，梳理"查良铮"的相关情状将有助于强化穆旦与时代之间的关联，丰富穆旦的整体形象。

前文已略略梳理了穆旦翻译俄文作品的情况，其英文译著的首次出版已是1955年11月，总数也不算多。对于从英语专业出

---

1 吴烟痕、青勃等：《三门峡短歌》，太原：山西人民出版社，1957年。

身的穆旦来说，个中滋味大概只有他本人才能清晰地感知。最初出版的是《拜伦抒情诗选》，之后则有《济慈诗选》、《云雀》（雪莱著）、《雪莱抒情诗选》以及与袁可嘉、宋雪亭、黄雨石合译的《布莱克诗选》等，其中，除了《拜伦抒情诗选》因为出版转制的缘故而有重印外，其他的均只见首印，因此，查译英文著作的总印数并不大，仅为数万册，与查译俄文译著相比，数量要小得多。但适当往后看，则可发现情形有很大改变：穆旦为翻译拜伦作品倾注了更多心力，如皇皇巨著《唐璜》，对其作品也给予了非常高的评价。何以会出现这种变化呢？简言之，和时代本身的变化以及穆旦对于文学功能的判断有关，即在 1970 年代，"拜伦"已然承担了新的功能，这是后话，留待后文再述。

　　研究者已经注意到，时代文学语境与穆旦译介择取之间有着密切的关联。[1] 实际上，考察这种关联有多重角度，比如，从译介文字入手。穆旦多半会为译著写下篇幅较长的译介文字，评介对象包括雪莱、拜伦、济慈、普希金、朗费罗等。粗看之下即可发现这些译介文字有着较为复杂的语调。大致区格，有两个声音：一个是对翻译对象的"历史局限性"的指陈，另一个则是对其艺术特点的描述乃至推崇。

　　以济慈评介为例，文章先指出其"历史局限性"："济慈不是革命的浪漫主义者（虽然，他也许是朝这个方向接近），他没有在诗中提出改造现实生活的课题，他的作品也不像拜伦及雪莱那样尖刻而多方面地反映现实"；但是，济慈诗歌艺术又"有其相当健康的一面"：

1　参见张曼：《时代文学语境与穆旦译介择取的特点》，《中国比较文学》，2001 年第 4 期。

他也和湖畔诗人们不同,即使只就"描写美"这一点而言;因为他所追求的美和美感,不在于神秘主义的、缥缈的境界(如柯勒律治),不在过去或另一个世界里,而就在现实现象中。他不像华兹华斯似地引人向往于过去的封建社会。他从热爱现在、热爱生活出发,他所歌颂的美感是具体的、真实的,因此有其相当健康的一面。他善于从瞬息万变的现实世界掌握并突现其优美的一面,而他认为,正因为这"优美"的好景不常,它就更为优美,更值得人以感官去尽情宴飨——济慈的诗在探索这样一种生活感受上达到了艺术的高峰。

或许是觉得"优美""以感官去尽情宴飨"一类说法与当时的语境相悖,文章末尾处别有意味地抬出了"苏联读者"的评价:济慈"在苏联读者中的声誉是很高的",他的诗歌呈现了"一个半幻想、半坚实、而又充满人间温暖与生活美感的世界。这样的作品在教育社会主义新人的明朗的性格方面,当然还是有所帮助的"。[1] 同样的行文逻辑——在文章的后半段加入一种辩护式的语气——也出现了朗费罗评介中。[2]

由此所形成的评介格局是:尽管此人有"局限",但也有"健康"的、值得介绍的一面;而且,他们往往已经得到"苏联读者"或者马克思主义经典作家的认可——这一做法被认为是为了保证译著顺利出版而施用的一种策略[3],即通过经典作家评价或苏联专家、读者的观点,来寻求乃至证明翻译对象的政治合法性,这是

1　查良铮:《译者序》,《济慈诗选》,北京:人民文学出版社,1958年,第5—8页。
2　见查良铮所译朗费罗诗歌10首,及《译后记》,刊《译文》,1957年第2期。
3　宋炳辉:《新中国的穆旦》,《当代作家评论》,2000年第2期。

当时及此前此后很长一段时间内的文学评介，特别是外国文学评介方面的普遍做法。

在穆旦这里，这一做法也可待细分。比如，对于雪莱的评介就表现得更为强炽，其中更多地强调了雪莱作为"一个真正乐观的思想家"的一面，指出雪莱的抒情诗"给我们刻绘了一个崇高的人的形象"，对革命经历与革命激情给予了高度赞扬；同时，也指出其唯心思想、改良思想给诗带来的"不可否认的弱点"，"现实主义""阶级性"等标准被较多使用。显然是为了消抵这种"弱点"，文章也援引了恩格斯一类经典马克思主义作家对于雪莱的赞美性评价。[1] 与济慈评介相比，这篇文字的阶级分析色彩要浓重许多，对于阶级的强调凌驾于对其艺术特点的肯定之上，因此，其中固然包含了某种策略性因素，但也提示了穆旦与时代主流话语在某种程度上的合拍，即如研究所指出的，当时穆旦在翻译雪莱等人的作品时，"对时代熟语的接纳""革命话语的介入""宗教因素的过滤"等方面，体现了意识形态的影响。[2]

但是，如若过于强调意识形态所打下的"烙印"可能也并不恰当。在此后一份穆旦本人希望出版但未能如愿的[3]、为象征主义诗人丘特切夫所写的译介文字里，列宁、托尔斯泰等经典作家的赞美性评价也被援引，对其诗歌艺术、人生经历及象征主义的评

---

[1] 查良铮：《序》，《雪莱抒情诗选》，北京：人民文学出版社，1958年第1版，1982年第3次印刷，第1—21页。

[2] 高秀芹、徐立钱：《穆旦：苦难与忧思铸就的诗魂》，北京：文津出版社，2007年，第148页。

[3] 1963年，穆旦翻译了《丘特切夫诗选》，并作长篇《译后记》，一并寄给了人民文学出版社，这一举措显然蕴含了希望出版的意念；但该书直到1985年才由外国文学出版社出版。

第十六章 "穆旦"与"查良铮"

价在总体上却较为精当，阶级话语似乎又消失了，而且，由此还可以进一步关联到穆旦诗歌的隐喻问题。[1] 以此反观之，问题呈现出了一种复杂的、矛盾的景状——这样一种复杂性，在相当程度上透现了严酷的时代在个体身上所施与的压力，以及个体为了应对这种压力所体现出来的复杂态度与立场。

再者，较长一段时间内，穆旦所作译介文字或为译著所作注释，所援引的权威说法多来自俄语方面的资料，也包括从俄文转译匈牙利和印度作家的作品；但到了1970年代，情形已有所改变，为重译《唐璜》所作大量注释，为《英国现代诗选》所作的细致注释，以及译介文字对于拜伦的评价等，均取自英文文献。鉴于穆旦在从事翻译时，对注释始终多有看重，而所采信的文献"语种"的变化，应该也反映了翻译行为本身的变化：1958年之前，译著可以公开出版，1970年代则成为一种潜在性的行为，这可能使得穆旦在实际处理中少了许多所谓历史的压力，即如周珏良在评价《英国现代诗选》时所言：在那个不知道译作"还有发表的可能"的年代里，穆旦为译作寻求注释"纯粹是一种真正爱好的产物"。[2]

六　"查良铮"与"穆旦"的分离局面

从"查良铮"切入，还关涉到1950年代的出版机制。穆旦无名无势，不过是一位刚刚留学归来的译界新人，能在短时间内

1　参见李章斌：《〈《丘特切夫诗选》译后记〉与穆旦诗歌的隐喻》，《南京理工大学学报（社会科学版）》，2009年第4期。
2　周珏良：《序言》，查良铮：《英国现代诗选》，长沙：湖南人民出版社，1985年，第2页。

出版大量译著，勤奋固然重要，出版机构或某些个人提供的便利也非常关键：深入前者，将涉及出版由私营向公营转轨等一系列制度问题；深入后者，则可引出一些人事方面的因素。从表面上看，两者似可统归为一个事实，即巴金、萧珊夫妇所起到的关键作用，但前者终究是一个时代性的大命题，后者是人事方面的小问题，还是应分而视之。不过，这方面所能寻访到的文献并不多，这里暂且从1954年6月19日穆旦致萧珊的信提出一点看法。信中写道：

> 你提到平明要归并到公营里去，也很出乎我的意外，因为我想也许可以经过公私合营的阶段，这自然不是一件很愉快的事，对你，对我。至少由于你的力量，我得到了不小的帮助和便利，一变为公营，这些就要全没有了，令人惋惜。对于巴先生和你来说，多少可以做为自己事业的依据是不是？但这既然是大势所趋，也只好任由它去了。好在我们并不是没有工作能力，也有了些表现，总算比别人沾了些光，就在这样的基础上往下走，也是走得通的，并不是没有路。[1]

"并不是没有工作能力"表明的是一种自信；"你提到"意味着信息由萧珊告知；"出乎我的意外"显示出穆旦原本并没有准确地判断时代情势，对于"自己事业"失去的感慨，则可说延续了此前关于"个人翻译"的看法。可见在时代转折之际，穆旦对于和自己工作切实相关的信息的把握是被动的——这种"被动"，

---

[1] 穆旦：《穆旦诗文集》（第2卷），第159页。

似也可理解为一个没有权势的知识分子在变幻莫测的时代面前无法自立又无可摆脱的命运状态。

穆旦最初的译著全部由私营的平明出版社出版，1955年底，平明出版并入新文艺出版社。[1]从表象看，出版机制的转轨（公私合营）对查译著作的出版有着重要的影响：从1953年底到1955年底出版机制转轨，查译著作有一个出版高峰；1956—1957年中段基本上没有出版；之后到1958年底才又是一个高峰。当然，前文也已指出，"外文系事件""肃反运动"对于穆旦的翻译也有着切实的影响。

进一步说，将"穆旦"与"查良铮"放置在一起，在材料并不充裕的情形下可提出的认知是："穆旦"与时代之间大致是紧张→放松、投入→新的紧张；"查良铮"与时代之间则从一开始就具有一种良性关系：热切投入→为时代所接纳，出版机制转轨虽一度中断出版，但最终还是顺利接上。当"穆旦"犹疑、受批判的时候，"查良铮"却自如地游走于时代之中，积极地参与到新中国的文化建设之中，"穆旦"与"查良铮"，境遇相对立的两张脸孔，却为同一个人所享有——与他共患难的妻子、一些熟悉他的友人和文化界人士自然是知晓的[2]，但在更广的读者群、更大的时代空间里，形象分离已不可避免。前述穆旦诗歌的批判者均未提及"查良铮"，即是一个重要的表征。

问题还在于，新中国的"穆旦"与"查良铮"虽被有意剥裂，

---

[1] 1955年12月29日，萧珊在致巴金的信中提到："平明今天正式过去了……昨夜新文艺开联欢会。"见李小林编：《家书——巴金、萧珊书信集》，第227页。
[2] 非常有意味的一个现象是，穆旦回国之后，袁水拍曾向其赠送不少著作，题签也有区分：译作题为"良铮同志指正"，诗集则题为"穆旦同志指正"。

更早的情形却并非如此：穆旦的早年译作，不管是文学类译作，还是国际时事类文字，署名都是"穆旦"，可见当时"穆旦"兼有诗人与翻译者的双重角色。以此观之，从第一部译著开始，"查良铮"这一和现实生活中的日常称谓等齐的本名就有意取代了那个充满个人兴味的诗人名字"穆旦"，最终则形成了"查良铮"与"穆旦"截然分离的局势。由是，可以认为其中明确包含了穆旦对于时代语境的感知，须将这一事实放到时代的大语境之中来理解。

进一步的追问是，就整体形象而言，"穆旦""查良铮"这两张脸孔到底有着怎样的交互机制呢？是不是后者给予了前者以精神慰藉，而前者是不是也影响到了后者的选择？从一些表象事实看，穆旦这一时期的诗歌形式变得整齐，这可视为译诗对于创作的影响；讽刺手法的较多使用，可能是拜伦诗歌在暗中发挥作用。而从翻译对象、翻译语汇的选择等方面来看，则可发现翻译工作的体制化或者意识形态层面的问题。翻译时兴的苏联文学理论教材季摩菲耶夫的《文学原理》，即意识形态的影响所在。再往下，1957年为美国诗人亨利·瓦兹渥斯·朗费罗诞辰150周年，穆旦响应世界和平理事会发出的该年度全世界纪念这位诗人的号召，翻译朗费罗诗歌10首，这可视为1950年代中期以来，文学翻译工作逐渐循入一种"有计划、有组织、有领导"[1]的体制的表征。

综合视之，与其说是"穆旦"在规约"查良铮"，倒不如说是"穆旦"与"查良铮"对于时代——一个复杂的政治文化语境的综合反应；反过来说即是，一个风云变幻的大时代对于一个渺小的个体产生了复杂的压力，造成了个体形象乃至人格的分裂。

1　语出孟昭毅、李载道主编：《中国翻译文学史》，北京：北京大学出版社，2005年，第287—294页。

此外，1953—1958年间读者、专家对于查译作品的看法也可堪考察。这方面的材料尚不多见，据说，1953年10月左右，卞之琳认为查译普希金诗歌"比得过一般译诗"。[1]之后，查译著作大量出版，相关评价倒并不多，如《西方语文》《译文》等刊物都没有相关评介文章，这种被冷落的状况与查译著作的大量刊布似乎并不相称，也使得对于"查良铮"更为全面的观照还只能暂时悬置。

余论　历史的效力

纵观之，1953—1958年间，穆旦的写作与新中国时代语境之间的关联是较为清晰的：穆旦不仅参与了时代话题的讨论，而且以检讨这一特殊形式建构了自身的形象——在妥协之中还隐隐地坚持着自己的诗学原则。尽管一些专业读者如徐迟、臧克家、袁水拍等人都知道穆旦早年的诗名，但是，两个时代的批评作者完全相异，新中国所有相关批判文章均未提及1940年代的穆旦，也未引述、附和当时的观点，这既表明不同时代之间的相互隔绝，新中国读者对于新诗历史非常陌生；也反过来表明1940年代穆旦诗名的限度。时代既已隔绝——穆旦与过去的联系既被切断，除了约稿和一些私下场合里的谈论等少数情形外，1940年代后期生成的穆旦批评空间根本未及展开：从诗歌初次发表到批判之辞全面出现之间仅有数月，穆旦诗歌根本来不及得到正常的批评就被粗暴的批判之辞裹挟而去，新中国给予"穆旦"的只是一个狭小、

---

[1] 据1953年10月5日，萧珊致巴金的信，见李小林编：《家书——巴金、萧珊书信集》，第140页。

单一的空间，一个单面的形象，这与其说是传播，倒不如说是一种限制——由于批判话语多有共通，即从情绪阴暗、晦涩难解而上升到思想意识与政治觉悟，非常明显地附和了时代话语，因此，这种限制同时也指向时代和批判者本身。

这一阶段"查良铮"对于新中国文化建设的热切参与，以及时代对于"查良铮"的积极接纳，丰富了穆旦的整体形象，强化了穆旦形象的复杂性，却也历史性地造设了"查良铮"与"穆旦"形象的分离局面。

而1958年底穆旦被宣布为"历史反革命分子"——被扫进历史的角落之后，也还有可说之处。其时，查译名著的影响仍在持续——几种译著在1959年仍有重印，更多的则是此前译著在读者间流传。微妙的是，通过《郑州大学学报》这一地方性的学报，"查良铮"又一次与时代建立了关联：1962年11月，郑州大学教师丁一英发表《关于查译〈普希金抒情诗〉、翟译莱蒙托夫的〈贝拉〉和鲁迅译果戈理的〈死魂灵〉》，对1955年版查译《普希金抒情诗》提出了批评。1963年2月，刚刚被天津市公安局批准撤销管制的穆旦就写下了长文《谈译诗问题——并答丁一英先生》，于4月刊出；11月，丁一英又有回应文章，《读查良铮先生〈谈译诗问题〉的来信》。[1] 如穆旦本人承认，他的译本确有错误；但分歧主要是翻译应"讲本分"还是允许"创造性"行为上的不同。相较之下，丁认为应"讲本分"，查译更讲究艺术性创造。

这里无意纠缠于翻译原则的问题，而是想强调这一回应行为本身着实富有意味：在并不算短暂的写作生涯中，《我上了一课》

---

1 分别刊《郑州大学学报》，1962年第1期（总第1期）、1963年第1期、第3期。

只能算是一种被动的回应行为,而《谈译诗问题》可算是唯一的一次,穆旦对于批评主动做出了公开回应。回应发生在一个微妙的时机,其时,管制虽被解除,工作仍是在南开大学图书馆,从事整理图书、抄录卡片、清洁卫生等杂务。而"历史反革命分子"这一罪名显然仍是一个重重的阴影施加于穆旦的全部形象之上,"穆旦"虽已无法动弹,"查良铮"却依然有机缘发表长篇大论,历史的效力真是奇妙。

第十七章

"把自己整个交给人民去处理"

一 被打成"历史反革命分子"

1959年1月1日——西历新的一年的开始,穆旦在日记中写道:

> 正午希武来午餐,下午良良夫妇来晚餐。谈到我最近受处分的事。我总的感觉是:必须彻底改正自己,不再对组织及党怀有一丝不满情绪,以后应多反省自身,决心作一个普通的勤劳无私的劳动者。把自己整个交给人民去处理,不再抱有个人的野心及愿望。

希武即妹夫刘希武,时为天津市五中的教师;良良即周与良的三哥周良良,时为天津建筑设计院工程师,都是关系亲密的自家人,会面的时候自然会谈些私密的事情。"受处分的事"世人多半已知晓,即被打成"历史反革命分子",1958年8月19日,经天津市委五人领导小组批准,穆旦被定为历史反革命分子,并决定判处管制。而依据12月18日天津市人民法院(58)法刑一管

字141号判决书,穆旦被依法判处管制三年,撤销副教授职务,由六级降为十级。判决的主要依据为:

> 查在1940年以前在西南联大时,曾参加"青岛"、"南荒"等反动文艺社,发表反动文艺,同时在匪中央日报上书写反动诗《火炬》。1942年2月充匪青年军少校翻译官去往印度,回国后在匪国民党干训团充中校秘书,1948年在联合国粮农南京办事处任翻译,同年12月到暹罗又任该处秘书。1952年回祖国,……反动思想没有得到改造,与南开大学×××形成小集团对抗领导,肃反被斗宽大处理后仍心怀不满……1957年党整风之机,大肆向党进攻,在人民日报发表《九九家争鸣记》反动文章。[1]

1959年1月9日,穆旦"经天津市中级人民法院判处管制三年"。[2] 据称,"当时对一些有历史问题的人,较多的是受到'内控',只有极少数人是被法院明定的,穆旦便是正式由法院宣布为'历史反革命'和'接受机关管制'的一人"。[3] 问题的严重性可见一斑,尽管从表象事实来看,在偌大的南开校园之内,在"历史问题"方面,不事张扬的外文系副教授穆旦似乎并不足以成为最严重的"极少数人"之一。

被宣判为"历史反革命分子"之后,穆旦被赶下了外文系讲

---

[1] 未见原件,现据查良铮档案之《关于查良铮问题的复查意见》(中共外文系总支,1979年4月21日)。

[2] 未见原件,现据查良铮档案之《天津市中级人民法院下达判决书》,1979年8月3日签署,文件号为(79)津中法刑申判字第436号。

[3] 来新夏:《怀穆旦》,《中华读书报》,1999年12月22日。

堂，到图书馆"监督劳动"——其实就是打扫卫生，相比于后来对于知识分子大规模的劳动改造，此时的劳动强度应该要小不少，但初次经历此类事件的穆旦，改造自我的决心还是很大的，其在1959年1月9日的日记写道：

> 自五日起，我自动打扫图书馆甬道及厕所，每早（七时半）提前去半小时。这劳动对自己身体反而好。
> 前两日，冯老找我谈一次话，我曾要求增加工作时间，他说组织说不用。告我要紧的是精神愉快，做事才能积极主动。

"冯老"即时任图书馆馆长的冯文潜教授（1896—1963）。"自动""提前""要求"这些词表明，穆旦显然希望通过更大强度的劳动量、更为积极的劳动姿态，来获得"组织"的认可；但在冯文潜这样历经世事、学养丰厚的长者眼中，"历史反革命分子"或许并不算什么错误。尽管并没有材料显示穆旦与冯文潜的交往情况，但还是有理由相信，曾为西南联大教授的"冯老"应该知晓年轻的外文系助教查良铮弃教从军的事迹。"组织说不用"，并告知要保持"精神愉快"，这可视为组织对下属，或者说，一位长者对于一位年届中年的知识分子的安慰与关爱。

二 "承受着极大的痛苦而不外露"

在"组织"的某种关照之下，情势固然没有变得更糟，但对一个在国难当头之际从军、在国家需要建设人才的时刻回来报效祖国、在实际工作中又相当勤奋,却屡遭磨难、最终被打成"历史反革命分子"的人而言,要保持"精神愉快"无疑是相当困难的。

穆旦被打成"历史反革命分子"一事,对于家庭所造成的影响,以及他的精神状态,多半只见于妻子周与良的回忆,她先是提到了一个别有意味的细节:

> 良铮拿到判决书,过了两天,先去告诉我父亲周叔弢,然后把我叫到父亲家才告诉我。判决书上写着如不服此判,可上诉。和家人商量,认为这种判决上诉无门,不可能胜诉,只能逆来顺受。当时许多青年学生被定为右派,下放农村劳改,良铮虽被定为"历史反革命",机关管制三年,每月发生活费60元,但仍和家人住在一起。

穆旦从拿到判决书到告诉家人——不是直接告诉妻子,而是先告诉阅世更多的岳父——这两天里内心状况已无从察知,但显然是经过了激烈的思想斗争。之后的情状,如周与良所描绘:被打成"历史反革命分子"的丈夫,精神痛苦,停止写作;家人也受到歧视。但一段时间内,孩子们对于父亲的遭遇并不知情——

> 他从不抱怨,只是沉默寡言,自己承受着极大的痛苦而不外露。从此我们家没有亲朋登门,过着孤寂的生活。所谓"监督劳动",就是扫地,图书馆楼道和厕所每天至少打扫两次,原有的工人监督他劳动。晚间回家写思想汇报,认罪反省,每周去南大保卫处汇报思想,每逢节假日被集中

到保卫处写思想汇报。1962年初，虽然解除管制，但每逢"五一""十一"节假日，他要去图书馆写检查。他受管制三年，没有告诉他父母，他们一直不知道。春节期间他不能带孩子去北京拜年，只能推说忙，把二老接来天津。他被错划为历史反革命后，我和孩子们经常受到歧视。有一次，英传回来说，学校不让他当少先队大队长了。孩子很伤心，他一言不发。有时过去的熟人见到我低头过去，假装没看见，我很生气，他反而劝我不要太认真，事情总会过去的。自从1959年被管制，直到以后的年代里，良铮很少和亲友来往，连信也不写，他主动不和几位好友如肖[萧]珊、杜运燮等去信，怕给人家找麻烦。晚间孩子们经常闹着讲故事，他给孩子们讲"西游记""三国演义"等，讲到高兴时，和孩子们开怀大笑。因此，我经常鼓励他和孩子们玩。有时周日去我父亲家，他总和父亲谈文学，也给侄辈们讲故事。孩子们最爱听他讲故事。

[……]

我们家的不幸遭遇，孩子们一直到1966年"文化大革命"抄家贴大字报才知道。良铮和我不愿意让孩子们幼小的心灵承受压力。良铮非常喜爱子女。小英四岁就用油泥做各种动物造型，还做飞机、轮船、汽车、大炮，良铮总是鼓励他，表扬他做得好。经常下班回来给他带油泥。有时小英把捏好的各种动物造型、汽车、轮船排列放在小桌上，良铮看了十分高兴。后来稍大一些10岁左右，小英用洋铁罐头做轮船，上面挂着国旗，涂上各种油漆，一直保留到"文化大革命"才被砸烂。[1]

天津市公安局批准撤销对于穆旦的管制在1962年1月4日。[2]穆旦继续在南开大学图书馆任职员,从事整理图书、抄录卡片、清洁卫生等事务。但如周与良所述,每逢节假日,还是要去图书馆写检查。

被管制期间,除了日记之外,没有材料表明穆旦还在坚持写作和翻译。果真如此的话,则在三年多时间内,穆旦又一次陷入了沉默的状态。按照周与良的说法,他甚至讳言"穆旦"这个名字——

> 1958年以后,良铮甚至讳言谈自己曾用"穆旦"为笔名写过诗,以至于4个子女在他活着的时候都不知道"穆旦"这个名字。[3]

"讳言"表明诗人又一次意识到"穆旦"之名所具有的危险。不过,对于孩子们当年是否知道"穆旦"这一笔名,观点似不大确定。穆旦日后的交代中有"《穆旦诗集》《旗》,(都在1966年交图书馆的革命组织)"之语(《交待问题》,1968年10月9日),以此来看,1966年之前家里是有诗集的。而穆旦长子查英传称,小时候只是在爷爷家看到过诗集《旗》《穆旦诗集》,但一直到父

---

1 周与良:《永恒的思念》,杜运燮等编:《丰富和丰富的痛苦》,第158—162页。
2 据查良铮档案之《关于查良铮问题的复查意见》(中共外文系总支,1979年4月21日)。
3 周与良:《地下如有知 诗人当欣慰——穆旦夫人的书面发言》,《诗探索》,2001年第3—4辑。

亲去世，也不知道"穆旦"这个笔名就是父亲。[1] 穆旦的外甥女、妹妹查良铃的女儿刘慧则认为，查英传他们那个时候可能知道。[2]

三 图书馆编目股馆员的日常工作与美国史翻译

穆旦到图书馆，被安排在编目股。查1961年度南开大学《教职员工、教学辅助员名册》，编目股"查良铮"这一名字之后的备注栏有说明："反革命分子管制"。时任图书馆馆长为冯文潜，副馆长为沙林、范维存、钱荣堃，编目股馆员共有王玉琢、杨朴魁、王端菁等18人；阅览股有王景韫、赵霖等12人；采购股有张绍钰、陈淑珍、金敏慈等9人。

在编目股，穆旦的工作是什么呢？当事人对此有过回忆，不过说法略有差异。曾任文学院党支部书记的历史系教授魏宏运的说法是，杨朴魁是做中文编目，查良铮做英文编目。[3] 魏宏运1951年即从南开大学历史系毕业留校，大半生在南开度过，其自订年谱对南开各方面的情况有详细介绍，可作穆旦研究重要的背景资料。"外文系事件"的档案卷宗之中，也出现过他的名字。

王端菁的说法更为详细。[4] 王端菁称呼穆旦为"老查"，早在1954年"红楼梦座谈会"的时候，她就是记录员，当时觉得气氛比较轻松，有说有笑，后来听说成了个事件，她觉得挺奇怪

---

[1] 据2006年4月10日—12日，笔者与查英传、查英传的谈话。
[2] 据2006年4月14日，笔者与刘慧的谈话。
[3] 据2006年4月12日，笔者与魏宏运先生的谈话（南开大学文学院李润霞博士在场）。
[4] 据2006年4月13日，笔者与王端菁、李万华夫妇的谈话（南开大学文学院李润霞博士在场）。

的——不过，时隔半个世纪，王端菁在此事上讲述已有些模糊，她还提到一次有教育部的一位司长参加的、气氛严肃的座谈会，但已说不清楚到底是哪一次。[1] 1959年，王端菁进入编目股，与老查有了更为直接的交往。在日后的口述中，她所谈内容可分为三个方面：主要是业务方面。查良铮主要工作是"干外文打字"；当时图书目录"主要是蓝色的油印的那种"。"杨朴魁是整个编目组的负责人，管外文编目"；她是副的，"管中文编目"；"外文由杨朴魁和王玉琢两个人编目，最后由查良铮打出来"。当时大家在一个大屋子工作，查良铮坐在角上"不言不语地打"。"每天工作8个小时。8点来上班，上午8点到12点，下午两点到6点"，严格打铃、签到。主要事情是"业务上的"，"工作并不轻松，因为不光是原版书，还有影印的书，数量还是比较大"。也谈到查译著作。"有一次听管我们的领导说，当时是人民文学出版社还是其他出版社来征求意见，说查良铮翻译的普希金的《欧根·奥涅金》是译文中最好的，说能不能出版？当时说能出，但是不出他的名字。后来大概是没出成。"再者，关于当时的政治学习。"图书馆很多地方都是书架子，政治学习的时候，查良铮就坐在最角上，拿本外文书在那里看"，有人有意见，"政治学习怎么能够看这个呢？"她就悄悄叮嘱，"以后别看了，有人盯着你呢"。王端菁的说法，得到了她的丈夫李万华的确认，"查良铮搞卫生，但主要是打字"。李万华当时在教材科（在图书馆四楼）上班，"文革"中与

---

1 现存档案之中，有一份"高教部综合大学教育司李司长和校长、教务长座谈会的记录"，时间为1954年12月4日，不知是否即王端菁所指。

穆旦在同一个"牛棚"进行改造。[1]

编目股馆员查良铮,除了打字、卫生一类日常工作之外,也曾应历史系邀请,参与过俄文和英文翻译方面的事情。不过,此一行为从未见于公开发表的家属回忆文和记录其采访内容的文字,穆旦日记的相关年份缺乏,而当事人披露相关信息的时间较晚,较零散,且有可疑之处。

最初披露此事的,是冯文潜之子、1963年6月之后调到南开大学历史系资料室工作、任美国史研究专家杨生茂的科研助手的冯承柏(1933—2007)。在他看来[2],"编目这个工作也还可以","无论如何还是用查先生的专长吧。因为他外文好。工作量不是很大。工作相对来说还比较稳定"。邀请他去历史工作,先是跟"反修"运动有关:"当时系里正在搞'反修',批判历史学领域中的修正主义观点","组织了一批外文系的俄文教师来批判","俄文好"的穆旦也在其列。此事算不上"运动","是中宣部还是哪个上级交给的带有政治性的任务",所写材料没有正式出版,"当时大概有人在这个基础之上写过一篇大批判的文章,用了这里边的一些资料"。随后又因为穆旦英文好的缘故,"顺带"请他做了些美国史的翻译工作,"翻译量不大",日后结集出版的译著成果"很容易找到",即《美国南北战争资料选辑》(1978)等。

较早时候,因文献所限,只能依据冯承柏到南开工作的时间,认定其不早于1963年6月,后又有一些新文献出现,时间可进一步确定。比较关键的文献应该是坊间所传2000年6月12日穆旦

---

[1] 关于李万华的更多情况,可见李万华口述、徐悦采访整理:《南开忆往》,天津:南开大学出版社,2021年。
[2] 如下所引均据2006年4月11日,笔者与冯承柏先生的谈话。

第十七章 "把自己整个交给人民去处理" 481

妻子周与良给余世存的信——这也是目前所见家属关于穆旦翻译美国史资料的唯一说明。其中提到出版的两种译著："最近了解到1964年秋到1965年8月（因为1965年9月全校师生下乡四清去了），穆旦由南大图书馆借调历史系美国史研究所做翻译工作，据冯承柏教授回忆说这期间穆旦还给部分青年教师讲英语，据他说选的是一本英文小说，他还说请穆旦讲英文，青年教师自发的，领导不知道"。写得很清楚，周与良对当年穆旦参与美国史翻译事并不知情，其信息即源于冯承柏。

资料显示，南开大学所进行的美国史翻译是在1964年，经高教部批准的美国史研究室成立之后。研究室首任主任为杨生茂教授（1917—2010），"随着国际局势的变化，中央意识到我们急需对外国有更多的了解，毛主席指示高教部，研究三大宗教和地区国别史"，当时杨生茂等人"正在冀东搞四清，被告知学校有任务，奉命回校，至于任务的内容秘而不宣，回到学校后才知道历史系要组建三个研究点"，即日本史、拉美史和美国史。也就是说，该研究机构有特殊的时代背景与政治属性，是"按照自上而下的指示建立的"。[1] 若是，穆旦未将相关情况告知家属，也是情有可原。现暂未查得美国史研究室成立的具体月份，但日后的纪念成立会议在10月中旬召开，周与良信中称翻译工作始于1964年秋，时间上大致吻合。而1965年9月之后，"南开大学历史系师生一起去盐山再次参加四清运动，直至1966年6月中旬返南

---

[1] 参见杨令侠《南开美国史资料室的故事》、杨生茂《在"庆祝历史所日本史/美国史研究室成立30周年"会上的发言（1994年10月13日）》，杨令侠、朱佳寅：《中国世界史学界的拓荒者：杨生茂先生百年诞辰纪念文集》，天津：南开大学出版社，2017年，第664页、第12页。

开"[1],"再次参加"与前述材料提到因中央有命令、杨生茂等人中断在冀东的"四清"工作而赶回学校筹办美国史研究室正相对应,故前后时间,可依周与良的说法。

冯承柏所提到的《美国南北战争资料选辑》(上海人民出版社,1978),确实"很容易找到",初印即达60000册,年代稍久的图书馆应该都有。该书为美国史系列史料翻译中的一种,辑录的是反映奴隶主的残暴统治、资产阶级与奴隶主合污以及黑人为解放事业而英勇斗争的材料。署杨生茂主编,"引言"部分标注了9位译者的名字,为周基堃、查良铮、陈文林、王敦书、杨生茂、李元良、张友伦、冯承柏、白凤兰,但正文各章节未一一注明译者信息。

冯承柏未谈到、但周与良书信明确提到的美国史翻译著作还有《美西战争资料选辑》(上海人民出版社,1981),为1898年美国发动的对西班牙战争的资料选辑。此书有更明确的信息,署杨生茂、冯承柏、李元良编,其"引言"部分未标注译者的名字,但正文每一篇末均注明了译者和校改者的名字,其中译者7人,为冯承柏、李元良、查良铮、陈文林、俞辛焞、张友伦、林静芬,校改者4人,为李元良、周纪琨、冯承柏、杨生茂,译、校者合起来共9人,主要工作由冯承柏、李元良承担。其中,穆旦共翻译5篇,为《约西亚·斯特朗宣扬的种族主义理论(1885年)》《阿尔伯特·贝弗里治在波士顿的演说(1898年4月27日)》《美参议员阿尔伯特·贝弗里治的演说(1898年9月16日)》《麦金莱总统关于菲律宾问题的谈话(1899年11月21日)》《亨·卡·洛

---

1 据参与《美国南北战争资料选辑》翻译的王敦书回忆,见《王敦书教授谈治史》,《史学史研究》,2007年第1期。

奇在参议院的演说（1900年3月7日）》，均署"查良铮译　杨生茂校"。全书329页，这5篇共约26页，占比不足8%，冯承柏称"翻译量不大"，至少就《美西战争资料选辑》的翻译而言，大致即如此。而对照冯承柏的回忆与周与良所述，美国史研究室既是按照中央指示建立的，"借调"去翻译的说法似更可信，但就其实际工作量而言，则又更多"顺带"的色彩。

冯承柏又谈到，当时他和几个年轻人"英文底子并不好"，"很想找人在外语上给提高提高"，"趁此机会请查先生给我们讲英文"，此事"不超过三个月"，"一礼拜顶多两三次，有三四个人"；地点"在系里的一个小资料室里头，他给讲讲，我们有什么问题讨论讨论。"周与良称用作讲解材料的是"一本英文小说"，冯承柏说"可能是哈代的小说"，也算是大致相吻合。在另一处，冯承柏跟记者谈到："在短短两个月中，穆旦给我们讲述了很多知识。穆旦对我们年轻人特别好，我们有问题请教，他总是耐心解答，从不摆长者的架子。"而周与良的信中，有"青年教师自发的，领导不知道"之语，看似强调年轻人的主动性，实则还是跟穆旦的历史反革命分子身份相关。唯其身份有某种危险性，须背着领导进行；尽管就一般情形而言，学习活动在"系里的一个小资料室"进行，似很难逃开领导的视线。

就翻译本身而言，翻译这类有着浓厚的意识形态色彩的美国史料类书籍，或许会让穆旦想起当年写下的那两首关于"美国"的诗，而生发某种感慨。但在历史系的那个小资料室的交谈多半是轻松愉快的，交谈的对象是好学的年轻人，难得他们对于英国文学还感兴趣。至于冯承柏回忆所称"可惜，由于条件的限制，我们没能请他给我们多讲一些诗歌创作"[1],当是叠加了日后的情状而衍生的一种想象。

值得注意的是,关于穆旦翻译美国史资料还另有说法,信息来源为南开大学历史系的另一位学者——辜燮高教授(1923—2021)的回忆,其夫人董泽云为穆旦在图书馆的同事。辜燮高曾回忆"上世纪50年代和穆旦一道翻译《美利坚共和国的成长》一书的往事"。[2]据称,查良铮"一天定稿的翻译可以有千余字","又准确又优雅"。当时在翻译此书时,他们"接触频繁,经常交流译文,力求准确";"曾遇到一个二百个单词的长句子,穆旦抠了半天,翻译得很好";但"穆旦半年的劳动没获得一点点承认",辜燮高教授取出译著,只有集体署名,并没有署穆旦的名字。[3]不过,比照相关文献,辜燮高回忆中的诸多细节如相关翻译时间、署名、分工等方面,与相关译著都有不合之处,与相关人物的回忆似也有参差,但细察冯承柏、周与良等人的相关文字,其中也存在某种变数,有其模糊或矛盾之处,因此,一道关于作家传记文献搜集与考订的难题就这样横亘在前:明知相关文献存在漏洞,整合各类文献,仔细辩驳,却还是无法确断。

饶是如此,也还是可以借此窥见穆旦在1960年代中期或明或暗的境遇,最终情形正恰如两本译著的署名所示,基本事实是确凿的,但只有少许清晰的章节,更多含混之处。辜燮高的回忆

---

[1] 两处冯承柏的文字,均据尹广学主编:《中华经典诗文诵读·第5卷》,济南:山东友谊出版社,2015年,第69页。按,该引文出自穆旦诗歌《赞美》的相关链接材料。

[2] 邹汉明:《作为诗人和翻译家的穆旦》,《嘉兴日报》,2006年7月14日。

[3] 任知:《穆旦的天津已经没有了》,豆瓣读书,2008年10月30日(https://book.douban.com/review/1540271/)。按,从内容看,两人所述为同一次采访。

也提醒读者注意翻译文字的阅读效果——细读《美西战争资料选辑》中穆旦译文的一些段落，也还是可以听到一些动人的声音，比如《阿尔伯特·贝弗里治在波士顿的演说（1898年4月27日）》中有："假如这是意味着将星条旗飘扬在巴拿马运河上空，在夏威夷上空，在古巴和南海上空，那就让我们欢欣鼓舞地面对那一含意而且实现它吧，不管野蛮人和我们所有的敌人说什么和做什么。假如这是意味着盎格鲁—撒克逊人的团结，意味着英美瓜分世界的相互谅解，和英语民族的上帝联盟为这个备受战祸的世界求得的持久和平，那么星宿将为我们作战，无穷的世代将向我们欢呼。"[1] 翻译美国战争资料这一行为本身有着显在的政治属性，但撇开其中的观点与立场，译文本身也还是散发着某种诗性的光芒，完全担得上辜燮高教授的赞辞："又准确又优雅"。

个人史不得不呈现出晦暗底色，并多有空白之点，而这种混杂着政治语调与诗性诉求的声音，也可说是最终构成了此时穆旦传记形象的一部分。[2]

四　日记：另一种沉默的方式

关于穆旦被打成"历史反革命分子"之后的境况，还不妨从日记入手，考察其间存在的思想和事实线索。

穆旦是一个内心缜密的人，记日记的行为看起来很正常，但

---

[1] 杨生茂、冯承柏、李元良编：《美西战争资料选辑》，上海：上海人民出版社，1981年，第66页。
[2] 更多讨论参见易彬《作家传记文献搜集与考订的难题——从穆旦翻译美国史资料说起》，《南方文坛》，2022年第2期。

说来多少有些令人讶异，在 1959 年 1 月 1 日这样一个饶有意味的时间点——在失去人身自由，文学创作与翻译都被中止的时刻，穆旦开始记日记。这显然不能视为一种巧合，文字背后也应有某种冲动。

当然，所谓"开始"，是基于目前所发现的资料，或者说是基于所保存下来的资料。现存穆旦日记共有四本（种），从这一天到 1960 年 3 月 23 日为第一本日记。穆旦明确设定了日记的事项范围：

①思想斗争的过程，反省到的自身错误，自勉的决心及计画。
②公开的发言。公务及私务。
③值得记下的感情（而非自然主义地把一切琐屑都记下来）。

粗略翻阅即可发现，以 1970 年 2 月 16 日为界，日记呈现出截然不同的两种记法。之前，大段抄录各种讲话、文件、毛泽东诗词，即所谓"公开的发言"，字数往往在数百字以上。比如 1959 年 9 月底的日记写道：

思想总结提要：
①学习收获有二：ⓐ自八届八中全会[1]文件，学会要正确看问题，要看问题的本质和主流，而不要夸大缺点。党从全面看问题，所以肯定大炼钢铁的成绩。ⓑ不要从资产阶级立

---

[1] 1959 年 8 月 2—16 日，八届八中全会（中国共产党第八届中央委员会第八次全体会议）在庐山召开。

第十七章 "把自己整个交给人民去处理"

场对待群众运动,过去我对运动"半是拥护,半是批评",总以批评为快,对它的看法不离一个"糟"字。这是自己落后的根源之一。在外文系事件中,自己即曾夸大缺点。对肃反运动,即曾不满。

②补充上次思想报告中的两点:

ⓐ"阶级分析"方法是好的,可以达于真理,但使用它时必有一总的前提,即要为无产阶级服务。否则,即使知道有些方法,你也不会采用它。

ⓑ如何作党的"驯服工具"?有四点认识

(一)人在任何社会中,必然是一"工具",作工具并不只是社会主义社会的事。

(二)作旧社会的工具,抹杀人性;为社会主义的工具,发扬人的一切合理方面。是为崇高事业服务。

(三)作党的驯服工具,是否就不用思想?否,这正是发挥至大创造力的时候,可以以我国高速度工业建设为例。党的宗旨及组织原则,都以发扬民主为第一,绝非"唯唯诺诺"可以了事的。必须明是非及扫除个人主义,而后才能跟着党走。

(四)是否不自由?自由有两种:为所欲为、损人利己的自由,在这个社会是没有的,但却有合理发展个性的自由。你只要以党的方向为自己的方向,即感到自由。

恩格斯(反杜林论)"自由不是在于想像中的对于自然规律的独立,而是在于认识这些规律,并且在这种认识所给与的可能性之上,有计划地使得自然规律为着一定目的发生作用。"自由"只是由于认识事物而能作出决定的那种能力。所以人对于一定问题的判断越是自由，则所确定这一判断的内容，将带着同样大的必然性；而犹豫不决则是以无知为基础的，看来好像是在许多不同的和相互矛盾的可能决定中，任意进行选择，可是这种犹豫不决，正是证明他的不自由，证明他被自己所应当支配的对象所支配。"

1960年3月23日的日记中亦有大段文字，但完全是摘录，"我"并没有出现在其中。但在其他篇章中，自我反省和思想斗争的内容也不少，如1959年1月19日日记写道：

> 前晚起患感冒，昨日病了一天，未起床。今（星期一）上午请假了。最近想到，我的好与人争吵，必须改掉。杀气腾腾，这是我过去的作风的大毛病。若不如此，则不会犯种种错误。必须谦虚而谦和。

这一类篇幅稍短，一般为百数十字。1970年2月16日之后呢，日记完全是"自然主义"式的流水账：上午做什么，下午做什么，晚上做什么。内容为各式各样的体力劳动与日常事件，最长不过三四十字，一般为十数字，最少仅有两个字，1970年4月22日所记算是字数多的了——

> 收与17信。买一包肥皂粉（.37），挑了26担尿2担水。上午在原素所弄粪，晚小雨，列宁诞辰100年。

"收与17信"指的应是收到妻子周与良17日所写的信，"(.37)"所记应是价格，即3毛7分钱。这些背景信息基本上是可以明确的，但很多记载中，相关背景几乎完全隐去，比如1970年5月5—6日的日记为：

> 下午开校动员大会，连动员大会，4·18反革案。

其时，穆旦正下放完县。初看之下，所记仿佛是密语。查阅相关材料才能得知，原来在1970年4月18日这天，南开大学"校园内出现反革命标语，后来知道内容是发泄对江青的不满。反革命标语是用剪贴报纸上的铅字拼成的"。5月4日这天，全校师生从完县返回学校，追查这一案件。[1]

但是，在更多情况下，比如1970年5月11日"开市内落实3个文件大会"，1971年3月15日下午"开展'四大'大会"，4月8日晚"大会批黑电台"，1972年1月26日晚"讨论公开信"等等，尽管能推断出穆旦的日常生活受到这些政治事件的影响，但因缺乏背景材料，无从察知其确切含义。

据说，在类似环境之中，记日记是一件危险的事情，实际存留下来的日记非常之少。有两种写法最为典型：一种是"流水账"，另一种则是时代主流话语塑造而成的"套话"。前者"用词谨慎，四平八稳"，因为"日记中的材料，流露的思想和感情可以被解释或穿凿附会为置人于死地的罪名"；而后者，"绝大多数人没法在这种语言之外形成和表述思想，而这种语言中的思想和感

---

[1] 魏宏运：《魏宏运自订年谱》，第98—99页。

情则可以自动地与统治权力的意志保持一致"。[1]

表面来看,穆旦这一时期的日记即是如此。1970年2月16日之前所抄录的讲话、文件,本身即是国家话语,而那些带有自我反省与思想斗争色彩的内容与此前所述交代类文字相似,通过不断检讨,深挖思想病根,以期"与统治权力的意志保持一致";之后关于日常生活的流水账,则看不到他的内心世界——随着时间的推进,穆旦似乎违背了记录"值得记下的感情(而非自然主义地把一切琐屑都记下来)"的初衷,而有意识将自己隐藏在文字背后。

但站在后设立场往回看,事实就这样充满着吊诡色彩:一方面,阅读经验总会提示此一时期的文字——即便是私下的写作——往往是靠不住的;但另一方面,究竟应该用什么准尺来衡量"靠不住"呢?是作者后设性的文字陈述与解释?还是作者当时的其他文字?

穆旦所作译介文字呈现出复杂语调,一种复杂的、矛盾的景状,现在,结合日记的写作来看,那种复杂的语调实际上是透现了严酷的时代在渺小的个体身上所施与的压力,不同的历史语境给写作者造成了不同的压力,个体为了应对这种压力似乎将无可避免地呈现出复杂的态度与立场:落实到写作,良好的艺术修为固然能够保证穆旦写作行为的品质,但历史的负压却总是透过其作品或显或微地呈现出来,所谓认识的拘囿——对于时代话语的顺应,既可能是有意的策略使然,却也可能是一种切实的认识。

这种复杂性或许正可比照穆旦日记,特别是1970年2月16日之前的日记:它很可能只是一种策略,不是为了出版,而是设

---

[1] 徐贲:《邂逅口述史,发掘口述史:苏联的人民记忆》,《读书》,2009年第1期。

若有朝一日被抄家受审查的时候，有一份证明自己与时代主流话语合拍态度的材料？但是，也可能就是一种被时代所塑造的"套话"，即便是一种私人材料，也渗透着时代话语的影响；在那些记录思想斗争、充满反省色彩的内容里，也未必没有非常真诚的情感在里边。总之，不妨以一种复杂的眼光打量这些日记——或许，正是这种含混的复杂性构成了穆旦写作日记的动力，造设了日记文字的多重语调。

反观穆旦本人所设定的三条原则——尤其是"值得记下的感情"一条，以当下的认识来理解，它确乎是可疑的；但若结合如上背景，那也可说透现了穆旦在特定时代环境之下对于"值得记下的感情"的含混理解，这里边既不乏热切的投入，也有冷静的防备——1970年2月16日之后日记笔法的骤然变化，很可能即是防备心理最终完全占据了上风：简约文字足可记录一个诗人"劳动改造"的情形，文字一多就可能会"出了谨慎的范围"。[1] 这种相对单一的防备姿态，无疑更彰显了此前文字中那种含混而复杂的调性。

因为简约，因为自我防备，日记写作也可说是另一种沉默的方式。

五　交代、交代、再交代……

日记能够简约记载，向组织交代看起来却是无止境的——

较早时候从学校档案馆所获取的查良铮档案，内有8份履历

---

[1] 1976年10月30日，穆旦信中跟郭保卫谈到："你嫌我写信最多不过两页，但我觉得已经够多了，出了谨慎的范围了。"见《穆旦诗文集》（第2卷），第242页。

表格或思想总结类文字材料,时间从 1953 年回国之初到 1965 年"文化大革命"前夕。其中,所填各类表格有五份,分别为:

《回国留学生工作分配登记表》,1953 年 2 月 21 日
《高等学校教师调查表》,1953 年 6 月
《履历表》,1955 年 10 月
《干部简历表》,1959 年 4 月 19 日
《干部履历表》,1965 年

思想总结类材料有三份,分别为:

《历史思想自传》,1955 年 10 月
《我的历史问题的交代》,1956 年 4 月 22 日
《思想小结》,1958 年 10 月

有充分的理由相信,这 8 份不过是此一时期被保留下来的交代材料而已,更多的材料,或者被弃不存,或者根本就只是口头交代材料,如口头汇报与检讨、座谈会(谈心会)、检举会一类。

举两个例子。一个是前述"外文系事件"发生后,在一连串的思想教育的攻势之下,巫宁坤"有较深刻的自我检讨",周基堃"仅在党的同情组会议上有过应付式地极不深刻的检讨",查良铮"在若干场合又有较老实的初步检讨"。最终的处理意见也和检讨的态度有关,巫宁坤最终被定性为"倡导者",周基堃为"暗中积极支持者",两人均被"给予口头警告处分",查良铮则"不予论处"。这里所称,多半即是口头检讨,而查阅现存"外文系事件"

的相关档案,其中仅有周基堃的多份检讨材料存留了下来,穆旦和巫宁坤的检讨材料则没有归档。另一个例子是"肃反运动"之中,《我的历史问题的交代》的开头写道:"在运动中,自己并且交待过自己的历史问题。不过,由于在小组上,感到群众的压力,并且由于自己的错觉(认为要说"实质"和"意义",做了很多推论和假定),作了一些不附合事实的、不负责的交待"。从这里可以见出当时交代的一般情形,既有"小组会"上的交代(这多半是口头式的),也有正式的文字交代——其中包括改正小组会上交代的错误,《我的历史问题的交代》即用了大量篇幅,共有25页(方格稿纸竖行书写),约12500字。由此可见,交代的次数要频繁得多,材料的实际数量也要大得多。

现存于档案馆的穆旦交代材料之中,各种表格的格式大同小异,其基本项包括"姓名"(包括原名、曾用名等),"籍贯""住址""家庭出身"("家庭成分"),"家庭情况"([包括所有动产不动产及收支情况]的变化与原因合目前的经济情况),"社会关系"(进步的、反动的),"有何特长和专门技能?熟练程度如何?","懂得何族或何国语文能否作口头翻译?有无实际经验,熟练程度如何?","曾在何大学担任何种课程","级别登记","何时何地在何部门受过何种训练,(包括整风、思想改造、肃反运动等)参加过何种进修(包括业余进修函授)?期限多长?","参加革命工作前的经历"(一般要求列出证明人),"参加革命工作后的经历","参加革命工作前何时何地参加过什么进步的社会活动?",等等。

限于篇幅,这里无法对不同表格中的项目详细展开,仅选几项略做说明。如姓名一栏,看起来这是最简单的一项,但穆旦的处理也很可能是有所考虑的:在"查良铮"与"穆旦"之间摇摆不定。如下为 5 份表格填写内容的变化——

	回国留学生工作分配登记表	高等学校教师调查表	履历表	干部简历表	干部履历表
姓名（现名）	查良铮	查良铮	查良铮	查良铮	查良铮
原名	—	同上	—	查良铮	—
曾用名（笔名）	穆旦（笔名）	同上	穆旦	同上	无

"姓名（现名）""原名"两栏，填的都是"查良铮"——标记为"—"的部分，是相关表格没有此项内容，有变化的是"曾用名（笔名）"。1953 年回国之初，对国内的政治文化环境尚且陌生，应是没有什么犹豫就写下了"穆旦（笔名）"，之后，除了 1955 年再次填上"穆旦"之外，两次所填为"查良铮"，1965 年所填为"无"。前文提到，译著从一开始就署"查良铮"，周与良称被打成"历史反革命分子"后讳言曾用"穆旦"这个名字写过诗，可见在经历了现实的磨砺之后，穆旦对于要不要或如何使用"穆旦"这个名字，多有犹豫和矛盾，其间显然包含对于时代语境的感知。

所列"证明人"、社会关系（进步的与反动的）或交往情况（"经常来往的朋友"）部分，仔细对照各份表格——也可包括思想总结材料，其实往往有或大或小的差别，不难推测，某人出现或不出现，某人多次出现，某一经历的证明人先是这人后却又换为那人，与这个人的政治身份有很大关联。也即，在填表时，穆旦还是较为敏锐地捕捉到了某些政治风向。但有一点应该可以确定，不管其政治立场如何，某人但凡出现，即表明曾与穆旦有较多往来。所出现的人员计有：翟松年、周珏良、王佐良、杜运燮、

第十七章 "把自己整个交给人民去处理" 495

黄宏煦、江瑞熙、杨刚、袁水拍、巴金、周叔弢、梁再冰、唐振湘、徐露放、李舜英、李广田、查良鉴、查良钊、杜聿明、罗又伦、周华章、卞之琳、李赋宁、董庶、陈蕴珍、巫宁坤、陈学屏、董言清、李博高、吴讷孙、刘希武、陆智周、张鸿增、吴景岩、李之楠、何怀德、方应旸、邵寄平、杨静如（苡）、贺叔琥、陆智常、曾淑昭、吕泳、沈从文、袁可嘉、冯至、赵清华、黄澄、刘北汜、陈敬容、赵瑞蕻、刘师慕、郑敏、王勉、唐湜、王运成，等等。很多人物几无交往线索，若非穆旦本人的交代提到，世人当无从察知。

3份思想总结类材料，前两份用的是叙述体，大致按时间顺序，先说明经历与事件，后交代思想状况。从《我的历史问题的交代》开头的叙述来推断，这些篇幅不小的文字交代材料多半是在经历"小组"座谈一类程序之后写成的，然后提交"组织"审查。前两份的下限都是1950年代，但第一份所记从出生和家庭情况开始，第二份所记从西南联大开始——在追究个人的"历史反革命"踪迹时，大学之前的经历未包括其中。第三份则是当时思想状况的总结汇报。前两份材料前文已有不少引述，这里单说说1958年10月所作《思想小结》。

该材料结合一年多来的整风运动，对自己的思想状况进行了长达12页的详细"总结"，全文约8400字。前两份材料以经历和事件为框架，思想认识所占比例较小，且有具体的指向性。而这份材料，几乎全是思想认识，是不断地贬低自己，不断地深挖思想的病根，全方位地否定自己以获得思想的新生。其开头是这样的——

一年多以来的整风运动，经过大鸣大放、反右、双反和大跃进，一系列翻天覆地的变化，使自己的思想受到很大的震撼，得到相当的提高；不过，由于自己的觉悟原就很低，资产阶级思想的毒素也本来很深，所以这提高还是有限度的，需要更作自觉的努力，摆脱资产阶级的立场和观点；否则，社会主义这一关，我是很难过去的。

中间部分，先是"揭穿"了自己"拥护社会主义"的"假面具"，过去历史的"反动性"，所依据的是"外文系事件"和"反右斗争"；之后则是"剖析"自己"受的资产阶级思想毒害很深"，"对'民主'及'自由'的历来看法及最近体会"；再往下，又"检查"了自己"对党的领导的看法"：自己过去"是对党的领导既充满了不信任，并曾经一度反对过"，"外文系事件"之前对于"某些求进步的人"的"鄙视""讥笑"和"挑剔"，以及"肃反运动"的教育，这"三件较大的具体事实，说明我对党的怀疑和否定态度"。如下为材料的最末两段：

[……]国家的许多重大措施，我是非常拥护的；许多纲领和政策，通过平日的学习和教育，我也似乎都能领会和赞成；但这并不等于我就完全拥护党的领导了，只要一天还站在资产阶级的立场上，只要一天还抱有个人主义思想，那就总会和党三心二意，若即若离。所以，今日我认识到，拥护党的领导，并不在于口头上，也不在于心里，而是在自己行动的表现中。对于资产阶级知识分子，信任党的领导和听党的话并不是很容易的，他必须从改变立场、克服资产阶级的

思想来着手才行。

最后我想表示一下我对思想改造的态度。从以上所写的看来，我的思想的严重错误是很多的，道路也是很曲折的，似乎要想改造得十全十美，并不是容易的事。是否我因此就灰心了呢？或者，是否看到自己过去如此落后，而就对此事感到自卑了呢？不！绝不！我有这种体会：一个共产主义者是永远乐观的，永远不怕困难和曲折。而且，我相信毛主席的这句话：坏事可以变成好事。过去的已经过去了，如果我能从过去的错误中吸取足够的教训，对自己的改造将是一件大好事。而目前客观的条件是如此有利：党正在领导旧知识分子的思想改造运动，我一定要认真投入党领导的每一运动中，努力学习，好把自己尽快地改造成为一个又红又专的工人阶级知识分子。

比照穆旦最初的日记，这种深挖思想病根的写法其实有几分相似之处。就通常意义而言，日记是面对自我和内心的私人场合，交代所面对的是组织和集体，是凌驾于个人之上的权力机构，但看起来，两种文字发生了某种渗透与融合，更确切地说，是交代式思路渗透到日记当中，日记成了交代材料的某种副本，——不仅仅在面对着组织的交代场合，在私下场合，穆旦仍在继续剖析自己，继续深挖自己的病根。

面对这种看起来非常真诚的长篇交代材料，生活在今日这样一个完全不同时代、并无所谓政治压力的读者有时难免会生出疑惑：这样的交代材料能否过关呢？

看起来比较玄乎，在《思想小结》的中间部分，但凡转折的段落，都有这样的文字：

> 以上的这一认识，也是通过一年来的教育，经过内心的斗争而获得的。

> 我认为我受的资产阶级思想毒害很深，这也是受了一年来的教育才认识到的。

> 一年多来的大事大辩及反右斗争，使我较清楚地认识到这一问题。

"一年来"这一时间并不算长，却屡屡被当作思想转变的关节点，此种行文方式，或许会让读者想起那些深谙政治文化奥秘的审阅交代材料者在《我的历史问题的交代》的结尾部分留下的四个大字："纯粹扯淡！"材料的审阅者——思想的判官以一种粗鄙而又地道的语言表明了对于穆旦的"思想认识"的基本看法。此种材料或许也会有类似遭遇——也会被视为"扯淡"！

也或许，根本就无所谓"过关"与否，思想改造运动给身处其中的人所带来的诸多痛苦之中，比较突出的一种就是"思想"对于内心的强力渗透，不断地挤压那原本就小得可怜的私人空间，交代、交代，再交代，白天交代，晚上交代，连睡梦中都在交代……

无尽的噩梦啊！

第十七章 "把自己整个交给人民去处理"

六　劳改、抄家、搬家……

更大的梦魇还在后面——

1966年,"文化大革命"全面爆发之后,南开校园可谓风声鹤唳,政治气氛异常凝重。8月中旬,南开大学东校门内大中路南侧二三十米处竖起了一面大字报席墙,上面贴着庞大的"百丑图"。被丑化的干部、老教师有百余人,包括郑天挺、滕维藻、何炳林、李何林、李霁野、魏宏运等。"每个人都被画成怪相,写上'罪状'示众"。南开大学的一些著名的红卫兵组织纷纷成立。[1]

穆旦被集中劳改,被批斗,家庭受到很大的冲击。周与良的回忆之中尽是乱象——

> 1966年"文化大革命"一开始,每天上下午南大附中附小的红卫兵都来家"破四旧"。书籍、手稿、一些家庭生活用品,被褥、衣服等都当"四旧"被拉走。当时我们住南大东村平房,大门一星期未关,每天家里地上都有乱七八糟一大堆杂物。孩子们常从乱物中拣一些书、手稿和日用品等。家具被砸烂,沙发布用剪刀剪开。这时良铮已被集中劳改,每晚回家,看见满屋贴着"砸烂反革命分子×××狗头",一言不发,有时默默地整理被掷在地上的书和稿件。[2]

子女的回忆也多集中于"破四旧""抄家"一类事情,但还另

---

[1] 魏宏运:《魏宏运自订年谱》,第82—83页。
[2] 周与良:《永恒的思念》,杜运燮等编:《丰富和丰富的痛苦》,第159页。

有一些细节，如剃阴阳头等。[1]

及至1967年春，南开大学校园变得更不宁静，红卫兵的越轨行为很多。其中，发生了老教授被迫大搬家或合伙住房的情况。据称，当时"不少系的当权者命令住所比较好的老教授搬出，或腾出一半住房，让青年教师搬进去。郑天挺被从原住房赶走，住进了不向阳的9平方米一间小屋。滕维藻被扫地出门，从北村七楼搬到十一楼，一家5口住在一间房内，只有几张床，什么东西都没有了。李何林也是扫地出门。杨生茂半个月被迫搬了两次家，先从西村搬到东村一平房，接着搬到北村一间朝阴的房子。历史系吴廷璆住房被压缩一半，杨翼骧、王玉哲也都压缩了房间"。"抢占住房持续约一年"[2]，穆旦一家稍后被从东村70号赶到13宿舍，这应是先声。

及至该年11月，南开大学两派对立严重，不断发生武斗。"武斗"事，稍后在交代材料《关于何国柱和我》（1968年11月21日）中，穆旦曾有一两句记载："1967年底，我校发生武斗后几日，何国柱爱人由于我家在武斗区，约我们去他家躲避，我去住过一夜。又过了几日，又住过一夜。"

也是在1967年，穆旦被赶到劳改队，接受批判，监督劳动，专门打扫校园道路和厕所，清洗打扫游泳池。相关情形少有记载，目前似乎仅见于历史系来新夏教授的回忆，据说，两人同为南开大学"牛棚"第一期的学员，"同为'棚友'，结成'一对黑'，共同承担刷洗游泳池的劳动"。[3]

---

1 英明瑷平：《忆父亲》，杜运燮等编：《一个民族已经起来》，第141—142页。
2 魏宏运：《魏宏运自订年谱》，第85页。
3 来新夏：《怀穆旦》，《中华读书报》，1999年12月22日。

第十七章 "把自己整个交给人民去处理"

再往下，到1968年6月，穆旦在东村70号的住房被红卫兵强占，被赶到13宿舍337室。在如今的南开大学校园之内，13宿舍仍是比较角落的位置，2006年4月，在南开大学文学院举办的"穆旦诗歌创作学术研讨会"后，《穆旦传》作者陈伯良先生和笔者曾在穆旦长子查英传的带领下，到过13宿舍3楼，1971年分配的学生第6宿舍的那间靠近水房、朝阴的房间以及生物系教学楼里曾经关押周与良的那间教室。原本想敲开337室的房门进去看看，但主人不在。13宿舍周边如今已有不少建筑，但在当时，据说周边到处都是丛深的杂草。

强迫搬家没过多久，又开始"清理阶级队伍"，穆旦被关进校园里的劳改营，周与良则被指控"有美国特务嫌疑"，关进生物系教学楼"隔离审查"达半年之久。这一连串遭遇，妻子和子女都有回忆，但其中有所差异。妻子周与良的回忆是——

> 1968年，我们家的住房被抢占，我们的家具、被褥和日用品全部被掷在后门外，放在露天下一整天，无人过问。当时学校很乱，一切机构都不起作用，直到天黑了，我们一家6口人仍无处可去。我只好去八里台找了两辆平板三轮车，把堆在露天下的物品，运到13宿舍门口。非常感谢两位三轮车老师傅为我们解了忧。然后良铮和"牛鬼蛇神"们把物品搬到13宿舍3楼。从此我们一家6口人被扫地出门，搬到一间仅17平方米、朝西的房间。这间住房我们住了5年。许多物品，沙发、书箱都放在楼道和厕所里。屋里放了两张床和一个书桌。这张桌子又是切菜做饭的地方，又是饭桌和书桌。每天等大家吃完饭，良铮把桌上的杂物整理到一边，就

在桌子一角开始工作到深夜。不久清理阶级队伍,良铮被集中,我被关押在生物系教学楼。剩下四个孩子,不仅自己做饭,还要给我送饭。一次小瑷(仅 11 岁)由于做饭劳累,晕倒在公用厕所,不省人事。后来邻居去厕所才发现,抬回房间,也仅给她喝了一杯糖水。[1]

子女的回忆之中,当天,父亲先躲了起来,全家人后来也都躲避到亲戚家,第二天方才搬过去——

1968 年春天,别有用心的人趁火打劫,在一个周日的清晨突然来砸我们家门,声称要"造反革命的反",让父亲出来"认罪",限令一个小时之内把居室的东西全都搬出来。母亲怕发生意外,马上让父亲躲了起来。那时我们兄妹尚年幼。母亲只身一人,怎能搬出这些家具?!结果几个同伙的"造反派"把我们家所有的物品拖出房门扔到了大街上,嘴里还高叫着让我们交出父亲。那天,我们都暂避到了亲戚家。

记得那天晚上,躲过蛮横纠缠的父亲仍坐卧不安,他放心不下的是那部摆在露天的《唐璜》译稿。母亲安慰他说译稿是放在书箱里,压在其他书籍底下时,他才稍稍安静下来。第二天,劳改队的"牛鬼蛇神"们把我们家搬到一座筒子楼的一间十几平米的房间里,放不下的家具就摆放到楼道两旁和公用厕所里。此后不久,父亲就被关进了校园内的劳改营,母亲被"隔离审查"。父母都不能回家,每日三顿饭还要我们

---

[1] 周与良:《永恒的思念》,杜运燮等编:《丰富和丰富的痛苦》,第 159—160 页。

送去。那时我们兄妹三人（小平尚小）分工做饭送饭，小明记得每次送饭见到父亲，他都是沉默寡言。体罚并不是折磨父亲的主因，无法进行心爱的译诗工作才真正使他无法忍受，这是当时的我们所不知道的。父亲也曾关切地询问厕所经常外溢的粪水是否淹到了书籍，念念不忘的还是那部《唐璜》译稿。[1]

其实，妻子和子女回忆中的差异并无大碍，无须细究，相较而言，子女回忆中的到亲戚家"躲避"和"牛鬼蛇神"帮着搬东西的细节，更为生动地传达了住房被凶煞的红卫兵抢占的那一刻，全家人那种无力、恐慌的心理状态。妻子和子女的回忆都将搬家和随后的改造、审查串联在一起，可见在经历了恐慌的穆旦家人记忆之中，接踵而至的两种遭遇已叠加成同一帧可怕的画面。

七 "自己的历史问题在重新审查中"

1968年10月26日，穆旦在日记中写道："住在第一教学楼中。"只有8个字，且用的是"住"字，轻描淡写，仿佛不过是换一个地方而已。对照妻子和儿女的回忆，这"第一教学楼"应该就是"校内的劳改营"。

这是自1960年3月23日之后重新记下的第一篇日记，从这一天到1970年10月17日为第二本日记。据《穆旦诗文集》的编者按语，"日记本内封印有毛主席语录：'人们的社会存在，决定

---

[1] 英明瑷平：《言传身教，永世不忘——再忆父亲》，杜运燮等编：《丰富和丰富的痛苦》，第225页。

人们的思想。而代表先进阶级的正确思想，一旦被群众掌握，就会变成改造社会、改造世界的物质力量。'《人的正确思想是从哪里来的？》"其下写有'改造日记　查良铮'。扉页竖行写有'敬祝毛主席万寿无疆！'"

"改造日记"和1958年的《思想小结》的写法接近，都是将身边的事件、问题或组织传达的文件、通知，和自己的思想改造联系起来，比如1968年11月24日的日记即这般记述："小组上曾有人发言问：如何才是深刻认罪？是否就是低了头，嘴上说认罪，就算是认了罪？我今天想，绝不如此。"之后是大段反省。又如12月8日的日记——

> 这一周多，外调较多。自己的历史问题在重新审查中，对这件事，我所抱的态度是，坦白从宽，抗拒从严，尽自己所知的一切，向党向人们做交待。过去已犯的罪，有多少就交待多少，不夸大也不缩小。尤其在工宣队第4号通告发布之后，看到其中严厉与宽大相结合的精神，自己更不需要在交待问题上有任何顾虑。把自己的问题交待清楚了，这不但有利于革命，也有利于自己。另一方面，我认为老老实实交待问题，这也可以算是自己遵守主席伟大战略部署的一种表现，自己一定要做好交待工作。

从1968年10月26日到1969年2月18日，日记虽是断断续续，但多半就是这样写法。前面提及日记和交代材料在写法上的类同，是穆旦刚刚被打成"历史反革命分子"之际，一转眼，十年过去了，改造自己的魔咒还是紧紧地压在穆旦心头之上。

"外调"是当时一个特定的政治术语,即外出调查,指的是在某一运动中,每个单位为了彻底查清本单位某些人员过去的政治历史问题,通过各种线索(包括本人交代材料),专门派人分赴各地,向有关各当事人作进一步深入了解,以掌握更多情况,查清到底有没有隐瞒的罪行。

在较长一段时间内,穆旦日记里关于"外调"和"重新审查"的记载并无从落实,不想近年来坊间有多批次的相关材料流出。大致说来,以交代材料为多,包括穆旦个人交代材料和外调类材料,亦有少量的相关部门或人士所写的文字。跨度为1966年1月至1973年间,绝大部分为1968—1969这两年间,日记中所谓"自己的历史问题在重新审查中",正可涵盖此一阶段穆旦的境况。这些材料原本是应归入相关档案卷宗的,但观其时间点,正好在前述南开大学档案馆所藏相关档案之后,很可能是当初并未归档。

"历史"的"重新审查",会涉及一些新的人物和事实,而各色思想总结、检讨,如日记里较多涉及的关于"坦白从宽"和"抗拒从严"的自我辩解,直接外化了"审查"的效应,这些也值得深入估量。[1]

新见穆旦个人交代材料有10种[2],其中,《学习主席思想,加紧改造自己》(1966年1月)、《思想检查》(1968年5月1日)、《最近的学习和劳动感想》(1968年5月27日)、《清算我的"民主个

---

1 本段的更多讨论参见易彬:《"自己的历史问题在重新审查中":坊间所见穆旦交代材料评述》,《南方文坛》,2019年第4期。
2 除这里所述之外,2018年11月北京海王村拍卖有限责任公司发布的第1218号拍品信息显示,相关交代还有1968年至1971年间的14份材料,共43页,展示出来的仅为1968年10月10日《思想小结》的第1页和1971年12月所作《一年总结》的第1页,以此来看,至少还有40余页材料可待考察。

人主义"教育及其余毒彻底改造世界观》（1969年1月）等材料的写作路数基本上都是对于思想问题的反复辩驳，而少有事实的陈述，其中虽也触及新中国成立前"给国民党反动派军队服务"、回国后的"外文系事件"等"事实"，但非常粗略。

《我的罪行交待》（1968年10月2日）、《全面交待我的罪行》（1969年3月29日）则是对于个人"罪行"的"全面交代"，其中包含了大量的"事实"。两相比照，材料所交代"罪行"的起止时间略有差异：前者始于"在伪入缅远征军第五军中作少校翻译"时期，止于"回国后"；后者始于"在昆明西南联大读书时期"，止于"翻译外国十九世纪浪漫诗歌"。所交代的"事实"重点也有着一定的差异，后者对于写作于翻译方面的情况以及回国后的"罪行"做了更多的交代——"1954年的外文系事件"即单独列出。这种差异，或可认为是显示了穆旦对于"事实"的隐瞒，同时，也可能是基于不同的交代主题或现实动因，即如后者对于"外文系事件"的交代，或跟稍早时候——1969年2月7日南开大学经济系一位老师所写的揭发材料有关，该材料写在油印的专用"揭发材料表"上，称"外文系事件""查良铮是否和巫宁坤等还有联系"等问题，"都是值得审查的"。

上述几种之外，还有《交待问题》（1968年10月9日）、《思想小结》（1968年10月10日）、《一年总结》（1971年12月）、《外语人员调查表》（1973年7月20日）等，都比较简略，但《交待问题》通篇交代写作和翻译方面的情况，可单独一说。穆旦的这批材料较少或者不涉及个人写作的情况，先前的材料中也基本上没有专门交代这方面的情况的，兹录如下：

我从中学到大学，都是学的外国文学，喜爱的就是外国资产阶级文学作品，深中其毒。解放前自己也学写一些诗，出版过《穆旦诗集》《旗》，（都在1966年交图书馆的革命组织）其中是一些令人难懂的诗，宣扬个人主义，神秘主义和颓废思想。这些诗为极少数的人所欣赏，为广大革命群众所反对。在当时革命形势下看来，我写的那些诗只能瓦解革命斗志，起着极坏的影响。解放后（1954—57），自己又在翻译工作上介绍了外国十九世纪所谓革命浪漫主义的诗歌，其中有俄国诗人普希金和英国诗人拜伦、雪莱等，他们的作品，仍然是资产阶级作品，其中有浓厚的资产阶级思想，我却不能辨别出来加以批判，反而加以吹捧，1957年就写过一篇文章（《漫谈欧根·奥涅金》，登在《文艺学习》杂志1957年）吹捧普希金。这样介绍和翻译外国文学，只能起了传播资产阶级思想的作用。1962—64年我在工余时间还有兴趣翻译些拜伦的诗（稿子已散失），这种盲目的工作使我看到，自己由于出身和教育是资产阶级的，一举一动都会传播资产阶级思想，自己清楚认识到若不狠狠改造自己，总是要放毒的。过去自己是刘邓复辟资本主义的社会基础，这是一点也不假，上列事实可以说明。以后若不脱胎换骨地改造自己，若还是在传播资产阶级思想，那就是罪上加罪了，因此更感到彻底改造的必要。

相关外调材料数量更大，一部分为此前已经述及的《新报》外调，从1968年7月16日的《关于刘兰溪》到次年4月16日所作，所见即有18份，小如《新报》尚且有如此之多的外调材料，可见当时外调工作之频密、广泛。另一部分则是陆续接受不同单位外调所写，所见也有 14 种之多，比较早的一份是 1965 年 12 月 16 日的《关于杨淑嘉、高志达、于启忠、董庶、查良钊等人》，其他的则集中在 1968 年 11 月下旬到次年 4 月初，为《交代材料》（1968 年 7 月 7 日，按关于周艮良、周绍良）、《关于何国柱和我》（1968 年 11 月 21 日）、《关于查良钊》（1968 年 12 月 6 日）、《关于何怀德》（1968 年 12 月 7 日）、《关于何怀德》（1968 年 12 月 8 日）、《关于方应阳》（1968 年 12 月 28 日）、《关于李振江》（1969 年 1 月 31 日）、《交待材料（杨嘉）》（1969 年 1 月 31 日）、《关于一张像片的交待》（1969 年 2 月 1 日）、《关于陈曼宜》（1969 年 2 月 7 日）、《关于周珏良》（1969 年 2 月 9 日）、《关于王正宪》（1969 年 3 月 29 日）、《关于董言声》（1969 年 4 月 8 日）等。

14 种外调材料所涉人物，部分可见诸穆旦本人此前所填写的履历表一类材料中，或在叙述文字中提及，或列入相关的社会关系，但彼时是个人主动交代，所述都是跟自己有重要关系（进步或反动）的人物，而如今，是有关单位需要更深入地了解相关人物的历史，两者之间还是存在差别的，相关人物未必是穆旦所熟知的，而有的人物在先前的交代中较少甚至是未曾出现，若不是因为外调机会，穆旦应该也不会专门谈及。比如说，李振江、王正宪的名字都是第一次出现，若不是此次外调材料的存留，世人将无从获知两人交往的信息；何怀德、方应阳、何国柱、陈曼宜等人此前虽也提及，但如今可得更多讯息。

《关于周珏良》这一篇，又一次较多谈到写作与翻译的情况，其中谈到"解放后"发表的诗文，内容不全，且似乎有意做了略写，比如，谈到 1957 年在《人民文学》发表了"几首诗"，"已忘篇名和内容，其中一首是三门峡水利工作"。也谈到"未发表的"：

反右前曾写有诗二十多篇，以后都撕了。记得有一篇《野草》，一篇《社会主义颂》，一篇讽刺《公文旅行》，一篇《大街上》，其他则记不起。

　　文章则写有一篇论译诗原则的。约写在 1964 年。

　　被撕掉而未发表的居然"有诗二十多篇"！《全面交待我的罪行》之中也提到"未发表的诗，有一首《公文旅行记》，是污蔑社会主义制度的。""论译诗原则"的文章，在本材料之前的段落中也曾提到："约 1963 或 64 年，我和郑州大学一教师关于翻译问题有讨论，因此以后写了一篇有关翻译诗的理论文章，曾给周珏良看，请他提意见，并问他是否能找地方发表（未发表）。"这些内容在不同段落出现，可能是确凿写过的。实际上，从情理上推断，穆旦从美国留学回来，仅 1957 年发表过 3 次，总量不足 10 篇，更多的写作完全是可能的。杨苡的回忆也指出，当时穆旦在劳改之余看着远处乡村的炊烟也会写下诗，给她的信中即抄录有，但这些信件已经被毁。[1]

　　不过，这也可能是一种臆造。此前的交代材料，在叙及西南联大时期的文学活动时多次提到，"曾与爱好文学的同学组成文艺团体，先后计有青鸟社、高原社、南荒社"（见《我的历史问题的交代》1956 年 4 月 22 日）。后两个社团都是有据可查，但"青鸟社"却不见于其他资料。在交代《新报》停刊之后在北平（京）居留期间，"曾和袁可嘉、金隄等（皆当时北京大学助教）商量组织一文艺团体'寻路人社'，拟以商务出版的《文学杂志》为发表文章

---

[1] 易彬：《"他非常渴望安定的生活"——同学四人谈穆旦》。

之处。只谈了两三次，即不再有任何活动。"(《历史思想自传》，1955年10月)在《文学杂志》发表作品确是事实，但文艺团体"寻路人社"却从未见于其他的材料。若此，这里提到的被撕毁的情形，看起来也是一个悬案。

从外调文字中"经过谈话""经过看他的像片和考虑他交待的细节"等语，可知当时前来外调的一些情形，如谈话、对方的交代材料和相关物证的呈示、谈话之后所写交代（外调）材料等。其中，也有反复交代的情形，比如《关于一张像片的交待》，所交代的是1943年的一张有美国军人的照片情况。很可能是因为图片中有"美国军人"的缘故，对此有过反复的回忆、交代："三天前我根据回忆交待了一些情况，但不完全，这三天内又继续追忆，并多方从像片内提供的线索，追忆出更多的情况。"

文字中的一些细节读来也别有意味。比如，在《新报》外调时，穆旦对人物可能并不熟悉，他也解释了原因，诸如"从未做夜晚编辑工作"，与一些人不熟悉之类。在1969年2月16日所作《关于林开鎑》之中，穆旦即表示"没有任何印象，想不起这是什么人"，但在一个星期之后，2月23日所作《关于王敬宇》中，又有"林开鎑（从北平招来，现在何处不详，曾有外调）"之语；同时，先前表示对于褚世昌"这个名字，使我想不起是谁，看他的像片也想不起来"（《关于褚世昌》），这里也赫然记作："校对褚世昌（现在何处不详，曾有外调）"。极短时间之内有这番变化，看起来频密的外调已经改变了穆旦对于历史（《新报》）的认知——抑或，在频密的《新报》外调之后，穆旦已经熟悉（适应）了外调的情势与路数。

第十七章 "把自己整个交给人民去处理"

八 "查良铮平时不言不语,从不暴露自己的思想"

对照穆旦个人交代和各类外调文字,大致上可以说,穆旦对于本人的检讨更为严厉,对于他人则要温和得多,基本上多是事实的交代,而未见大段罪行的揭发或措辞严厉的定罪之辞。比如说,在《关于方应阳》中,穆旦交代了与其交往的一些细节,关于其诗,则是如此评价:"我知道方应阳是写诗的,也看过他的诗,总印象是他写了些个人灰色情调的东西,偏于为艺术而艺术。"相较而言,之前个人交代之中所谓发表"极力反对这一场革命战争"的诗歌一类语句要严厉得多。

而在被问及相关人物政治活动、"是否反动党团或特务组织的成员"以及相关组织(如《新报》)内"有无反动党团及其他组织的活动"等问题时,穆旦一开始均表示不知情,同时也表示自己并没有参加,典型的表述即:"我不知道。我当时未听说过有此事。我自己没有参加过任何反动党团组织。"(《关于〈新报〉》)当然,正如前面提到的"外调"对于穆旦的改变,在"通过多次外调"之后,穆旦也终于交代出自己当时是被蒙蔽了:"新报内有无反动党团及其他组织的活动,我当时不知道;现在通过多次外调,经人告我,才知道这种活动是有的。"(《证明材料》,1969年4月12日)

对于穆旦的交代材料,审查机构又是如何反应、有何意见呢?前文曾叙及审查者在穆旦《我的历史问题的交代》(1956年4月22日)之出国前思想状况段落旁的四字批语:"纯粹扯淡!"所涉此一时段的材料,也有三四种相关审查意见,一种是稍早时候,1965年12月16日,中共南开大学图书馆支部的一位孙姓领导对《关于杨淑嘉、高志达、于启忠、董庶、查良铮等人》的审查意见:"查良铮为历史反革命分子(但有选举权)来馆工作已有六年。在馆里工作期间,思想改造比较好,工作一般,行动老实,其所供材料可供参考。"该材料盖有南开大学保卫处的公章。其他的则是出现在1968—1969年间的材料上,1968年12月10日,专政小组在本月7日穆旦所作《关于何怀德》的左下端,作了简短的审批语:"查良铮属专政对象,提供的材料仅供参考。"1969年2月8日,南开大学群众专政小组在《关于徐露放和新报(补充材料)》上盖有"材料已审 仅供参考"的专章。更完整的是1968年9月30日南开大学无产阶级专政小组对于查良铮个人近五个月内表现的审查意见:

> 查良铮,原图书馆工作人员,历史反革命分子,反革命右派分子,六八年四月廿九日被革命群众送到我专政小组劳改,至九月廿日宣传队接管时止。
> 查良铮平时不言不语,从不暴露自己的思想,生活会和批斗会上极少发言。
> 查劳动表现一般,有时有乱说乱动行为,如一次和靳伯祥、刘君煌等牛鬼蛇神议论国防工事,受到批判。
> 在外调人员找他要他交待问题时,查良铮不能主动交代和揭发问题,采取回避和搪塞的态度。

"宣传队"应该就是穆旦日记所称"工宣队",也即"工人、解放军宣传队"。工宣队对于穆旦的看法暂无法获知。但据称,1968年8月,工宣队进入南开大学。12月下旬,"校工宣队、军宣队领导的清理阶级队伍第一阶段结束，得出的结论是："南开大学叛徒成堆，特务成团，反革命分子成串"。[1]

审查意见中既有"查良铮平时不言不语，从不暴露自己的思想"的说法，也指出他在"劳动表现一般，有时有乱说乱动行为"，看起来是有所矛盾，但穆旦本人日记中的思想认识和当事人日后的回忆或能提供一种解释。

稍后——本年12月6日，已被宣传队接管之后，穆旦日记里有"昨晚讨论不要乱说乱动问题"的记载："这是因为有人在劳动中闲扯，互通情况，影响了另外一人的情绪，使他放松了改造。这是很不好的，不利于革命。劳改的人，应时刻站在革命人民立场上才对。一句闲话，可能引起什么后果，是自己控制不住的，在这种情况下，这种闲话顶好不说。因此要特别提高警惕，不要说无用的闲话。既有利于自己的改造，也有利于别人的改造。"[2] 这是穆旦本人对于"乱说"的反省。而前述来新夏关于与穆旦共处的"牛棚"经历的回忆中还指出，当众多"牛鬼蛇神"休息期间说着"天气如何哈哈哈"时，穆旦常常"一言不发，看着别人说话，神情忧郁寡欢"；对于那些"说话"很多的人，穆旦又"悄悄嘱咐"身边的朋友"少说话"。[3] 此前，该回忆内容的真实性曾引起不同的看法，但现在看来，这与穆旦本人的日记及交代倒是可以形成某种对照，其间或可说是包含了由"乱说乱动"到"少说话"的改变轨迹，而这，正显示了劳动改造的效应。

---

1 魏宏运：《魏宏运自订年谱》，第94页。按，此谱谈到了历史系工宣队的一些情形，或可供参考。
2 穆旦：《穆旦诗文集》（第2卷），第293—294页。
3 来新夏：《怀穆旦》，《中华读书报》，1999年12月22日。

至于材料中所谓"查良铮不能主动交代和揭发问题，采取回避和搪塞的态度"，看起来倒是并不意外。虽然这里所讨论的材料多是 1968 年 9 月 30 日之后的，但大致情形应该是相似的，即穆旦对于外调所涉人员的政治身份和思想表现或不置可否，或语气温和、措辞含混，显然并没有给出令调查人员满意的交代。与此相关，有些材料中也会涉及穆旦本人的政治身份——对于是否加入国民党一事，组织上显然也是多有审问。

在更早时候，穆旦关于此事的交代可谓是模棱两可，比如，"1945 年底在青年军 207 师有集体入党事，曾拿表格让我填写，我曾规避，是否填了表，或是否交到，现已不能记忆"（《履历表》，1955 年 10 月）。而此时，则是不止一次地明确表示"从未加入国民党或三青团或任何特务组织"（如《关于刘兰溪》，1968 年 7 月 16 日）——差不多同时，"在学习主席思想的高潮中"，穆旦"带着这一问题，重新学习毛选第四卷的最终几篇光辉著作《丢掉幻想，准备斗争》，《别了，司徒雷登》，至《唯心历史观的破产》"等，检讨自己"正是主席著作中所指的大小的'新式的知识分子'之一"，其中也提到"国民党"——"自己算不算民主个人主义者，虽然不太清楚（因为主席把这种人看做是和国民党反动派有所区别的）"（《清算我的"民主个人主义"教育及其余毒彻底改造世界观》，1969 年 1 月），而如此交代，亦旨在表明自己并非"国民党"。

或可一提的是，这则交代所述内容亦见于本月稍早的日记。1969 年 1 月 1 日的日记写道："读主席著作第四卷《丢掉幻想，准备斗争》及以下四文。很有启发，很触动自己。有些段落应反复思考"。5 日写道："读《丢掉幻想，准备斗争》等五文，在此基

第十七章　"把自己整个交给人民去处理"

础上，清算自己所受'民主个人主义'教育及其余毒，想写成批判，共有五条"，所列五条与交代基本重叠，由此，不难看出两者之间的同构性。

书信大抵也是如此。此一时期的书信目前仅见 1968 年 8 月下旬致妻子周与良的两封信。当时，穆旦在天津市丁字沽北大街丁字沽生产大队部内住，周与良在河北省武清县 414 公社卷兹大队监督劳动。从日记来看，当时通信还是比较自由的，穆旦与妻子的往来书信近百封，集中于 1970 年 2 月到 1972 年 1 月间。考虑到穆旦的日记并非逐日记录，其中多有断缺，书信的实际数量应更大。给家人的信也不少，包括给自己的小孩，给爸妈，给妹妹及外甥女，但目前仅有 1976 年之后少数几封存留了下来。其他的既不见披露，应是都已被毁掉。此外，当时还有给友人杜运燮等人的通信。

现存穆旦致妻子的信，1968 年 8 月 24 日，信纸上端印有"敬祝毛主席万寿无疆"的字样，内容完全是工作和生活的流水账。8 月 31 日的信，也是同样的信纸，内容较上一封稍详细，先是谈及生活、孩子们的情况，又谈起自己在工地上"和大家一起活动，没有区分。我们晚间学习不长，九时半必睡，和社员们共开过两次会，一次是批李美同，一次是学习主席著作积代会"。又说起了妹妹查良铃的事，"她是认识问题，爸爸是伪职员，这定的都很实事求是，合情合理"。看起来，和日记也有很高的吻合度，也是日常生活、政治交代、思想认识的混同。现实再一次被表征：不管是在各种公开的交代场合，还是在日记、书信这样的私人空间里，思想检查始终都是无从摆脱的主题。

1969 年 2 月 18 日之后，日记即告一段落，再次写作日记已是一年之后，1970年2月16日，写法有了截然的改变：大段大段地抄录文章的记法不再出现，每日所记基本上仅数字或十数字，就是流水账，如日常劳动、日常事件（包括家人的通信）等，学习班、会议、外调、写简历、思想检查等，均只是一条记录，不做任何展开——现实层面的情形限于材料已无从窥见，但从日记写法的截然转变来看，大段思想检讨的记录演化为日常的流水账，政治内容虽然依旧时时可见，但由大段的检讨、反省内容转换为一个名词，终归还是在一定程度上显示了日常政治压力的减弱——抑或，穆旦在应对政治生活时，紧张度已经有了较大幅度的降低。

九 1970年10月的日记

为了更好地展现穆旦在下放地的生活情状，这里列出了1970年10月这一个月（实际上只记了15天）日记的记载：

10月10日（六） 今通知我12日赴大苏庄。

10月17日 晨赴大苏庄。

10月17日 上午八时半乘卡车由津到大苏庄。11时多到，地名为南郊区大苏庄农场（教系干校）6连6排。

10月18日（日） 全天休息，去六里外场部发给与、父及英信。体重（连衣）121斤。

10月19日（一） 6时起。7:30—8:30天天读。8:30—11:30下地运高粱秆。下午2—5:30同。晚7—8学习。

10月20日（二） 割苜蓿，六角鲤鱼，晚学习班。

第十七章 "把自己整个交给人民去处理" 517

10月21日　全日学习班,我发言:要走五七路,消灭历史罪行。今后努力于①提高自我改造觉悟,消除消极思想。②劳动联系思想,用主席思想斗一闪念,加速改造。

10月22日　基建劳动,晚写信。

10月23日　发给与信,晚大雨,消化不良。

10月24日(六)　阴 未劳,收与信,吃健胃止疼片,给良铃信。

10月25日(日)　去场部,听说,连部说我已摘帽,写给春旭信,冷,大风,休息。

10月26日(一)　下午听录音,晚电影,写给与信。

10月28日(三)　箍土,大风。

29日　接与信,小英信。

30日(五)　改劳时8—12,1—5取消星日,给与信。

31日(六)　运灰,吃一梭鱼,约二斤,一元。

选择"1970年10月",有多重因素:

其一,这是一个时间节点,从10月17日到1972年11月10日,为穆旦的第三部日记手稿。以上所列日记的前两条,为第二部日记所记。

其二,日记提供了一个重要的信息,赴大苏庄。大苏庄在天津静海县,原为犯人的劳改农场。日记中标明为"教系干校",即天津市教育系统"五七"干校。

据记载,1966年5月7日,毛泽东在给林彪的一封信中指出:全国各行各业都要办成"一个大学校",这个大学校要"学政治、学军事、学文化,又能从事农副业生产。又能办一些中小工厂";

"也要批判资产阶级","学制要缩短,教育要革命,资产阶级知识分子统治我们学校的现象,再也不能继续下去了"。毛泽东的这封信被称作"五·七指示"。

1968年9月7日,《人民日报》《解放军日报》发表《无产阶级文化大革命的全面胜利万岁!》的社论,"标志着整个运动已在全国范围内进入了斗、批、改的阶段"。10月5日,《人民日报》在编者按中发表毛泽东关于"广大干部下放劳动"的号召。各地普遍开办"五·七干校",原党政机关、高等学校的绝大部分干部和教师,被送到干校去"学工学农",从事艰苦的体力劳动,称为"走'五·七道路'"。[1]据日记记载,至1972年1月29日返回天津,并被宣布"回图书馆",2月4日,"到图书馆上班",此段劳改遭遇,历时一年零三个月。

其三,这些日记记载了劳动改造时的日常情形。劳动是日常生活的基本内容,这个月的劳动主要是割苜蓿、运高粱秆、基建劳动、籀土、运灰。而从这时一直到1972年1月,所作劳动有:收白菜、胡萝卜、倒白菜、拉船、基建劳动(上房梁,装炉子、勾墙缝、房屋上泥、送砖、盖锅炉房等),到井下及沙井子,挖土,运砖,修猪圈,拉水车,油漆,运肥、上肥,粉碎高粱,搞白菜,堆柴,翻马粪,粉碎猪饲料,补麻袋,挖萝卜,剥树皮,运柴,搬树,填沟,轧草,培菜埂,埋树,垫羊圈,垫路,修船,培埂,装高粱,剁草,堆谷草,运草,抢修水沟,抢种山芋,挖沟,平沟,埋水管,挖树,锄草及玉米苗,耪地,铡草,间谷苗,锄地,补种,突击耪地,补种玉米,锄草谷地,开苗高粱,施化

---

[1] 中共中央党史研究室:《中共党史大事年表》,北京:人民出版社,1987年,第347页、第366—367页。

肥，挖沟，做埂，撒杀虫药，翻山芋秧，锄地，牵马，撒虫药，填草堆土，弄草，插薯秧，平地，刈草，种萝卜，在马号起砖，滤灰，晒草，拔草，种萝卜，割草，看砖，种白菜，平场地，捆苇子，轧场，剥玉米皮，垛谷子秸，铡草，垛玉米秸，排棒子秸，看砖，砍高粱，割豆子，堆玉米垛，采药（白兰根），放羊，运玉米核，拉高粱秸，盖菜窖，培埂，种洋葱，起白菜，运白菜，看院，砍白菜，晒白菜，装炉生火，抢水险，填沟，入白菜（白菜入窖），垛柴，积肥，挑粪，打柴，弄白菜，运茄子梗，搓（按，可能指搓绳子），堆柴，填沟，打土埂，看门，起羊圈，起圈肥，扫院，装麻袋，运麻袋，称白菜，粉碎猪粮，点仓（按，可能指清点仓库里的物资），到河边打水，称粮，等等。

不厌其烦地罗列了这么多，只是想让后世的读者知道当初劳动改造之"劳动"的一般情形——如此细致的劳动，足可把每个知识分子都"改造"成劳动能手。自然，信息是多有重复之处的，但既在不同的日子，记为不同的内容，可能还是因为所做的劳动本身有所差别，抑或是知识分子一时之间难以准确记下如此繁密的劳动名称。

劳动之余，"学习班"也不少，"看电影"多半也是一种学习的方式，后来明确记下片名的有《英雄儿女》《红色娘子军》以及朝鲜电影《看不见的战线》等。从其他时段的记载来看，"学习"的形式也是多种多样，有听社论、听报告、学习文件、总结会、讨论会、生活会、批斗会、听井冈山展览、讲用及听讲用、忆摆，等等。末两种又是年轻一代陌生的字眼，何谓"讲用"，即讲述如何活学活用毛泽东思想而取得成绩或进步，"听讲用"即听别人讲如何活学活用。所谓"忆摆"即"忆苦思甜"，以"摆事实"来批判错误的思想言论。

从政治的层面看,对穆旦而言,这个月有一个重要的消息,即 25 日日记所记"连部说我已摘帽"。所谓"摘帽",是政治上的常用语,如把某人打成"历史反革命分子",即称戴上"历史反革命分子"的帽子;经过一段时间的改造后,认为"改造好了",就不再把他当作"历史反革命分子"对待,称摘去"历史反革命分子"的帽子。这里所记载的可能就是指这样一种情况,即组织上认为穆旦已经"改造好了"。

其四,"劳动"和"学习"之后,通信看起来还是自由的。在这个月里,穆旦多次给妻子("与")、父亲("父")、妹妹("良铃")、儿子查英传("小传")及春旭写信,并接到妻子和儿子来信。春旭即杜运燮的妻子王春旭。为什么不直接写给杜运燮呢?据说,这是有意而为之的,"是为避免引人注意,也是怕给友人带来牵连"。[1] 在当时及后来,穆旦在给朋友们写信的时候,多次将收信人写为朋友的妻子或儿子,比如,1976 年的时候,穆旦给友人徐旋夫妇写信,收信人是他们的女儿徐安泰。不过,当时书信可能仅存 1969 年致妻子周与良的两封。

其五,穆旦的身体状况。本月的记载是消化不良,吃健胃止疼片。看起来并不是很严重。但随后一年余的日记来看,几乎每月都有身体状况方面的记载,消化不良持续了一段时间,之后又是闹嗓子、感冒、咳嗽。1971 年 7 月,有"嗓疼吃土霉素","打链霉素,右肺增加纹理","仍吃药(藿香正气水)"等记载。8 月情况看起来更糟,病情持续了差不多两个月,1 日,"吃四环素感

---

[1] 此处借用编者为穆旦致徐安泰信所作说明,见穆旦:《穆旦诗文集》(第 2 卷),第 268 页。

冒仍不好";2日,"咳嗽剧烈";9日,"下午到场部医院看嗓子;晚上吃药病转劣";10日,"咳嗽更厉害,吃费那丁、咳必清";20日,"晚大咳";21日,"上午晾草,有病回来";30日,"晚大咳";到9月1日,仍有"咳甚"的记载。9月22日,终见"病好"。之后,除了10月24日的记载"返津看病治气管炎"之外,基本上就没有相关记载了。不难看出,穆旦的身体状况并不算好,而劳动强度似乎并未减弱。

此外,有个重要的信息在这个月的日记里没有体现,那就是穆旦往来于天津与大苏庄之间,可以每隔一周回一次休息两天。当时,周与良还是河北完县进行劳动改造,按照穆旦子女的回忆,父亲回家休息的时间几乎"全部用来译诗"了——

> 在这两天时间里,他除了为我们采购一些生活必需品之外,全部用来译诗。在那间闷热的、挤得满满的、小屋子的一角,堆放有酱油瓶和饭锅的书桌就是他工作的地方。晚上我们都休息了,一只小台灯仍伴着他工作到很晚。[1]

即便是在这等糟糕的情状之下,穆旦仍然呈现出了一种执拗的"工作"热情。所谓"工作",自然指的是翻译——唯有翻译才能减轻现实的压力,忘却心灵的创伤？翻译的又是什么呢？可能是子女回忆之中屡屡提及的拜伦的《唐璜》,也可能是普希金的诗歌。但不管是何种作品,都可说是照亮穆旦在那段艰难岁月里的一盏盏明灯,给他慰藉,也给了他继续前行的动力。

---

1 英明瑗平:《忆父亲》,杜运燮等编:《一个民族已经起来》,第142页。

余论

但下放期的遭遇与故事总还是可以讲述。

1969年10月17日,根据毛泽东关于国际形势有可能突然恶化的估计,林彪做出"关于加强战备,防止敌人突然袭击的紧急指示"。18日,这个"紧急指示"以"林副主席第一号令"正式下达,"引起了各方面的极大震动"。[1] 据此指示,1969年11月6日,南开大学将所有"牛鬼蛇神"及其子女一律下放到河北完县。穆旦被"隔离"在一个公社,周与良带着四个孩子在另一个公社。两人相距几十里,基本上不通音讯。不久,中小学开学,四个孩子回天津,住在南开大学的一间宿舍里。夫妇两人仍分处完县两个的村庄。夫妻无法见面,与孩子们的联系也只有通信。

大概是耐不过对于妻子的思念与关切,1970年1月,春节前的某一天,穆旦步行几十里去探望妻子,这次短暂的会面深深地烙在妻子的记忆里——

> 有一天,大致快过春节,天气很冷,良铮忽然来看我,我说自从到完县以来没有收到孩子们的信,也没有他的消息,我见到他,控制不住眼泪。他看着我,劝我说"收到孩子们的信,都很好",还说"事情总会过去的,要耐心,不要惦着孩子"。他带了一小包花生米和几块一分钱一块的水果糖。几个月没见面,他又黄又瘦,精神疲乏,他只是安慰我"要忍耐,事情总会弄清楚的"。他还负疚地一遍又一遍地说:"我

---

[1] 中共中央党史研究室:《中共党史大事年表》,第372页。

是罪魁祸首,不是因为我,一家人不会这样。"我看到他眼中含着泪水,脸色非常难看,便安慰他"我也是特务,应该受到惩罚"。说了几句话,他准备走了,要走几十里才能回到住处。他非要把那包花生米和几块糖留下,我坚持不要,他说"你晕了,吃块糖也好些"。我说"身体还可以,也不想吃零食"。他说,"要多注意身体"。互道保重后,他就走了,停留不到半小时。我送他到村口,看他走远了,才回村。从后面看,良铮已经是个老人了,当时他仅52岁。回村后,我立即被批斗,"传递了什么情报,老实交代",真是天晓得。那里我的旅行包,经常有人检查,如果看到藏着花生米和水果糖,恐怕不知要批斗多少次。[1]

在寒风中步行几十里,不过是为了停留半个小时,和妻子说几句话,送包花生米和几块糖。才52岁,看起来"已经是个老人了",下放(流放)过程中那些细微而切身的故事,那颗因磨难而变得"凄凉而驯服"[2]的心灵,读来总是令人唏嘘不已。

1　周与良:《永恒的思念》,杜运燮等编:《丰富和丰富的痛苦》,第160页。
2　郑敏语,见《诗人与矛盾》,杜运燮等编:《一个民族已经起来》,33页。

第十八章

"寿命之飘忽,人生之可畏"

一 "其因在我,心中沉重"

穆旦共有孩子四人,二子二女。长子查英传1953年12月生,次子查明传1955年7月生,长女查瑗1957年1月生,次女查平1960年8月生。生逢乱世,如何教育子女、引导子女成长无疑是穆旦的一个心结。

前文曾提到,穆旦被打成"历史反革命分子"之时,子女尚年幼,穆旦夫妇小心翼翼地保守着秘密,直到"文化大革命"爆发,在铺天盖地的大字报和批斗风潮之中,子女方才知晓。而随着子女年龄的增长,现实的问题也就变得越来越严峻。

1969年,长子查英传初中毕业。由于是"黑五类"子女,他没有资格去生产建设兵团。所谓"黑五类",即地主、富农、反革命分子、坏分子、右派分子。以当时盛行的血统论观念来看,"黑五类"子女在入团入党、毕业分配、招工、参军、提干等方面都会受到歧视。之后,"黑五类子女"虽被改称为"可以教育好的子女",但社会对他们的歧视并没有根本性的改变。穆旦的四个子女之中,查英传受此影响最大。

按照1968年12月22日《人民日报》所传达的毛泽东的指示："知识青年到农村去，接受贫下中农再教育，很有必要"，各地随即掀起了知识青年上山下乡的热潮。据称，"文化大革命"期间，上山下乡的知青达到了1600多万，查英传后来成了其中的一员。时间当在1970年9月，去内蒙古五原县景阳公社插队落户。穆旦当月23日日记有记载："小英明日赴内蒙插队，今送行李。"

穆旦对于查英传前途的揪心在妻子和儿女的回忆之中多有体现。1964年的时候，穆旦就开始给查英传买《无线电》一类做无线电的书和杂志，又给孩子们买《十万个为什么》等书。及至查英传插队期间，穆旦又总是去邮局买《无线电》，给他保存着，大概认为查英传动手能力强，有让他将来修理无线电的念头；还给他买中学数、理、化自学丛书，以及农、林、牧各方面的杂志和养猪、养鸡、种水果等技术书，鼓励他"做一个有知识的人"。[1] 1970年12月12日，穆旦日记有学习会上"讲用"的讯息，其中第三点为"小英回家问题，由劝其回变为鼓励"。

周与良的回忆称，由于劳动肯吃苦，工作积极，查英传插队次年即被选为生产队小队长。1971年8月25日，穆旦日记也有记载："接与信小英为五好社员。"1973年初，查英传来信，"公社党委已批准了他的入党申请书，并已经报到县里待批。另外，公社推荐他去县里参加大学招收学员的考试"。据子女回忆，接到此一喜讯，父亲"显得很高兴"，晚饭时，特意"斟了一小杯酒。这是他遇到喜事时经常采取的庆祝方式"。

但是父亲的问题——"黑五类"子女的身份还是影响到了儿

---

1 周与良：《永恒的思念》，杜运燮等编：《丰富和丰富的痛苦》，第162页。

子的前途，尽管据说他的成绩并不错。1973年8月9日，穆旦日记有记："小英来信，考学未录取。"和举杯庆祝一样，这一事件也给子女留下了深刻的印象——

> 看过来信，父亲几天都一言不发，除了上班和吃饭，他都关上自己房门，埋头译诗，也许是想让他的笔来分担一些痛苦。有时，他好像是在惩罚自己。他不再吃鸡蛋，要留给小英回来吃；用了近10年的一条洗脸毛巾也不让换，"等小英能够回来之日再换"。[1]

查英传回来的日子看起来遥遥无期，1973年10月15日，穆旦跟杨苡谈到："最近由于大孩子（在内蒙五原）未考上学校，而其因在我，心中沉重。"

1974年春节之后，穆旦家里迎来了曾和查英传一起在内蒙古插队的知青孙志鸣，在半年的时间内，孙志鸣一直待在天津，几乎每星期都来访，彼此多有交流——交流的固然多是诗歌，也不少知青方面的内容，穆旦借此知晓了不少知青的故事，也获得了儿子在内蒙古的表现以及招工回城等方面的信息。实际上，据查英传的说法——

> 父亲有我们公社管知识青年的干部的地址，对跟我有关系的全部的人都感兴趣，包括跟知识青年聊天，就是想了解我当时的情况。就是因为我们家有这么个知识青年，结果所

---

[1] 英明瑗平：《忆父亲》，杜运燮等编：《一个民族已经起来》，第137—138页。

第十八章　"寿命之飘忽，人生之可畏"

有跟知识青年有关的事情，他都打听。[1]

现存穆旦致孙志鸣信共 7 封，每一封都谈到了招工之事。1975 年 8 月 12 日，穆旦写道："最近听到天津去内蒙招工的消息"，"关于这件事，英传已准备争取，以后看结果吧"。9 月 18 日所谈，几乎全是关于招工："我这一个月也是比一年的任何月都'满怀心事'，凡是有子女在学或下乡的人大概都同有此感吧。"天津招工在黑龙江据说已告吹，在内蒙古又无音讯，只有"间接消息"："说是内蒙兵团已有北京知青被招工，正在检查身体，消息是如此确实，我又不知有无在内蒙招工的可能了。查英传近日无信来，不知他那里情况，不知你那里如何，希望来信谈谈。"10 月 9 日的信也表示"你们将内蒙招工的情况给我讲得很详细，使我得知你们今年能有多少出来的希望（不多）"。11 月 17 日，穆旦跟孙志鸣谈到一位五原县女知青已回天津，并到家里来过几次。又谈及查英传——

英传最近来信，正如你信上所描述他的那样，非常乐观积极，因此也减轻了我的一点沉重感。我的这个孩子大概和我年青时一样，有一种理想主义（虽然他不搞诗）；我是碰了许多钉子，但他还没有。但我至今仍然认为，人是只能或①为理想而活着，或②为物质享受而活着，享受拿到手，可能淡而无味；只有理想使生活兴致勃勃。当然如果太没有物质水平，那也会令人丧气的。人就是经常在矛盾中求出路的，

---

1 据 2006 年 4 月 10 日—12 日，笔者与查英传、查明传的谈话。

这两方面的矛盾经常不是从这面、就是从那面来压你,使人永远不太满意。英传向我提出,在天津作工人也不见得有意思,不知你怎么看?

"这个孩子大概和我年青时一样"——穆旦似乎在长子查英传身上看到了自己年轻时的形象。1976年3月31日,穆旦又跟孙志鸣谈到:"英传在津住了一个月,现已回蒙一个半月了。原来也在忙于天津招工事,因有一时传说颇多,但以后由于反右倾运动开展,招工事停了下来,以后也许还要进行,但不知何时了。反正我这里也是空忙了一阵,他现在仍在工作队,干劲还是很足的。"及至6月15日的信中,穆旦又在询问:"内蒙八月间有招工吗?"

实际上,进入1976年之后,穆旦对于查英传前途的揪心程度随着一个突发事件的发生而加剧。那段时间,穆旦给查英传"四处打听招工的消息,希望他能回到天津",到处找熟人。[1] 1月19日晚,在找一位熟人回家的路上,穆旦骑车到德才里(八里台附近的一个居民区)时摔伤。

骑车摔伤是晚年穆旦经历之中具有转折性意味的事件——一种带有利益关系和功利目的的现实将穆旦拉低到最为俗世的层面。若说穆旦最终被这次缺乏及时治疗的摔伤而夺去生命也绝不为过,其中所透现的乃是一种强烈的现实之痛(这一话题见后述)。

1976年7月19日,穆旦在给老友江瑞熙的信中谈到:初中毕业的小女儿查平得以留津,"这省却了我一些伤脑筋的思虑。现在是如何把已下乡六年的小英弄上来的问题了"。1976年间,穆

---

[1] 英明瑗平:《言传身教,永世不忘——再忆父亲》,杜运燮等编:《丰富和丰富的痛苦》,第229页。

第十八章 "寿命之飘忽,人生之可畏"

旦的日记已是相当稀疏，全年日记仅有七则，却有两则记载了招工，分别为10月21日的日记："小英前日来信，招工在邮电管理局"；以及12月9日的日记："小英由津赴内蒙，到地质队报到，结束了他六年多的农村插队。"

对于查英传的工作，穆旦又并不满意。1977年1月13日，穆旦写信跟妹夫、妹妹（汤仲杰、查良铃）谈到，"只是小英的工作，使我不太满意"——何来"只是"呢？到这个时候为止，穆旦还沉浸在出版社传来的消息——《唐璜》译稿可用——的喜悦之中。其时，距离穆旦逝世只有月余，查英传的工作问题最终无力解决。

穆旦对于其他三个子女的教育呢？应该说，信息都比较少。次子查明传方面，据说从小体弱，穆旦对其生活方面的照顾比较多，比如周与良回忆，"60年代是吃豆腐渣的年代，良铮浮肿的厉害，配给他一斤红糖，他没有吃一口"，全留给了从小体弱的二儿子查明传。[1] 而查明传可能是穆旦几位子女之中唯一"写过一点诗"的人。据他本人称，他那时候写了，父亲"就悄悄地拿到里屋。看了一会，就拿出来，放在桌上。看没那个苗子，不是那回事"。对此，查英传的看法有所不同："不是苗子的问题，我父亲知道写诗要出事，不把你往那培养。"[2]

对长女查瑗的教育看起来更细致些，穆旦曾教她"学习英语，第一本书是《林肯传》，并让她每天背单词"；"逐字逐句地给她讲解英文原著"，讲授完了《林肯传》和"一本几百页的欧洲史"；甚至为此翻译了英国人查尔斯·维维安的中篇小说、被称作"外

---

1 周与良：《永恒的思念》，杜运燮等编：《丰富和丰富的痛苦》，第163页。
2 据2006年4月10日—12日，笔者与查英传、查明传的谈话。

国水浒"的《罗宾汉传奇》,全书26章,穆旦译了15章。其动机就是实用的:"掌握一门外语,至少翻译点东西,可以混口饭吃。"日后接续穆旦未竟的翻译事业,和妻子一道将《罗宾汉传奇》一书译完的杜运燮,称这一事件为"穆旦为爱女译书"。[1] "为爱女",而不是为其他的读者,在穆旦的全部翻译之中,这样的事可能是唯一的。

再往后,因为哥哥查英传已到农村插队,初中毕业的查瑷得以留城。1974年11月3日,为查瑷开始到天津市第十三塑料厂上班的第一天。据周与良回忆,穆旦对于查瑷非常关切:

> 由于家庭关系,(查瑷)被分配到天津市第十三塑料厂,带毒车间,并且三班倒,工厂在密云路,离家很远,每逢早班,早晨5时离家,良铮总要起来,送她到八里台汽车站,中班晚11点多才能回家,他总去汽车站等她,尤其雪花纷飞的寒冷季节和倾盆大雨的日子,他总出去接小瑷。[2]

妻子所提到的天津市第十三塑料厂距离南开大学约10公里,所称"由于家庭关系",指的即是身为"历史反革命分子"的穆旦给孩子们的就业及前途所造成的影响,穆旦坚持接送女儿,自然是出于父爱,也可能包含了某种内疚心理,即希望以行动来弥补自己的"过错"。

查平得以留在天津,也是"她哥哥下乡赚来的"——1976年

---

[1] 杜运燮:《穆旦为爱女译书》,《中华读书报》,1998年5月13日。
[2] 周与良:《永恒的思念》,英明瑷平:《言传身教,永世不忘——再忆父亲》,杜运燮等编:《丰富和丰富的痛苦》,第162—163页、第227页。

暑假，查平初中毕业，分到天津纺织技校。关于查平，信息多集中在买琵琶、学琵琶上面。此事的来龙去脉，大致可见于穆旦给旧友董言声的信。1975 年 10 月，董言声来过天津，期间可能谈过子女的未来问题。1976 年 1 月 25 日，穆旦写信跟董言声谈及买琵琶的事——信中称之为"买琴"。看起来，上海相对开化的风气催生了买琴一事。3 月 17 日、5 月 25 日、11 月 25 日的信，也都谈及此事。实际上，琵琶 5 月份就已买好，但一时之间找不到可靠的人带回天津。此事一直等到 1977 年初才得以解决，是借着周与良的三哥周艮良到上海开会之便带回的，其时已是 2 月 5 日之后的事了。2 月 19 日，穆旦再次和董言声谈及琵琶：18 日才从周艮良那取回，"敲敲红木，真是清脆"，但小平去了外地，不在家，"还未试琴"。

现存穆旦致董言声信共 8 封，其中有 6 封谈到琵琶，密度很大，可见此乃穆旦晚年念兹在兹之事。不过，新的琵琶终于取回家之际，距离穆旦逝世仅有数日，小平又并不在家——等待一年多，最终却没有机会聆听小女儿的练琴声，不能不说是一大憾事。子女回忆称，当时大家并不乐于听查平练琴，想阻止她的练习，"父亲从他工作的房间出来，说他喜欢听，让小平去他的房间练习。就这样，80 年代再版父亲所译诗集中的一些诗句，正是在小平的琵琶声中修改的"。[1] 看起来，这一回忆有些微妙，若非在购买新琴之前，另有旧琴可练，则多半是对处于生命最后时刻的父亲闲时抚抚琴之类细节的想象。

从上面较为烦琐的叙述不难发现一个事实：穆旦为子女们所

---

[1] 英明瑷平：《言传身教，永世不忘——再忆父亲》，杜运燮等编：《丰富和丰富的痛苦》，第 227 页。

着想的未来，基本上都是实用的或技术性的，从后来的实际发展看，四个子女没有一个学文——没有一个接续父亲的道路，他们后来多半在"技术"的道路上走得够远的。

但实际上，在当时情势之下，所谓"未来"，根本不在穆旦的掌握范围之内。这一点，友人杨苡看得很清楚：

> 我们也不希望自己的子女学文，我们也都觉得不学文还好些。而且他也管不了他的子女，儿子都下放到蒙古了。当初，他是带着理想回来的，觉得回来安定了，就可以生孩子了。他岳父解放后是天津市副市长，有名的民主人士，形势大好。没想到会出现那些乱七八糟的事。他总觉得对不起自己的子女。[1]

二 "少了这样一个友人，便是死了自己的一部分"

同辈友人的过早逝世也令穆旦忧伤。1972 年 11 月 27 日，穆旦写信跟杨苡谈到了一位共同的朋友，因癌症于本年 8 月 13 日逝世的萧珊（陈蕴珍）：

> 蕴珍是我们的好朋友，她是一个心地很好的人，她的去世给我留下不可弥补的损失。我想这种损失，对你说说，你是可以理解的。究竟每个人的终生好友是不多的，死一个，便少一个，终于使自己变成一个谜，没有人能够了解你。我

---

[1] 易彬：《"他非常渴望安定的生活"——同学四人谈穆旦》。

第十八章 "寿命之飘忽，人生之可畏"

感到少了这样一个友人,便是死了自己一部分(拜伦语);而且也少了许多生之乐趣,因为人活着总有许多新感觉愿意向知己谈一谈,没有这种可谈之人,即生趣自然也减色。我今年已经五十五岁了,头发白了,老相十足,年轻的时候,不怕岁月之多,而今有如此一大把年岁,自己觉得奇怪,不知还将变成什么样子。但这只是外观,内心还是那个我,似乎还和年轻时一样,只是外界不同了。

1976 年 6 月,穆旦更是为萧珊写下了诗歌《友谊》:

> 你永远关闭了,不管多珍贵的记忆
> 曾经留在你栩栩生动的册页中,
> 也不管生活这支笔正在写下去,
> 还有多少思想和感情突然被冰冻;
>
> 永远关闭了,我再也无法跨进一步
> 到这冰冷的石门后漫步和休憩,
> 去寻觅你温煦的阳光,会心的微笑,
> 不管我曾多年沟通这一片田园;
>
> 呵,永远关闭了,叹息也不能打开它,
> 我的心灵投资的银行已经关闭,
> 留下贫穷的我,面对严厉的岁月,
> 独自回顾那已丧失的财富和自己。

在当时给杜运燮的信中，穆旦抄录了这首诗，并且明确说道："友谊的第二段着重想到陈蕴珍，第一段着重想到你们。所以可以看到，前者情调是喜，后者是悲。"又称，"岁数大了，想到的很多是'丧失'（生命，友谊，爱情），（也有理想），这些都不合时"。

现在看来，穆旦与萧珊的交往，似乎从一开始就是"一个谜"。没有确切的材料能说明穆旦与萧珊是从何时开始认识、交往的，只能很笼统地说成是在西南联大时期。关于这一时期的萧珊，朋友们有过不少回忆文字，如杨苡的《梦萧珊》、萧荻的《忆萧珊》、刘北汜的《四十年间——关于巴金、萧珊的片断回忆》等[1]，尽管这些作者多半也是穆旦的朋友，但其中并没有穆旦的讯息，主角多半是巴金以及其他一些人——有些人今天看来似乎已湮没无闻，如外号"小树叶"的王树藏，当年却是萧珊的挚友[2]，由此可见，在联大时期，穆旦与萧珊和她的生活圈子，可能只是泛泛之交。不过，结识时间很可能不会迟至1940年的叙永期间[3]，在昆明时期，两人就已认识，并一起参加过活动。[4]

再往下看，1944—1945年间，穆旦在重庆生活期间，与巴金、

---

1 分别见杨苡编：《雪泥集——巴金书简》，北京：生活·读书·新知三联书店，1987年；陈思和、李存光主编：《一双美丽的眼睛（巴金研究集刊卷三）》，上海：上海三联书店，2008年；李致、李舒主编：《巴金这个人——献给中国当代文学大师巴金百年华诞》，成都：蜀蓉棋艺出版社，2003年。

2 有兴趣的读者可参见杨苡：《看见月色想哭的孩子：旧邮散忆之一（重读1939年1月巴金寄自桂林的信）》，《钟山》，2002年第1期。

3 据李方：《穆旦（查良铮）年谱》，穆旦：《穆旦诗文集》（第2卷），第379—380页。

4 杨苡最新的口述称，萧乾当时到昆明为《大公报》组稿，沈从文、穆旦、赵瑞蕻、萧珊、王树藏等人都参加了，见杨苡口述、余斌撰写：《一百年，许多人，许多事：杨苡口述自传》，第251—252页。

萧珊夫妇"经常往来"(见相关交代文字);1948年,穆旦一度成为上海霞飞坊(今为淮海坊)59号"座中常客"的情形,随着穆旦书信的披露也广为人知。1953年穆旦夫妇推却重重阻力从美国归来之后,受萧珊鼓励,并得到巴金大力支持而得以大量出版译著的事实,更已是佳话。之后,随着穆旦被打成历史反革命分子,彼此分别已达17年之久,断绝书信往来也在10年之上,一直到1971年12月30日,穆旦才重新得知萧珊的情况。这一天,他在日记中写道:"收王春旭信(20日写)。知宁坤、萧珊近况。"王春旭即老友杜运燮的妻子。12月31日晚上,穆旦即动笔给萧珊写信。1972年1月16日、24日,穆旦先后接到了萧珊来信。不过,目前仅能见到16日的这一封——全是洗尽岁月铅华之后简朴至极的文字:

> 收到你的信有好几天,不是不想写信,而是无从下笔。我们真是分别得太久了,你说有十七年,是啊,我的儿子已经有二十一岁了。少壮能几时!生、老、病、死是自然界的现象,对你我也不会有例外,所以你也不必抱怨时间。但是十七年真是一个大数字,我拿起笔,不知写些什么。还是先谈些家务吧。[……]你妻子是否还在南大教书,我已经记不得她叫什么了,你们现在有几个孩子,大概还没有到分配工作的年龄吧?你说你在学农基地已经一年多了,从你信里看来,你还是过去的你,知识分子改造是一个艰巨的历程,老友、新交,我也不知怎样认识你了。[1]

---

1 陈思和、李存光主编:《一双美丽的眼睛——巴金研究集刊卷三》,上海:上海三联书店,2008年,第33—34页。

不想仅仅半年多之后，1972年8月13日，萧珊即因癌症逝世。事后，穆旦多次给巴金先生去信，表示询问和关切。10月27日巴金回信，对穆旦去信安慰并询问萧珊安葬的地方表示感谢。

之后，穆旦在朋友们的通信之中，多次谈及那令人惆怅的"友谊"，1972年11月27日、1973年10月15日，穆旦致杨苡的信中都有这方面内容，后者还叙及1948年在李家的生活，并且感叹："那时的情景还历历在目，可是人呢？想起来不禁惆怅。"

与巴金也有不少通信，看起来或有佚失，现存巴金来信5封，后四封为1975年11月5日、12月7日以及1976年8月11日、10月26日。在与其他友人通信时，巴金也曾询问穆旦的情况，比如1976年8月12日、12月3日致杜运燮，10月8日致杨苡。穆旦致巴金的信存有两封，为1976年8月15日、11月28日，所谈除了萧珊外，多半是生活方面的话题。

1977年2月26日穆旦逝世，最先向巴金通报讯息的是巫宁坤（据1977年3月9日巴金给巫宁坤的回信）。之后一段时间内，巴金在与巫宁坤以及杜运燮、杨苡等人的信中多次谈到穆旦，除了对他的早逝表示可惜之外，还谈到穆旦遗稿处理的事情。比如1977年4月14日，巴金跟杜运燮——日后穆旦最初的作品集、纪念文集最重要的整理者——谈到：

> 良铮同志病逝，巫宁坤同志来信告诉我，我回他信时曾说，蕴珍逝世的时候良铮写信鼓励过我，我没有机会向良铮表示感激之情，心里十分难过。他去年来信中讲起他这几年中重译和校改了普希金、拜伦、雪莱的许多诗作，我知道他译诗是花了不少功夫的，我也希望它们能早日出版。我还相

第十八章 "寿命之飘忽，人生之可畏"

信将来这些译稿都会出版的,但是目前究竟怎样决定,我一时也打听不出来,不知道人文社管这一部分工作的人是谁,我也想找徐成时去问问。你说今年暑假打算去天津,帮助与良同志整理良铮的遗作,这是很好的事情。你说不认识出版界的人,我建议你必要时去信问问徐成时同志(他仍在新华社),他有朋友在人文社,我知道你过去和徐较熟。[1]

无论是穆旦与杨苡间那种略显华丽的文字,还是巴金写给穆旦及其他友人的那种简朴的文字,都可以看到一种忧伤的情绪在朋友间弥漫。

三 "访旧半为鬼,惊呼热中肠"

王逊、董庶等友人的死讯也令穆旦颇多感慨。1973年10月15日,穆旦致信杨苡,既称因看到黄裳《锦帆外集》中谈李尧林的文章涉及南开学生生活,自己也回想起"几近三十年前的生活";又感慨了老同学王逊的死——

文字生涯,看来我是要关门了。现在设想手边有一些爱看的书,以度晚年。运燮从北京听到王逊(你知道他吧)已死,据说是饮酒多而致死的。这也使我震动一下。我和他曾在南岳住同屋三个月,当时共有四个人,死了三个,只剩下我一个了。想我们当时热热闹闹的过的日子,犹在目前。我

---

1 巴金:《巴金全集》(第22卷),北京:人民文学出版社,1993年,第468—469页。

现在也每天饮一点酒，但不多，大概不致像他吧。

在彼时，知识分子之"死"无疑是一个敏感的话题，王逊并非"饮酒多而致死"，而是"因受迫害，病逝于北京"[1]，不管穆旦是否确切知道了真相，但他确实真切地感到了人已消逝，那"热热闹闹的过的日子"已不复存在。

1976年5月25日，在回复旧友董言声时，穆旦接着老朋友关于中学生活的话题而谈到：

> 你的脑子时常盘旋着一些中学传奇人物，大概越老越想念少时的伙伴，我有机会一定替你探听。我在津只有竹年吕泳是中学同学，其余也看不到了。我时常想及的是董庶，谁知就这样完了。人生很不圆满，有头无尾，令人莫名其妙，谁写这种剧本该打屁股。
>
> 咱们一混想不到就是六十岁了，这个可怕的岁数从没有和自己联系起来过。好像还没有准备好，便要让你来扮演老人；以后又是不等你准备好，就让你下台。想到此，很有点自怜之感。而且世界也不总是公平待人，它从不替你着想，把最适于你生长的地方让给你，而是胡乱塞你个地方，任你自生自灭去。最近有几个人在校内死去，我都多少认识，总结他们一生，不过是那么回事，仿佛都是有头无尾似的。我记得咱们中学时代总爱谈点人生意义，现在这个问题解决了没有呢？也可以说是已解决，那就是看不出有什么意义了。

---

[1] 王涵：《王逊年谱》，北京：中国青年出版社，2015年，第322页。

没有意义倒也好，所以有些人只图吃吃喝喝，过一天享受一天。只有坚持意义，才会自甘受苦，而结果仍不过是空的。

可惜我们只能看廿世纪的事，廿一世纪就于我们无关了。一千年以后更与我们无关，那时的人看我们，一定觉得可笑又可怜，而且也将没有任何人知道我们曾经活在这世上。所以，咱们这么多思虑，终于也是无结果而终。

穆旦晚年书信，给老同学董言声的信是最为动情的，其中多有回忆性的笔调，似乎一俟接到董言声的信，穆旦就很容易沉浸到往事回忆之中。待到1977年1月4日，穆旦又因董言声信中谈及的话题而感慨：

你提到卅年代和董庶，真是令人感慨。还记得我们四个人坐小船游黑龙潭（今之水上公园）吗？当时大家谈的什么？谈未来和人生，谈希望和抱负，是不是？而今呢？这些都不必再谈了，嘴里留下的只是苦味。莎士比亚说，"人生是个坏演员"，它的确演得很不精彩，随随便便就混过了一辈子。

1976年1月25日，穆旦和董言声谈及当年中学英文课上李尧林先生教过的杜甫写的、辜鸿铭翻译的《赠卫八处士》：

人生不相见，动如参与商。
今夕复何夕，共此灯烛光。
少壮能几时？鬓发各已苍。
访旧半为鬼，惊呼热中肠。

焉知二十载，重上君子堂。
昔别君未婚，儿女忽成行。
怡然敬父执，问我来何方。
问答未及已，儿女罗酒浆。
夜雨剪春韭，新炊间黄粱。
主称会面难，一举累十觞。
十觞亦不醉，感子故意长。
明日隔山岳，世事两茫茫。

"访旧半为鬼"，对当时的穆旦及其周围的友人而言，乃是一种非常切身的经验。友人逝世，令人陡生"人生无常"之感！3月17日，穆旦又和董言声谈到："我奇怪的是，人在年青时，就感慨人生无常，咱们十七八岁喜读它，现在添上四十多年经历，更该如何深有感触吧！"

不仅仅是穆、董之间，《赠卫八处士》所弥漫的这种"人生无常"情绪在同学之间也多有扩散，如老同学赵清华所言，"四人帮"倒台之后，"谁也想不到"这首《赠卫八处士》竟然成了老同学"通讯的主题之一"[1]——话题不知是否由穆旦谈起，但他的去世，很可能进一步加剧了老同学之间的这种谈论。

四 旅居国外的友人来访

1972年11月，劳改结束数月之后，穆旦一家被重新分给了

---

1 赵清华：《忆良铮》，杜运燮等编：《丰富和丰富的痛苦》，第193页。

东村70号。这一事件被穆旦写进了日记：

> 11月5日　到东村70号刷浆，大前日分给我们此房（11月2日）。
> 11月10日　全家迁入东村70号。

此一事件，可能是校方迫于某种形势压力的结果。本年2月，美国总统尼克松访华，中国和美国签署了联合公报，中美关系开始解冻，双方开始派遣互访人员，很多定居美国的华裔人士得以回国探亲，周与良的哥哥周杲良——穆旦和周与良结婚的证婚人——就是其中的一员。校方可能并不想让友好人士看到留学归来的人才落到如此不堪的境地吧。

而对穆旦来说，美国归来的人士其实可算某种敏感信息，1953年初历尽艰辛回国，至此已近二十年，而境况似乎仍在继续朝恶劣的方向发展，这与当初留在美国人士的个人发展以及回国所享受的待遇已是天壤之别。

1973年4月29日，接到南开大学校方通知，穆旦去天津饭店见到了美籍华人、康奈尔大学教授、数学家王宪钟，当日有日记："王宪钟及夫人关龙新及三女来津，晚七时去天津饭店第一分店503号，和与良及小平去见。同时有天大的两位去，仉铁健及康泽林（机械系）。"老同学相见，谈了两三个小时，穆旦赠其一册1957年版普希金诗集《欧根·奥涅金》。

见面一事，亦见于次月11日穆旦给老同学陆智常的信——因为王宪钟（信中称其为"小王"）将回国，4月18日写信给陆智常。这是"相别廿年"之后的首次联系，一个原因是，穆旦觉得小王回来,"一定会问到大小陆克近况如何"(按,即陆智常、陆智周兄弟),"另一个原因,就是觉得老朋友可以恢复一下对话,否则年近古稀,再对话也找不到了",由此,决定"写一封信碰一碰"。陆智常当时在吉林工业大学(长春),穆旦的信是寄到其先前的单位大连工学院的,幸得"一位不知名的命运之手"的转寄。信中有更详细的描述:

> 他是四月廿八—廿九在天津的。我廿八晚上去天津饭店见了他,谈三小时,次日他上午来南大,我又陪他参观;晚上我又去旅馆送行,[……]他带着全家,夫人及三个女儿。还是老样子,不显老,头发黑黑的,也不秃顶。比起来,我则头发已白一半多了。他和我及另两位中学同学(伉铁健及康泽林,我过去不认识[1])畅谈了过去一些事。也谈到,他知你在大连工学院。[……]很快就过去了三小时。次日因为忙,也未到我家小坐。

穆旦、王宪钟(1918—1978)以及陆智常(1916—2014)兼有南开中学和西南联大校友的关系。1941年,王宪钟大学毕业后考取清华大学研究生,在陈省身教授的指导下,从事移动坐标架理论及射影微分几何的研究,1944年毕业,获得数学硕士学位。同年秋,获得了教育部代表英国助学基金委员会举办考试选拔赴

---

1 关于两人的讯息,日记和书信所记有出入,《穆旦诗文集》注明两位"时任南开大学数学系教授"。经查,伉铁健(1915—1986)为当年南开中学校长办公室秘书伉乃如的次子,1938年毕业于西南联大(南开大学),后任教于西南联大、南开中学及南开大学;康泽林的情况暂不得其详。

英留学的名额,并在曼彻斯特大学获得博士学位。在回国短暂工作之后,1949年,开始在美国大学任教。穆旦夫妇在美国芝加哥大学留学时,陈省身为数学系教授,"常去他家"。而在1969年1月31日的外调材料《关于李振江》中,穆旦还曾谈到当年和王宪钟到昆明南郊附近的某县某村教书之事。

1972、1973和1977年,王宪钟曾经三次回国。王宪钟的哥哥、同毕业于西南联大的王宪钊的回忆中有1973年这次回国的一些情况:

> 这次,他(按,即王宪钟)希望通过探亲游览,使三个生在美国的女儿能了解、热爱父母之邦。这次回国,他拜见了他敬爱的老师吴有训、周培源和华罗庚以及数学系的一些老同学,还在北大数学系和科学院数学所做了学术报告。他们全家还游览了祖国的大江南北。使他高兴的是,在天津,他拜会了杨石先、黄钰生两位老师,重游了母校南开中学。在学校里,他和昔日的那些老同学无拘无束地谈起往事,仿佛又回到了中学时代的生活中去。遗憾的是,在"四人帮"横行的年月里,宪钟两次回国,我们都不能促膝深谈。[1]

穆旦在没有列出名字的"昔日的那些老同学"之中,"无拘无束地谈起往事"似不太可能,"不能促膝深谈"应是更为现实——兄弟之间尚且如此,在他人"陪同"之下的老朋友见面自

---

[1] 王宪钊:《兄弟·同学·朋友——纪念四弟、数学家王宪钟》,北京大学校友会联络处编:《笳吹弦诵情弥切——国立西南联大大学五十周年纪念文集》,北京:中国文史出版社,1988年,第199页。

然也难以深入。三个小时的谈话内容已无从得知，但此一会面，对穆旦子女的触动非常之大：

> 此后几天，我们议论这件事时，流露出抱怨情绪：美国生活那么好，为什么父亲非要回来做"牛鬼蛇神"？王先生此时回来受到贵宾式款待和领导的接见，而父亲当时虽已从"劳改"牛棚回到南开大学一年多，但每天早上仍要早上班半小时"自愿"打扫厕所。父亲对我们的议论有所察觉。一天，他把我们叫到一起，问我们是不是羡慕美国的物质生活。他严肃地说："美国的物质文明是发达，但那是属于蓝眼睛、黄头发人的，而我们是黄皮肤、黑头发。"他还说："物质不能代表一切，人不能像动物一样活着，总要有人的抱负。"他谆谆告诫我们要热爱自己的祖国，他说："中国再穷，也是自己的国家。我们不能去依附他人做二等公民。"父亲的话给我们留下深刻印象。但当时我们对父亲说这些话的背景了解不多，因为父亲生前很少讲起他的过去，直到他逝世后，我们才逐渐知道，父亲一生追求光明和正义，对祖国对人民，有着深沉的爱。[1]

"贵宾式款待和领导的接见"与牛棚改造、"自愿"打扫厕所之间，自然完全是两个不同的世界。尚且年少的子女们发发牢骚、说说抱怨看起来完全合乎情理。而穆旦对于子女的"教育"，在这段追忆文字里，和周与良的追忆文字中对于穆旦 1950 年代初期在

---

1 英明瑗平：《忆父亲》，杜运燮等编：《一个民族已经起来》，第 139—140 页。

美国时期急于回国时所发表的言论多有相似。

再往下，1975年10月6日，穆旦又一次见到了回国访问的旧友，邹谠、卢懿庄夫妇。邹谠（1918—1999）与穆旦兼有联大和芝加哥大学双重友人的身份，1938年，邹谠作为转学招考录取生考入联大法商学院政治学系，时为三年级，1940年毕业，与穆旦在同一年；1946年进入芝加哥大学研究院，主攻美国政治学，1951年获芝大博士学位，之后一直任教于芝加哥大学政治科学系。穆旦夫妇在芝加哥大学留学期间，曾与邹谠、卢懿庄夫妇为邻居，穆旦曾与邹谠一起参加芝加哥中国同学学术讨论会等活动，其交代材料中，也多次出现邹谠的名字。

这一次会面，同样可见于穆旦当日的日记："去天津饭店（华侨饭店）见邹谠、卢懿庄，有何炳琳同去，下午五时到达，同到鸭子楼晚餐（每人十元餐费），后到旅舍又谈一小时而归，九时归。"何炳琳为南开大学化学系教授，亦是留美的同学。记下餐费，显示了穆旦对于"物质生活"的某种敏感。至于穆旦子女，这一次多半并未参加会面，也没有见到他们对于此一事件的回忆文字——穆旦本人的日记照例简短，且全无感情色彩，也就无从察知远在异国他乡的旧友再次来访时，他内心是否有所波动。

五　年轻人来访

国外友人来访终究不过是偶然事件，是生活中的插曲，年轻人慕名造访并由此结下情谊，是晚年穆旦生活中经常发生的事情。来访的年轻人中，有确切记载的为郭保卫、柳士同、孙志鸣、朱志瑜、刘承祺、戚罗素等人，其中前三位有过专门的回忆文章，孙志鸣之后的几位与穆旦长子查英传同在内蒙古五原县插队,同为插队知青的李厚聪是否来访过暂不可知,但在孙志鸣的回忆中出现过。

郭保卫与穆旦结识,是通过杜运燮的介绍,郭保卫的姐姐是杜运燮的儿媳,说起来的关系是很近的。与郭保卫初次见面是在1975年7月底到8月初,穆旦在北京度暑假期间。郭保卫当时是北京东方歌舞团的青年演员,此前在看查译《青铜骑士》《普希金抒情诗选》等作品时,曾向杜运燮打听,已知道译者查良铮即诗人穆旦。1975年,他把作品抄在一个草稿本子上,趁杜运燮的小女儿去天津看穆旦时带去。穆旦去当时的北京东城演乐胡同郭保卫家的时候,也将诗歌本带了过去,并且和郭保卫谈到了诗歌的写法。[1]

孙志鸣也是因为普希金著作而知道"查良铮"这个名字的——

> 在内蒙插队时的那些漫长的冬夜里,我们几个知青常常把油灯挑亮,围坐在炕上朗诵普希金的诗。时间久了,我几乎能把《十月十九日》《青铜骑士》以及《欧根·奥涅金》中的许多篇章背诵如流。普希金的诗在那些年月里像甘泉一样滋润了我心灵的沙漠。因此,我深深感激这位俄国诗人和他的译者查良铮先生。

孙志鸣得以到南开大学东村70号造访,且比其他知青更接近穆旦,有某种神奇的色彩——穆旦那在内蒙古插队的儿子查英传

---

1 郭保卫:《书信今犹在 诗人何处寻——怀念查良铮叔叔》,杜运燮等编:《一个民族已经起来》,第169—170页。

第十八章 "寿命之飘忽,人生之可畏"

在无意之中充当了中介。1973 年,大学要招生了,结果却出了个交白卷考上大学的"英雄人物"张铁生——

> 大家的心都凉了。"名落孙山"之后又耐不住寂寞,便互相走访,发发牢骚。一天,承祺的同学李厚聪来到我们村,跟他一起的还有一位陌生的知青。李厚聪介绍:"这位叫查英传,景阳林公社的。"
> 在通宵达旦的漫天闲扯中,我了解到查英传的父亲就是查良铮。当时我异常高兴。小查有几分稚气的脸上露出不解的神情,问道:"你怎么认识我父亲的?"
> "当然认识,"我开着玩笑说,"是通过普希金介绍认识的。"
> "现在你们还读那些老古董?"小查顺口又问了一句。[1]

"老古董"这个词在孙志鸣的脑海中该是留下了一些阴影,虽然他没有忘记为"小查"做些解释:后来"了解到他喜欢工科,对文学不甚感兴趣"。但若是,一个事实已然显现:在儿子当时的观念之中,父亲孜孜以求的那些翻译不过是些"老古董"式的无用之物而已。

实际上,检遍穆旦子女回忆父亲的两篇长文,其中也谈到了翻译,但读来都是理念化程度很高的文字,都是在描述父亲如何废寝忘食地翻译,并且转述父亲如何肯定翻译的价值(姑且不论它们到底是不是穆旦本人的想法),而全然没有他们自己阅读父亲译著乃至阅读感受方面的记载。

---

[1] 这两段引文见孙志鸣:《诗田里的一位辛勤耕耘者——我所了解的查良铮先生》,杜运燮等编:《一个民族已经起来》,第 185 页。

出现这种状况的原因也并不复杂，1950年代，查译著作大量印行的时候，穆旦子女尚在幼龄；及至他们慢慢长大的时候，查译著作不仅不再印行，反而成了抄家时被扫地出门，甚至被焚烧的对象，这般沉重的现实所激发似乎更多的是躲避乃至厌恶的念头，而不是阅读的欲望——实际上，如前所述，这种背离也正是穆旦本人所构想的。

这样一来，如果说在穆旦本人对于翻译的热切期望与家人们并不能充分理解其工作意义之间存在着一条并不算小的裂缝的话，现在，它由孙志鸣、郭保卫这些热爱文学的、有活力的、与儿子年龄相当的年轻人来填补。郭保卫与穆旦有过三次会面，现存书信29封。这一数量几乎占到了实存穆旦全部书信的一半，可以说，郭保卫冒着风险保存了这批信件，实际上也就是保存了穆旦晚年的许多珍贵的思想，更大的意义上说，保存了一个诗人。孙志鸣则是在第一次拜访之后的半年之内一直待在天津，几乎每星期都到南开大学东村70号，现存书信7封。这种交往，即所谓"忘年交"，或如郭保卫所说："他需要的也许并非有资格的诗歌与翻译评论家，而迫切需要和久久渴望的，应是心灵的理解与沟通。"[1]

若细究穆旦给郭保卫和孙志鸣的信，话头还是有所差别：郭保卫来自京城，穆旦对政治文化方面的信息就有较多涉及；孙志鸣和查英传在一起插队，穆旦也就较多谈及知青生活及招工方面的情况。但诗歌、文学方面的话题都有较大的篇幅，归根结底，彼此的交往能够持续，还是文学在发挥着力量。

似乎一谈到文学，穆旦就忘记了现实的烦忧。1976年初夏，

---

[1] 郭保卫：《穆旦，假如……——忆诗人给我的29封信》，杜运燮等编：《丰富和丰富的痛苦》，第210页。

普希金诗歌爱好者柳士同由天津人、与穆旦年龄相差无几的李世瑜领着来访。柳士同自称十几岁的时候就迷上了普希金,插队到农村的"漫长的寂寞岁月里","枕边放着的唯一的诗集,便是查先生翻译的《普希金抒情诗选集》"。当时,他去李世瑜(巫宁坤的妻兄)家做客,得知普希金的译者查良铮就住在南开大学,便请求对方带他去拜访。柳士同后来回忆了见面的情形——

  他的腿不久前摔伤了,尚未痊愈;走起路来一瘸一拐,极不方便。但他却因为有一位喜爱普希金的青年来访,而兴奋得忙里忙外。一会儿去拿他翻译的普希金的诗,一会儿去拿他幸存下来的《别尔金小说集》。[……]

  [……]查先生忘记了疲倦,忘记了身体的不适,滔滔不绝地跟我谈着。他越谈越兴奋,[……]

  从普希金的诗,我们又谈到他的小说。我很喜欢《驿站长》,查先生却提醒我注意《暴风雪》,告诉我,就艺术手法而言,这一篇更值得借鉴。从浪漫主义,我们又谈到现代主义。那时,我只听说国外流行什么现代派,可从来没读过这类作品。查先生连忙又站起来,一瘸一拐地到里屋去拿。我们心里很过意不去,世瑜先生抱歉地对查先生的夫人周先生说:

  "他今天已经这么走了三趟了。"

  周先生无可奈何地摇摇头,随即又笑了:

  "他难得这么高兴。只要一谈起诗,什么都不顾了。"[1]

---

1 柳士同:《一面之师》,杜运燮等编:《一个民族已经起来》,第165—167页。

爱好文学的年轻人来访给穆旦的生活带来了新气象，这是无所疑义的，但这同时也激起了一种复杂的情绪，在某些时候，穆旦也借助"年轻人"而窥见自身的处境。

六 三个无法回答的问题

在晚年所结交的年轻朋友中，让穆旦一再地窥见自身境遇或引发更多人生感触与诗学思考的，无疑是郭保卫。1975年秋天的一个夜晚，与已经有过一些通信和交流的郭保卫在北京站分手告别时，穆旦至少向他提出过三个问题：

"你为什么弄诗呢？"
"你当个演员，多快乐，何必找这烦恼事呢？"
"你为什么要和我认识呢？"[1]

提问的时间虽是1975年秋，但其中所关涉的问题实际上可说是贯穿于穆旦生命的最后几年。这三个问题几乎都无法回答，因为每一个问题都关涉到一些带有本原意味的要素。郭保卫当时是"未置可否"的。现在看来，这三个问题包含了三个层次。

第一个层次涉及一个根本性的问题，为什么要做这个事，这是对于正在做的事情本身的怀疑。这倒并不是对郭保卫诗才的否定，而是暗含了对"诗"这一文学类型的看法。在给郭保卫的信中，穆旦多次谈到对"诗"的看法：

---

[1] 郭保卫：《书信今犹在 诗人何处寻——怀念查良铮叔叔》，杜运燮等编：《一个民族已经起来》，第173页。

中文白话诗有什么可读呢？历来不多，白话诗找不到祖先，也许它自己该作未来的祖先，所以是一片空白。[……]

奥登说他要写他那一代人的历史经验，就是前人所未遇到过的独特经验。（由抄去的那点诗里你可略见他指的什么经验）我由此引申一下，就是，诗应该写出"发现底惊异"。[……]所以，在搜求诗的内容时，必须追究自己的生活，看其中有什么特别尖锐的感觉，一吐为快的。然后还得给它以适当的形象，不能抽象说出来。当然，这适当的形象往往随着内容成形，但往往诗人也得加把想象力，给它穿上好衣裳。所以，最重要的还是内容。注意：别找那种十年以后看来就会过时的内容。（1975年9月6日）

我是很高兴给你提供一些意见的。不过你要首先知道，我搞的那种诗，不是现在能通用的。我用一种非实际的标准来议论优缺点，对你未必是有益的。可是我又不会换口径说话。我喜欢的就是那么一种。[……]我是特别主张要写出有时代意义的内容。问题是，首先要把自我扩充到时代那么大，然后再写自我，这样写出的作品就成了时代的作品。这作品和恩格斯所批评的"时代的传声筒"不同，因为它是具体的，有血有肉的了。（1975年9月9日）

诗应该写的内容，就是不同于散文；[……]（1976年3月8日）

谈到文学写作，过去的文学题材内容既窄而又不符合许

多现实现象。因此留下生活上的一大片空白没有得到反映。这是我感到值得注意的。(1976年10月16日)

这些零散的文字都可说是从肯定的角度对于"诗"的论述,但与此同时,对于诗的怀疑性看法也多有流露:

写诗当然不是一条"光明大道",这一点望你警惕,能放弃就放弃为好。我觉得受害很大,很后悔弄这一行。(1976年2月17日)

诗的目前处境是一条沉船,早离开它早得救。[……]为了完全避开诗,我倒希望你立刻写小说。(1976年8月27日)

在这等带有悲观意味的心境中,正在写诗的郭保卫受到怀疑与诘问是近乎必然的事。

第二层意思是由第一层意思推导出来的,"你"是演员,这是一个正当的、有很多快乐的事业,1977年1月3日,穆旦跟郭保卫谈到全家人守在电视机前观看其演出的情形,提到妻子周与良夸奖他"是那里最漂亮的小伙子",又称,"你们是一种热闹的艺术生活,是比一般生活有意思些。青春,活跃,快乐,是其特色"。这样的生活多好,实在是不应该自找"写诗"这样的麻烦事啊。也即,像郭保卫这样"快乐"的、和自己的儿子差不多大小的年轻人,穆旦劝其最好守着自己的"快乐",以免梦醒了无路可走。这么说,自然会关联到鲁迅所构想的那个著名的"铁屋子"寓言:将一个昏睡的人唤醒,又让他梦醒了无路可走……

第十八章 "寿命之飘忽,人生之可畏"

这样一来,也就很容易理解穆旦对于郭保卫的反复告诫——年轻人啊,走另一条道路,小心一点,谨慎一点;如果要走文学道路,可以试着去写简单一点的小说,而不是诗。

更深的怀疑还在于第三层。你快活也罢,你自找麻烦也罢,这些原本都是和自己没有关系的,但两人的相遇已成不可改变的事实之后,因为现实的缘故而对彼此的处境产生疑问时,必然会怀疑"相遇"本身,即"你为什么要和我认识呢?"

发出这一疑问的穆旦显然是敏感地意识到了个人的现实处境。和当年的鲁迅一样,穆旦应是深刻体会到经由政治变化而导致的文学家的某种必然宿命,1976年10月30日,穆旦在给郭保卫的信中曾经大段地援引鲁迅在1927年这样一个混乱的年代里所作《文艺与政治的歧途》中的基本观点:

> 我近来读鲁迅,看到"集外集"有一篇"文艺与政治的歧途"(1927),其中有些话很有意思,不知如何理解,如"惟政治是要维持现状,自然和不安于现状的文艺处在不同的方向","政治想维系现状使它统一,文艺催促社会进化使它渐渐分离;文艺虽使社会分裂,但是社会这样才进步起来","革命成功以后……有人恭维革命,有人颂扬革命,这已不是革命文学。他们恭维革命颂扬革命,就是颂扬有权力者,和革命有什么关系?这时,也许有感觉灵敏的文学家,又感到现状的不满意,又要出来开口。从前文艺家的话,政治革命家原是赞同过;直到革命成功,政治家把从前所反对那些人用过的老法子重新采用起来","即共了产,文学家还是站不住脚"。

> 最近四人帮事件，吃惊地看到他们"祸国殃民"，这样的字眼来得突然，以前从未觉得他们有什么如此的地方，这恐怕也是文学家事前从不给我们透露的原故吧？他们从"一向正确"的高台上一下子变为"祸国殃民"，不能不令人吃惊，文艺家的敏感哪里去了呢？

从鲁迅的文章出发，落脚点是当前的现实。其时，穆旦已知晓"四人帮"倒台的信息，在此一时刻，穆旦透过鲁迅对于文艺与政治关系的省察来看取现实，正显示了一种"文艺家的敏感"。

有理由相信，这并非简单的援引，而是熔铸了1953年初穆旦留学归来之后的诸多现实体验。1973年鲁迅著作获得重印，生活已稍为安定的穆旦差不多购齐了全部的单行本，包括《热风》《野草》《集外集》《且介亭杂文末编》《二心集》《三闲集》《朝花夕拾》《且介亭杂文》《且介亭杂文二集》《伪自由书》等。1975年国内政治形势一度好转，穆旦在《热风》扉页写下："有一分热，发一分光，就令萤火一般，也可以在黑暗里发一点光，不必等候炬火。"到了1976年12月，又新购且介亭杂文三册，且在《且介亭杂文》扉页写道："于四人帮揪出后，文学事业有望，购且介亭杂文三册为纪。"事业有"希望"而购买鲁迅著作，可见对晚年穆旦而言，"鲁迅"具有精神支柱的效应。

而从1976年10月到1977年2月——生命的最后几个月里，穆旦给朋友们信中也多次提及鲁迅，话题大致有四：其一即前引"文艺与政治"的话题；二是通过鲁迅学习写作（《致郭保卫》，1976年10月16日）。三是"作官"与说真话（"爱一吐为快"），鲁迅是"性格决定人能否当官"的"另一个范例"（《致巫宁坤》，

1977年1月5日）。四是"闰土"与人情世故的话题（《致董言声》，1977年2月19日）。这些话题都不是无的放矢，而是有着明确的现实指向，文艺与政治的话题自然是最为明显的。

从购买鲁迅著作到题词再到与友人的多处谈论，晚年穆旦惯于透过鲁迅的眼光来看待现实问题，惯于以鲁迅为"范例"来寻求精神资源。若更进一步区格，还可发现在与不同年龄层的友人通信时，穆旦的话头其实是有差别的：对尚未经历太多磨难的年轻友人，穆旦是提出告诫；与跟他一样经历了较多磨难的同龄友人则多谈人生经验。这也可视为穆旦对于"鲁迅"的多重理解。

实际上，在援引鲁迅的话来观照现实时，穆旦对造成自己不幸命运或国家不幸的政治敏感事件发表过看起来有些偏激的判断，"出了谨慎的范围"，比如，1976年12月9日给郭保卫信中的这一段：

> 前天在报上看到出现刘北羽之名，我就觉得不错。仿佛老师和打手都已不在，学生自己管自己，又何必订那么严的规矩呢！可是由于学生被管得太严太久，你给他以自由活动的权利，恐怕他也不敢走出校园以外去。你根据观察和嗅觉，能知道圈内人的新约法三章是什么，笔可以怎么写，写到什么范围是不犯规。这对你的写诗活动确是很重要的。希望你保持这种嗅觉写一写。我猜想，可能将回到文革前些年的诗刊那样的吧。
>
> 最近看了关于四人帮的材料三十四件（想你已看过），其中徐景贤给张、姚的信揭发王洪文的请客吃饭，最为精彩。他会写，画龙点睛几笔，就把他们狐群狗党的乌烟瘴气的气

氛写了出来,好似"官场现形记"一般。这些人也都是中央委员,市委书记之流呢。看来怎不令人生气。前天报上"一篇讨伐文化部的檄文"也很精彩,特别引列宁的那句话"把胡说八道、满口谬论的新领导拉出来代替那些对普通事物还能持常人见解的旧领导"最得我心,文化部的情况大概正是这样。这几年简直在发疯,因为是疯子江青在那里发淫威。

不难发现,现实政治生活带来的阴郁印象深深地印在穆旦的头脑中。这自然又可联想到鲁迅的命运。在处理信件的问题上,鲁迅当年有一个做法,"对于平常的信,是随复随毁的","这并非为了消灭'谋为不轨'的痕迹,不过以为因通信而累及别人,是很无谓的,况且中国的衙门是谁都知道只要一碰着,就有多么的可怕"。[1] 看起来,穆旦也深知"中国的衙门""有多么可怕"。在信中——从第一次通信开始,他一再告诫郭保卫"看后扔掉,万勿保留":

> 我这写在纸上的谈天,是胡乱说的,希望你看后扔掉,万勿保留,否则就不便再写了。(1975年8月22日)

> 你说的很对:不要留我的信,看后就扔,这是最重要的先决条件,如是咱们可以随便(也不太随便)谈谈,而无后顾之忧。如是就可以像当面谈话,否则写信就只能写八行书了。(1975年9月6日)

---

[1] 鲁迅:《两地书·序言》,《鲁迅全集》(第11卷),第3—4页。

高兴知道你认识了新的诗友，但别提我。（1976年1月5日）

我随便写出，不要留它。你嫌我写信最多不过两页，但我觉得已经够多了，出了谨慎的范围了。（1976年10月30日）

这两首（按，指《退稿信》《黑笔杆颂》）看来是可以发表的，但我自己已无意发表东西，想把它们送给你，由你去修改和处理，如果愿送《诗刊》，（我想是可以送《诗刊》）那就更好，那就是你的东西，由你出名字，绝不要提我。（1976年11月10日）

同信附一诗是我写的，请看后扔掉，勿转给别人看。（1977年1月3日）

可以说这种告诫是穆旦与友人通信时的一个基本话题。不过细察对于郭保卫的告诫文字，可发现基本上出现在两个时段：一是两人通信之初，另一个则是1976年10月"四人帮"倒台之后。前者是警惕心理使然，彼此还不熟悉；后者则显示了穆旦并未放弃对于时局的敏感判断——尽管"四人帮"已经倒台，但他依然嗅出了空气中的不祥气味。

鲁迅当年意识到了"中国的衙门"的可怕，也确实受到了现实的恐吓，在《两地书·序言》中，鲁迅写道："一九三〇年我签名于自由大同盟，浙江省党部呈请中央通缉'堕落文人鲁迅等'的时候，我在弃家出走之前，忽然心血来潮，将朋友给我的信都毁掉了"；"一九三一年一月，柔石被捕，在他的衣袋里搜出有我名字的东西来,因此听说就在找我。自然罗,我只得又弃家出走,但这回是心血潮得更加明白,当然先将所有信札完全烧掉了"。[1]

不过,鲁迅最终还是站了起来,执笔还击现实社会,所谓"带着枷锁的跳舞"。[2]而穆旦看起来已经全无还手之力了,似乎也已无意于还手了……

七　腿伤,地震……

1976年1月19日晚,发生了一件给晚年穆旦带来严重甚至可说是致命影响的事,如日记所写:"晚骑车赴德才里摔下,伤右腿,不能动。"这一年,穆旦总共只有七则日记,有理由相信它们对于穆旦的重要性。其中,有三条涉及腿伤之事。

摔伤的具体情形可见于本月25日给旧友董言声的信:

> 当我摔倒躺在街上时,一群人围着,七言八语说:"这位老大爷岁数可不小啦,摔得够重的。"我听着心里老大不舒服,心里想我怎么那么老?于是对他们说"同志们走吧,我自己会起来的"。可是怎样也起不来。这就是一个真的信号:的确年老不行了。快完蛋了。

前面提到,此一时期,穆旦四处为查英传打听招工的讯息,当晚"赴德才里",也是为了此事。根据当时在父亲身边的查明传的说法,当晚父亲出去很长时间还没有回来,十点多之后,"是三

---

[1] 鲁迅:《两地书·序言》,《鲁迅全集》(第11卷),第3—4页。
[2] 鲁迅:《且介亭杂文二集·后记》,《鲁迅全集》(第6卷),第479页。

轮车送回来的。他的自行车骑不了了,三轮车把车和人一块拉回来了"。但当时出门到底是去找老同学吕泳还是他人,则已无法确知。

关于此事,查明传还另有说法:摔伤"绝对跟那个时候的心情有关。那个晚上,没准他骑车脑子里想着诗,没想着看路。有时候走路、干事,他脑子不在那里,想着他翻译诗了"。回家之后,对伤腿没有进行什么处理,"他只是对我们说'没关系,去做你们自己的事吧',没有让我们送他去医院检查","只有当疼痛难忍时,才让母亲烧一块热砖给他热敷止痛"。[1]

如给老朋友董言声的信所示,腿伤没有得到治疗,跟"不服老"的心理有关,以为回到家中卧床休息即可,而无须到医院治疗,这显然是高估了自己的身体机能。此外,这也可能和个人处境有关,亦即由于个人身份方面的原因,穆旦或许并不愿意去就医,不愿意承受某种政治歧视。[2]

拖着一条伤腿生活,自是非常麻烦。在给友人的信中,穆旦对此多有谈及。1月24日,穆旦向郭保卫简略告知骑车摔伤一事,其时,还看不出多大的情绪。但很快,情形开始恶化。2月4日,去医院检查过的穆旦大概已经意识到了问题的严重性,当天日记——本年的第二则日记写道:"照X光相,右股骨颈外面骨折。须三个月休养。"17日,跟郭保卫谈到:"看来得三个月至半年休养,还得多仰卧。"

在较早时候,穆旦是相信几个月之后,自己就可以起床活动了。4月23日,他跟郭保卫说:"我的腿仍得用拐,看来百日不成,

---

1 据2006年4月10日12日,笔者与查英传、查明传的谈话。
2 郭保卫:《再忆穆旦》,《新文学史料》,2007年第2期。

它很顽固,似乎很难进展一点。"5月25日,又和董言声说:"我的腿可不行,还得用双拐走路,目前加紧锻炼,希望能再过一个月就出门。当然,你说得对,一定要长老绷了才行,怕出事反而不好。我看这一腿是得耗损半年之久,实在没有想到。"5月27日,又对郭保卫说:"我的腿进展不快,(每天多动和锻炼)仍得用双拐走路,尚未出屋。不知再有一个月行不行?"6月15日,和孙志鸣说:"我的腿真该诅咒,再过四天就五个月,可是还未全好,还得用一拐支着,现在每天练习多走,以期快好。看样子也许得六个月?天知道。"及至7月27日和郭保卫通信的时候,他还在期待:"我的腿看来仍不能离拐,我正在锻炼它,希一个月,甚至两个月内痊愈。"

三个月,半年,半年之后的一个月、两个月,期待不断后移,而现实不仅没有好转,相反,还更为恶化,就在给郭保卫去信的第二天,7月28日,穆旦更是迎来了另一个突发事件:这一天凌晨2时,唐山大地震爆发,天津也受到严重影响。据说唐山为十级,天津为八级。8月13日,穆旦跟郭保卫描述了当时的情形:

> 我的三间屋子都有裂纹,以我生的一间最利害,砖也动了位,当时在巨大的摇动中,我也没顾拿拐,就跑到门前的过道,当时闪过一个念头,"这么大的地震,大概我要完了"。我想在唐山牺牲的那些人,都曾闪过这一念头。我所以活下来,完全出于偶然,糊里糊涂就度过这一关。这和地上的蚂蚁侥幸没被巨人的脚踩上去大概是一样的。

两天后,在给巴金的信中,穆旦有了更详细的描述:

> 我当时正醒在床上，忽觉地动（事先没有警告）赶紧起来，但因半年多前右腿骨折未痊愈，行动不便，跑至门洞未得出门。震得很厉害，先是上下跳动，然后东西摆动，以后又是南北摆动，幅度之大，好似在大浪的海船上。当时屋子吱吱地响，灰土下落，电线发出火花，外面响声雷动，在这约一分钟的大混乱中，我心中想，"我这回大概完了"。幸而屋子没塌，三间屋子都裂了纹，屋上的烟囱倒了，砖头落下，如果跑出太快，倒许被落砖打死。全家都安全出了屋子，外面还下着小雨。我前面两排的一座小旧楼倒塌，埋进四个人，被大家救了出来，仅有受伤的，未死人。南大共坏了四百间房，凡是新盖的房子都完好，太旧的房子则不行。[……]
>
> 全市都住在棚内，以至市内交通断塞，最近才让出几条主要街道，送进一些食品。我们在南大校园，在屋前搭了棚，晚间睡在棚内，白日午睡在屋中，或在树下看书谈天，倒颇似夏令营的生活。如果没有不断的警报来恫吓，弄得神经紧张的话。在28日清晨大震后，当日黄昏又有一次大的震动，据说有七级以上，又摇下一些残房。

这里所称"警报"，是指当时有警报说要有"八级震""强烈震""震中在天津"，好在"始终未兑现"——但由此也可见出"警报"对人们生活所造成的某种"神经紧张"（"恐慌"）。9月16日，穆旦跟郭保卫谈到：

> 遇到主席逝世，全国沉痛。地震还没有完，家里乱糟糟，不像过日子似的，心里和外界都不安，因此，有什么好说

呢？现在我拿笔给你写信，是由于感到信债的负疚，而不是由于有什么话想说。事实上，脑子里是空洞洞的。特别由于我一直囿于家里，出不了门，这只腿给我的累太大了，连震后的街道都没有巡视过一遍，开头为了探问安全，还有些朋友来看看，现在是门庭冷清，枯坐家中，抱着一本又一本小说度日，更觉得头脑空洞，乏味得很了。

腿伤、地震、最高领袖逝世，令人忧伤、痛苦的事件可谓接踵而至。而肉体的痛苦仍在加剧，10月19日，穆旦本年日记第三次记及腿伤："知右腿不好，须开刀，心甚烦。"及至10月30日，穆旦换了一种看起来不那么令人担心的语气跟郭保卫谈起此事："现在我的骨折生长不佳，又裂开一缝，必须开刀，钉钉子，还要重新养起。不过马上动不了手术，因为医院无床位，要等一两个月了。我目前用双拐在校内附近走动，好保持身体的活力和健康。"

地震则在"事先完全没有预报"的情况下又一次袭来，11月15日晚上9时50分，发生7·1级地震。11月28日，穆旦又为巴金描述了当时的情形：

> 事先完全没有预报，而且还传达说十一月无大震。在这种情况下，大家有些心慌，当然坏房又已变为更坏，所以纷纷盖小房住。我家原立足于在室内床下住，因为平房，危险较小。但这几天看到别人都盖小房，我们便和邻居也盖一个，以后有危险情况，就可以睡在户外小土房中。现在天津全市几乎成了一大片农村情景，小土房林立，大不似从前了。现

第十八章 "寿命之飘忽，人生之可畏"

在有时小震，轻颤一下即过，今天昨天都有，这真是生平未遇的奇事。想起 17 世纪伦敦有"黑死病"，天津的地震灾难似可相比了。

住在"室内床"或"小土房"里的生活，当时一直陪在身边的次子查明传有回忆：

> 大家就住在几个房子中间的空地里搭的地震棚里，刚开始的时候，就临时用竹竿搭一个塑料棚。逐渐逐渐，拿点玉米秆搭一搭。后来的南开大学校长母国光，当时和我们住在一个棚里。棚子很小，用塑料布隔开。用竹竿把四个角撑起来。竹竿就相当于四根柱子。一个大的，里边再分割成小的。那时候晚上没灯，我父亲看过福尔摩斯探案集，他就给我们讲那些故事。我们啊，母国光的小孩啊，就围在一块。不知多少年前看过，他都在脑子里记着；他的想象力，讲故事的能力很强；他讲故事讲得非常之好，绘声绘色，把小孩吸引得，非常害怕，又非常想听。当时经常有余震，过几个月以后还有余震。房子前门上方裂了缝，还有点漏雨。反正修了一下。当时在外面住了好几个月，到冬天回屋子里住了。当时南开大学很多人这样。搬进屋子以后睡在床底下，桌子底下，我父亲那时候腿伤了，不好走路，我把那床垫几块砖，床就高了，下面还放着被子、床单。我父亲也是钻进去，我跟他住在一起。[1]

---

[1] 据 2006 年 4 月 10 日—12 日，笔者与查英传、查明传的谈话。

不过，尽管居住条件异常简陋，拖着一条伤腿行动也很不方便，但在户外的地震棚里住久了，穆旦也别有所感——

> 我逐渐感到户外睡另有情趣，一是空气新鲜，二是秋高气爽，有月亮，有虫鸣，与大自然共呼吸很不错，所以在回屋住了几次后，现在又继续住在户外。（《致郭保卫》，1976年9月16日）

八 "《唐璜》可能出版"

"四人帮"终于倒台，令穆旦兴奋不已——10月16日，穆旦写信跟郭保卫谈到："这些天发生的大事，令人高兴"，"新的历史一页翻开了"。

但看起来，兴奋并未持续多久，也是16日信中，穆旦谈到了"文学题材"方面的问题，信末则依然是嘱咐之语："当然还是要小心。任何时候都要小心。"10月30日的信则谈到：对于当前形势，"也不要太介入，现在言论纷纷，有点像五七年。要看一看再讲话"。不过，在彼一时刻，穆旦终究还是"怀着希望"的——"现在人们都等看下一步，怀着希望，如能拿出好办法来，鼓舞大家，那就是国之大幸。也不负今日对清除四人帮的举国欢腾了"。11月22日的信中则有："像'退稿信'，现在也许太早，等一等看，杂志上提倡百花时，再拿出也不晚。凡有点新鲜意见的东西，都会惹麻烦，人家都不太喜欢的。"

在一种兴奋、希望与犹疑、警惕情绪杂糅的心境之下，《唐璜》"可能出版"的消息传来。可能是在1976年11月底，郭保卫

来信询问过穆旦译稿之事,12月2日,穆旦回复道:

> 你提到我的译稿,现在在四人帮揪出后,它倒许有可能将来出头露面。我正在考虑去信问问,因为怕被弄丢,现在你有兴趣代我去问,那太好了,如果你去,看情况,他们目前反正不用,你就替我拿出来,因为稿子有一千页,寄了怕丢,费了我不少功夫,请你取出先替存好,或放在小菊胡同交给刘慧。我译的东西以这部稿子最精彩,你取出也可以看一看。我写了给人民文学出版社编者的信,请带交。

郭保卫曾回忆当时跑出版社的情形:"拿着他的信,去了出版社。编辑们说,这部稿子他们早已看过,觉得很好,只是由于当时的形势所限,才一放五六年。"郭保卫还去找过"另一位忘年交"、刚刚"复出"、"坐镇"文化部政策研究室的冯牧,"希望能想办法了解一下《唐璜》的下落和出版的事",冯牧"立即热情地给韦君宜先生写了一封短信",让他"拿着信找她"。一个星期之后,12月9日,穆旦就等到了郭保卫的回信,他当即在日记中写道:"今并得悉《唐璜》译稿在出版社可用",并马上给郭保卫复信——

> 谢谢你替我跑了趟出版社,事情办得很圆满。我原是怕丢失,现在你这一探听,知稿子妥为保存,而且人家还希望保留着,我自然就放心了,你不取出是对的,我也不想再写信去,任其呆在那里等大局吧。徐、孙两位编辑我都不认识,但既是四五十岁的,大概比较内行。想不到四人帮的揪出,

也直接影响到这一部稿。顿时使我的心情也开朗些。

在郭保卫看来,这不过"仍是个含糊的信息",却令穆旦"大为振奋"——这是自接触以来,"听到的他的最振奋的声音"。[1] 看起来也确是如此,一时之间,穆旦以一种少有的兴奋语气向多方传递了《唐璜》可能出版的消息对于自己的"鼓励"。12月29日,他跟老友杜运燮谈到:

> 揪出了四人帮,对我有好处。[……]这一事对我是个鼓励。一是人家能看出自己的成绩,没有白费心。二是文学有前途。[……]我由于接受鼓励,近日把拜伦抒情诗(已译过的)整理,又添了新的,再加已译而未出的叙事诗,想集合一下,弄一本《拜伦诗选》,四百多页。我相信中国的新诗如不接受外国影响则弄不出有意思的结果。这种拜伦诗很有用途,可发挥相当影响。不只在形式,尤在内容,即诗思的深度上起作用。我把拜伦和普希金介绍毕,就可以睡大觉了。也不再想占用时间译诗了。

前面已经提到,也是在1976年12月,穆旦在新购《且介亭杂文》扉页写下了"于四人帮揪出后,文学事业有望,购且介亭杂文三册为纪"这等自我勉励的话。看起来,这种心境与"'唐璜'译稿在出版社可用"也是直接相关的。1977年1月1日,穆

---

[1] 所引郭保卫的日记文字,综合《书信今犹在 诗人何处寻——怀念查良铮叔叔》,杜运燮等编:《一个民族已经起来》,第176—177页;郭保卫:《穆旦,假如……——忆诗人给我的29封信》,杜运燮等编:《丰富和丰富的痛苦》,第212页。

旦又和老友江瑞熙谈到：

四人帮的揪出，对大家都有好处。对我也是。[……]这对于我这本压了十多年的稿子，也可能有见天日的一天了。我想到这，便又有一点干劲，想多搞一点，现在家中无事，便以此消遣。

1月3日，又和郭保卫谈到：

从你上次信后，我得到了一点鼓舞，看到自己贯注精神所从事的工作能得到别人的承认，这是欣慰的事。因此，我想再多作一点。这些天，我就把以前出版过的"拜伦抒情诗选"重改，又译了一些，想把他的抒情诗和长诗合起来成一"拜伦诗选"。我相信他的诗对我国新诗应发生影响；他有些很好的现实主义诗歌，可又是浪漫主义的大师，两者都兼，很有可学之处，而且有进步的一面。

[……]现在时兴的，还是小靳庄之类的诗，如果能改变成三四十年代的新诗，那就很不易了，标语口号诗一时不易（也许永远得存在）。我想翻译的外国诗应可借鉴，如能登些这类诗，给大家换换胃口，也是好事。

1月4日，穆旦又向董言声说起："四人帮的揪出，对我也有好处"，那就是"我的精心之笔"《唐璜》也可能出版，受此"鼓励"，"近来又利用空闲搞一点译诗"。"当然，也许还有廿年可活，我还要寄以希望。我觉得我还有展望。最近的事态，可以使人高兴"；"我总想在诗歌上贡献点什么，这是我的人生意义（当然也够可怜）"。

1月5日，穆旦又和老友巫宁坤说起了：

> 也来了一点好事。[……]两位编辑在四五十岁之间，能够看出我译得不错，我很受鼓舞。因此，现在又加一点劲，[……]因为我越来越觉得，新诗的复兴要靠外国作品的介绍。好像欧洲的文艺复兴是发难于希腊罗马的文艺的介绍一样。关于拜伦，我有了比较清楚的认识，他的辉煌之作不在于那些缠绵悱恻的心灵细腻的多情之作，[……]而是在于他那粗犷的对现世的嘲讽，那无情而俏皮的，和技巧多种多样的手笔，一句话，惊人，而且和廿世纪的读者非常合拍，今日读唐璜，很多片断犹如现代写出一般，毫不觉其dated。[……]称之为现实主义的诗歌无愧，而且写得多有意思！这里的艺术很值得学习。

1月13日，穆旦又和妹夫、妹妹（汤仲杰、查良铃夫妇）说起此事："四人帮的揪出，对我也有直接影响。"

完全可以说，《唐璜》可能出版是最令晚年穆旦兴奋的事件，1976年12月9日之后的一个多月里，穆旦一再地和友人分享了他内心的欢欣与喜悦。附在这一说法之后的是频频出现的关于外国诗将对中国诗发生影响的观点，与穆旦对于"文学事业有望"或"也许还有廿年可活，我还要寄以希望"一类判断基本上是一致的：都指向了不久的未来，形势将发生积极的、乐观的改变。

2月12日，穆旦再次和巫宁坤谈到了翻译拜伦诗歌以及"文艺复兴"的话题："我认为中国诗的文艺复兴，要靠介绍外国诗。人家真有两手，把他们的诗变为中国白话诗，就是我努力的目标，使读者开开眼界，使写作者知所遵循。"看起来，这是又一次重复了前面的观点，但是，谈论《唐璜》的口吻却骤然发生了变化：

> 你别替我高兴太早，那本译诗要过几关尚不知道，只是编辑先生赏眼而已。现在还不见出版物有何更新之处，所以时间尚早，等冰化了，草长得多了，也许它能夹在当中悄悄冒芽。只是我的傻劲、神经、太闲和不甘心，才支持我弄这些劳什子。

对照此前致友人信中的文字，此时穆旦对于时局与形势的判断又一次发生了变化。这种变化发生在穆旦生命的最后时刻，足可体现穆旦最终的心态。

九 "寿命之飘忽，人生之可畏"

实际上，即便是在为《唐璜》可能出版的消息而欢欣鼓舞的时候，"腿伤"依然令穆旦揪心不已，差不多一年过去了，骨折处不仅没有痊愈，反而有了新的裂口，手术在所难免。这对穆旦的心理显然会产生影响，子女回忆称，父亲最后不得不动手术的时候，一位熟悉的医生曾告诉他，"一些手术工具好久未用过，还要整理，这些给父亲造成心理压力"。[1]

---

[1] 英明瑗平：《言传身教，永世难忘》，杜运燮等编：《丰富和丰富的痛苦》，第229页。

1977年1月1日，穆旦写信问候了老友江瑞熙、方君嫦夫妇，谈及令人兴奋的《唐璜》出版，却也流露了死亡的预感——

> 我在目前腿的情况下，去北京是无望的，除非去北京的医院开刀，因为天津医院不能解决。那时可见到你们，但也许可能死掉，那就完了。目前正为此不决。新年应有展望的热情，我的话到此打住。

1月5日，穆旦和巫宁坤谈起：

> 我的腿也立足于天津治疗，正在设法中。一点小事，可以闹到致命，但愿我这一局尚不致于此。人生多变化，稀里胡涂地过去了，还要再稀里胡涂结束。莎翁说，生活是个坏演员，的确演得很乏味而不精彩。

1月19日，穆旦和董言声说起：

> 我还是等待治腿，大概春节后动手术吧。腿好之后，一定立即出发南北旅行一趟。这腿病使我感到寿命之飘忽，人生之可畏，说完就完。

2月4日，穆旦和老友杜运燮说到腿的治疗一事：

> 我等春节后设法动手术，用比较小的手术即可，这是一位名医给断定的。我想腿一好起来就去山西看你们一趟。大

概在暑假期间，你看如何？

2月12日，和巫宁坤谈到：

我的同病相怜的腿，苦呆了一年多，也决定在春节之后，择吉开刀，一咬牙卧床两月吧。反正大丈夫视死如归，六十岁更无所谓了。只要不死（大概不会），能走路（这说不定），我暑期可去你处玩玩。

2月16日，又和江瑞熙谈到：

我的腿要开刀，拟在春节初六进医院，大概住一时期，将要忍受一下，以后，也许到暑假，可以去北京了。所以咱们那时见，可以面谈，我还想到山西及南方游一游。

2月19日，又和董言声谈到：

我的腿要开刀医治，预定再过几天即进总医院，大约又得卧床两个月，等于又一次骨折。反正受一时期的罪吧，再过四五个月，就可望恢复正常，那我就要各处走一下，你可以在上海等我见面。人生能有几何？快乐的事又能有多少？就是因为想到这些，所以我要访友而游了。

1月3日、1月12日和郭保卫，2月11日和白超圣，穆旦都谈到了动手术之事。最后一次谈及，可能是在2月20日，倾诉对象是父亲和妹妹——

> 我定于初六进院（总医院）治腿，因为总医院居住和手术室条件好，医生是熟人，虽年轻些，但他父亲是骨科医院的好大夫，动较小手术也是他父亲出的主意，所以我比较放心。小英原定月底回呼[1]，现已为此事去信请假，可以照料我十多天，大概也可以了。估计得卧床两个月。现在又得知在三月底以前无大震，这方面也可以放心。我争取早日治好。以便可以在天热时出外走走，到北京和南方去玩玩。

一方面，穆旦似乎预感到死亡的到来，另一方面，他又多次明确表达了出去玩玩——想走出这样一种"内外交困"的局势——的想法。这些反复出现的文字浮现着穆旦的某种紧张不安的心理，急于向友人倾诉，急于从友人那里寻求到某种心理上或精神上的支援。

穆旦最终倒在手术台前，手术尚未正式开始，而心脏病突然发作——在动手术之前，实际上就已经查出了心肌梗塞。穆旦长子查英传曾用日记记录了当时的情形：

> 77年2月25日　上午由小明接回家洗澡换衣准备手术。
> 25日　中午，上午和小平老师、吕老师、李津、老姑

---

1 "回呼"指回呼和浩特，当时查英传在内蒙古的地质队工作。

（铃）[1]谈话，吃饭晚了，加上回家等八路汽车，午1点吃过半碗饭。就感胸疼、躺床上。下午4点半在家做心电图，查明是心肌梗塞，下午6点，由南大校车送一中心医院住院，住院在抢救病房，夜11点做心电图，说好转。

  2月26日 凌晨3点50突坏转，抢救无效，妈妈、小瑗、小英在场。

  3月1日 火化，存放在东郊火葬场26室648号内。

子女们后来的回忆，也曾聚焦于这最后的时刻：

  午夜12点前，医生、护士告诉说，父亲经输液后，已进入稳定状态，可以放心一下了。可是午夜1点后，父亲病情又突然变坏，小英跑出病房，把值班医生和护士从熄了灯的办公室中敲起，但已为时太晚，医生对父亲的急救已经无效了。[2]

十 湮没于一片混沌之中……

  从上面的描述不难看出，《唐璜》可能出版的消息确是晚年穆旦思想之中的一大亮点，但在生命的最后时刻，在给友人的信中，穆旦却又多次表达了悲观的意思，临终之前，他对于译稿何时可出版的判断也是非常悲观的。

---

1 这里所提到的4位人物，"小平老师"是指教查平琵琶的老师，当时在一所中学教音乐；"吕老师"可能是穆旦老同学吕泳；李津是李何林的儿子，查英传的同学，曾与他一起插队；老姑（铃）即穆旦妹妹查良铃，当日，她从北京来天津，想照顾哥哥。
2 英明瑗平：《言传身教，永世不忘——再忆父亲》，杜运燮等编：《丰富和丰富的痛苦》，第229—230页。

妻子周与良和子女后来都曾回忆到1977年2月25日这天的一些情况。子女的回忆较为详细：

> 在医院附近的公共汽车站等车时，他对一位偶遇的朋友说："这一年腿伤把我关在屋里，但是也做了不少事。《普希金抒情诗选集》《拜伦诗选》《欧根·奥涅金》都弄完了。"父亲好像如释重负。谁知当天午饭时，他突发心脏病，抢救不力，2月26日凌晨3点，父亲永远离开了我们。他留下的最后一句话，是让我们去休息；嘱咐我们保存的唯一遗物，是一只帆布小提箱。他在入院前几天，曾对小平说："你最小，希望你好好保存这些译稿。也许要等到你老了才可能出版。"整理父亲遗物时我们打开提箱，里面整整齐齐放满了译稿！每部译稿的封页都清楚地标明了题目或是哪一部译稿的注释。[1]

穆旦给小女儿查平说过的这段话也出现在周与良为1982年版《拜伦诗选》所写的《后记》之中。其中还写道：良铮在逝世前一天"将几部译稿整整齐齐地锁进一只小皮箱"的时候，"当时的心情极坏"。他自然料不到在逝世后"不过三四年，他花的心血最多、也是他感到最满意的两种英诗译稿都能问世"，"如果他还在世，一定会很高兴地自我否定当年过于悲观的看法"。[2]

穆旦最后时刻的悲观心理状态或无疑义，但综合多种材料来看，所谓"弄完了"的说法或有可议之处。有研究者在细致分析

---

[1] 英明瑗平：《忆父亲》，杜运燮等编：《一个民族已经起来》，第136页。
[2] 周与良：《后记》，查良铮：《拜伦诗选》，上海：上海译文出版社，1982年，第464—465页。

了《欧根·奥涅金》译稿之后，得出了一个不那么一样的结论：前四章"按照他设计的四种押韵形式，做到每行都押韵，而且诗行整齐、节奏鲜明、语言优美，读起来如行云流水，朗朗上口，耐人寻味"。但这种"大胆试验，似乎只做了一半"：

> 从第5章第2节起，他一反前四章的译法，改为他在翻译其他长诗中惯用的，虽较原文稀疏、却仍有韵脚连锁的译法，即每四行中，至少必有两行是有韵的。这样一来，在后四章里，每个诗节中都有3至5个无韵的诗行。这样做译者选词的灵活性固然是增大了，[……]后四章虽然译文语言仍旧优美、生动，吟诵起来却明显不及前四章那样诗味浓郁。

进一步的看法是，查良铮是"那样细心、那样认真、那样执着追求完美的译家，决不会让他的译著前半部和后半部出现两种不同的风格，是突发的心脏病使他中断了他对《奥涅金》的修订"。[1]也即，穆旦并非将一切都安顿好了而走向那不可知的死亡——即如书信所流露的，穆旦尽管对死亡有所预感，但又如何能或者说如何愿意断定那手术台就是自己的死地呢！

关于《唐璜》出版的话题，关于腿伤手术的话题，关于译稿处理的话题，出现在1976—1977年这一重要的历史转折关头。对中国而言，政治局面行将发生大的变更，黎明前的黑暗已逐渐消散，曙光正逐渐亮现；但对于1977年初即去世的穆旦而言，黑暗期却仍在持续。感觉文学事业有望而购阅鲁迅书籍，穆旦确曾感

---

[1] 剑平：《查良铮先生的诗歌翻译艺术——纪念查良铮先生逝世三十周年》，《国外文学》，2007年第1期。

受到曙光在前,最终占据上风的却仍是政治迫压,以及对于死亡的强烈预感。《唐璜》可能出版的消息就像是一道闪电,但个人的"欣慰"和"鼓舞"最终还是湮没于一片混沌的政治之中。

第十九章

文艺复兴的梦想冲动

在给友人的信中,穆旦多次表达了"中国诗的文艺复兴,要靠介绍外国诗"一类观点,大致上可以说,这是晚年穆旦在翻译动力方面最为有力的表达。不过,翻译是穆旦被打成"历史反革命分子"之后占据主导性的写作行为,比其他文体的写作量要大得多,其景状还可待细细剥索。

一 "谈译诗问题":翻译的再出发

1963 年 2 月,刚刚被天津市公安局批准撤销管制的穆旦就写了一篇回应文章《谈译诗问题——并答丁一英先生》,针对的是郑州大学教师丁一英前一年 11 月发表在《郑州大学学报》季刊总第 1 期上的《关于查译〈普希金抒情诗〉、翟译莱蒙托夫的〈贝拉〉和鲁迅译果戈理的〈死魂灵〉》,4 月,文章刊载于《郑州大学学报》1963 年第 1 期。

"回应"显示了穆旦对于时代语境的理解,即在当时的语境之中,翻译要更少禁忌。在这篇文章中,穆旦主要讨论了"译诗应该采用什么原则的问题",要进行"创造性翻译",而并不同意丁一英"字对字、句对句、结构（句法的）对结构"的译法。文章重复了《欧根·奥涅金》的《后记》中引用过的马尔夏克的观点：

> 我们要求的准确，是指把诗人真实的思想、感情和诗的内容传达出来。有时逐字"准确"翻译的结果并不准确。……译诗不仅要注意意思，而且要把旋律和风格表现出来……要紧的，是把原诗的主要实质传达出来。为了这，就不能要求在每个字上都那么准确。为了保留主要的东西，在细节上就可以自由些。这里要求大胆。……常常这样：最大胆的，往往就是最真实的。……译者不是八哥儿；好的译诗中，应该是既看得见原诗人的风格，也看得出译者的特点。

又从卞之琳等人稍早时候所作文章[1]引申出了"创造性翻译"的观点，翻译不能和原文"一丝不走"，其原因有二：

> 一是为了可以灵活运用本国语言的所有的长处；其次是因为，文学是以形象反映现实的艺术，文学翻译的首要任务是要在本国语言中复制或重现原作中的那个反映现实的形象，而不是重现原作者所写的那一串文字。也就因此，"它自己在语言运用上也要有极大的创造性"。

随后，文章举例对照了自己和丁一英的译诗，指出"对照原文来推敲字句""是必要的，有时甚于在译散文时所花的工力；但

---

[1] 卞之琳、叶水夫、袁可嘉等：《十年来的外国文学翻译和研究工作》，《文学评论》，1959 年第 5 期。

是这种推敲,必须从属于对整个形象、对内容实质的考虑之下",即"怎样结合诗的形式而译出它的内容的问题"。并不是"每一字、每一辞、每一句都有同等的重要性",为了"求整体的妥贴","就需要忍受局部的牺牲";但同时也会"有所补偿":"使原诗中重要的意思和形象变得更鲜明了,或者就是形式更美了一些"。

总体上说来,文章的语气平和,之所以有分歧,主要还是在翻译到底应"讲本分"还是允许"创造性"行为上的不同看法;相较之下,查译更偏重于讲究艺术性创造。在因译诗原则而造成的分歧方面,穆旦多次举例来细致分析说明,以表明自己的观点,认为丁一英"坚持了一个错误的原则";但他也承认自己的译本的确存在"错误",并感谢了对方。

1958年被打成"历史反革命分子"之后,穆旦可能中断了三四年的翻译。重新出手并得以迅即发表的竟是这样一篇万字以上的宏文。除了《我上了一课》外,穆旦少有回应时代之作;而检视穆旦的翻译行为,在为数不少的译介文字中,往往多是作者及作品的介绍,而较少涉及译诗方法和原则一类命题的大段文字,因此,这样一篇"谈译诗问题"的文章,论说有较强的系统性,直可说是吹响了穆旦再次出发翻译的号角。

二 撞见了"丘特切夫"

在《谈译诗问题》一文写作之后一个月,1963年3月,穆旦就已为译著《丘特切夫诗选》写好了长篇《译后记》。年底,又将译好的诗集寄给了出版社。诗集共录诗歌128首,看起来不是短时间就可以完成的。

与此前此后的翻译不同的是，对于丘特切夫的翻译被描述为一个秘密：起译、译毕、寄给出版社，整个过程家人全无知晓。寄出是在 1963 年底，一直到 1985 年——距译稿寄出已有 23 年，距穆旦逝世也已有了 8 个年头——才有消息。子女的回忆称，当时"突然收到出版社的一封通知，说《丘特切夫诗选》已经出版，让我们去领取稿酬。这个突然的通知使全家人迷惑不解，母亲也不记得父亲曾译过这样一部书"。后经"核对"，方知"是父亲在 20 多年前即 1963 年寄给出版社的"。[1]

此番叙述凸显了穆旦当初翻译行为的秘密属性。但实际上，《丘特切夫诗选》原本就在国家的翻译出版计划之列。新近流现于坊间的文献显示，早在 1958 年 6 月 26 日，人民文学出版社就与穆旦签订约稿合同（人字第［三］46 号），相关条款包括字数约计 3000 行，约定交稿时间为 1959 年 10 月。看起来是一部规模较小的诗选，翻译时间也比较充裕，工作难度应该并不大，但穆旦随后被打成"历史反革命分子"，写作和翻译的行为不得不暂时中止。待到"三年管制时期"结束之后，穆旦于 1963 年译就并寄出，是践行当初的"合约"。

历史的微妙之处也在这里，仅仅短短几年，关于"象征主义诗人"的翻译行为似乎就已平添了某种危险性——撰写带有明显辩护意味的长篇《译后记》，翻译与寄稿行为又是在隐瞒于家人的情形下所进行的，看起来都是穆旦对于此一翻译行为的危险性的察知。

那么，穆旦眼中的丘特切夫是一个什么样的形象呢？《译后记》这般描述："费奥多尔·伊万诺维奇·丘特切夫（1803—

---

[1] 英明瑗平：《忆父亲》，杜运燮等编：《一个民族已经起来》，第 141 页。

1873）是一个极有才华的俄国诗人，以歌咏自然、抒发性情、阐扬哲理见长，曾一度受到同时代作家的热烈称颂。但他生前很少发表作品，读者面狭窄。上世纪五十年代以后，人们对他相当冷漠。直到九十年代中期，俄国诗坛上出现了象征派，才把他当作象征主义诗歌的鼻祖，重新加以肯定。"

"丘特切夫终其一生，不过是沙皇政权的一名官吏，事迹很平凡。然而在创作上，他的经历却比较复杂。"丘特切夫具有"双重性"：他通过政论文和政治诗来表达他的政治见解和主张，但他"还有一个方面"——

> 那是他的隐藏在生活表层下的深沉的性格。他把这另一个自己展现在他的抒情诗中，在那里，他仿佛摆脱了一切顾虑、一切束缚，走出狭小的牢笼，和广大的世界共生活，同呼吸，于是我们才看到了一个真正敏锐的、具有丰富情感的诗人。[……]
>
> 在革命的风暴之前，诗人不能不感到他所熟悉的那个社会秩序的脆弱和不稳定，不能不感到自己在生活中的孤立无援。这种空虚、疲弱、孤独之感，构成他的诗歌的另一潜流，恰恰是和风暴、雄壮与饱满的感觉对立的。

艺术手法方面，"丘特切夫有着他自己独创的、特别为其他作家所喜爱的一种艺术手法——把自然现象和心理状态完全对称或融合的写法"；"由于外在世界和内心世界的互相呼应，丘特切夫在使用形容词和动词时，可以把各种不同类型的感觉杂糅在一起"——

这种被称为"印象主义"的艺术描写，再加上丘特切夫诗歌中的某些神秘的唯心哲学，以及某种可以解释为颓废的倾向（如《我爱这充沛一切却隐而不见的恶》），使十九世纪末的俄国象征派诗人把他视为象征主义诗歌的创始者。可是，丘特切夫的艺术手法，并不是有意地模糊现实的轮廓，或拒绝描绘现实，像后来的象征派诗歌所作的那样。他在自己的许多描写自然和心灵的作品中，是和当代的现实主义潮流相呼应的。他的诗歌在一定程度上正面反映了时代的精神，这却是俄国象征派诗人所不曾看到、更没有继承到的优良传统。[1]

前文曾谈到穆旦译介文字中的"语调"问题，与其他译介文字不同的是，在此，阶级话语似乎基本上都消失了。而且，别有意味的是，这样一个饱含艺术兴味的丘特切夫的形象，甚至浮现着穆旦本人的影子：小人物——终其一生，穆旦都是一个处于社会文化网络边缘的小人物，从未占据显赫的文化位置或担任官职；才高却没有及时得到赞誉；内心丰富，有着"隐藏在生活表层之下的深沉性格"；深深地渴求"和谐与平静"却又不断地被残酷的时代现实所裹挟、所挤压而无从实现。

这样一个影子式的对象，在受管制的日子里，可能给过穆旦以精神上的慰藉，穆旦也从他身上获取了"诗"的资源：晚年所写的《春》《夏》《秋》《冬》系列诗歌以及一些并非以季节命名的诗歌，如《听说我老了》等，正是"自然现象"与"心灵状态"相互融合的诗歌。而从诗艺层面看，《译后记》提出的"消除事物

---

[1] 查良铮：《译后记》，《丘特切夫诗选》，北京：外国文学出版社，1985年，第168—202页。

之间的界限"并实现"内外世界的呼应"的主张,被认为是"穆旦在隐喻表达中体现出的感知与表达方式的核心特征"。[1]

但说不定,诗人的感受正好相反,通过对这个影子的阅读和理解,他变得更为痛苦,因为在这个影子身上,看到了"诗人"的命运,矛盾与痛苦。甚至丘特切夫在最后一年所遭遇的身体残缺,患瘫痪症,"在病床上,他对生活的兴致不减,仍旧约人来谈政治和文学等问题,并写了不少诗和书信",似乎也成了谶言。在穆旦的最后一年里,他的身体也同样变得残缺,他骑车摔伤了腿,一直未能治愈;而且,他也同样拖着残缺的身体一直工作(翻译、写诗、写信、和年轻人谈诗等)到最后一刻。多么令人惊讶,丘特切夫不仅直接对应了穆旦本人的现实命运,甚至还暗合了那些尚未呈现的生命图景。

与1956—1957年间短短的数月一样,1962—1963年间也是一个文化语境相对宽松的时刻,回应文章《谈译诗问题——并答丁一英先生》的写作、《丘特切夫诗选》的翻译以及撰写申扬象征主义艺术的《译后记》,都可统归到这一大的时代语境。被解除管制的穆旦,所获得的可能是一种慰藉与痛苦并存的感受,以翻译完毕即径直寄给出版社这一行为来观照,当环境相对宽松、敏感的诗人重新拿起译笔的时候,其内心可能有某种急切性。对1950年代政治风潮有过切身体验的穆旦不可能不知道象征主义色调浓厚的丘特切夫诗歌在当时环境之下是不能出版的,这一事件本身所彰显的应是穆旦在处理这一翻译对象时的急切。这与其说是找到了一种精神投契,不如说是寻求一种精神的释放,他急切地需要

---

[1] 李章斌:《〈〈丘特切夫诗选〉译后记〉与穆旦诗歌的隐喻》,《南京理工大学学报(社科版)》,2009年第4期。

第十九章 文艺复兴的梦想冲动

一种表达，以摆脱这个沉沉地压在他内心之上的影子。如果说现实政治施与的是一种有形的压制的话；那么，这个影子或是一种无形的纠缠。他无力冲破有形的压制，冲破无形纠缠的渴望也就变得尤为强烈。与此前对于雪莱等人的评价不同，这篇《译后记》不再顾及时兴的革命话语方式的禁忌，也不再依凭"阶级性""革命"一类语汇，而是旨在呈现一个从生活经历、思想矛盾、时代境遇以及艺术追求等多个层面来体察的、真正的"诗人形象"。

毫无疑问，这是一个和时代话语方式格格不入的诗人形象。与此同时，也有理由相信，一如文章结尾部分将丘特切夫的诗歌指认为"正面反映了时代的精神"的诗歌，这一形象描述最终构成了穆旦对于"诗人"的解释，抑或是说，彰显了穆旦的诗人形象。即便时代环境那么逼仄，他依然没有放弃自己作为"诗人"的职责。

译稿完成之后，穆旦并没有告诉给家人就径直寄给出版社，出版社也没有给予他任何答复。译者和编者——一对陌生的人——在一个谎言和告密盛行的时代，在一个浮浅、拙劣的诗歌美学盛行的时代，共同保守着一个关于诗歌的秘密。

三 《唐璜》开始翻译

对于拜伦长诗《唐璜》的翻译，也是 1962 年解除管制之后不久即开始进行的，至 1965 年，《唐璜》大致译完，据说，穆旦有将它寄给出版社的意图。[1]

---

1 英明瑷平：《忆父亲》，杜运燮等编：《一个民族已经起来》，第 141 页。

从此前的翻译来看，大量译就出版的是普希金的著作，"拜伦"在穆旦的整个翻译序列之中不过处于一种较低的位置，尽管早在 1954 年 9 月，穆旦就有了萧珊赠送的英文版《拜伦全集》，此书模样虽然"旧了一点"，但"版子很好，有 T. Moore 等人注解"。[1] 周与良也有回忆："良铮得到这本书，如获至宝"，"他本来就打算介绍拜伦的诗给中国读者，有了这本全集，就可以挑选拜伦最优秀的诗篇来介绍了。"[2] 但在当时，实际翻译的仅有一本；而且，多少令人奇怪的是，没有像其他译著那样署本名"查良铮"，而是仿"良铮"之名署为"梁真"。

1960 年代之后，无论是从穆旦本人的文字，还是子女的追忆文字来看，"拜伦"逐渐占据了更高、更显赫的位置。子女较早的回忆之中，"历尽艰辛译《唐璜》"单独占据一节，其中，1966 年 8 月，红卫兵抄家之后的那个夜晚，被批斗了一天、被剃了阴阳头的穆旦回到家里后，从一个箱盖已被扔在一边的书箱里拿出一叠厚厚的稿纸——幸存的《唐璜》译稿，紧紧地抓在发抖的手里的形象直可说一个经典的叙述：

> 8 月的一天晚上，一堆熊熊大火把我们家门前照得通明，墙上贴着"打倒"的大标语，几个红卫兵将一堆书籍、稿纸向火里扔去。很晚了，从早上即被红卫兵带走的父亲还没有回来。母亲很担心。我们都坐在白天被"破四旧"弄得箱倒椅翻，满地书纸的屋里等他。直到午夜，父亲才回来，脸色

---

[1] 据 1954 年 9 月 15 日萧珊致巴金的信，见李小林编：《家书——巴金、萧珊书信集》，第 192 页。
[2] 周与良：《怀念良铮》，杜运燮等编：《一个民族已经起来》，第 133 页。

很难看，头发被剃成当时"牛鬼蛇神"流行的"阴阳头"。他看见母亲和我们仍在等他，还安慰我们说："没关系，只是陪斗和交待'问题'，红卫兵对我没有过火行动……"母亲拿来馒头和热开水让他赶快吃一点。此时他看着满地的碎纸，撕掉书皮的书和散乱的文稿，面色铁青，一言不发。[……]突然，他奔到一个箱盖已被扔在一边的书箱前，从书箱里拿出一叠厚厚的稿纸，紧紧地抓在发抖的手里。那正是他的心血的结晶《唐璜》译稿。万幸的是，红卫兵只将它弄乱而未付之一炬！[1]

妻子、儿女对1968年全家人被从东村70号赶出以及后来穆旦被劳改的回忆之中，也频频出现对于《唐璜》译稿的挂念。至于穆旦本人关于拜伦的叙述，可谓比比皆是，不过，现在所能看到的材料，已是1974年之后的书信了。

穆旦结束在大苏庄农场的劳动改造是在1972年1月底，2月初即开始重新在图书馆上班。7月17日，他领回了抄家时被抄走的物资，其中包括《唐璜》译稿和当年萧珊赠送的《拜伦全集》。8月7日，穆旦重新开始翻译《唐璜》，在竖格稿纸上写道："一九七二年八月七日起三次修改，距初译约十一年矣。"

终于可以安顿下来进行翻译了，不想数天之后即发生一件令晚年穆旦无比悲伤的事：1972年8月13日，好友萧珊因癌症逝世，时年54岁。从10月27日巴金的来信来看，穆旦应是在比较短的

---

[1] 英明瑷平：《忆父亲》，杜运燮等编：《一个民族已经起来》，第141—142页。按，在另一处回忆中，子女写道，"抄家之后，那些被红卫兵撕掉封面的书，父亲都要用牛皮纸仔细地重新粘上书皮并写上书名"。见英明瑷平：《言传身教，永世不忘——再忆父亲》，杜运燮等编：《丰富和丰富的痛苦》，第228页。

时间内就得知了这一消息,并给巴金去信安慰,这样一来,在儿女看来,翻译拜伦也包含着纪念亡友的意味——父亲开始埋头补译丢失的《唐璜》章节和注释,修改其他章节;修订《拜伦抒情诗选》,增译拜伦的其他长诗——

> 似乎是要把被剥夺的时间补回来,他又争分夺秒地开始了修改和注释《唐璜》的译稿。那时父亲经常晚间下班后到图书馆的书库里查找有关注释《唐璜》的资料,很晚才回来。记得一次查到一个多月未能找到的注释材料,回家后马上对母亲讲,狂喜之情溢于言表。父亲曾说过,《唐璜》是他读过的诗中最优美的,有些《唐璜》的注释本身就像一首诗。优美的文字经常使父亲陶醉,有时他还会朗读原文给我们听,然后又读出他的译文。这时是父亲最高兴的时候。父亲曾对朋友说,许多中国人读不到这样优美的诗,实在是一大憾事。[1]

至1973年6月左右,《唐璜》终于全部整理、修改、注释完毕。穆旦试探性地给出版社写信,询问可否接受出版。出版社复信"寄来看看"。穆旦收到这封信后高兴的举动显然给了子女很深的印象——"他紧握着那封信,只是反复地说着:'他们还是想看看的……'"之后,又"亲自去商店买来牛皮纸将译稿包裹好,然后送往邮局"。[2]

将《唐璜》寄出的时间是在6月18日,当日日记相当简要地

---

[1] 英明瑗平:《言传身教 永世不忘——再忆父亲》,杜运燮等编:《丰富和丰富的痛苦》,第225—226页。

[2] 英明瑗平:《忆父亲》,杜运燮等编:《一个民族已经起来》,第143页。

记下了一笔：

> 今日将唐璜寄人民文学社（徐、孙编辑）。

满怀希望地寄出之后，收到了人民文学出版社一纸回复："《唐璜》译文很好，现尚无条件出版，原稿社存。"[1]

四 三重动力

考察此一时期穆旦的翻译活动，有几点事实值得注意：一是数量之巨。从"新时期"之后所出版的查译著作来看，1980年有皇皇两大卷拜伦的《唐璜》（王佐良注，人民文学出版社），1982年有《普希金抒情诗选集》（江苏人民出版社）、《拜伦诗选》（上海译文出版社）、《雪莱抒情诗选》（人民文学出版社），1983年有普希金的《欧根·奥涅金》（四川人民出版社），1985年有T. S. 艾略特等人的《英国现代诗选》（湖南人民出版社）、《丘特切夫诗选》（外国文学出版社）和《普希金叙事诗选》（四川文艺出版社），1987年有雪莱的《爱的哲学》（人民文学出版社），1998年有查尔斯·维维安的《罗宾汉传奇》（与李丽君、杜运燮合译，中国文学出版社）。在穆旦晚年的书信中，完全没有关于雪莱诗歌的信息，因此这些译著当中，除雪莱诗歌可能没有修订外，其余的都是重订或新译的。

一是翻译速度"出乎意料"地"快"，这主要指对于普希金的

---

[1] 李方：《穆旦（查良铮）年谱》，《穆旦诗文集》（第2卷），第410页。

抒情诗、长诗《欧根·奥涅金》等浩繁著作的修改、补译和重抄，1976年6月15日，穆旦对孙志鸣说：

> 这两个多月，我一头扎进了普希金，悠游于他的诗中，忘了世界似的，搞了一阵，结果，原以为搞两年吧，不料至今才两个多月，就弄得差不多了，实在也出乎意料。

一是倾注心血之重。如果说，穆旦归国之初是利用"晚上和业余时间"来翻译的话，那么，晚年特别是腿伤之后的翻译则可以说是在同命运、死神相搏斗。直到逝世前两天，穆旦还在做《欧根·奥涅金》修改稿的最后抄写工作。

1976年3月底——其时，穆旦摔伤腿已两月有余，郭保卫到家里住过三四天。穆旦一天的工作情形见诸他后来的回忆：

> 每天清晨，洗漱后，他就吃力地架着拐，一步一步挪到书桌前，坐在自己的小床上，打开书，铺开纸，开始一天的工作。由于腿伤不能长时间固定在一个姿态上，坐久后，便要慢慢地先将自己的好腿放到床上，然后再用手将那条伤腿搬上床，靠着被子，回手从书桌上将刚译的稿子拿起，对照原著，认真琢磨，不时地修改着。晚上，孩子们各自分头看书，他又回到自己的小桌前，工作起来。到11点钟，简单地洗漱后，才吃力地躺下。虽已熄灯，但他并不能很快入睡。夜间，时而可以听到，他那因挪动自己身体而发出的细微但却很吃力的呻吟。夜，笼罩了一切，他入睡了——又结束了

一天名不副实的"病假"。[1]

事实既如此之卓异,考察其背后的驱动力则尤为必要。综合考察各方面因素,驱动力大致可分为三个层次。

其一,寻求精神的慰藉,希望借助优美的文字来缓解残酷现实对于精神和肉体所施与的压力,1976年5月27日,穆旦和郭保卫说起的是"用普希金解闷";前引1976年6月15日,他和孙志鸣谈起的是"忘了世界似的"。及至1977年2月4日,穆旦对老友杜运燮说——

> 将近一个月来,我煞有介事地弄翻译,实则是以译诗而收心,否则心无处安放。谁知有什么用?但处理文字本身即是一种乐趣,大概像吸鸦片吧。

"乐趣"被置于"用途"之上,可见翻译给穆旦所带来的精神慰藉。

其二,痛感当时文艺的"空白"状况,中文白话诗没有什么好读的,所流行的不过是小靳庄之类用快板、顺口溜形式所写的政治宣传韵文,缺乏"事实如何"的现实主义作品。

"小靳庄诗歌"其实就在穆旦的身边,但看起来也并非随手取用的一个例子。1974年6月22日,江青在视察了位于津郊宝坻县的小靳庄之后,将社员所写的诗歌树为"农业学大寨""批林批孔"的典型,作为"革命样板"在全国推广。《人民日报》《光

---

1 郭保卫:《书信今犹在 诗人何处寻》,杜运燮等编:《一个民族已经起来》,第174页。

明日报》《解放日报》《文汇报》以及各省报刊都曾刊载、转载小靳庄社员诗歌选,并且刊发了大量评论文字及"学习体会"。天津人民出版社先后出版了《小靳庄诗歌选》等 6 本专集,总印数达 170 万册;人民文学出版社等机构也出版了小靳庄社员诗歌选。事实上,"小靳庄诗歌选"的盛行是当时的文化语境中一个突出的事件,与此同时,当时发表并出版了大量"工农兵诗选""公社社员诗选""批林批孔诗选""新民歌选"一类诗歌,"新诗要向革命样板戏学习"[1]一类论调非常普遍,它们共同构成了当时公开出版刊物最为基本也是最为核心的诗歌风貌。[2]

穆旦表达了对于这等诗歌状况的不满情绪,且非常热切地希望外国诗歌能够改变这种状况——希望那些从外国翻译过来的优美文字能复兴中国文艺。这类观点多出现在 1976 年 12 月《唐璜》可能出版的消息传来之后,且相当频密,可以说,随着国内政治形势的变化以及个人境遇的逐渐好转,穆旦将更大的文化目标寄寓到翻译之中,1977 年 1 月 28 日,他跟郭保卫谈到:

> 据说四人帮搞的文艺没人爱看,那诗歌呢,算不算他搞了一套?现在那一套怎样了?还是老局面。我倒有个想法,文艺上要复兴,要从学外国入手,外国作品是可以译出变为中国作品而不致令人身败名裂的,同时又训练了读者,开了眼界,知道诗是可以这么写的,你说是不是?因为一般读者,只熟识小靳庄的诗,不知别的,欣赏力太低。

---

[1] 尹在勤:《新诗要向革命样板戏学习》,《人民日报》,1974 年 5 月 5 日。
[2] 参见刘福春:《中国当代诗歌编年史:1966—1976》,1974 年之后的相关条目,郑州:河南大学出版社,2005 年。

很显然，穆旦的话题具有直接的现实指向性，他是结合现实文艺状况来谈论翻译的。可注意其中提到的一个说法，译作"不致令人身败名裂"，这么说的时候，第三层动力——一个或许更具个人兴味的动力也浮现而出，那就是在当时写诗将"令人身败名裂"。这一说法可能有着两重含义：写现实如何的作品将有政治风险性；而迎合当时流行的"小靳庄式"写法或图解政治，又将为历史所唾弃。译诗则可以避开这一点，因此，不妨将穆旦的翻译视作其写作的替代品，更或者说，译诗成了写作的另一种形式。接续此前的话题，这种理念也正是对"丘特切夫"翻译的精神承继。

若进一步缕析穆旦本人的文字及其实际效应，可以发现，在对待不同的翻译对象的时候，穆旦的情感与理性似乎有所分歧：在情感上，似乎更偏重于普希金，会将普希金置于"英国诗"之上，1976年11月28日，穆旦对巴金先生说：

经您这样一鼓励，我的劲头也增加了。因为普希金的诗我有特别感情，英国诗念了那许多，不如普希金迷人，越读越有味，虽然是明白易懂的几句话。

穆旦甚至有翻译普希金传记的念头："还有普希金的传记，我也想译一本厚厚的。只是在和苏联处于如此关系中，这么介绍普希金未知合不合需要。"

读者对于普希金的喜好显然也给了穆旦以积极的鼓励，来访的年轻友人如前述孙志鸣、柳士同等，都自称是普希金诗歌的爱好者；也有偶然间遇到的、陌生的鼓励：1970年代初穆旦在农场监督劳动，某日在排队买饭时，看到一个在食堂工作的青年在看一本很破旧的《普希金抒情诗集》，"好几天兴奋不已"；"这件平凡的小事"使得他"决定修改和增译《普希金抒情诗集》"。[1]

但是，在理性层面，英国诗人拜伦似乎又成了穆旦最为看重的诗人，在为《拜伦诗选》所写的拜伦小传中，他引述了1972年版剑桥英国文学简史上对拜伦的评语：

> 只在纯抒情诗上，他次于最优；因此读者不应在诗选中去了解拜伦。仅仅《恰尔德·哈洛尔德游记》《审判的风景》和《唐璜》就足以使任何能感应的人相信：拜伦在其最好的作品中不但是一个伟大的诗人，而且是世界上总会需要的一种诗人，以嘲笑其较卑劣的、并鼓舞其较崇高的行动。[2]

穆旦在谈论所谓"文艺复兴"话题的时候，多半都是以拜伦为价值基点的。正因为这种看重，穆旦倾注了大量心血来翻译拜伦诗歌，特别是皇皇巨作《唐璜》——它最终也永享荣光：1985年5月28日，穆旦骨灰被安葬于北京香山脚下的万安公墓，同葬墓中的，即有上下两册初版本《唐璜》。

五 "奥登"与"现代诗选"

相比之下，"奥登"在穆旦的翻译谱系中的位置就显得更为微

---

[1] 周与良：《地下如有知　诗人当欣慰——穆旦夫人的书面发言》，《诗探索》，2001年第3—4期。
[2] 查良铮：《拜伦小传》，《拜伦诗选》，上海：上海译文出版社，1982年，第10页。

妙。从书信看，穆旦谈及奥登的次数并不算少。比如1975年8月22日，首次和郭保卫通信时就抄录了奥登作品，并说："只希望你看看，不要传播。不一定要学他，但看看有这种写法，他的艺术可以参考。写诗，重要的当然是内容，而内容又来自对生活的体会深刻（不一般化）。但深刻的生活体会，不能总用风花雪月这类形象表现出来"。9月6日，又从"奥登说他要写他那一代的历史经验，就是前人所未遇到过的独特经验"引申，说"诗应该写出'发现底惊异'"。9月9日，又在信中抄录了奥登的《太亲热，太含糊了》一诗。1976年6月28日，和杜运燮谈到："写诗必须多读诗"，"所以我也在忙于读诗，Auden仍是我最喜爱的"。1976年7月27日，给郭保卫抄录了新译的奥登诗歌《暗藏的法律》，9月16日信则表示：抄录此诗"是为了开阔一下诗的写法"。

除了将"奥登"等现代诗人介绍给郭保卫之外，穆旦还将新译的艾略特和奥登的诗拿给新到访、仅有过一面之缘的柳士同看；对于经常来访的孙志鸣，则是有意识地采取了"诗教"策略：先摸底，再按照对方对于诗歌理解的实际程度而有选择性地将译作给他看：

> 先生摸清了我的"底"之后，便有选择性借一些他刚译出来的诗给我看。先是拜伦的《贝波》《科林斯的围攻》等，后来便是艾略特、奥登、叶慈、斯本德等一大批英美现代诗人的作品。在这些人的作品后面，先生还写上了精辟的有独到见解的解释，尤其使我受益匪浅。
>
> [……]一次，先生给我讲完一首俄文的帕斯捷尔纳克的诗歌后，说："帕斯捷尔纳克的风格和普希金不一样，倒可以

称得上是苏联的艾略特 [……]"[1]

这里所提到的艾略特、奥登、叶慈、斯本德等人,即后来成书的《英国现代诗选》中的作者,不过,帕斯捷尔纳克的诗歌倒不曾发现。

从上面这些摘录中不难看出,"奥登"的价值在于:可以开阔诗的写法。在某些时刻,"奥登"等现代诗人充当了诗歌教育的某种准绳。但从 1976 年 12 月 9 日给杜运燮的信来看,穆旦对于奥登的看法发生了某种改变——

> 诗是来自看法的新颖,没有这新颖处,你就不会有劲头。有话不得不说,才写。这是一类诗,像 Auden 的即是。但这类诗也有过时之日,时过境迁,大家就不爱看它了。

也是在这一时刻,穆旦对于"风花雪月"的看法也发生了改变:最初谈及"风花雪月"的时候,看法基本上是负面的,如 1975 年 8 月 22 日,穆旦跟郭保卫谈到:"深刻的生活体会,不能总用风花雪月这类形象表现出来。"9 月 6 日又谈到,中国诗与西洋诗的"一个主要的分歧点是:是否要以风花雪月为诗?现代生活能否成为诗歌形象的来源?西洋诗在二十世纪来一个大转变,就是使诗的形象现代生活化,这在中国诗里还是看不到的(即使写的是现代生活,也是奉风花雪月为诗之必有的色彩)"。而在 9 月 19 日的信中,穆旦甚至举自己早年诗作《还原作用》为例,认

---

[1] 孙志鸣:《诗田里的一位辛勤耕耘者——我所了解的查良铮先生》,杜运燮等编:《一个民族已经起来》,第 186—187 页。

为它有"一种冲破旧套的新表现方式",而"没有'风花雪月'"。总体而言,"风花雪月"被认为不适合于"现代生活"这一总体语境,奥登则是写作"现代生活"的突出代表。

但到了 1976 年 11 月 7 日,穆旦跟郭保卫谈论时的语气发生了变化:"作品和政治联系少的,也许经得住时间一些。风花雪月还是比较永久的题材。"及至 1977 年 2 月 12 日,穆旦在给巫宁坤的信中,更是明确将奥登放在次一等的位置:

> 我认为中国诗的文艺复兴,要靠介绍外国诗。人家真有两手,把他们的诗变为中国白话诗,就是我努力的目标,使读者开开眼界,使写作者知所遵循。普希金和拜伦正好比我们现有的水平高而又接得上,奥登则接不上。虽然奥登低于前两位大师。

对于晚年穆旦而言,"奥登"还有更为直接的浮现,那就是《英国现代诗选》的翻译。这是一部未完成的译著,究其原因,倒很可能不是因为时间仓促之故。大约在 1973 年的时候,周珏良将亲戚从美国带来的《西方当代诗选》转赠给了穆旦,据其回忆,1977 年春节前后到天津的时候,穆旦曾和他谈到阅读和翻译奥登诗歌的体会,"那时他还不可能知道所译的奥登的诗还有发表的可能。所以这些译诗和附在后面代表他对原诗的见解的大量注释,纯粹是一种真正爱好的产物"。

但最终形成的不过是一本作品收录极不平均的诗选:共录 6 人,分别为艾略特 11 首、奥登 19 首/诗组、斯蒂芬·斯彭德 7 首、C. D. 刘易斯 3 首、路易斯·麦克尼斯 3 首、叶芝 2 首。奥登作品最多，称其为"纯粹是一种真正爱好的产物"似可说得过去，但与同时期大量翻译的普希金、拜伦作品相比，这册"真正爱好的"、最终以"现代诗选"命名的集子实在是有点单薄。

放大到穆旦全部翻译行为来看，不难发现其中的一个奇异现象，穆旦早年曾有过一些文学翻译活动，《英国现代诗选》里的 C.D. 刘易斯（早年译为台·路易士）、路易斯·麦克尼斯当时即曾有过翻译。但两相对照，两者均只能算是未倾全力的翻译行为：早年的文学翻译量较小，可能和穆旦的文化处境有关；晚年从 1973 年开始翻译"现代诗"，到 1977 年逝世，期间尚有三四年时间，所得却只是薄薄一册，显然也是并未倾注太多心力。

何以如此呢？周珏良曾解释说，《英国现代诗选》出现的那种不均衡的情状，并非"不重视"，而是因为穆旦"不幸早逝，这本诗选还是未完成的杰作"。[1] 这固然也不错，但穆旦晚年翻译的数量那么巨众，却撇下了这类"现代诗选"，也很可能有更为内在的原因。比如，是不是和当时穆旦的翻译动机及诗学理念有关呢？是不是可以认为，拜伦、普希金一类前现代诗学资源对"现代诗"产生了某种排斥作用？或者说，普希金、拜伦这些前现代的诗人压倒了典型的现代诗人奥登？从翻译数量上的巨大反差来看，似乎是如此，晚年诗风也能提供某种参照，但晚年穆旦书信明确表示奥登仍是"最喜爱的"，且多次谈及以奥登为代表的二十世纪"西洋诗"的重要转变与诗学意义。

由于穆旦的离世，事实似乎就这样处于一种难以断定的状态，在早年零星的关于现代诗及诗歌理论的翻译与晚年关于现代诗的

---

[1] 周珏良：《序言》，查良铮译：《英国现代诗选》，长沙：湖南人民出版社，1985 年，第 1—2 页。

较少翻译之间，读者所看到只能是这样一种虽连贯却未及全部展开的奇异图景。

余论　新时期的到来与穆旦译著的境遇

当穆旦对普希金、拜伦等英语诗歌和俄语世界的伟大诗人发表热烈赞辞的时候，对于中国大地（汉语读者）这个更广袤的世界——更隐秘的阅读空间与写作空间里的情形，他可能所知不多。身处厄境的知青对于普希金的热爱他自然是有感知的，其他更多的情况，比如普希金诗歌在更大范围内的传播，他可能就无从察知。

普希金诗歌的传播效果，现今已被塑造成1960—1970年代"地下诗坛"的英雄人物[1]的食指的写作或可为例证。1967年，知识青年食指写有一首《书简（一）》，其中有这样4句：

　　我们应当永远牢记一条真理
　　无论在欢乐还在辛酸的日子里
　　我们的心啊，要永远向前憧憬
　　这样，才不会丧失生活的勇气[2]

很显然，这些诗句脱胎于当时读者非常熟悉的俄罗斯诗人普希金的《"假如生活欺骗了你"》或"民粹派"诗人纳德松的某些

---

[1]　可参见廖亦武主编：《沉沦的圣殿——20世纪70年代中国地下诗歌遗照》，乌鲁木齐：新疆青少年出版社，1999年，第53—124页。
[2]　食指：《食指的诗》，北京：人民文学出版社，2000年，第23页。

诗歌。查译普希金《"假如生活欺骗了你"》全诗为：

> 假如生活欺骗了你，
> 不要忧郁，也不要愤慨！
> 不顺心的时候暂且容忍：
> 相信吧，快乐的日子就会到来。
>
> 我们的心永远向前憧憬，
> 尽管活在阴沉的现在：
> 一切都是暂时的，转瞬即逝，
> 而那逝去的将变为可爱。

此诗收入《普希金抒情诗一集》，新文艺出版社1957年9月新1版，至1958年7月，该书共有3次印刷，累计印数为76000册。

诗人纳德松（1862—1887）在中国的传播情况不详，但他的诗句"我的朋友，我的弟兄，疲惫不堪的、苦难的兄弟，不管你是谁，都不要悲观自馁！"随着1950年代康·巴乌斯托夫斯基的《金蔷薇》一书的出版而得到广泛的传播！[1]

举食指为例，并非要指责《书简（二）》或《相信未来》这些作于1960年代的诗歌对于俄罗斯文学资源的倚重，而是想视其为一种隐喻，即"查译名著"（也并没有必要将它仅仅局限于普希金）在特定年代里的特殊魅力：不仅让不同时代、不同国度却有

---

[1] ［俄］康·巴乌斯托夫斯基：《金蔷薇》，李时译，上海：上海文艺出版社，1959年，第217页。按，关于这本书的反响，或可参见刘小枫：《我们这一代人的怕和爱：重温〈金蔷薇〉》，《这一代人的怕和爱》，北京：生活·读书·新知三联书店，1996年。

第十九章　文艺复兴的梦想冲动

着相似境遇的心灵相互应和，更直接衍生为写作实践。[1]

新时期之后，从表象数据来看，穆旦关于中国文艺"复兴"的期待（"遗愿"）似可说是得到一定程度的落实，查译名著大量出版，且印数往往非常庞大，动辄数万、十数万册，如下为各主要译著的出版数据：

《唐璜》（拜伦著），人民文学出版社1980年7月版，初印40000册。后多次重印或再版，累计印数不详。

《普希金抒情诗选集》（上），江苏人民出版社1982年1月版，初印138500册；1983年1月，2印至248500册。

《拜伦诗选》，上海译文出版社1982年2月版，初印43000册，1983年2月，2印至123000册。

《普希金抒情诗选集》（下），江苏人民出版社1982年4月版，初印138500册；1983年1月，2印至248500册。

《雪莱抒情诗选》，人民文学出版社1982年11月第3次印刷，累计印数达142500册，此前两次印刷的累计印数仅12500册。

《欧根·奥涅金》（普希金著），四川人民出版社1983年10月版，初印53000册。

《英国现代诗选》，湖南人民出版社1985年5月版，初印13650册。

《丘特切夫诗选》，外国文学出版社1985年5月版，初印20100册。

---

1 食指熟知普希金以及俄罗斯诗歌，尽管普希金的中译本众多，并无直接证据表明他所阅读的即查良铮译本，但并不妨碍这一隐喻认识。

《普希金叙事诗选集》，四川文艺出版社 1985 年 6 月版，初印 21650 册。

《爱的哲学》（雪莱著），人民文学出版社 1987 年 5 月版，初印 100000 册。

《罗宾汉传奇》（[英]查尔斯·维维安著，与李丽君、杜运燮合译），中国文学出版社 1998 年 3 月版，初印 5000 册。

查译著作得以大量出版，自是与当时的文学语境有着密切关联。总体而言，拜伦、普希金以及雪莱著作的印数尤其之大（不仅仅是查译，其他译者的译本也多是如此），《英国现代诗选》《丘特切夫诗选》这两本在现今语境之下谈得较多的译本印数则较小，且当时都没有再版或重印的信息。其中，《英国现代诗选》被列入在 1980 年代产生广泛影响的"诗苑译林"丛书，这有助于其影响的扩散。

关于新时期以来的翻译作品，作家王小波（1952—1997）有过一个别有意味的说法：

假如中国现代文学尚有可取之处，它的根源就在那些已故的翻译家身上。我们年轻时都知道，想要读好文字就要去读译著，因为最好的作者在搞翻译。这是我们的不传之秘。[1]

王小波自陈在 1967 年 15 岁的时候读到了查译普希金的《青铜骑士》，且自认为终身受益。在比较了查译《青铜骑士》和一位

---

[1] 本小节所引王小波的文字据《我的师承》与《用一生来学习艺术》两文，见《沉默的大多数》，北京：中国青年出版社，2002 年，第 300—302 页，第 305 页。

带有东北"二人转的调子"的译作之后,桀骜的王小波对于查良铮等人表达了崇高的敬意:这些"曾是才华横溢的诗人""发现了现代汉语的韵律",看了他们的译笔,"就算知道什么是现代中国的文学语言了"——

  查先生和王先生(按,即翻译杜拉斯《情人》的王道乾)对我的帮助,比中国近代一切著作家对我帮助的总和还要大。现代文学的其他知识,可以很容易地学到。但假如没有像查先生和王先生这样的人,最好的中国文学语言就无处去学。

  从他们那里我知道了一个简单的真理:文字是用来读的,不是用来看的。[……]我们已经有了一种字正腔圆的文学语言,用它可以写最好的诗和最好的小说,那就是道乾先生、穆旦先生所用的语言。不信你去找本《情人》或是《青铜骑士》念上几遍,就会信服我的说法。

王小波将优秀译笔之于中国文学建设的作用推向了某种极致。"不传之秘"的说法尤其富有深意,似乎真有那么一条秘密通道,让不同时代、不同境遇的心灵汇合。这既是一种个人经验,也不妨说是一种隐喻:即文学(好的文字)之于内心的隐秘意义。

再往下,1980年代末期以来,随着社会转型,普希金、拜伦这些曾经在中国引起非常热烈反响的"经典作家"逐渐受到冷遇;那些年代更近、更具"现代气息"的诗人受到了更多欢迎,获得更多的赞誉,奥登是其中一例。

穆旦对于拜伦、普希金一类翻译对象的倚重,或许会令人想起翻译巴尔扎克或罗曼·罗兰的著名翻译家傅雷，有人曾为穆旦扼腕，有的也为傅雷叹息，似乎他们将才华大量地浪费在"可译可不译"的对象之上。[1] 以某种"当下意识"来衡量，这类说法并不错，但所谓"当下意识"往往也是不断变化的，因此，这与其说是当初穆旦发生了误判，倒不如说是新诗的历史进程发生了令人难以预判的新变。

---

[1] 为傅雷惋惜的言辞不少。穆旦方面，段从学谈到：1940年代与穆旦有过交往的诗人方敬晚年认为《唐璜》只是"一部可译可不译的作品，言下颇有为穆旦惋惜之意"，见《回到穆旦的丰富性和复杂性》，《新诗评论》，2006年第1辑。

第二十章

"我已走到了幻想底尽头"

一　秘密的写作

以当下的文学眼光来看，1950—1970年代中国作家的"写作行为"往往是可疑的。那些公开发表的作品日后成了否定与自我否定的对象。1991年3月25日，诗人冯至所写下的《自传》可谓道尽了几代中国作家的心路历程："这一生都像是在'否定'里生活。"那些没有公开发表，甚至根本就不预备发表的文字呢？今人名之为"潜在写作"，试图借此来"还原""特殊时代的文学的丰富性与多元性"[1]，但也面临着没有公开影响或"写作时间"等方面的质疑。粗略地说，"公开"写作与"潜在写作"之间存在着某种对峙，当下文学史写作语境赋予了后者更高的价值等级。但可追问的是，两种写作形态既可说是实际呈现出来的不同结果，也可归结为在1950—1970年代这样一个复杂的时代语境当中，个人与时代如何发生纠葛：一个写作者如何应对时代，而时代因素又是如何作用于写作者。在这一阶段，时代语境的复杂性远远超出了

---

[1] 陈思和：《试论当代文学史（1949—1976）的"潜在写作"》，《文学评论》，1999年第6期。

写作者正常的判断力与承受力，写作者不得不承负着沉重的历史压力而前行，因而往往会陷入某种矛盾境遇之中，其写作行为势必与历史之间有着复杂的纠葛。作为一种更为外化也更为普遍的应对方式，"公开写作"之中既有真诚投入，也不乏迫于形势压力而发出的违心之论，"同情之理解"被认为是必须的。相比之下，"潜在写作"较为丰富的局面虽然已经大致构设出来，但严格说来，其中的矛盾境遇却还有待更为细致的甄别。

在多数情况之下，"潜在写作"是一种分散的、隐秘的、个体化的写作行为，"公开"渠道虽被隔断，但与其说个人与历史之间的纠葛被降低，倒不如说变得更为隐秘，更加复杂化。穆旦晚年的作品，包括诗歌、翻译、书信和日记等多种样式在内，都是新时期之后陆续被整理出版的，按照"潜在写作"这一文学史理念，均可纳入其考察范围。

不过，细究之下，还是可以发现穆旦晚年的多种写作行为的内在差异性。除了《丘特切夫诗选》等个别行为外，翻译是公开进行的，与友人通信时反复谈及，与慕名来访的年轻人也有热烈的讨论。书信与日记都是非常私人的文字，但书信有着明确的交流对象——看起来，家人对写信这一行为应是知情的，日记则多半是在完全私下里进行的。诗歌呢，有少数作品如《冬》《停电之夜》《友谊》《黑笔杆颂》《退稿信》等，在友人间有过流传，但看起来，家人对此可能并不知情。周与良曾以一种"愧恨"的语气谈到当时对丈夫写诗行为的阻止：

> 在鲁迅杂文集的扉页，他写下："有一分热，发一分光。" "四人帮"打倒后，他高兴地对我说"希望不久又能写诗了"，

还说"相信手中这支笔,还会重新恢复青春。"我意识到他又要开始写诗,就说"咱们过些平安的日子吧,你不要再写了"。他无可奈何地点点头。我后来愧恨当时不理解他,阻止他写诗,使他的夙愿不能成为现实,最后留下的20多首绝笔,都是背着我写下的。他去世后,在整理他的遗物时,孩子们找到一张小纸条,上面写着密密麻麻的小字,一些是已发表的诗的题目,另外一些可能也是诗的题目,没有找到诗,也许没有写,也许写了又撕了,永远也找不到了。后来我家老保姆告诉我,在良铮去医院动手术前些天,字篓里常有撕碎的纸屑,孩子们也见到爸爸撕了好多稿纸。当时只要他谈到写诗,我总加以阻止。想到这一些,我非常后悔。这个错误终身无法弥补。[1]

上述时间点或不确。穆旦在鲁迅杂文集《热风》扉页题词是在1975年,而从1976年3月开始,穆旦开始了新的写作高潮,至1976年10月"四人帮"倒台的时候,穆旦已写下较多诗歌。因此,"'四人帮'打倒后"这一时间点——穆旦表示"希望不久又能写诗"而妻子予以"阻止"的时间要更早一些。

但基本事实应无疑义。如周与良所言,不仅仅是"最后留下的20多首绝笔"的写作,穆旦在书信等场合与友人们谈论诗歌的情形家人可能都并不知晓。周与良所谓"咱们过些平安的日子吧,你不要再写了",应是基于当时全家的境遇有感而发的。如前述,当初被打成"历史反革命分子"后,妻子也并不是在第一时

---

[1] 周与良:《永恒的思念》,杜运燮等编:《丰富和丰富的痛苦》,第161页。

间内就被告知了情况；之后，穆旦也向父母隐瞒实情，尽量不让父母以及孩子知道自己正在被"管制"，行动不自由，子女一直到"文革"发生之后才知晓家庭的情况；晚年和友人谈及子女时，又称"其因在我，心中沉重"。很显然，作为一个女人的丈夫、四个孩子的父亲、两位老人的儿子，穆旦对于因自己的"身份"而造成家人生活不安稳的现实深感不安。听到妻子的"咱们过些平安的日子吧"这类祈求的时候，他的脑海中多半浮现过往昔的折磨、痛苦与不安，他开始在家人看不到的地方，旧信札、小纸条、日记上写下他必须要写的诗歌——背着家人进行，至少能给他们以平安的感觉。

可见，对于晚年的几种写作样式，穆旦本人的态度是不尽相同的，翻译不仅无须保密，且最终还被赋予了复兴中国文艺的使命，《唐璜》等译稿还有着相当明确的出版意图。诗歌、书信和日记则都是私下进行的，或可在更为严格的意义上称之为"秘密的写作"。

从日后的出版情况来看，翻译之作在1980年之后即陆续出版，并获得不错的反响；而《诗刊》等报刊虽曾以"遗作"形式刊登过穆旦的若干首诗歌，但似乎少有反响。《穆旦诗选》的出版已是1986年——而杜运燮为诗选所作《后记》早在1982年就已写成，可见新时期之初，穆旦诗歌的出版尚面临着不小的阻力。至于书信和日记被搜集整理出版，当是穆旦没有预料到的。

诗歌之中，包括《冬》在内的近30首没有被撕毁，应是穆旦有意保留下来的。而保密程度更高、至今仍未被收入穆旦任何作品集的长篇叙事诗《父与女》也应是诗人有意想保留下来的。根据次子查明传的说法，该诗是"工整写在几张8开白纸上，折叠成小方块放在一牛皮纸信封里,然后用图钉钉在一个50年代由周叔弢拿来的木质挂衣架的圆盘底座的下面"。1980年代初,查明传准备将这个很旧的挂衣架送给一个中学同学,在搬运的时候,发现了信封及诗稿。[1]这一精心收藏的举措表明,穆旦虽主动撕毁了晚期的一些诗稿,却有意要将这首长诗和其他诗歌一并存留下来。以此来看,即便是诗歌写作,其秘密等级也还是存在差异的,《父与女》至今仍未见披露,则可见造设这一等级的主体并不全然相同。

二 书信、日记与"潜在写作"资源

在"潜在写作"这一文学史概念之中,书信和日记被认为属于那种并非自觉的"潜在写作"。前文已经述及穆旦日记的效应,这里着重围绕书信,提出一些关于穆旦写作与传记形象的看法。

看起来,晚年穆旦是一个勤于写信的人,观其日记,1970年上半年以来,他开始与杜运燮、萧珊等友人通信;给家人的信更是相当频繁,但是很显然,大多数都没有保留下来。《穆旦诗文集》共录书信73封,其中1940年代3封,1950年代2封,1960年代2封,其余均写于1970年代,1975—1977年间尤多。

关于穆旦书信,可先说说"毁弃"与"存留"的话题。穆旦曾将去信归入该毁弃之列,前文曾列出他对年轻友人郭保卫的告诫,在得到"信已焚"一类答复之后,通信才得以继续。给杨苡的信中,也有"请勿留"一类字眼。"信已焚"乃是一些朋友在

---

[1] 据2010年5月12日,查明传给笔者的邮件。

他面前撒的一个善意的谎，一种违背诗人初衷的事件由此不得不称之为幸运。朋友们来信则多半是被毁弃了。以郭保卫为例，据说他和穆旦通信的比例约为 2:1 或 3:1，他"爱发问"，说话也很"坦率"，穆旦看了"也有很多想法"；但周与良"担心这些都是祸根"，就把它们"捡在一起烧毁"了。[1]

由于穆旦本人对去信持毁弃态度，来信由谁来毁弃已经不再重要。只是读者难免会有所假设，如果来信有幸能存留下来的话，那么，将会有一个更为丰富的语境来呈现晚年穆旦的各类观念、话语、感叹究竟是如何生发出来的，对穆旦的理解无疑也能更为深入。但所能看到的终究只是目前这样一种状况，借用米兰·昆德拉的观点，那些背叛穆旦"遗嘱"的友人，那些生活在惶恐之下的家人，都是包围着穆旦的"雾"，在那样一个极端严酷的历史时刻，"他们既不了解历史的意义，也不知道它未来的进程，甚至不知道他们自己的行动（通过它们，他们无意识参与那些其'意义脱离他们自己'的事件）的客观意义，他们在自己的生活中前行犹如人在雾中前行"。[2] 这些"雾"正见证了穆旦与历史的复杂关联。

书信频密，显示了穆旦有话要说，渴望与人交流。穆旦曾被认为是一个性格内敛的人，被打成"历史反革命分子"之后，有着较长时间的精神压抑，"变得痛苦的沉默，一句话也不愿意说"。[3] 那么，是什么力量驱动穆旦"开口说话"呢？换言之，是

---

[1] 郭保卫：《再忆穆旦》，《新文学史料》，2007 年第 2 期。

[2] ［捷克］米兰·昆德拉：《被背叛的遗嘱》，孟湄译，上海人民出版社，1995 年，第 221—222 页。

[3] 周与良观点，见李方：《穆旦（查良铮）年谱》，《穆旦诗文集》（第 2 卷），第 403 页。

什么因素促成了晚期穆旦和时代的深入关联呢？结合全部书信以及相关文献来看，可大致归纳为三个层面：

首先是日常性因素。通过书信向家人、友人陈述家事、报送平安，同时也了解对方的生活情状及打听相关信息。

其次是心灵沟通的需要。这一点已如前述，与穆旦通信最多但年龄、学识差距都很大的郭保卫的观点即非常贴切："他需要的也许并非有资格的诗歌与翻译评论家，而迫切需要和久久渴望的，应是心灵的理解与沟通。"

再次，对于现实环境的察知。总体而言，穆旦察知现实的方式基本上是从文学切入的，即针对文学创作和文艺界的现实境况发言，其中最重要的有两点。一点是对于文学现状的判断，穆旦多次谈及当时文学界处于"空白"状态，流行的不过是小靳庄诗歌，缺乏"事实如何"的现实主义作品。与此有关，反复陈述诗歌翻译行动，其中最为核心的部分是希冀所译外国诗歌能够促成中国文艺的"复兴"。奇妙的是，这种判断却生发了两种近乎相反的精神图景：一方面，他以肯定语气强调了"自我"与"时代"的关系："我是特别主张要写出有时代意义的内容"，"首先要把自我扩充到时代那么大，然后再写自我，这样写出的作品就成了时代的作品"（《致郭保卫》，1975年9月9日）。另一方面，怀疑又时时浮现，"诗在目前的处境是一条沉船，早离开它早得救"（《致郭保卫》，1976年8月27日）。透过这种自信与怀疑相杂糅的表达，不难发现残酷的、变幻莫测的时代语境在诗人内心的投影：正如"沉船"一词所暗示，诗人正在"下沉"，他的脚下已没有一块稳定的基石，已无法清晰地判断自我（个人）与时代的关系。

第二十章　"我已走到了幻想底尽头"

另一点是，针对文艺界"取消"与"恢复"情形，即"旧的一切并不能全取消，以前以为是取消了，现在恢复得好厉害"一类情形（《致江瑞熙》，1977年2月16日），穆旦察觉到了"历史重演"的命题："历史重演，个人的历史也是多次重演"（《致巫宁坤》，1977年2月12日）。与此相关，针对某些文艺界人士，特别是当时一度荣任文化部副部长又很快"倒台"的老友袁水拍，穆旦多有感触。在穆旦交往的诸多个案中，袁水拍是具有连贯性的一个人物，他们的交往从1940年代初期一直持续到1970年代。袁水拍及相关事件让穆旦很受"教育"，促成他从另一个角度来省察"个人"与"时代"的关系："灵魂和利益的冲突，出卖灵魂而就飞黄腾达，这够发人深省"，"我以前曾坚持的一些看法，现在看来是对的，尽管当时是格格不入，被认为'跟不上时代呀'等等。许多'跟上时代'者往往今日都傻了眼"（《致郭保卫》，1976年12月9日）。在思考文艺界的这类"反复"现象时，穆旦将那些与自身有着较深交往的个体生命浮沉融入其中，表明其思考向度乃是从自身境况延伸而出的。这一思考集中于穆旦去世前夕，无疑又为其早逝增添了几分悲怆色彩。

穆旦日记的时间跨度为1959年1月1日到1977年2月23日，期间虽屡有中断，但先后持续近20年。如果说书信写作是出于某种交流的目的，尽管这种交流也很私人性；那么，日记写作则是完全私人性的。从现存日记与书信的写作时间来看，两者基本上并不重叠，恰巧具有一种互补性或连续性的效果：1960年代后期到1970年代前期，有较多日记，书信却基本上没有存留下来；之后日记非常稀疏，但较多书信存留下来。虽然实际情形并非如此，但读者终究能够较为连续地了解穆旦这一时期的生活与精神状况。

将两种写作放置在一起,又可发现一个富有意味的现象:尽管穆旦要求一些友人看信之后即扔掉,但写信本身毕竟是一种主动的行为,袒露心迹、与人交流在相当程度上乃是主动的。在更为私人、封闭的日记写作中,穆旦却极少——几乎没有——袒露心迹。而其实际效果,书信所透现的作者形象是清晰的,日记则不得不以一种复杂的眼光来打量,这样两种近乎背反的行动及效果无疑进一步外化了穆旦与历史之间的复杂关联。

书信和日记对于传记研究的作用毋庸置疑,但它们终究是相对驳杂的文学类型,就其功能而言,书信除了能呈现穆旦的基本信息之外,还有助于解释穆旦晚年的写作。后文将揭示一点:穆旦晚年的诗歌写作与书信写作之间具有密切对应关系,书信写作浮现了诗歌写作的背景,也最终强化了诗歌的情绪。

三 晚年写作的编年问题

以"潜在写作"的视角来考察穆旦晚年的写作,可以发现两个现象非常醒目:

其一,学界普遍视穆旦1976年的写作为一个高潮,并从个人与外在社会的关系的角度对其进行了较多解读,这确乎不错,在生命的最后一年里,穆旦存诗27首(含片段),为年度诗歌写作量之冠;而且,考虑到可能存在的毁弃行为,实际的写作量还要更大。1976年,危险的政治时代依然沉沉地压在诗人心头,这样一个已长久"沉默寡言"的、谨慎的人,为什么会突然置曾经屡屡伤害自己的政治风险于不顾而写下一大批诗作?这一问题换到"潜在写作"的视角来看,可发现有一个现象始终没有触及:那就是与其他任何一位"潜在写作者"都不同的是,穆旦的写作诗歌几乎全部集中于 1976 年,这样的写作姿态本身就是相当独特的,足够引人深思。

其二,穆旦刚刚进入 1977 年就遽然逝世,而没有迎来新时期的曙光,这与绝大多数 1976 年仍在进行"潜在写作"、新时期之后成功"归来"或"复出",并且或长或短地延续了其写作生涯的作家群也形成了重要的差别。穆旦晚年写作可谓相当纯粹,完全是"新时期"之前的作品,没有打上任何"新时期"的烙印。

目前关于穆旦晚年诗歌的编年问题是由穆旦家属和作品整理者确定的:在现行收录穆旦作品最为齐全的版本《穆旦诗文集》之中,1975 年有诗两首,即《妖女的歌》《苍蝇》。其余的均编排在 1976 年名下,起于 3 月的《智慧之歌》,止于 12 月的《冬》。不过,结合相关文献仔细辨析,这些诗歌的编年存在较多问题。

先看编在 1975 年之下的两首诗。《妖女的歌》属于未经发表而直接入集的作品。最令读者感到蹊跷的是写作时间的异动:首次收入编年体《穆旦诗全集》(1996)时,被列入 1956 年;收入《穆旦诗文集》时,却又列入 1975 年。何以会有这番时间跨度如此之大的挪移,编者却未置一词说明。这两部穆旦诗集有十年的间距,不少讨论曾据前一个时间点做出过精彩的分析,看起来结果却可能是失效的。[1] 作家手稿的整理及编年的权力由作品整理者

---

1 个人印象中非常深的一个细节是,2006 年 4 月南开大学文学院举办穆旦诗歌创作学术研讨会期间,《穆旦诗文集》首发,刘志荣当时即发现《妖女的歌》写作时间的异动,并有所感慨。此前,刘志荣在《生命最后的智慧之歌:穆旦在一九七六》(《文学评论》,2004 年第 3 期)中,从"1956 年"的角度,对《妖女的歌》有过讨论。

（包括家属）所掌握。一般的研究者所掌握的信息有限，往往无法察知其来龙去脉。相关异动给研究者所带来的困惑，此即典型一例。

《苍蝇》也存在时间异动的问题，不过相关信息主要和书信有关。初版《穆旦诗文集》（第 1 卷）有注释："此诗大约写于 1975 年 5 月或 6 月，系诗人在 1975 年 6 月 25 日信中抄寄给诗友杜运燮的。"[1] 所称信件，应该即是《穆旦诗文集》（第 2 卷）所录 1975 年 6 月 28 日致杜运燮的信，时间上略有出入，当是文稿誊录之误。从内容看，该信应是附有《苍蝇》《友谊》和另一首诗（按，篇目不详，可能是《理想》），据此，这三首诗的写作时间至迟也就在 1975 年 6 月。但是，在后两版《穆旦诗文集》之中，此信的写作时间后移为"1976 年 6 月 28 日"。信中提到"是自己忙，脑子里像总不停"的状态，确是更接近于 1976 年中段的穆旦其他书信中所流露的某种感伤情绪，何以会后延一年，编者并未给出任何说明。

细察之，该信为残信，缺开头部分，落款也仅署"6.28 晚"。初版《穆旦诗文集》将该信认定为 1975 年，又将《友谊》的写作时间标为"1976 年 6 月"，这已属不妥。后两版《穆旦诗文集》变更此信的写作时间，很重要的一个原因可能就是为了与《友谊》的写作时间相吻合，但这同时也使得《苍蝇》的写作时间成为问题。穆旦信中有"写点东西，寄你三篇看看"之语。按照一般写作情形来推断，所寄上的"三篇"很可能即是写于同一时期。若此，则《苍蝇》的写作时间很可能将要后移至"1976 年 5 月或 6 月"。不过，增订版《穆旦诗文集》既未给出书信写作时间后移的

---

[1] 穆旦著、李方编：《穆旦诗文集》（第 1 卷），北京：人民文学出版社，2006 年，第 316 页。

确切理由,严格说来,"1975 年 6 月 28 日"这一时间点也并未截然失效,而这又会使得《友谊》的写作时间成为一个问题。当然,缺乏确凿的证据,这些都只能止于推测。不过,穆旦致杜运燮的另一封信,编者确实是曾经将写作时间后移了。[1]

编在 1976 年名下的 27 首诗,编年时间可分为四个类型:第一类是标注了年月日、年月或者月日的诗作,属时间可以确定的诗作,即《智慧之歌》《理智和感情》《城市的街心》《演出》《诗》《理想》《听说我老了》《冥想》《春》《友谊》《夏》《有别》《自己》《秋》《停电之后》《退稿信》《黑笔杆颂》《冬》,计有 18 首。第二类是笼统标注为"1976 年"的诗作,即《沉没》《好梦》《老年的梦呓》《"我"的形成》《神的变形》,计有 5 首。第三类是"据作者家属提供的未发表稿编入""写作时间推测为 1976 年"的作品,即《问》《爱情》,计有 2 首。第四类是时间未定型,即《秋(断章)》和《歌手》,计有 2 首。此外,《穆旦诗全集》曾收入《面包(未完稿)》,注明"大约写于 1976 年后半年,诗人的思绪亦在断章中大致表现出来"。[2] 已完成的诗行共有 4 节,可能是十四行诗的样式,其结构为 4—4—3—3,但第 4 节第 3 行未完成。若为十四行诗,则此诗已算是大致完成,但《穆旦诗文集》未录,故暂时忽略。

很显然,第三、四类诗作,实际上都属无法确定写作时间的作品,只是第三类对写作时间进行了"推测"。与此同时,第二类

---

[1] 初版《穆旦诗文集》(第 2 卷)第 144—145 页所录穆旦致杜运燮的信,时间标为"1976 年(日期不详)"。根据书信内容推断,此信的实际写作时间最迟当在 1975 年底。后出的两版《穆旦诗文集》已将此信时间改为"1975 年(日期不详)"。相关内容,详见 2024 年版《穆旦年谱》,第 400 页。
[2] 穆旦著、李方编:《穆旦诗全集》,北京:中国文学出版社,1996 年,第 357 页。

诗作可能与它们也并不存在本质区别。统观穆旦的全部写作，大部分作品均明确标注了写作日期，在总体上是便于系年的，因此，《穆旦诗文集》将部分诗作笼统标注为"1976年"或"1975年"，并不符合穆旦本人的做法。实际上，若根据一个先例，即编者对于1957年所发表的诗歌的处理方式来推测，则很可能也是无法确定写作时间：1957年，穆旦共发表诗歌9首，其中除了两首注明时间为1951年，其他7首则是均未署写作时间，但前两版《穆旦诗文集》一律将7首诗的写作时间署为"1957年"。这7首诗固然也可说是和1957年的时代语境非常之切近，但将发表时间直接等同于写作时间，终究是缺乏必然的依据。此外，第一类中的《停电之后》一诗，在1986年版《穆旦诗选》中，写作时间并非标注为"1976年10月"，而仅仅是"1976年"。第二类中的《老年的梦呓》一诗，其第2、4、5节曾载入1977年2月19日致董言声的信，题为《老年》。书信写作时间和诗歌写作时间之间是否有关系，看起来也只能说是一个谜。第四类中的《歌手》，曾和《演出》一起载入1977年1月12日致郭保卫的信，未署写作时间，此前也未单独成篇，增订版《穆旦诗文集》首次单独析出，但并不是依据书信的时间，而是编入标注为1976年4月所作《演出》之后。这样的编排方式，自然也是可以进一步商榷的。[1]

综合来看，至多只有60%的穆旦晚年诗作可以确定写作时间，其余的诗作则可说是缺乏实证材料而无法确断。以此来看，将两首写作时间难以确断的作品编入1975年，又将两个有确切写作时

---

[1] 在最新出版的、"收录了穆旦现行于世的所有诗歌作品"的《穆旦诗集》（人民文学出版社2019年版）中，《歌手》被编排在最后一首，但未注明任何写作信息。无从断定《歌手》是否新写，若是新写，确应编排在最末位置。

间的作品分别编排在 1976 年写作的首位和末位，中间贯穿着若干写作时间无法确定的作品，可谓是包含了某种人为的编辑意图，而非穆旦本人写作图景的准确呈现。

四 "我已走到了幻想底尽头"

晚年穆旦的写作，可能跟友人写作的触动有关，比如，前述《苍蝇》一诗，穆旦在给杜运燮的信中谈到："《苍蝇》是戏作，因为想到运燮曾为你们的五六只鸡刻画得很有意思"，而在忽然间看到苍蝇而写出了它。当时，杜运燮正下放到山西临汾，他应该是在来信中抄录了一首《鸡的问题——农村生活杂写之一》，其中有句：

> 有时它们还直勾勾地
> 用自信的眼睛瞅着我，
> 带点自豪的神气问道：
> 你们是否像我们
> 生活得一样有意义而快乐？[1]

《鸡的问题》所写的鸡是"乐观"的，同时也蕴含了一种生活意义的追问。这样一种"鸡——人"对照的展开方式直接启发了《苍蝇》：鸡的"乐观"对应着"人"的精神压抑；苍蝇对于世界的"好奇"感也最终升华到意义追问的高度：

---

[1] 杜运燮：《海城路上的求索：杜运燮诗文选》，北京：中国文学出版社，1998 年，第 40 页。

> 是一种幻觉，理想，
> 把你吸引到这里，
> 飞进门，又爬进窗，
> 来承受猛烈的拍击。

诗歌的落脚点还是个人的境遇——实际上，晚年穆旦的更多诗歌写作，也正是基于此。1976年1月19日，穆旦骑车摔伤了腿。检视这一时期书信可以看到，此前穆旦情绪并不算低落，依然流现着某种理想信念——他甚至在新购的鲁迅杂文集《热风》的扉页写下这等自我勉励的话："有一分热，发一分光，就令萤火一般，也可以在黑暗里发一点光，不必等候炬火。"

腿伤之后呢？1月25日，穆旦在给老同学董言声的信中即称"特别有人生就暮之感"。拖了半个月之后，2月4日，穆旦到医院检查，被告知为右股骨颈外面骨折，须三个月休养。2月17日，与郭保卫称，"日子是太单调了，心情也沉沉的"；并且答复了为什么写诗的问题，认为"写诗当然不是一条'光明大道'，这一点望你警惕，能放弃就放弃为好"，并且表示"觉得受害很大，很后悔弄这一行"。3月31日，又在给孙志鸣的信中谈及腿伤：

> 我近两月因为不能外出并需卧床而特别苦恼，整天昏昏沉沉，躺不是，坐也不是。抽空也看些书，读点旧诗。很爱陶潜的人生无常之叹，[……]

再往后，穆旦书信之中更大面积地出现了一种忧伤、恐惧的情绪，死之将至、人生虚无、生命幻灭的感叹。在致友人的信中，

第二十章　"我已走到了幻想底尽头"

如 1976 年 5 月 25 日、1977 年 1 月 4 日、1977 年 1 月 19 日致董言声信，1976 年 8 月 13 日致郭保卫信，1976 年 7 月 19 日、1977 年 1 月 1 日致江瑞熙信，1977 年 1 月 5 日致巫宁坤信，1977 年 2 月 4 日致杜运燮信等，这等情绪表现得尤为突出。可以说，腿伤之后，由于没有及时治疗，肉体的疼痛一直到穆旦去世也没有消失，而精神上的疼痛则通过诗歌和其他文字呈现出来。

自杜运燮所编选的《穆旦诗选》1986 年由人民文学出版社出版以来，标注为 1976 年 3 月所作《智慧之歌》始终被编排在 1976 年诗歌之首，这么做无外乎两个原因：其一，它确是穆旦 1976 年的开篇之作，其二，作品的整理者愿意将其视为穆旦 1976 年诗歌的开端之作。基于上述关于穆旦晚年诗作编年问题的分析，"1976 年 3 月"是否即是本年最早的写作时间点，并没有确切的证据，因此，这么做更多地应是出于后一层的考虑——《智慧之歌》完全可称为那种泄露写作者内心秘密的诗篇，开篇即写道：

> 我已走到了幻想底尽头，
> 这是一片落叶飘零的树林，
> 每一片叶子标记着一种欢喜，
> 现在都枯黄地堆积在内心。

这个"从幻想底航线卸下的乘客"，不仅"永远走上了错误的一站"（《幻想底乘客》，1942）；而且，终于走到了"幻想底尽头"。一句"我已走到了幻想底尽头"可谓写出了人生的全部酸楚，也可说统领了穆旦晚年的全部写作。这里的"欢喜"并不是鲁迅的《野草》中频频出现的"大欢喜"[1],而是内心"枯黄"图景的比照,"欢喜"已"枯黄",已不复存在。在这个"幻想底尽头",年轻时的激愤情绪消退,人生沧桑静穆之感浮现。可见,"腿伤"这一至关重要的事件——一种"人生无常"的境遇从根本上改变了穆旦的生命图景,直接诱发了穆旦"最后的写作"。

因此,从宽泛的或者隐喻的意义来看,在"1976年3月"这一时间基点上,穆旦重新开始了写作。也正因为如此,这批诗歌首先应看作穆旦个人内心的喃喃自语。

这一年5月的《冥想》,写下了"突然面对着坟墓"的窘迫:

> 但如今,突然面对着坟墓,
> 我冷眼向过去稍稍回顾,
> 只见它曲折灌溉的悲喜
> 都消失在一片亘古的荒漠,
> 这才知道我的全部努力
> 不过完成了普通的生活。

"不过完成了普通的生活",穆旦并没有将传奇文字刻上"墓碑"。诗歌使用的是一种完成时态,穆旦并非没有传奇经历(比如从军、留学归来等),也并非没有经历风云际会的时代,但他发现那些他曾为之"曲折灌溉"的"努力","都消失在一片亘古的荒漠","普通"也就成为诗人对于自我人生角色的最终体认。

而"坟墓",是死亡的住所。诗人怀着一种对于生命行将消亡

---

[1] 鲁迅:《野草·题辞》,《鲁迅全集》(第2卷),第159页。该文注释将"大欢喜"解释为:"佛家语,指达到目的而感到极度满足的一种境界"。

第二十章 "我已走到了幻想底尽头"

的强烈预感，在短短的时间内以一种前所未有的方式将笔触全面铺开。日常性的生活细节、友谊、离别、爱情、人生、理想、爱好、艺术、"冥想"、"梦呓"、自己（"我"的形成）以及人的社会属性中最为核心的部分：公共性的"演出"、时间（季节）感、权力欲望，等等。诗人似乎急于为这一切做出总结，生命的弦丝在不停地颤响：

> 多少人的痛苦都随身而没，
> 从未开花、结实、变为诗歌。
> ——《诗》（1976/4）

> 呵，永远关闭了，叹息也不能打开它，
> 我的心灵投资的银行已经关闭，
> 留下贫穷的我，面对严厉的岁月，
> 独自回顾那已丧失的财富和自己。
> ——《友谊》（1976/6）

> 爱憎、情谊、职位、蛛网的劳作，
> 都曾使我坚强地生活于其中，
> 而这一切只搭造了死亡之宫；
> ——《沉没》（1976）

> 因为它是从历史的谬误中生长，
> 我们由于恨，才对它滋生感情，
> 但被现实所铸成的它的形象

只不过是谬误底另一个幻影:
　　让我们哭泣好梦不长。

——《好梦》

五 "停电之夜":"默念这可敬的小小坟场"

　　1976年7月28日凌晨2时,唐山大地震爆发,天津也受到严重影响,拖着一条伤腿生活的穆旦显然也受到很大的冲击。之后几个月,穆旦全家和众多南开大学师生住在屋外自行搭起的地震棚里,直到冬天来临。当时日常生活中的另一种状况则是经常停电,这对惯于在夜里埋头翻译的穆旦而言,多半也会心生感慨——10月29日又是一个"停电之夜",穆旦即写下了一首诗:

　　　　太阳最好,但是它下沉了。
　　　　拧开电灯,工作照常进行。
　　　　我们还以为从此驱走夜,
　　　　暗暗感谢我们的文明。
　　　　可是突然,黑暗击败一切,
　　　　美好的世界消失、灭踪。
　　　　但我点起小小的蜡烛,
　　　　把我的室内又照得光明:
　　　　继续工作,也毫不气馁,
　　　　只是对太阳加倍地憧憬。

　　　　次日睁开眼,白日辉煌,

小小的烛台还摆在桌上。
我细看它，不但耗尽了油，
而且残留的泪挂在两旁：
<u>那是一滴又一滴的晶体，</u>
<u>重重叠叠，好似花蔟一样。</u>
这时我才想起，原来一夜间
有许多阵风都要它抵挡。
于是我感激地把它拿开，
默念这可敬的小小坟场。

　　次一日，穆旦在给郭保卫的信中了抄录了这首《停电之夜》，称"昨夜停电，今早看见烛台，有感而成一打油诗"，很显然，这是该诗最初的版本，如上即抄录于此。而现在读者在《穆旦诗文集》等集所看到的版本，诗题改为《停电之后》。

　　题作《停电之夜》，书写即时的图景，有着某种幽微的色调；而题作《停电之后》，则是更多叙事性或者散文化的意味，一字之差，还是有着不同的人生况味。一些重要诗句也有删节或改动，上述画标记线的即是其中最重要的两行。

　　"停电"意味着"黑暗"再次来袭：原本"太阳"下沉，"黑暗"就已袭来，但"文明"之物"电灯""从此驱走夜"。"停电"可谓重复了"太阳下沉"的景象："突然，黑暗击败一切，／美好的世界从此消失灭踪。"在穆旦的写作之中，"黑暗"原本是一个充满主观兴味的词汇，读者可能还记得穆旦1947年所作《时感四首》中"无名的黑暗"一类饱满主观兴味的称语，以及稍后的《三十诞辰有感》，用一种深挚的内省笔法，将黑暗镶嵌于诞辰之中的写法。但是，此时此刻，"黑暗"这个词已不如1940年代诗作中那么富有张力——正如穆旦对于普通角色的体认，这里的"黑暗"一词也已洗尽铅华，返归它的本色：有光亮的世界是"美好"的，"黑暗"的世界是邪恶的、死寂的。

"小小的蜡烛"燃起之后，"黑暗"的第二次袭击被击退："继续工作也毫不气馁，/ 只是对太阳加倍地憧憬。""加倍地"这一修饰语泄露了此前对于"太阳"（光明）的憧憬（只是程度略小而已）。而蜡烛的故事则留待次日——一个辉煌的白日——来呈现：经由"辉煌"的映照，昨夜那帧"黑暗"的图景重新清晰，"我细看它，不但耗尽了油，/ 而且残留的泪挂在两旁"。

"耗尽了油"，即烛已完全燃尽——又一次，"黑暗击败一切"；烛灭之时，工作应还在进行，否则，烛应是被吹熄而有所存留（应不会出现听任蜡烛燃烧直至熄灭的情形）；工作未毕而烛已燃尽，诗人不得不摸着黑（经常停电，摸黑也可能成了一种习惯）、带着小小的遗憾入睡（或许，睡得并不算安稳）。这种仓促表明了此前工作（多半是翻译——一种包含着复兴中国文艺这一特殊使命的行动）的紧张与投入，以致连蜡烛快要熄灭都不曾发觉，甚至连风一阵阵地吹来也不曾发觉，"许多阵风"袭来显然是拜当时异常简陋的生存局面所赐。

"抵挡"一词着实别有深意，夜里起风，寒意来袭，但烛台不过是一个小小的物设，何以抵挡得住那"许多阵风"呢？何以抵挡得住生命寒意的阵阵侵袭呢？但它终究抵挡了，且令"我"心生感激，这最末两行有力地勾连起鲁迅的《野草·秋夜》（1924）：

> 我打一个呵欠，点起一支纸烟，喷出烟来，对着灯默默

第二十章 "我已走到了幻想底尽头"

地敬奠这些苍翠精致的英雄们。

"默念"——"敬奠","这可敬的小小坟场"——"这些苍翠精致的英雄们",两个作品有着精微的对应。实际上,《停电之后》的背景也正是一个"秋夜"。鲁迅笔下的"秋夜"是躁动的:天空"非常之蓝,闪闪地䀹着几十个星星的眼","夜游的恶鸟"飞来飞去,"夜半的笑声,吃吃地","后窗的玻璃上丁丁地响,还有许多小飞虫乱撞"。这番情状,既表征了守夜人("我")内心的躁动不安,也实证了内心与外界的交流。穆旦的"秋夜"却是一个安静的世界,窗外一切动静全都屏蔽在外,安静得仿佛令他忘掉世界似的,仿佛世界不复存在似的。

在《秋夜》里,"烟"抚慰了心灵,在烟雾缭绕之中,"我"即时性地获具了对于生灵的敬意("敬奠")。为什么有"敬意"?因为它们是夜晚的精灵,它们实证了夜晚的存在,更实证了内心的力量。而在穆旦这里,世界图景或意义空间乃是通过次日的追忆来完成的:夜晚虽然已经消停,但只有借助夜晚的残留之物,方才意识到原来夜里"有许多阵风"——有"寒意"袭来自己却并未察知。通过追忆,诗人看到了一帧在微弱的火焰下工作的图像,看到了自己那微弱的生命之火在"烛台"上摇晃,看到了那个已经退缩得比小小的烛台更小的自己。"感激"什么?感激小小的烛台,这反衬了心灵的脆弱,感激黑暗和寒冷为自己留下了一个"小小坟场"。这个"坟",已不仅仅是"生活的一部分的痕迹"[1],更是脆弱心灵的

---

[1] 在《坟·题记》中,鲁迅写道:"在我自己,还有一点小意义,就是这总算是生活的一部分的痕迹。所以虽然明知道过去已经过去,神魂是无法追蹑的,但总不能那么决绝,还想将糟粕收敛起来,造成一座小小的新坟,一面是埋藏,一面也是留恋。"见《鲁迅全集》(第1卷),第4页。

投影——

> 一个能爱，能恨，能诅咒而又常自责的敏感的心灵在晚期的作品里显得凄凉而驯服了。这是好事，还是……？因为死得早，他的创伤没有在阳光里得到抚慰和治疗。他只是把照亮他在停电之夜工作通宵的蜡烛收起：[……][1]

"小小坟场"之上，原本是有着"花簇"的，但着实令人疑惑的是，那两行在书信之外的其他多个版本中居然都不见了：

> 那是一滴又一滴的晶体，
> 重重叠叠，好似花簇一样。

穆旦晚年诗作多整齐，上述书信版《停电之夜》即分两节，每节各十行，但其他的各版本，虽然亦是两节，但初刊本每节均只有8行[2]，回忆文版[3]和《穆旦诗文集》版则是同为第1节10行，第2节8行。各版的异文不一，但有一点是相同的，即都缺失那两行。

从诗行对称的角度考虑，第1节既是10行，第2节减为8行似不太合理。而就第2节的诗行本身来看，第4行末尾为冒号，第5、6两行诗为描述性的文字，生动地描述了蜡烛残留的情形，与冒号正好符合。删去这两行，第4行末的冒号不变，所对应的

---

1 郑敏：《诗人与矛盾》，杜运燮编：《一个民族已经起来》，第33页。
2 穆旦：《停电之后》，《雨花》，1980年第6期。
3 樊帆（郭保卫）：《忆穆旦晚年二三事》，《新港》，1981年第12期。

内容则变成了第 7 行——由一个描述性的内容变成了一种心理活动。从冒号本身所具有的语法功能来看，这种改动使得上下意思衔接不当。而从诗意生成或诗歌经验传达的角度看，"花簇"一词，与全诗最末一行的"坟场"构成了恰切的对应："那是一滴又一滴的晶体，／重重叠叠，好似花簇一样"这一实写式的描述，却也恰似坟头上点缀着的花簇。蜡烛燃尽而剩余些许烛油（"残留的泪"），这不过是一个日常事件，而"坟"是一个富有精神内涵的镜像（或可称之为"心象"），将日常事件提升，这是一种常见的诗歌经验——穆旦在这一方面的能力是非常突出的。而从实际效果看，只有对日常事件（事物）有所铺垫，"诗意提升"才会显得自然而不至于很突兀。也即，经由"花簇"这一中介意象，从"燃尽的蜡烛"到"小小的坟场"的提升显得更为生动、形象，更有诗意韵味。

六 "在芦苇的水边"

《停电之夜》之中的小小烛台是脆弱内心的投影，稍早的，作于 1976 年 4 月的《听说我老了》则是蕴含着一种骄傲而超脱的语气：

> 我穿着一件破衣衫出门，
> 这么丑，我看着都觉得好笑，
> 因为我原有许多好的衣衫
> 都已让它在岁月里烂掉。

人们对我说：你老了，你老了，
但谁也没有看见赤裸的我，
只有在我深心的旷野中
才高唱出真正的自我之歌。

它唱着，"时间愚弄不了我，
我没有卖给青春，也不卖给老年，
我只不过随时序换一换装，
参加这场化装舞会的表演。

"但我常常和大雁在碧空翱翔，
或者和蛟龙在海里翻腾，
凝神的山峦也时常邀请我
到它那辽阔的静穆里做梦。"

  这首诗的精神姿态在晚年穆旦的写作中可谓是独具一格。"穿着一件破衣衫出门"与"化装舞会"是巧妙的经验化用，暗合了中西文学传统中关于死亡的隐喻。骄傲的语气何以产生呢？
  世人所看到的只是表象，而看不见"赤裸的我"，听不到"我深心的旷野中"所"高唱"的"真正的自我之歌"；反过来即是，"我"翱翔于"深心的旷野"——一个没有时间束缚的所在（"时间愚弄不了我"），"高唱出真正的自我之歌"，不再理会世人的眼光。"山岳"（"山峦"/"山阿"）对于"我"，也不再是一种阻隔，甚至也不是一种依托或归化，而是一种精神所在，恰如大地上一切高贵的所在。"常常和"与"邀请我"表明了一种双向性（而不是一种一厢情愿的行为），与"我"为伍的乃是大地上的通灵之物（大雁、蛟龙）与崇高永恒之物（天宇、山川），"我"也就成了其中的一分子。

"到它那辽阔的静穆里做梦"，最末一行回应了早年的"酣睡"梦想（《玫瑰之歌》），更回应了那些古代的伟大心灵（如高吟"死去何所道，托体同山阿"的陶渊明）。由此，这样一首诗，最终沉结为对于一种艺术化人生的追寻。

言说至此，读者可能会想起穆旦1934年所写下的《梦》中的句子："如果生活是需要些艺术化或兴趣的，那你最好便不要平凡地度过它。"纵观之，在不同的人生阶段，穆旦的境遇似乎并无独特之处，无论是窘迫的生存问题，还是漫长的受难历程，放到现代中国的整体语境当中，均非穆旦一人所特有。穆旦所特有的，在于这样一种状况：无论是在短暂的安定状况下，还是在漫长的被放逐境遇当中，他总是不安分于自身的处境。外在的挤压不仅没有造成诗人的沉沦，反而不断地激起他的生命潜能与艺术潜能：那些最有个人性的诗歌和最令人激动的翻译均是在逼仄的生存境况下产生的。

从诗歌的发生学角度看，这种状况似乎正符合"苦难诗学"的要求，但读者们多半还记得穆旦的朋友们，那几位老人发出的"他非常渴望安定的生活"的感叹；眼前或许也会浮现出1970年冬天，穆旦夫妇那幅"执手相看泪眼"的场景。对于身处残酷的历史语境或黑暗的命运隧道之中的当事人而言，"苦难"只会是生活的敌人，而绝不是诗意的调料。"苦难"不值得歌颂，漫长的"苦难"只会让人心生疲倦，会让人加倍地憧憬安慰、宁静的生活：

田野的秩序变得井井有条，
土地把债务都已还清，
谷子进仓了，泥土休憩了，
自然舒一口气，吹来了爽风。

死亡的阴影还没有降临，
一切安宁，色彩明媚而丰富；
流过的白云在与河水谈心，
它也要稍许享受生的幸福。

你肩负着多年的重载，
歇下来吧，在芦苇的水边：
远方是一片灰白的雾霭
静静掩盖着路程的终点。

处身在太阳建立的大厦，
连你的忧烦也是他的作品，
歇下来吧，傍近他闲谈，
如今他已是和煦的老人。

  在穆旦1976年的诗歌中，《秋》中这些句子也显得别有意味，"稍许享受生的幸福"，放下肩上的"重载"，到"芦苇的水边"歇歇，在"路程的终点"，是这么一个沉静而和谐的世界。与1976年的其他作品，比如同样勾描人生终点（"突然面对着坟墓"）的《冥想》不尽相同的是，这些场景以"歇下来吧"这样一种祈求的语气写成，而且，通过第二人称"你"，形成了一种"我"与"你"，也即与另一个"我"交谈的幻象。诗中既有自我的劝诫，也有对未来、对某种和谐安定的人生境界的憧憬。

但敏锐的读者应该已经注意到了，"一切安宁，色彩明媚而丰富"的前面是一个谶语般的句子——"死亡的阴影还没有降临"。而诗歌的最末一节也透露了严峻的形势：

> 呵，水波的喋喋，树影的舞弄，
> 和谷禾的香才在我心里扩散，
> 却见严冬已递来它的战书，
> 在这恬静的、秋日的港湾。

所谓"恬静"的生命境界，即便是有，那也是短暂的，"严冬"或"死亡的阴影"始终凌驾于现实之上——实际上，疲倦感一直伴随着诗人，1977年2月17日，穆旦逝世前数天，这一天是农历除夕，与家人吃过年夜饭之后，穆旦照例架着双拐走进了自己的房间，关上门继续翻译工作。后来，妻子走进屋中，发现与以往不同的是，他已睡下，他对妻子说，"很累"。那段时间，他常对妻子说，"很累"，"似乎'对死亡已有预感'"。[1]

七 "神的变形"与"人的苦果"

穆旦1976年的诗作中，也有《神的变形》这类省思权力与

---

[1] 周与良观点，见李方：《穆旦（查良铮）年谱》，《穆旦诗文集》（第2卷），第385页。

历史乖谬的作品。这一年10月,"四人帮"被揪出,举国欢腾,全民兴奋,各地纷纷游行庆祝。稍后,穆旦以讽刺的笔调写下了《退稿信》《黑笔杆颂——赠别"大批判组"》等诗。在"兴奋"之中写下的诗篇显得直接、浮浅,与时代大事件在穆旦内心所激起的情绪正相符合:

> 多谢你,把正确的一切都"批倒",
> 人民的愿望全不在你的眼中:
> 努力建设,你叫作"唯生产力论",
> 认真工作,必是不抓阶级斗争;
> 你把革命的纪律叫做"管卡压"
> 一切合理的制度都叫它行不通。
> 学外国的先进技术,是"洋奴哲学",
> 可谁钻研业务,又扣上"只专不红";
> 连对外贸易,买一些外国机器,
> 你都喊"投降卖国",不"自力更生"。
> 不从实际出发,你只乱扣帽子,
> 你把一切文字都颠倒了使用:
> 明明是正在走的一伙走资派,
> 你说是"革命左派",把骗子叫英雄;
> 每天领着二元五角伙食津贴,
> 却要以最纯的马列主义自封;
> 人民厌恶的,都得到你的吹呼,
> 只为了要使你的黑主子登龙;
> 好啦,如今黑主子已彻底完蛋,

第二十章 "我已走到了幻想底尽头"

你作出了贡献，确应记你一功。

11月10日，穆旦在给郭保卫的信中抄录了《黑笔杆颂》和《退稿信》，并谈到写作背景：

> 今天忽动诗思，写了一首"退稿信"，是由于看到对"创业"的批示而有感。想到今后对百花齐放也许开放一些了吧。前十多天，在听到"大批判组"的垮台后，写了一首"黑笔杆颂"，这两首看来是可以发表的，但我自己已无意发表东西，想把它们送给你，由你去修改和处理，如果愿送诗刊，（我想是可以送诗刊）那就更好，那就是你的东西，由你出名字，绝不要提我。你看行吗？
>
> 如果你觉得不好送出，那就看后一笑置之。我也许再给你寄些以后针对发表而写的东西。这有无兴趣，还得以后看。

这里有现今读者不太熟悉的两个说法，一个是"对《创业》的批示"，这应是指1975年7月25日，毛泽东为反映大庆石油工人艰苦创业的电影《创业》所写下批示："此片无大错，建议通过发行。不要求全责备。而且罪名有十条之多，太过分了，不利调整党的文艺政策。"[1] 与此相关，文艺界的整顿一度出现可喜的局面。另一个则是"大批判组"，这应是指"北京大学、清华大学大批判组"，以"梁效"等为笔名，从中共十大（按，为1973年8月召开）到1976年10月"四人帮"垮台，在三年多一点的时间

---

1 见北京市文化局评论组：《围绕〈创业〉的一场惊心动魄的阶级斗争》，《人民日报》，1976年11月5日第3版。

里，共写出文章 200 余篇，公开发表 181 篇，内容涉及政治、经济、科技、教育、文学艺术、历史等各个方面。

大概是郭保卫看了穆旦的信和诗歌后，也拿起笔在诗中加了些句子，"把诗引向江青"了，11 月 22 日，穆旦复信表示添加不妥，而且对当时的语境发表了谨慎的意见，即前文已经提到的："凡有点新鲜意见的东西，都会惹麻烦，人家都不太喜欢的。"12 月 2 日，穆旦再次表示要谨慎，并谈到了《黑笔杆颂》修改的原因：

> 现在写东西顶好按照要求写，听听编者要什么，否则大概是碰壁而回。因此我兴趣不大。即使批四人帮吧，你得批到恰好的程度，多一点少一点都不行，本来我想提他们把"按劳付酬"扣上帽子为"物质刺激"，但因现在报上不见此话，所以也删去。报上有什么，你再重复什么，作品又有什么意思。

不难看出，一时之间的"兴奋"很快就被现实生生地压了下来。"针对发表而写的东西"的说法也显得别有意味，但看起来可能并没有写成。倒是郭保卫真的将两首诗寄了出去，不过未见回音。

而修改，是确实进行了的。相较于书信版，《穆旦诗文集》最终收录的版本添加了副题"赠别'大批判组'"，异文则多达 14 处。其中一些明显体现修改意图的异文有："正确的一切"作"一切治国策"，"你把革命的纪律叫做'管卡压'"作"你把按劳付酬叫作'物质刺激'"，"合理的制度"作"奖惩制度"，"但谁钻研业务……"之后多两行："办学不准考试，造成一批次品，/你说那是质量高，大大地称颂"，"明明是正在走的一伙走资派，/你说是'革命左派'，把骗子叫英雄"作"到处唉声叹气，你说'莺歌燕舞'，/把失败叫胜利，把骗子叫英雄"，"却要以最纯的马列主义自封"之后则另多两行："吃得脑满肠肥，再革别人的命，/反正舆论都垄断在你的手中。"

从几次书信所谈及相关异文来看，时代政治因素对于穆旦晚年写作的渗透显现无疑。《黑笔杆颂》《退稿信》等诗表明，在1976年10月"四人帮"被揪出这一历史时刻，穆旦以既兴奋又谨慎的心情写下了自己的历史观感。笔调与其重点翻译对象、英国诗人拜伦的诗歌可谓多有相通，即一种"半庄半谐，夹叙夹议，有现实主义的内容，又有奇突、轻松而讽刺的笔调"。[1]

论及穆旦晚年写作中像《黑笔杆颂》这样针对现实的作品，还有一首得到了更多讨论的《神的变形》。该诗属于前述第二类型的诗作，即仅仅署"1976年"的作品，首次入集是在《穆旦诗全集》，注明"系作者家属提供的未发表稿"。[2]没有材料透露《神的变形》一诗写作或修改的情况，但如下分析将指出，基于其语言表述方面的状况，是否最终的完成稿也未可知。

诗歌设置了"神""权力""魔""人"四个角色——和早年诗歌《神魔之争》（1941年6月作）的角色设置大致相当，看起来，其间也回荡着《神魔之争》的声音："神"与"魔"相互争斗，"神"是世界的"主宰"，"掌握历史的方向"，"魔"则是要"推翻""神的统治"的"对抗"者。"权力"是"神"的"病因"，

1　查良铮：《拜伦小传》，《拜伦诗选》，上海：上海译文出版社，1982年，第7—8页。
2　穆旦著、李方编：《穆旦诗全集》，北京：中国文学出版社，1996年，第353页。

将"神""腐蚀得一天天更保守"。"人"呢,"我们既厌恶了神,也不信任魔,/我们该首先击败无限的权力!/这神魔之争在我们头上进行,/我们已经旁观了多少个世纪!"别有意味的是,多半是出于强化话语效应的考虑,"人"还用了一句时髦的政治话语:"哪里有压迫,哪里就有反抗"。[1]

但略加对照即可发现,与《神魔之争》相比,无论是篇幅、题旨还是情绪的强度,《神的变形》已经大大简化或弱化:诗歌的整体情绪明显变得缓和,现实指向性也大大加强,不再如《神魔之争》那般构设文化的隐喻,也全无那种神秘诡异的、充满戏剧张力与舞美效应的争斗情境。四个角色,实际上不过是近于四个理念符号,"神"与"魔"都是单面的,"权力"明显逊于《神魔之争》之中的"东风"角色,"人"也没有"林妖"那般鲜活,虽被"神"与"魔"压迫而依然葆有对于生命的疑惑。《神的变形》最终以"权力"的发言结束:

> 而我,不见的幽灵,躲在他身后,
> 不管是神,是魔,是人,登上宝座,
> 我有种种幻术越过他的誓言,
> 以我的腐蚀剂伸入各个角落;
> 不管原来是多么美丽的形象,
> 最后……人已多次体会了那苦果。

---

[1] 毛泽东在《从历史来看亚非拉人民斗争的前途》(1964年7月9日)中写道:"有压迫,就有反抗;有剥削,就有反抗。"(见《毛泽东文集(第8卷)》,北京:人民出版社,1996年,第384页)1972年2月28日,《人民日报》发布《中华人民共和国和美利坚合众国联合公报》,其中也写道:"中国方面声明:哪里有压迫,哪里就有反抗。国家要独立,民族要解放,人民要革命,已成为不可抗拒的历史潮流。"

所谓"不管是神,是魔,是人,登上宝座"似可理解为一种"城头变幻大王旗"式的权力变幻,"以我的腐蚀剂伸入各个角落"则可说是一种现实的训诫;最末一句"最后……人已多次体会了那苦果"尤其富有意味,"人已多次体会了那苦果"这处于最末位置的十个字,连语言方式都变了。请注意,说话者是"权力",是以"我"的口吻来说的,它要说的无非是:以它的威力,"不管原来是多么美丽的形象"最后都将承受被"腐蚀"的"苦果",因此,按照正常的语法表达,这两行诗应该是:

不管原来是多么美丽的形象,
最后……都将多次体会那苦果。

而"人已多次体会了那苦果"这一呈现为完成时态的表述,更像是出自一个洞察世相的、全知的叙述者之口——对从1953年回国以来就一再地经受"权力"的折磨而试图为人生做出某种归结的穆旦而言,一句"最后……人已多次体会了那苦果"直可说是内心景状的隐喻:一个"……"似乎表明,诗人已无力再铺陈推衍"神""魔"与"权力"一类话题,而不得不急切地、却又是相当无力地用超越说话者固有的身份或语气的方式强制性地终结了诗篇。"人已多次体会了那苦果",十个最通俗浅白的字,其含义恰如"我已走到了幻想底尽头"或"多少人的痛苦都随身而没"(《诗》,1976年4月)。这又一次预示了穆旦晚年诗歌确是哀伤而凄厉的生命挽歌。

从文献辑录的角度看,诗歌语言所存在的这种状况,可能表明了写作的未完成性。而就诗歌本身的意绪来看,与其说晚年穆旦是要通过写作而对外在的权力社会发言,倒不如说是在为被"权力"不断"腐蚀"的自身生命而哀挽,"权力"不过是个体生存境遇之中无法规避的东西,在穆旦所生活的实际年代,各种"权力"对于人的压制显得尤为明显。正如《黑笔杆颂》等诗所呈现出来的现实热情被远未开化的时代语境生生地压了下去,《神的变形》这种看似向现实发言的诗篇最终也蜕化为残酷人生的总结之辞。写作之中所流现的这样一种情绪,可能是把握穆旦晚年诗歌最恰切的逻辑起点。

八 《冬》：绝笔，"死的火"，被修改的乐观

从上面的勾描不难看出，不管是直接可感的诗句，还是诗歌内里的情绪要素，都或强或弱地呈现为一种向内收缩的态势。这种态势，若循着《停电之夜》与《野草·秋夜》的比较视域，其实还可以适当展开。

同样是"秋夜"，不同心灵却呈现出异样景象。放置到"鲁迅—穆旦"的对照谱册中，其实并不突兀。《野草》的情绪，用"死火"（《死火》，1925）来概括再恰当不过：

> 上下四旁无不冰冷，青白。而一切青白冰上，却有红影无数，纠结如珊瑚网。我俯看脚下，有火焰在。
> 这是死火。有炎炎的形，但毫不摇动，全体冰结，像珊瑚枝；尖端还有凝固的黑烟，疑这才从火宅[1]中出，所以枯

---

[1] "火宅"，"佛家语，《法华经·譬喻品》中说：'三界（按这里指欲界、色界、无色界，泛指世界）无安，犹如火宅，众苦充满，甚可怖畏，常有生老病死忧患，如是等火，炽然不息'"，见《鲁迅全集》（第 2 卷），第 202 页注释。

焦。这样，映在冰的四壁，而且相互反映，化为无量数影，使这冰谷，成红珊瑚色。

"死的火焰"，初看之下一幅冰冷情状，仿佛绝无热情，冷彻至骨；但有火在内里燃烧。它可以烧完，其情状或如《野草·题辞》所写："地火在地下运行，奔突；熔岩一旦喷出，将烧尽一切野草，以及乔木，于是并且无可朽腐"；也可能永藏冰谷以致冻灭，其情状则如《复仇》所写："以死人似的眼光，赏鉴这路人们的干枯，无血的大戮，而永远沉浸于生命的飞扬的极致的大欢喜中"[1]。无论烧完或冻灭，都有火在——有"体温"在，在《写在〈坟〉后面》中，鲁迅记述了一个学生拿着带有体温的钱来买书的情形，"这体温便烙印了我的心，至今要写文字时，还常使我怕毒害了这类的青年，迟疑不敢下笔。我毫无顾忌地说话的日子，恐怕要未必有了吧。但也偶尔想，其实倒还是毫无顾忌地说话，对得起这样的青年"[2]。这段文字可谓以最通俗的方式诠释了鲁迅何以会选择一种向外张扬的精神姿态与言说立场。

在为1945年第一部诗集《探险队》所写的宣传广告之中，年轻的穆旦也曾有过"尚未灰的火焰"的说法。"火焰"照亮"黑暗"，穆旦对于内在的精神自我也有着强烈的体认，其早年写作也有一股火在诗歌内里燃烧，表面上却呈现出冷的态势。这既因为理性与内省；也可能与所选择的表达方式有关，即王佐良所谓"非中国化"的方式给汉语读者带来了某种障碍。落实到诗歌风格，即所谓"外冷内热"。但晚年穆旦的诗歌里，那曾经熊熊燃烧

---

[1] 见《鲁迅全集》（第2卷），第200页、第163页、第177页。
[2] 见《鲁迅全集》（第1卷），第301页。

的火似乎从一开始就熄灭了:《智慧之歌》以冰冷的笔调写下了"我已走到了幻想底尽头";之后诗作,异常冰冷的诗句频频出现。王佐良曾断言年轻的穆旦"懂得受难,却不知至善之乐",如今看来,即便到了晚年,这种情形依然没有发生改变。穆旦内心依然没有一个调解机制,只不过情绪已移换为对死亡的感知。绝望证明仍有力量在,而死亡的情绪的却是不断叠加的,终至无可挽回,"那颗不甘变冷的心"不知什么时候已变得冰冷,"我的心灵投资的银行已经关闭"——"永远关闭了",回顾的不过是"已丧失的"。而一句"多少人的痛苦都随身而没"更是"严厉的岁月"里心灵境遇的残酷写照。

穆旦晚年作品已是挽歌,令人讶异的是火焰看起来还在——有时候似乎还很旺盛,让人感受到却不是温暖,而是冷酷和沉重,如《停电之夜》。而最能展示这种状况的还是被认为是穆旦的绝笔之作、作于1976年12月的《冬》。和《智慧之歌》已惯于被编排在穆旦1976年诗歌之首一样,《冬》也惯于被编排在最末的那个位置。如下为其第1章:

> 我爱在淡淡的太阳短命的日子,
> 临窗把喜爱的工作静静作完;
> 才到下午四点,便又冷又昏黄,
> 我将用一杯酒灌溉我的心田。
> 人生本来是一个严酷的冬天。
>
> 我爱在枯草的山坡,死寂的原野,
> 独自凭吊已埋葬的火热一年,

看着冰冻的小河还在冰下面流,
似乎宣告生命是多么可留恋。
人生本来是一个严酷的冬天。

我爱在冬晚围着温暖的炉火,
和两三昔日的好友会心闲谈,
听着北风吹得门窗沙沙地响,
而我们回忆着快乐无忧的往年。
人生本来是一个严酷的冬天。

我爱在雪花飘飞的不眠之夜,
把已死去或尚存的亲人珍念,
当茫茫白雪铺下遗忘的世界,
我愿意感情的热流溢于心间。
人生本来是一个严酷的冬天。

穆旦晚年作品中,《冬》是受关注度最高的一首。这既和诗歌所流露的情绪有关,也得益于它的修改——更确切地说,得益于穆旦本人对于修改的谈论以及较长一段时间之内这种谈论的隐没。

上述第1章,观其语言和句式,至少有三个突出的表达:一个是频频出现的冷色、晦暗的词汇——即便是"太阳"也是"短命的"。一个是每节诗的末一行为复沓句式,均以"人生本来是一个严酷的冬天"收束。这一复沓句式在此前的《好梦》中也曾出现,《好梦》全诗五节,各节也均以"让我们哭泣好梦不长"收结。另一个则是"我爱在……"句式,看起来要表达的是一种喜爱的情绪，但具体诗行所展现的却多半是一种虚拟之境：姑且认为第一句"我爱在淡淡的太阳短命的日子"是实写——但"太阳短命"显然是一个阴冷的说法"临窗把喜爱的工作静静作完"这样的从容境界也难得见。之后两节："我爱在枯草的山坡，死寂的原野"、"我爱在冬晚围着温暖的炉火"只能说是令腿疾愈发严重、"昔日的好友"散落各地的穆旦怀想的图景；唯有"我爱在雪花飘飞的不眠之夜"人生的失落。这样的虚拟语气与失落之境，在《智慧之歌》之中也有：

> 另一种欢喜是迷人的理想，
> 他使我在荆棘之途走得够远，
> 为理想而痛苦并不可怕，
> 可怕的是看它终于成笑谈。

理想是"欢喜"，不过"终于成笑谈"。《停电之后》的起句亦是如此："太阳最好，但是它下沉了"。因此，说《冬》是穆旦的绝笔之作，看起来非常之合理，它最终像结网一样将晚年作品结了起来，直可说是涵盖穆旦全部人生的一首诗。

相比于诗歌情绪，关于它的修改是一个更有意味的话题。一般读者第一次见到《冬》是在《诗刊》1980年第2期，上引段落即出于此。但在此后家属主导的穆旦作品的出版行为之中，所录《冬》均是新的版本——直到《穆旦诗全集》才有了简要的版本说明，其中提到穆旦当时将此诗抄寄给友人时，杜运燮"认为如此复沓似乎'太悲观'，故改为不同的四行"。"《诗刊》发表的系诗人家属当时提供的最初手稿。""穆旦家属和杜运燮所编《穆旦诗选》（1986年）收入的即为诗人改定稿。"[1] 此后，尽管穆旦的一批书信出现在诗文合集《蛇的诱惑》（1997）之中，但抄录《冬》或论及《冬》的修改的信件，又是到了十年之后的《穆旦诗文集》（2006）方才披露。至此可以看到，1976年12月至1977年1月间，穆旦曾将《冬》的不同章节抄送给了杜运燮、江瑞熙、董言声等多位老友，与此同时，《冬》的多份手稿也被披露出来。[2] 十年间穆旦修改动因的隐没，也激发了一些富有想象力的讨论。[3]

1976年12月9日，穆旦在给杜运燮的信中谈到："看到你的信，有一种气氛，使我写了冬（1）这首诗，抄给你看看，冬（2）是以前的。"这里有两个信息：一是和《苍蝇》相似，《冬》的写作又一次受到了老友杜运燮的激发；一是《冬》的各章并非同一时间完成的。《冬》分4章，各章内部结构多有讲究，整体结构却明显不均衡[4]，大抵就是因此造成。

杜运燮在复信中认为《冬》第1章各节均以"人生本来是严酷的冬天"收束，未免太悲观，并附上新写的《冬与春——答友人》以示激励：诗歌化用穆旦所喜爱的英国诗人雪莱的名句"冬天已经来到，春天还会远吗？"（"但一有冬天，新的春天就不远"），极力铺陈了一种乐观的情绪："炉边的快慰是寻找冬天里

---

[1] 穆旦著、李方编：《穆旦诗全集》，第362页。
[2] 《穆旦诗文集》（第2卷）书前插页有该诗第一章手稿，上有多处涂改痕迹；陈伯良《穆旦传》（2006）书前插页也有该诗修改后的手稿；此外，还有抄送给杨苡的手稿，也是修改之后的版本，但仍有细微差别。
[3] 典型的例子如王攸欣：《穆旦晚年处境与荒原意识——以〈冬〉为中心的考察》，《中国现代文学研究丛刊》，2007年第1期。
[4] 《冬》第1章分4节，每节5行；第2章分3节，每节4行；第3章分4节，每节4行；第4章分4节，每节4行。前两章的差别尤其明显。

的春天，/ 人生是不绝的希望，无数的新起点；/ 灰烬里的火星也在发光发热，/ 地球一转身，又是万山绿遍。"[1]这对穆旦显然有所触动。12月29日，穆旦再次致信杜运燮，具体论及诗歌的修改：

> 我给你抄寄的那诗，大概由于说理上谬误而使人不服；可是有形象在，形象多少动人，尽管那形象也是很陈词滥调的，像听熟了的不动脑筋的歌曲。我并不喜欢，但我想在诗歌变得味同嚼蜡时，弄一些老调调反倒"翻旧变新"了。你反对最后的迭句，我想了多时，改订如下：将每一迭句改为①多么快，人生已到严酷的冬天 ②呵，生命也跳动在严酷的冬天（前一句关于小河，也改为"不知低语着什么，只是听不见。"）③人生的乐趣也在严酷的冬天 ④来温暖人生的这严酷的冬天。这样你看是不是减小了"悲"调？其实我原意是要写冬之乐趣，你当然也看出这点。不过乐趣是画在严酷的背景上。所以如此，也表明越是冬，越看到生命可珍之美。不想被你结论为太悲，这当然不太公平。现在改以上四句，也许更使原意明显些。若无迭句，我觉全诗更俗气了。这是叶慈的写法，一堆平凡的诗句，结尾一句画龙点睛，使前面的散文活跃为诗。[2]

有几处地方值得注意：

其一，穆旦强调"越是冬，越看到生命可珍之美。不想被你结论为太悲"，但从《冬》整首诗所透现的诗情来看，实在是有一

---

1 杜运燮：《海城路上的求索：杜运燮诗文选》，第45页。
2 穆旦：《穆旦诗文集》（第2卷），第177页。

种寒彻心扉的冷。第1章中所有关于"温暖"的诗句，要么被接踵而至的冷意扑灭，要么是以一种虚拟的语气写成。第2章的寒意尤重，第3章也是寒意，用了类似于第一章的复沓句式，其基本旨意可用最末1节的"因为冬天是好梦的刽子手"来涵括；第4章甚至用"又迎面扑进寒冷的空气"来收束。据此，如若不认为穆旦是在有意辩解，那么，可以认为其写作在主观意愿和客观效果上存在着反差：主观意愿是想"要写冬之乐趣"，实际写成的诗句却是冷到了极致，"太悲"。也即，穆旦试图用解释来遮掩内心，但诗歌恰恰违背他的意志，泄露了他的内心。越解释，越可反衬出他内心之悲、之寒。

其二，结尾有"若无迭句，我觉全诗更俗气了"之语。穆旦最初强调所写不过是"陈词滥调"；现在又有"更俗气"的说辞，可能暗示了一点：他其实并不愿意修改；修改"也许更使原意明显些"（请注意这里的"也许"一词），但是，将以损害诗艺为代价，即"更俗气"。他似乎并不愿意看到这一点。

其三，在上述背景之下，"我想了多时"显得别有深意。按照另一位友人巫宁坤后来的解释——他原本并不知道详情，对《冬》所存在的不同版本感到奇怪，而一经获知详情之后，就从"老朋友"的角度做出了解释：

> 运燮是穆旦的老朋友，他的意见无疑是出于对老朋友的关心和爱护。当时"四人帮"被揪出不久，政治形势并不十分明朗，多少人还心有余悸。运燮素来谨言慎行，何况良铮的"历史问题"还没有平反，"太悲观"的调子不符合"时代精神"，不仅不能发表，没准儿还会给作者招来新的"言祸"。

良铮也是过来人,为了不辜负老朋友的关爱,"想了多时"才做出了改订。[1]

巫宁坤、杜运燮和穆旦都是交往数十年的老朋友,当时的境遇也是颇多不顺,杜运燮当时被下放到山西,巫宁坤的境遇更为糟糕,先后下放到北大荒、安徽等地。因此,有理由相信,"为了不辜负老朋友的关爱"应非随意的断语,而是基于那一群(代)人特定的历史遭遇而生发,道出了穆旦的内心所虑:为了给朋友们以慰藉,避免朋友们为他担心,同时,也为了给家人以"平安"(如妻子回忆所述),身为"过来人"的他最终做出了修改,而诗艺,则不得不被牺牲。

综合考量之,《冬》的修改行为固然是由穆旦自己做出,却也确实是加入了友人的意志。如上所列4个结句,在诗艺层面,穆旦自认为"更俗气";从第1章的实际效果看,每1节的前4行与最末1行总不大相贴合,这样一种状况,究其根本,应该还是因为"乐趣"与穆旦本人的心境相违背。而这,又从另一个角度彰显了晚年穆旦写作境遇的复杂性。

当然,仍然不可忽视的一个问题是,穆旦1977年2月底逝世,标注为1976年12月的《冬》确是接近于其生命末期的作品,不过,即如前述关于穆旦晚年诗歌的写作时间问题的讨论所显示,因为部分作品的写作时间无法确断,也就没有足够的证据确断《冬》就是最后的写作。实际上,家属或编者对穆旦晚年作品的编排以及对《冬》作为穆旦的绝笔诗的认定也有一个过程:在较早

---

1 巫宁坤:《人生本来是一个严酷的冬天——穆旦逝世二十周八年祭》,《文汇读书周报》,2005年2月25日。

出版的《穆旦诗选》之中，所录 11 首晚年诗作的先后顺序有变，而且，编排在最后的作品也非《冬》——之后另有《沉没》《停电之后》两诗，可见其时对穆旦晚年诗歌的"全貌"还缺乏足够的掌握，及至《穆旦诗全集》《穆旦诗文集》等带有全集性质的作品集中，穆旦晚年诗歌的"全貌"方才得以展现。

但是，综合来看，即如《智慧之歌》被视为开端之作，《冬》被视为绝笔之作也显得非常之合理：从《智慧之歌》到《冬》，穆旦晚年的诗歌写作由此有了一个看起来非常完整的精神谱系。在经历了漫长的折磨之后，1976 年的穆旦看起来是在不断地往里缩——往自己的内心、往"死亡之宫"[1]收缩，最终都落到了"人生本来是一个严酷的冬天"的喟叹之中。从《智慧之歌》到《冬》，穆旦写下了数曲哀伤而凄厉的生命挽歌，其中弥散着一股冷彻的寒意，一股挥之不去的死亡气息。

尾声 "未来对于他将永远是迷人的'黑暗'"

书信、日记以及诗歌写作、翻译，这四个文类共同构成了晚年穆旦的写作图景，按照目前的中国当代文学史理念，这些均可归入"潜在写作"范畴，穆旦可认为是"潜在写作"的重要作家。综合各种文类的写作，可以说，即便是穆旦这般有着良好的艺术修为且历史负压相对较小的作者，这些"潜在作品"也还是具有多重效应，或显或隐地浮现了个人与历史的复杂纠葛——一个渺小的个体在大时代里的矛盾境遇。

---

[1] 语出穆旦本年所作《沉没》："爱憎、情谊、蛛网的劳作，/ 都曾使我坚强地生活于其中，/ 而这一切只搭造了死亡之宫"。

当然，放到 1960—1970 年代的大语境当中，穆旦的写作依然非常卓异。就人物境遇及作品的相关主题意绪而言，与现今被讨论的多数"潜在写作者"不同的是，穆旦没能活过那个漫长而"严酷的冬天"，更别说迎来新时期的曙光了，其个人写作与时代语境之间可谓别有关联。尽管也有《黑笔杆颂》一类明确针对现实问题的写作，但从《智慧之歌》到《停电之后》《神的变形》再到《冬》，这样一条写作路线并未制造出一种个人与时代相对抗的话语，而是一曲有着独特声线的生命挽歌。在经历了漫长的肉体和精神的折磨之后，晚年穆旦写下的是退缩的、哀婉的、死亡的诗篇，但这并非以丧失所谓"主体性"为代价，相反，那些有意规避了"权力（外在社会）→个人"这一所谓"时代视角"的诗篇，那些没有被任何"新时期"之后的时代意识渗透（或称"改造"）的诗篇，恰切地呈现了一个处于黑暗的历史隧道中的生命的颜色，足可称得上是那个时代里最为动人的声音。

再往下看，这种独特的声音与新时期之后成功"归来""复出"并且或长或短地延续了其写作生涯的作家群也形成了截然的差别。令人惊讶的是，不少选本和论著都将穆旦列入"归来者"诗群。最典型的选本如《鱼化石或悬崖边的树——归来者诗卷》（1993 年），作为"当代诗歌潮流回顾写作艺术鉴赏丛书"之一种[1]，选入包括《智慧之歌》《春》《友谊》《冬》《停电之后》等在内的 11 首诗作，也即 1986 年版《穆旦诗选》所录穆旦晚年诗作，相关讨论也不在少数，这不能不说是对于晚年穆旦的一种最大的误解。

---

[1] 谢冕编选：《鱼化石或悬崖边的树——归来者诗卷》，北京：北京师范大学出版社，1993 年。

所谓"归来"或"复出"是中国当代文学史叙写中的一个重要概念，按照文学史家洪子诚的说法，尽管学界对这一概念有着不同的认定，但"大多认可下面的这种说法：指在'文革'发生以前（特别是 50 年代）就受到各种打击而停止写作和发表作品的那一部分"。时隔二十多年之后重新出现，"在一个相对集中的时间里（大约是 1978 到 80 年代初），他们纷纷把自己生活道路的坎坷和获取的感受，投射在'归来'之后的诗篇中。最初的创作，普遍带有某种'自叙传'的性质：把个体的'复出'，与'新时期'的到来联系在一起。他们把这种'复出'，看做是原有生活、艺术位置的'归来'：从被'遗弃'到回归文化秩序的中心"。[1] 以此衡量，无论是作品的主题意绪，还是实际的写作时间以及写作者的生命状态，晚年穆旦都没有打上"新时期"或者"归来"的烙印，未来社会并没有出现在穆旦的诗学视域之中，个人心灵成为其写作的唯一依凭——他走进了深深的、黑暗的历史隧道，没有"归来"——同时代人郑敏所做出的观察是至为准确的：

　　　　他并没有走近未来，未来对于他将永远是迷人的"黑暗"。[2]

---

[1] 洪子诚、刘登翰：《中国当代新诗史（修订版）》，北京：北京大学出版社，2005 年，第 129 页。

[2] 郑敏：《诗人与矛盾》，杜运燮等编：《一个民族已经起来》，第 31 页。

后记

说起来，或许可以追溯到三十年前——1994年下半年的时候，王一川教授主编的多卷本《二十世纪中国文学大师文库》问世，小说卷收入金庸的作品（且高居第四位）而将茅盾排除在外，自然是学术界关注的焦点所在；但对于一位刚刚进入大学的中文系学生而言，"并不广为人知"的穆旦被推上诗歌卷的首位，或许才是更值得注意的事实。

之后也有过一些阅读和谈论，但能够记起的画面不多。更确切的事，应该是世纪之交的时候，穆旦最终被选定为硕士毕业论文的选题——其时，穆旦研究（包括文献整理）的总体格局未定，论文主要是基于文本的细读或所谓思想的辩诘，也做了历史寻访的工作，曾去南京图书馆、南京大学图书馆等地查阅原始资料，得见穆旦早年诗集和若干早期诗歌的发表本，注意到了不同版本间所存在的差异（近乎一种直觉，并没有所谓版本、底本、异文等概念）。而随后《悲观的终结》等文章的写作以及采访杨苡、杜运燮、江瑞熙（罗寄一）、郑敏等人，大概可算是新的开始。实际上，四位友人在同一个时段来谈穆旦，是第一次也是唯一的一次（见《"他非常渴望安定的生活"——同学四人谈穆旦》，

2002），内容很丰富，道出了许多非亲历者不能体察的内容，所勾画的"非常渴望安定的生活"而不得的穆旦形象也生动可感，以致自己当时学识的浅薄、眼界的有限以及访问技术的粗糙，似乎都不那么醒目了。

一晃，二十多年过去了。聚沙成塔、集腋成裘，关于穆旦研究的文字已成系列，侧重点自然是各有不同。《穆旦年谱》处理的是编年问题，《穆旦与中国新诗的历史建构》是史论的路数，《穆旦诗编年汇校》着眼于版本，《一个中国新诗人——穆旦论集》是专题论文集，《穆旦研究资料》（上下册，与李怡教授合编）是研究文献的汇编，这部《穆旦传》则可说是综合性的写法。这么说似乎有点奇怪，实际上，这关乎传记的写法，基于并不算短暂的研究生涯和比较多的传记类文字的写作，我愈发倾向于认为：20世纪的文化语境盘根错节，复杂难辨，传记（也包括年谱）类著作很有必要突破传（谱）主的单一性文献的局限——突破的力度越大，越能呈现出广阔的传记知识背景，也就越能呈现出复杂的时代面影。由是，一部传记，对写作者的综合能力——如何融入传主的人生、写作、时代诸方面因素，又能保持必要的平衡——是不小的考验。不过，这方面的想法还没有非常系统的总结，暂且打住。

从另一个角度来看，二十多年来，中国现当代文学研究的生态已大为改观，穆旦研究也取得了巨大的进展，相关文献的整理与出版已比较完备，穆旦的经典化程度也大有提升。这些变化固然是引人注目，尤其是想到自己对这一进程有所推动，有时也会为之振奋，但"二十多年"，实在是不短的时间了。一个人由青葱岁月走到知天命的年纪，难免会况味杂陈。学术工作之甘苦，实非三言两语所能道尽。或许，在一本书的结尾，更适合说说有时候浮现出的那样一种很奇妙的感觉。因为诗歌、因为文献搜集而结识的不少天南海北的同道中，有一个微博时代就已结识但至今未曾谋面、现在也不那么年轻了的朋友，他很喜欢穆旦，做着跟文学毫无关系的工作，最初只是在微博上互动下，有时会跟我透露些穆旦的资料，比如询问某网上的某个材料是不是穆旦本人的字迹之类（东西是真的，但有代抄的情形）。某次，我为学报主持的诗歌研究栏目刊出穆旦研究专辑之后，给他寄去一本，他说也要给我寄个东西。我猜想可能是他的诗集之类的吧，哪想寄来的竟然是穆旦的第三部诗集《旗》。后来他考取了北方的一所电子研究所的研究生，毕业后在一家公司上班。我又给他寄过书，他后来又说要给我寄东西，收到一看，是一叠穆旦交代材料的复印件（花了不小的价钱购买穆旦材料而获得）。在那些时刻，你真会觉得，即便学术研究的读者再少，有这样一个读者，也是值得的——何况，现在穆旦是热门的研究对象，很受读者的欢迎。

提到交代材料，顺带说一句，当初觉得去查穆旦档案多有波折，如今看来，其实已经是非常幸运的事情了。时代总在发生改变，一个研究者总会遭遇这样那样的无法进入或无从抵达的境况，奈何！

书名"幻想底尽头"，出自那首被认为是开启了穆旦晚年写作的《智慧之歌》：

> 我已走到了幻想底尽头，
> 这是一片落叶飘零的树林，
> 每一片叶子标记着一种欢喜，

现在都枯黄的堆积在内心。

一个"从幻想底航线卸下的乘客","永远走上了错误的一站"(《幻想底乘客》,1942),在1976年3月这个时间节点上,已然走到了"幻想底尽头"——精神的折磨还在持续,又因夜里骑车摔伤腿而新添肉体的疼痛。"幻想"在穆旦的写作中算是比较高频的词汇,也有着非常切实的人生含义在——疼痛感最终也没有消失,1977年2月26日,终于决定动手术的穆旦因心脏病发作而倒下!

我曾经向一些年轻的朋友(主要是我的学生)许诺,比起其他几本穆旦研究著作,这一本可读性更强些,没有那么多的学究气,但现在看来,这依然不是一本轻松的书。这一方面是因为传主的经历,另一方面也是基于对文献的审慎处理,全不是"讲故事"的写法,秉持的是"有一分证据只可说一分话。有三分证据,然后可说三分话"的原则,努力去追摹史家的笔法,而不做文学式的虚构与渲染。但不管怎么样,作为几本穆旦研究著作的作者,我还是更希望大家来读一读这本书,它讲述了一位中国诗人并不顺畅的一生,也展现了一个风云变幻莫测的时代。

"二十多年"确实已不是人生的短距离!在硕士和博士阶段,学位论文都选择了以穆旦为主题,感谢业师刘俊先生和吴俊先生的引领、教诲和宽容,你们的学术风范始终是我前行的动力。为此,也要感谢南京大学文学院、华东师范大学中文系所提供的成长环境。而在岳麓山下的湖南师范大学中文系所度过的大学岁月,作为故事的缘起地,也是值得铭记的。

感谢洪子诚、吴思敬、陈子善、丁帆、李方、成松柳、程光炜、解志熙、罗振亚、郭娟、李怡、张新颖诸位师长一直以来所给予的诚挚鼓励和帮助。感谢周立民、陈越、徐自豪、王可、李东元、邓招华、凌孟华、杨新宇、刘波、张元珂、司真真、乔红、李哲煜、冯昕诸君热情无私地提供相关文献或在文献查找上所给予的帮助。本书的一些篇章，曾在《书屋》《新文学史料》《中国现代文学研究丛刊》《读书》《诗探索》《现代中国文化与文学》《首都师范大学学报》《汉语言文学研究》《长沙理工大学学报》《鲁迅研究月刊》《扬子江评论》《文学评论》《现代中文学刊》《文艺争鸣》《南方文坛》等刊物发表，感谢支持。

还要特别感谢上海文艺出版社和肖海鸥女史接纳此书，只是因为在 2022 年 7 月的时候（上海刚解封不久），看到一则关于"eons 艺文志"的推文，里边有《T. S. 艾略特传：不完美的一生》《巴赫传》《本雅明传》以及张新颖教授的《三行集》等讯息，立刻就觉得要是《穆旦传》能放到这里出那就太好了。托母校的刘晓丽教授询问，很快就联系上，并且确认"好运都是这么来的"：海鸥说自己"非常喜欢穆旦"，之前艺文志公号推送张新颖老师写穆旦的文章的时候，就有朋友转我的文章给她看过；又说，张文江老师把《钱锺书传》改完交她重版，"要是能加上《穆旦传》，那终于能做一些中国了不起的人物了！"遇到这样的出版者，是何等幸事啊！

所以，不管时代如何流逝，生活总会有无限的美好的。还是那句话：爱诗者，将与诗同在！

2024 年 4 月 20 日

图书在版编目（CIP）数据

幻想底尽头：穆旦传 / 易彬著. -- 上海：上海文艺出版社, 2024(2025.6重印). -- ISBN 978-7-5321-9046-1
Ⅰ. K825.6
中国国家版本馆CIP数据核字第2024PC3280号

责任编辑：肖海鸥
封面设计：谢　翔
内文制作：常　亭

书　　名：幻想底尽头：穆旦传
作　　者：易彬
出　　版：上海世纪出版集团　上海文艺出版社
地　　址：上海市闵行区号景路159弄A座2楼　201101
发　　行：上海文艺出版社发行中心
　　　　　上海市闵行区号景路159弄A座2楼206室　201101　www.ewen.co
印　　刷：苏州市越洋印刷有限公司
开　　本：890×1240　1/32
印　　张：20.875
插　　页：5
字　　数：465,000
印　　次：2025年2月第1版　2025年6月第2次印刷
ＩＳＢＮ：978-7-5321-9046-1/K.490
定　　价：128.00元
告　读　者：如发现本书有质量问题请与印刷厂质量科联系　T:0512-68180628